भारतीय शिक्षा का स्वरूप

भारतीय शिक्षा का स्वरूप

दीनानाथ बत्रा

प्रभात प्रकाशन

प्रकाशक • **प्रभात प्रकाशन प्रा. लि.**
4/19 आसफ अली रोड,
नई दिल्ली–110002
संस्करण • 2024

मूल्य • छह सौ रुपए
मुद्रक • नरुला प्रिंटर्स, दिल्ली

BHARATIYA SHIKSHA KA SWAROOP
by Shri Dinanath Batra ₹ 600.00
Published by Prabhat Prakashan Pvt. Ltd., 4/19 Asaf Ali Road, New Delhi-2
e-mail: prabhatbooks@gmail.com ISBN 978-93-5562-665-3

भारतीय शिक्षा के उत्थान
हेतु कार्यरत समस्त कार्यकर्ताओं
को समर्पित,
जिससे एक समर्थ, सशक्त एवं सबल
भारत के निर्माण का
स्वप्न पूरा हो सके।

प्राक्कथन

श्री दीनानाथ बत्राजी द्वारा लिखित इस पुस्तक के संबंध में कोई प्राक्कथन लिखने की जरूरत नहीं है, न ही प्राक्कथन लिखकर इस रचना के साथ इनसाफ किया जा सकता है। श्री बत्राजी भारतीय शिक्षा के लिए एक समर्पित योद्धा की तरह आजीवन संघर्ष करते रहे हैं। इस लक्ष्य की ओर बढ़ते हुए महान् चिंतक ही नहीं बल्कि देश के सम्मान की खातिर उन्होंने शिक्षा एक्टिविस्ट के रूप में सरकार द्वारा प्रायोजित पाठ्य-पुस्तकों एवं नीतियों में दरशाई गई मनोवृत्ति और विषयवस्तु पर सवाल उठाए।

एक चिंतक के रूप में उन्होंने सभी स्तरों पर तथा सभी आयामों में समसामयिक शिक्षा प्रणाली में मौजूद विसंगतियों के बारे में गहन विचार किया है। लंबे समय तक इनकी सोच, विचार-विमर्श महत्त्वपूर्ण देश की दीर्घ इतिहास, शैक्षिक विचारधारा, परंपरा एवं प्रक्रियाओं पर फोकस है, जिनकी जानबूझकर उपेक्षा की जाती रही है। बत्राजी भारतीय विचारधारा से शैक्षिक पहलू को पुनः जोड़ते हुए शिक्षा के स्वरूप को बदलने की दिशा में पूर्ण निष्ठा से प्रयासरत हैं। बत्राजी ने यह तर्क दिया है कि इस देश की नियति और नैतिक, मानसिक तथा भौतिक स्वरूप इस निर्णायक पुनः एकीकरण की प्रक्रिया पर टिका है।

यह पुस्तक विद्वान् लेखक के वर्षों की विचारणा शक्ति तथा अथक संघर्ष का दस्तावेज है। सबसे पहले इस पर ध्यान दिया जाना चाहिए कि हिंदी में पुस्तक रचना का श्री बत्राजी का फैसला सिद्धांतों के आधार पर लिया गया है। आजकल शिक्षित भारतीयों के बीच अंग्रेजी के प्रति दासता की मनोवृत्ति मौजूद है। हर कोई इस उम्मीद में अंग्रेजी में लिखना चाहता है कि शिक्षित लोग पर उसका रोब पड़ेगा, वे प्रभावित होंगे तथा खास

तौर पर पश्चिमी जगत् तक उनकी कृति पहुँचेगी। लोगों में यह धारणा अधिकाधिक बलवती होती जा रही है कि अंग्रेजी जनभाषा (Lingua Franca) है। लेकिन वास्तव में ऐसा नहीं है। यह मात्र 4 प्रतिशत लोगों के क्लब की भाषा है। ऐसे लोगों की भाषा, जो अंग्रेजी जानते हैं तथा समृद्ध हैं। निश्चित रूप में, 4 प्रतिशत लोग समाज के खास सदस्य हैं, क्योंकि ये सत्ता में हैं और नीतिगत निर्णय लेते हैं। लेकिन वे निष्कंटक राज करते आ रहे हैं, क्योंकि भारत की आम जनता 'बेवकूफ' बनती आ रही है और बन रही है तथा उन्हें इस तथ्य से अनभिज्ञ रखा जाता है कि वास्तव में जन कल्याण के लिए क्या किया जा सकता है या क्या किया जाना चाहिए। यह इसी वजह से संभव है, क्योंकि युवावर्ग को गुमराह करनेवाली शिक्षा दी जा रही है।

इस कटु वास्तविकता ने श्री बत्राजी को अंदर तक झकझोर दिया और उन्होंने हिंदी में कृति का सृजन किया, ताकि बड़ी संख्या में लोग इसे पढ़ें और सही शिक्षा के बारे में सोचें, जो प्राथमिक से लेकर स्नातकोत्तर स्तर तक की कक्षाओं में दी जा सके।

इस पुस्तक में भारत में शिक्षा के विभिन्न पहलुओं की पहचान करके विचार-विमर्श करने के साथ-साथ उनका विश्लेषण किया गया है।

इस पुस्तक के चार खंड हैं—1. शिक्षा का स्वरूप, 2. जीवन-मूल्यों की शिक्षा, 3. आचार्य का आचार्यत्व जागे, 4. शिक्षा की चुनौतियाँ।

पहले भाग में कविताओं का संग्रह है। ज्यादातर लोग यह नहीं जानते कि बत्राजी में सहज काव्य प्रतिभा विद्यमान है। कविताओं में उन्होंने स्थितिजन्य अनुभूत व्यथा एवं आनंदातिरेक के क्षणों को अभिव्यक्ति दी है। ये कविताएँ विविध विषयों पर लिखी गई हैं—सुख और दुःख (Joy and sorrow), शिक्षा बदलने पर देश बदलेगा (Country will change, if the education changes), ज्ञान दीप (Lamp of knowledge), प्रश्न और उत्तर (Question and answers)—सभी कविताएँ मन को द्रवीभूत करती हैं तथा प्रभावशाली हैं। दूसरे भाग में वर्तमान और अतीत के महत्त्वपूर्ण वृत्तांत दिए गए हैं तथा इस देश की गौरवमय परंपरा एवं देश की खातिर जीने और मर-मिटने वाले महान् सपूतों का गुणगान किया है। उदाहरण के लिए, यहाँ उपनिषद्, रामायण, पुराण, महान् पुरुषों के जीवन-चरित तथा यात्रा-वृत्तांत से विवरण लिये गए हैं। ये सभी प्रसंग प्रेरणादायी और शिक्षाप्रद हैं। इन्हें प्रारंभिक स्कूली शिक्षा की पाठ्य-सामग्री में ही शामिल किया जाना चाहिए। मूल्यों की शिक्षा देने के अलावा बत्राजी ने यह तर्क दिया है कि इन विवरणों से युवा मन भारत के प्राचीन इतिहास में सृजित विचारों की संपदा या ज्ञान संपदा से अवगत होगा।

तीसरा भाग इस पुस्तक का सार तत्त्व है। यहाँ बत्राजी द्वारा रचित उन निबंधों का संग्रह संकलित है, जो किसी-न-किसी अवसर पर लिखे गए थे। इनमें समकालिक

शिक्षा के विभिन्न आयामों का वर्णन किया गया है, विचार-विमर्श किया गया है तथा इनका विश्लेषण किया गया है। इस भाग के चार खंड हैं तथा इनमें भारतीय शिक्षा के स्वरूप, चरित्र-निर्माण, लड़कियों की शिक्षा, व्यक्तित्व विकास, भारतीय विज्ञान, भारतीय गणित, प्रोफेशनल संस्थाओं में मूल्य-शिक्षण, विचारों का प्रदूषण, कुछ महान् शिक्षक, ब्रिटिश काल से पूर्व भारतीय शिक्षा, वैकल्पिक शिक्षा, मूल्यांकन और अत्यंत रोचक उपसंहार—शिक्षा की आत्मकथा जैसे विविध विषयों पर विचार व्यक्त किए गए हैं।

आशा है, शिक्षा-प्रशासक, अध्यापक, विद्यार्थी तथा सामान्य जन यह पुस्तक पढ़ेंगे, क्योंकि जरूरी है कि व्यापक स्तर पर आम जनता की शिक्षा विषयक अनवरत एवं महत्त्वपूर्ण परिचर्चा में भागीदारी हो।

श्री बत्राजी ने इस अत्यधिक विशिष्ट पुस्तक पर दो शब्द लिखने का मौका दिया। मेरे लिए यह सौभाग्य की बात है। मैं उनका आदर-सम्मान करता हूँ तथा आभारी हूँ, जिन्होंने आम जनता के बीच अपने बहुमूल्य विचार साझा किए हैं।

—कपिल कपूर

अपनी बात

व्यक्ति व्यापक परिधि के विविध अंशों में परिवार, पड़ोस, समाज, राष्ट्र, विश्व तथा समस्त सृष्टि की एक लघु इकाई है। यह सप्तपदी यात्रा मानव को पूर्ण मानव की संज्ञा प्रदान करती है। इस परम लक्ष्य को प्राप्त करने योग्य समग्र मानव का निर्माण करना ही शिक्षा का उद्देश्य है।

भारतीय शैक्षिक-उद्देश्य का संबंध इस देश की धरती से रहा है। इसको प्राप्त करने के लिए अनेक मनीषियों, चिंतकों तथा आचार्यों ने जीवन की प्रयोगशाला में अनेक प्रयोग कर हमें सांस्कृतिक धरोहर प्रदान की है, जिसके परिणामस्वरूप हमारा देश विश्व-वंदनीय कहलाया था।

परंतु वर्तमान शिक्षा ने विद्यार्थियों को बुद्धि से निर्धन, शरीर को पंगु तथा मन को भग्न कर दिया है। आज वे उद्देश्यहीन, आधुनिकीकरण के नाम पर पाश्चात्यीकरण की ओर प्रवृत्त हैं। भारतीय दर्शन तथा जीवन के परम लक्ष्य के साथ इसका कोई संबंध न दिखाई देने के कारण चारों तरफ अराजकता सी दिखाई देती है।

आवश्यकता है शिक्षा के भारतीयकरण की, वैकल्पिक शिक्षा-नीति की, जिसका आधार राष्ट्रीय जीवन-मूल्य तथा इसकी संस्कृति हो।

शैक्षिक-उद्देश्यों की पूर्ति के लिए 'अध्यापक नहीं, आचार्य चाहिए', जो अपने 'आचरण' से बालकों को शिक्षा दे सकें। अध्यापन सीखने तथा सिखाने की दोहरी प्रक्रिया है। 'तेजस्विनावधीतमस्तु' अर्थात् गुरु और शिष्य दोनों का ज्ञान तेजोमय हो। शिक्षा की इस प्राचीन संवादात्मक शैली को आज प्रगतिशील देश भी अपनाने लगे हैं। अत: आचार्य को इस विधि का अनुसरण कर कार्य में सुधार लाना चाहिए।

शिक्षा, मूल्य-सृजन, राष्ट्रीय एकता तथा अखंडता प्रस्थापित करने का प्रबल साधन है। ऐसी शिक्षा पाठ्यक्रम का अनिवार्य अंग बननी चाहिए। पंथनिरपेक्षता के नाम पर इस ओर ध्यान न देने का परिणाम हम भोग रहे हैं। शीघ्र ही शब्दों के सही अर्थ तथा भाव

प्रकट करने होंगे और उन पर जीवन खड़े करने का प्रयास अत्यंत आवश्यक है।

किसी विद्यालय की सफलता को मापने का आधार परीक्षा परिणाम नहीं, अपितु शिक्षा के उद्‌देश्य की प्राप्ति ही है। विद्यालय का शरीर, प्राण, मन, बुद्धि तथा आत्मा—ये क्रमिक विकास के सोपान हैं। इनको आँकना ही शिक्षण-संस्था का सही तथा सच्चा मूल्यांकन है।

भारतीय शिक्षा का उद्‌देश्य आचार्य का आचार्यत्व जगे, वैकल्पिक शिक्षा-नीति, नैतिक-शिक्षा एक साधना, व्यक्तित्व-विकास एक आध्यात्मिक-यात्रा। देश की एकता-अखंडता तथा शिक्षा, आदर्श विद्यालय की संकल्पना, स्वतंत्र रूप से विषय पृथक् से दिखाई देते होंगे, परंतु इन सब की आत्मा एक ही है। विद्या, विद्यालय, शिक्षक-शिक्षा, संस्कारक्षम वातावरण अनेक विषयों में भी एकात्म तत्त्व है। यह अनेकता में एकता का ही दर्शन कराने का प्रयास हुआ है। इस पुस्तक में कविताएँ, प्रेरक-प्रसंग तथा शिक्षा पर लिखी सामग्री संकलित है। विधाएँ तीन हैं, परंतु सब में एकता है, एकात्म भाव है। अनेकता में एकता है—यह पुस्तक की विशेषता है। पाठकों को कहीं पुनरावृत्ति दिखाई देगी तो यह पुनरावृत्ति दोष नहीं। राम नाम को बार-बार दोहराना अच्छा लगता है। पुस्तक में वेदों, उपनिषदों, प्राचीन ग्रंथों तथा महापुरुषों, विशेष रूप से विवेकानंद के कथनों को लेखों में ऐसे सँजोया गया है कि वे अंश उस विषय के साथ एकरस होते गए हैं।

आदरणीय श्री कपिल कपूर पूर्व उपकुलपति, जवाहरलाल नेहरू विश्वविद्यालय तथा वर्तमान में बालिका ग्रामीण विश्वविद्यालय, खानपुर, हरियाणा के कुलपति, शिक्षा-जगत् के मूर्धन्य विद्वान्, शोधकर्ताओं के प्रेरणा-पुरुष, हिंदू-विश्वकोश की रचना में सृजनात्मक सहयोगी, ने प्राक्कथन लिखकर इस पुस्तक की गरिमा को बढ़ाया है। मैं हृदय की गहराइयों से उनका आभार प्रगट करता हूँ।

इस पुस्तक की सामग्री के टंकण का कार्य श्री मदनमोहन शर्मा, कार्यालय प्रमुख, शिक्षा-संस्कृति उत्थान-न्यास, नई दिल्ली और श्री राजीव गुप्ता, युवा पत्रकार और श्री जुगल किशोर शर्मा दोनों ने पुस्तक को सजाने और सँवारने का कार्य बड़ी प्रामाणिकता तथा पूजाभाव से किया है, उनका भी मैं हृदय से आभारी हूँ।

—दीनानाथ बत्रा

अनुक्रम

खंड-3

आचार्य का आचार्यत्व जागे

खंड-4

शिक्षा की चुनौतियाँ

खंड–1
शिक्षा का स्वरूप

भारतीय शिक्षा का स्वरूप

शिक्षा का तत्त्व

अंतर्निहित पूर्णता की अभिव्यक्ति करना ही शिक्षा है। शिक्षा जानकारियों का ढेर नहीं है, जो मस्तिष्क में पड़ी रहकर सड़ाँध पैदा करती है। कोई भी ज्ञान बाहर से नहीं आता, सब अंदर ही है। मनुष्य जो कुछ सीखता है, वह वास्तव में आविष्कार करना ही है। आविष्कार का अर्थ है, मनुष्य का अपनी अनंत ज्ञानस्वरूप आत्मा के ऊपर से आवरण को हटा लेना। डेलर्स आयोग के अनुसार, "खजाना अंदर ही है (Treasure from within), उसे अंदर जाकर खोजना और बाहर निकालना ही शिक्षा है।"

शिक्षा के माध्यम से चरित्र-निर्माण तथा व्यक्तित्व का विकास होता है। चरित्र-निर्माण एक साधना है और व्यक्तित्व-विकास एक आध्यात्मिक यात्रा है। बालक एक बोतल नहीं है, जिसमें जानकारी भर दें और उसपर ढक्कन लगा दें। बालक एक आध्यात्मिक प्राणी है। उसके अंदर की ऊर्जा तथा आध्यात्मिकता को प्रगट करने के अवसर प्रदान करना ही शिक्षा का उद्देश्य है। शिक्षा केवल व्यक्ति-विकास के लिए नहीं, अपितु समूचे समाज के विकास के लिए और समग्र मानवता के विकास के लिए ही है। शिक्षा का स्वरूप अखंडमंडलाकार है। शिक्षा के माध्यम से हम सप्तपदी यात्रा पूर्ण करते हैं। हम अहम् से त्वम्, वयम् से सर्वम् तक जाते हैं। व्यष्टि से समिष्ट तक पहुँचने का उपक्रम शिक्षा के माध्यम से ही होता है।

कहा जाता है कि शिक्षा आम आदमी के लिए है। आम आदमी तो कोई भी नहीं होता। हम सब परमपिता परमात्मा की संतानें हैं, परंतु हम आवरणों के कारण से अपने को नहीं पहचानते हैं। आवरण हटते ही हम कहने लगते हैं—"मैं तो था उसी का ही श्वास, जिसे चुरा लाया यह विश्व समीर।" शिक्षा का संबंध देश की धरती तथा देश की संस्कृति से जुड़ा होना आवश्यक है। यूनेस्को ने ठीक ही कहा है—"किसी भी देश की शिक्षा उसकी धरती तथा संस्कृति से जुड़ी होनी चाहिए (The education of each and every country should be rooted to its culture and wedded to its growth)।" शिक्षा

जीने और जीवन के लिए है, अर्थात् हम स्वावलंबी बनते हैं तथा जीवन जीने की कला भी सीखते हैं। हम जब कहते हैं कि शिक्षा व्यवसाय आलंबित होनी चाहिए, तो हम व्यक्ति को केवल व्यवसाय के लिए ही शिक्षित करना चाहते हैं। अपितु गांधीजी के अनुसार, "शिक्षा रोजगारोन्मुख न होकर, रोजगार उत्पादक होनी चाहिए और जीवन के सर्वांगीण विकास के लिए होनी चाहिए।"

शिक्षा का लक्ष्य

अपने पूर्वजों के कथनानुसार शरीर, प्राण, मन, बुद्धि तथा आत्मा के लिए ज्ञान, शील, विवेक और पुरुषार्थ, ज्ञान-विज्ञान की परंपरा का बोध कराना ही शिक्षा का लक्ष्य है।

मनीषियों की स्मृति को जीवित और गतिशील रखना विद्या-परंपरा का रक्षण-पोषण और संवर्धन करना ही शिक्षा का लक्ष्य है। हर समाज अपनी अपनी ज्ञान-परंपरा, सांस्कृतिक धरोहर, पूर्वजों का ज्ञान, उनके कौशल को आगे बढ़ाता है और जो आवश्यकता होती है, वह दुनिया से लेता-देता भी है। ज्ञानात्मक आदान-प्रदान में निश्चय ही इस बात का ध्यान रखा जाना उचित है कि हम वह ज्ञान लेते हैं, जो हमारी समृद्धि में सहायक बने। यह देने की बात प्रभावकारी और परिणामकारी तब बनती है, जब हम स्वयं शिक्षा की दृष्टि से पुष्ट, तुष्ट तथा प्रबुद्ध हों।

शिक्षा का अधिकारी व्यक्ति/अधिकारतंत्री

शिक्षा का अधिकारतंत्री कभी शिक्षा का अधिकारी नहीं हो सकता। शिक्षा का अधिकारी व्यक्ति वह है, जिसने जीवन का मूलभाग शिक्षा में ही लगाया हो। साथ-ही-साथ वह शिक्षक भी हो, जिसमें प्रतिबद्धता हो और शिक्षा से प्यार हो। जिसके जीवन में शिक्षा ही प्रथम वरीयता हो। विनोबा भावेजी के शब्दों में, "वह शिक्षक आचार्य कुल का एक वंशज होता है। वह कभी मास्टर नहीं हो सकता। वह आचार्य ही होगा, जिसने अपने आचरण से शिक्षा को दिशा प्रदान की हो।"

हमारे यहाँ शिक्षा के लक्ष्य-निर्धारण की प्रक्रिया क्या है, यह हम सभी जानते हैं। मानव संसाधन एवं विकास मंत्री इस निर्धारण प्रक्रिया के वैधानिक शिखर-पुरुष हैं। उनके साथ राज्य मंत्री और उपमंत्री सहयोग के लिए होते हैं। उनके बाद शिक्षा-सचिव हैं, संस्कृति-सचिव हैं। फिर प्रत्येक सचिव के अधीन अतिरिक्त सचिव और विविध संयुक्त सचिव हैं। संभवतः आठ या दस संयुक्त सचिव मंत्रालय में हैं। साथ ही शिक्षा सलाहकार और संयुक्त शिक्षा सलाहकार हैं। उनके अधीन विविध उपसचिव हैं, उपशिक्षा सलाहकार हैं। फिर विविध अवर सचिव हैं। सहायक शिक्षा अधिकारी हैं। सहायक सलाहकार हैं। विविध निदेशक हैं। अनुभाग अधिकारी हैं। विविध स्तरीय शिक्षा का स्वरूप-निर्धारण मूलतः ये अधिकारी ही करते हैं। राज्यों में भी इससे मिलती-जुलती निर्धारण प्रक्रिया है। यह अधिकार

तंत्री ही करते हैं, बुद्धिधर्मी नहीं, वे प्रशासक हैं, व्यवस्था शिल्पी नहीं।

केंद्रीय स्तर पर शिक्षा-नीति के विमर्श और संचालन के लिए केंद्रीय शिक्षा सलाहकार परिषद् है, विश्वविद्यालय अनुदान आयोग है, राष्ट्रीय शैक्षणिक अनुसंधान एवं प्रशिक्षण परिषद् है, फिर अध्यापक शिक्षा पर विचार के लिए राष्ट्रीय स्तर पर राष्ट्रीय अध्यापक शिक्षा परिषद् बनी है। राज्य स्तर पर अवर सचिव या सहसचिव के निर्देशन में शिक्षा संचालक हैं। अतिरिक्त उप, सह तथा क्षेत्रीय शिक्षा-संचालक हैं। जिला विद्यालय निरीक्षक हैं और फिर उपनिरीक्षक आदि हैं। उधर जिला परिषदें हैं, पंचायत समितियाँ हैं। ये सब शिक्षा को निर्देशित करती हैं। ऐसा एक विराट् तंत्र एक अत्यंत प्रतिभाशाली और ज्ञानी, मानव संसाधन विकास मंत्री की तथा वैसे ही ज्ञानी सचिवों, संयुक्त सचिवों, उपसचिवों, निदेशकों, संचालकों आदि की तो यदाकदा अपेक्षा करता है, दूसरी ओर हमारे यहाँ गत 66 वर्षों में चलन कुछ ऐसा रहा है कि कोई भी राजनेता कभी भी मानव संसाधन विकास मंत्री या शिक्षा मंत्री हो जाएगा, कुछ समय बाद वह पेट्रोलियम मंत्री हो जाएगा। इस समय की माँग है, उन दोनों में क्या रिश्ता है—यह केवल यदि हम याद करें तो उसमें से कुछ रास्ता निकले।

अखिल भारतीय शिक्षा-सेवा, अखिल भारतीय संस्कृति-सेवा, अखिल भारतीय सेवा-आयोग

कोठारी आयोग ने सुझाव दिया था कि मानव संसाधन विकास मंत्रालय के सचिव और सलाहकार किसी प्रशासक के बजाय श्रेष्ठ शिक्षाशास्त्री होना चाहिए। उनका यह भी सुझाव था कि मंत्रालय में विभिन्न महत्त्वपूर्ण पदों पर 50 प्रतिशत स्थान प्रमुख शिक्षाशास्त्रियों के लिए होने चाहिए। यह भी सुझाव था कि राष्ट्रीय स्तर पर भारतीय शिक्षा-सेवा (Indian Education Service) को आरंभ किया जाए। इस सेवा के अतिरिक्त भारतीय संस्कृति-सेवा (Indian Cultural Service) को भी प्रारंभ किया जाना उचित होगा। शिक्षा-क्षेत्र में प्रत्येक व्यक्ति को अपनी सांस्कृतिक धरोहर से संबंध बनाए रखना उचित है और यह भारतीय स्तर की सेवा शिक्षा में काम करनेवाले शिक्षकों, आचार्यों तथा शिक्षाशास्त्रियों के लिए सेवा प्रदान करेगी। अखिल भारतीय समाज सेवा आयोग (All India Social Service Commission) के माध्यम से यह सुनिश्चित किया जाए कि प्रत्येक प्रमाण-पत्र तथा उपाधिधारक विद्यार्थी के लिए यह आवश्यक है कि वह अपने व्यवसाय में प्रवेश से पूर्व एक वर्ष का काल समाज-सेवा को समर्पित करे। आयोग का यह दायित्व होगा कि ऐसे छोटे-छोटे सेवा-कार्यों के प्रमाण-पत्र पाठ्यक्रम (डिप्लोमा) तैयार करें। ऐसी तीन सेवाओं से शिक्षा का स्वरूप सुधरेगा और बदलेगा। शिक्षा स्वदेशी बनेगी और स्वदेशी के माध्यम से ही शिक्षा मजबूत होगी।

गांधीजी के शिक्षा संबंधी विचार

1. गांधीजी पर्यावरण शिक्षा के बड़े हिमायती थे। पर्यावरण के साथ जो उनका प्रेम था, वह स्वच्छ पर्यावरण के लिए, स्वच्छता के लिए, जल और वायु के प्रदूषण से मुक्त समाज के लिए। सामान्य हाईजीन की दृष्टि से वे बहुत चिंतित थे। यदि गांधीजी के अनुरूप शिक्षा हो तो उसमें पर्यावरण का योगदान महत्त्वपूर्ण होना आवश्यक है।
2. हर भारतवासी तथा हर प्राणी शिक्षित हो। शिक्षा का सार्वजनीकरण तथा समाजीकरण हो, जैसे बछड़े का संबंध गाय से रहता है, वैसे बालक की शिक्षा का संबंध मातृभाषा से होना चाहिए।
3. गांधीजी का सदा यह मंतव्य था कि भारत एक स्वाभिमानी राष्ट्र बने। अपने आपको पहचाने। विश्व सभ्यता व संस्कृति में भारत के योगदान के बारे में भी उसे अनुशीलन और चिंतन करना चाहिए।
4. ज़ो योग्य है, उचित है, आज की दृष्टि से जो सार्थक है, उसको ग्रहण करें और आगे बढ़ाएँ तथा जो कुछ अन्य क्षेत्रों से विद्या आती है, ज्ञान आता है, उसको भारत के अनुरूप ढालकर उसे ग्रहण करें। हमें विदेशों की कार्बन कॉपी नहीं बनना है। भारत को भारत ही रहना है।
5. अगर हम बहुत खर्चीले मॉडल्स लेंगे और पाठ्यक्रमों को पढ़ाने की विधियों को भी बहुत अधिक खर्चीला करेंगे तो वह हमारे देश के लिए सार्थक नहीं होगा।
6. हमारे शिक्षकों का प्रशिक्षण भारत की धरती से जुड़ा हो। भारत के जीवन-मूल्यों को आत्मसात् करता हो। व्यक्ति और समाज के बारे में जो हमारे देश की कल्पनाएँ थीं, उनको आत्मसात् भी करें, उनको उजागार करें और उनको आगे बढ़ाएँ।
7. हमारी शिक्षा में आध्यात्मिकता का समावेश होना चाहिए।
8. अगर आप सभ्य समाज चाहते हैं, जो नैतिकता पर आधारित हो, उसके लिए आध्यात्मिक तत्त्वों तथा मूल्यों का समावेश होना आवश्यक है।
9. हमारे देश के शिक्षाकर्मी, पाठ्यक्रम निर्माता, सभी महानुभाव कथित बातों पर गहराई से विचार करेंगे और शिक्षा का एक आदर्श-मॉडल तैयार करेंगे।
10. शिक्षा स्वदेश के लिए होगी और स्वदेशी होगी, स्वदेशी विचारों और परंपराओं के अनुकूल होगी।
11. यह आवश्यक नहीं कि संसार से केवल लेते ही चलें, बल्कि यह अति आवश्यक है कि हम संसार को कुछ देते भी चलें।

□

भारतीय शिक्षा का उद्देश्य

शिक्षा का उद्देश्य एक है अथवा अनेक, यह शाश्वत है अथवा परिवर्तनशील, इसको उदार एवं सुसंस्कृत बनाने में सहायता प्रदान करने के लिए राष्ट्रीयता अथवा अंतरराष्ट्रीयता, इन दोनों में से किसको प्राथमिकता दी जाए, इन सभी समस्याओं के समाधान का आधार भिन्न-भिन्न देशों में समाज एवं राष्ट्र की युगीन माँगें, आवश्यकताएँ एवं स्थायी महत्त्व के मूल्य ही रहे हैं।

शिक्षा के उद्देश्यों के संबंध में सुगमता से अनेक प्रकार के प्रचलित उत्तरों की एक लंबी शृंखला बन सकती है। जहाँ एक मत के अनुसार शिक्षा का उद्देश्य स्वस्थ मन का निर्माण करना है, दूसरे के अनुसार इसका उद्देश्य चरित्र का निर्माण करना है तथा तीसरे के अनुसार यह हमें पूर्ण जीवन के लिए तैयार करती है। ये सभी उत्तर तभी तक संतोषजनक प्रतीत होते हैं, जब तक कि हम यह न पूछें कि किस प्रकार के शरीर का निर्माण वांछनीय है। पूर्ण जीवन में किन क्रियाओं का समावेश होता है अथवा स्वस्थ मन के क्या लक्षण हैं? इन प्रश्नों का उत्तर भी विभिन्न देशों के आदर्श, दर्शन, विश्वास के आधार पर भिन्न-भिन्न रूपों में हमारे सम्मुख उपस्थित हुए हैं। भारतीय मनीषियों ने इस विषय पर विचार करते हुए कुछ ऐसे सिद्धांत प्रतिपादित किए हैं, जो एक स्थिर शैक्षिक नीति का आधार बन रहे हैं और आज भी उनका वैसा मूल्य है, जैसा प्राचीनकाल में था। शिक्षा जीवन के लिए तैयारी है। यह जीवन के लिए ही होती है, अतः शिक्षा के उद्देश्य का जीवन के उद्देश्य के साथ घनिष्ठ संबंध है। शिक्षा का उद्देश्य ऐसे वातावरण का सृजन करना है, जिसमें बालक के व्यक्तित्व का सर्वांगीण विकास हो सके और वह जीवन के चरम लक्ष्य को प्राप्त कर सके।

भारतीय मनीषियों ने इस तथ्य को सम्मुख रखकर जीवन के उद्देश्य को शिक्षा-नीति का एक स्थिर आधार मानकर शिक्षा-संबंधी अनेक प्रश्नों का उत्तर दिया है। पूर्ण व्यक्तित्व के विकास के लिए प्राचीन भारतीय चिंतकों ने पुरुषार्थ-चतुष्टय अर्थात् धर्म,

अर्थ, काम और मोक्ष को मानव जीवन का परम उद्देश्य निर्धारित किया था। शिक्षा का उद्देश्य व्यक्ति को शारीरिक, मानसिक, बौद्धिक, आध्यात्मिक तथा पारिवारिक दृष्टि से सुख-वैभव संपन्न कराना है। जीवन के परम लक्ष्य मोक्ष को प्राप्त कर सके, यह सब उसे धर्म के पहरे में ही करना है।

भारतीय परंपरा

भारतीय परंपरा में धर्म शब्द किसी मत विशेष व किसी प्रकार की पूजा-पद्धति या संप्रदाय का वाचक नहीं। धर्म ऐसे नैतिक नियमों का नाम है, जिससे व्यक्ति का अपना कल्याण होता है तथा उसका पूर्ण समाजीकरण हो सकता है। महाभारत के अनुसार धर्म का अर्थ निम्नलिखित है—

श्रूयतां धर्मसर्वस्वं श्रुत्वा चैवावधार्यताम्
आत्मनः प्रतिकूलानि परेषां न समाचरेत्।

दूसरों के प्रति ऐसा व्यवहार न करना, जो स्वयं अपने आपको रुचिकर न हो, वह ही धर्म है। धैर्य, सहिष्णुता, सत्य, प्रेम, संयम, अपरिग्रह आदि ऐसे सद्गुण हैं, जिनके धारण करने से व्यक्ति का समाज के जीवन के साथ पूर्ण सामंजस्य स्थापित हो सकता है। शिक्षा का प्रथम उद्देश्य ऐसे सद्गुणों को उत्पन्न करना है, जिन पर व्यक्ति, परिवार तथा समाज का कल्याण व हित निर्भर है।

धर्म की उक्त व्याख्या से यह स्पष्ट है कि जीवन के परम लक्ष्य को प्राप्त करने के लिए व्यक्ति को सामाजिक कर्तव्य भावना से ओत-प्रोत होकर अपने निर्दिष्ट स्थान पर पहुँचना है। शिक्षा का उद्देश्य इस भावना को जाग्रत् रखता है।

डॉ. उल्तेकर ने 'प्राचीन भारत में शिक्षा' नामक पुस्तक में लिखा है कि धर्म की भावना, चरित्र-निर्माण, व्यक्तित्व का विकास, सामाजिक समर्थता की समुन्नति और राष्ट्रीय संस्कृति का विस्तार ही प्राचीन शिक्षा का उद्देश्य था।

शिक्षा के इस उद्देश्य को सम्मुख रख हमारे प्राचीन आचार्यों ने बालक को संबोधित कर कहा है—"शुक्रोऽसि, भुजोऽसि, स्वरसि, ज्योतिरसि, आधृहि श्रेयांसमतिसमंक्राम।"

हे बालक, तू ज्ञान-संपन्न है, शत्रुओं को भून डालनेवाला है। आनंदमय और ज्योतिस्वरूप है। तू परम कल्याण को प्राप्त हो और जीवन की दौड़ में अपने समवयस्कों से आगे बढ़ जा।

इस आह्वान में बालक के सर्वांगीण विकास, अर्थात् शारीरिक, मानसिक तथा आध्यात्मिकता विकास की बात कही गई है। साथ ही यह भी कहा गया है कि उसके जीवन का लक्ष्य, परम कल्याण अर्थात् मोक्ष प्राप्त करना है।

प्राचीन शिक्षा का यह उद्देश्य अपने में इतना पूर्ण है कि आधुनिक शिक्षाशास्त्रियों

ने भी अपने-अपने देशों के लिए इसे स्वीकार किया है।

राडन का कथन है—"शिक्षा का परिपक्व मन व अपरिपक्व मन पर शिक्षण विधि द्वारा डाला गया एक योजनाबद्ध तथा व्यवस्थित प्रभाव है, जिसके फलस्वरूप व्यक्ति की व्यक्तिगत एवं सामाजिक, आध्यात्मिक तथा सौंदर्यबोध संबंधी क्षमताओं का संतुलित व पूर्ण विकास होता है। इसका उद्देश्य व्यक्ति का परमब्रह्म में विलय प्राप्त करना है।"

सर आपर्सीनन का कहना है—

"हमारे महान् प्रयत्न का उदात्त उद्देश्य है आध्यात्मिक सिद्धि, व्यक्ति के महत्त्व को हर मूल्य पर ढूँढ़ना और हर मूल्य पर उसे प्राप्त करना तथा हर मूल्य पर सुरक्षित रखना। शिक्षा के लिए इससे कोई और ऊँचा आदर्श प्राप्त नहीं हो सकता।"

जापान की शिक्षा-पद्धति का उद्देश्य 30 अक्तूबर, 1910 को जापानी सम्राट् मेइजी ने शिक्षा-नीति के संबंध में जो घोषणा की थी, उसमें जापान की शिक्षा के उद्देश्य स्पष्ट रूप से समाहित हो गए हैं। "हे प्रजाजन! तुम यह जान लो कि हमारे राजसी पूर्व-पुरुषों ने हमारा साम्राज्य अत्यंत उदार आधार पर स्थापित किया था और शील को अत्यंत गहरे और दृढ़ रूप में स्थापित किया था। चरित्र की पराकाष्ठा में हमारी शिक्षा का स्रोत निहित है। तुम अपने माता-पिता के प्रति विनीत रहो और उनका सम्मान करो, अपने भाइयों और बहनों से स्नेह करो, पति और पत्नी के रूप में एकचित्त होकर रहो। सदा विनीत और नम्र रहो। सबके प्रति उदारता का व्यवहार करो। ज्ञानार्जन करो। नैतिक शक्तियों को पूर्ण तथा सशक्त बनाओ। लोकहित और सर्वहित की भावना को सर्वोपरि रखो।"

उपर्युक्त उद्देश्यों को सम्मुख रखकर हम शिक्षा के उद्देश्य के संबंध में कोई ठोस बात कहने की स्थित में पहुँच गए हैं। उद्देश्य कथन के लिए हमें आगे और पीछे देखना चाहिए। एक शिक्षाविद् का यह मत ठीक है, "शिक्षक को आगे और पीछे देखना आवश्यक है। आगे उन परिवर्तनों को देखना पड़ता है, जिनका लाना समाज को जीवित रखने के लिए जरूरी होता है और पीछे उन ऐतिहासिक एवं स्थायी महत्त्व के मूल्यों को देखना पड़ता है, जो सुरक्षित तथा सुसंस्कृत-समाज के लिए अपरिहार्य हैं।"

यदि हम आगे देखें तो आज जिसमें सामाजिक तथा आर्थिक विषमताएँ, बेकारी, पुरानी सभी मान्यताओं एवं मूल्यों का उन्मूलन, स्वार्थपरता, चरित्रहीनता—यह सब विकराल मुख खोलकर अपने देश की शक्ति को ग्रस रहे हैं। इन परिस्थितियों को बदलने के लिए हमें शिक्षा के उद्देश्य के संबंध में यह कहना होगा कि इससे देश के नवयुवकों में प्रखर एवं विशुद्ध राष्ट्रीयता का निर्माण हो।

सच्चे राष्ट्रीय भाव से प्रेरित नवयुवक न केवल अपने व्यक्तित्व का पूर्ण विकास कर देश की प्रगति में सहयोग देंगे, अपितु अपनी क्षमताओं, इच्छाओं तथा योग्यताओं को

राष्ट्रीय-हित के लिए न्योछावर कर सकेंगे। व्यक्ति पूजा के स्थान पर राष्ट्रपुरुष की आराधना करेंगे, यही उनके लिए आराधना तथा अर्चना है। स्वामी विवेकानंद ने भी सभी देवी और देवताओं की उपासना त्याग कर भारत माँ की उपासना की शिक्षा दी है।

सन् 1911 में द लॉर्ड बैलफोर ने भी अपने देश के लिए कथित बात लागू करने को कहा था। उन्होंने कहा था, "शिक्षा का उद्‌देश्य यह है कि बालक यह समझ ले कि वे एक महान् और पूर्ण जाति के अंग हैं, जो उन्हें प्रेरणा और बल दे सकते हैं।" इस उद्‌देश्य को हम निस्संकोच स्वीकार कर सकते हैं और इसे अपने शब्दों में निम्नलिखित ढंग से कहा जा सकता है—

"शिक्षा का वास्तविक उद्‌देश्य है—व्यक्ति के चरित्र का निर्माण करके समूचे राष्ट्र तथा समाज को चरित्रवान बनाना। शिक्षा का दायित्व है—व्यक्ति के स्वस्थ शरीर में स्वस्थ मस्तिष्क का विकास करना। शिक्षा का प्रथम कर्तव्य है—व्यक्ति तथा व्यक्तिगत हितों की समता में सामाजिक हितों को प्रश्रय देने की प्रवृत्ति को महत्त्व देना है।" धर्म तथा शिक्षा के प्रधान उद्‌देश्यों में समानता है। शिक्षा का उद्‌देश्य मनुष्य में शुद्धता और पवित्रता की भावना का विकास करना है। आध्यात्मिक और नैतिक जीवन व्यतीत करने के लिए व्यक्ति में क्षमता का विकास करना शिक्षा का प्रमुख उद्‌देश्य है।

ज्ञान, इच्छा तथा क्रिया धर्म के सोपान हैं। ज्ञान के बिना धर्म अंधा, इच्छा के बिना निष्प्राण तथा क्रिया के बिना लूला-लँगड़ा होता है। तीनों के सामंजस्य में ही जीवन की पूर्णता निहित है। शिक्षा का उद्‌देश्य इन तीनों में सामंजस्य स्थापित करना है। प्राचीन शिक्षा के उद्‌देश्य को आधार मानकर यह कहा जा सकता है कि शिक्षा का यथार्थ रूप है—व्यक्ति के बौद्धिक उत्कर्ष के अनुपात में उसके हृदय की भावना का विकास करना। तात्पर्य है बुद्धि एवं हृदय का संतुलित समुत्कर्ष करना, फुरतीले शरीर में व्यवहारशील मस्तिष्क रखना तथा आवश्यक ज्ञान प्राप्त कर अपने व्यक्तिगत तथा पारिवारिक जीवन को सुख-संपन्न बनाकर मोक्ष को प्राप्त करना। इन सभी उद्‌देश्यों का विश्लेषण करने पर सार रूप में ऐसा कहा जा सकता है कि बालक की शिक्षा—

1. ऐसी हो कि वह स्वस्थ शरीर, संयत मन, सुशील स्वभाव तथा व्यावहारिक बुद्धि प्राप्त करके भले काम से जीविका कमा सके।
2. ऐसी हो कि वह उदार, परसेवी, देशप्रेमी, पर-हितैषी, सच्चरित्र, सद्‌भावनायुक्त होकर राष्ट्र तथा समाज का सहयोगी सदस्य हो सके।
3. ऐसी आध्यात्मिक हो कि वह इस लोक में सब प्रकार का भौतिक सुख प्राप्त करके शरीर छोड़ने पर मुक्ति प्राप्त कर सके।
4. ऐसी धार्मिक हो कि उसके ज्ञान, इच्छा तथा क्रिया में कोई अंतर न हो।

अंत में प. पूज्य श्रीगुरु गोलवलकरजी के इस संबंध में विचारों को उद्‌धृत कर

अपने विषय को समाप्त करता हूँ—

"हम समर्थ बनें, व्यक्ति-व्यक्ति के जीवन में सद्‌गुणों का जागरण कर आत्मिक शक्ति उत्पन्न कर समग्र समाज को सूत्रबद्ध करके एक शक्ति का विकास करें। इन शारीरिक, मानसिक व आत्मिक शक्तियों के द्वारा चतुर्विध पुरुषार्थ के अधिष्ठान पर निर्माण किया गया जीवन सुखी, परंतु सुख-लोलुप नहीं, समृद्ध परंतु समृद्धि में फँसा नहीं, अंतिम लक्ष्य की उपासना में लीन एवं आदर्श-जीवन का निर्माण ही अपनी शिक्षा का आदर्श है।"

□

चरित्र-विकास—एक साधना

महर्षि वाल्मीकि ने प्रभु राम का धर्मशील चरित्र, मानव जीवन का आदर्श स्थापित करने के लिए काव्यबद्ध किया है। चरित्र का महत्त्व बताते हुए उन्होंने लिखा है—

कुलीनमकुलीनं वा वीरं पुरुषमानिनम्।
चारित्रमेव व्याख्याति शुचिं वा यदि वाशुचिम्॥

चरित्र ही बताता है कि कौन पुरुष कुलीन है, कुलहीन है, वीर है, अमानी है, पवित्र है, अपवित्र है।

हमारे विचार—हमारा भाग्य

विश्व में कुछ भी अच्छा-बुरा नहीं है, विचार ही अच्छाई तथा बुराई का सृजन करते हैं। शरीर विचार नहीं बनाते, अपितु विचारों से शरीर बनता है, हमारे विचार ही शब्दों में परिवर्तित होते हैं, हमारे शब्द ही कर्मों में परिणित होते हैं। हमारे कर्म ही हमारी आदतें बनते हैं, हमारी आदतों से हमारा चरित्र बनता है और हमारा चरित्र ही हमारा भाग्य-निर्माता है।

मनुष्य वही है, जो उसके विचार हैं। महात्मा बुद्ध का कथन है—"जो हम आज हैं, वह वस्तुतः हमारे विचारों का फल है।" कहा गया है—"What the mind conceives, believes, the mind can achieve." मन जो विचार करता है और उन पर निष्ठा रखता है, मन का निश्चय ही उन विचारों को सफलता के सोपान पर ले जाता है। विचारों की दृढ़ता तथा संकल्प, पर्वतों को भी हिला देती है। (Thoughts move the mountains)

मन क्या है?

प्रत्येक शब्द का चित्र होता है। माँ कहते ही हमारे सम्मुख करुणामयी तथा वात्सल्य की साक्षात् मूर्ति दिखाई देती है। हमने कहा पुस्तक, पेंसिल, स्याही, जो भी उनके चित्र

हैं, वे सामने आते जाएँगे। वासना शब्द उच्चारण करते ही स्वच्छंद, निर्लज्ज रमणी की तस्वीर को हम देखते हैं। मन और मस्तिष्क में वासनाजन्य क्रियाएँ हमें विचलित करती हैं। Our Mind is Videographer and tape recorder, जो हम देखते हैं, सुनते हैं, बोलते हैं और करते हैं, अच्छे-बुरे विचारों के अनुकूल चित्र बनते हैं और इनका समूह मन है। मन के एक ओर सकारात्मक सुंदर अच्छे चित्र हैं और दूसरी ओर नकारात्मक बुरे चित्र। इन चित्रों के आधार पर हमारा सकारात्मक तथा नकारात्मक मानसिक स्वभाव बनता है। इस मन के नीचे सूक्ष्म चित्रगुप्त बैठा है, जो हमारे जीवन की चित्र-पुस्तिका तैयार करता है और अंत समय में वह यमराज को प्रस्तुत करता है। यदि हम संसार को बदलना चाहें तो हमें सकारात्मक विचारों को वायुमंडल की परतों में प्रेषित करना होगा। सकारात्मक मानसिक स्वभाव में ऊर्जा का वास है। इस ऊर्जा के प्रसारण से वातावरण का प्रदूषण समाप्त होता है, तमस मिटता है और प्रकाश होता है।

हम किसी की बुराई न करें। अपने विचारों तथा सकारात्मक सोच से उससे अच्छा व्यवहार करें तो हम अपना ही भला करते हैं और सामनेवाले की बुराई धीरे-धीरे समाप्त हो जाती है।

स्वामी विवेकानंद कहते हैं, ''The remedy for weakness is not brooding over weakness but think of strength that is already within you.''

दुर्बलता का मुकाबला उस शक्ति से करें, जो पहले से तुम्हारे में अंतर्निहित है।

वेदांत में भी कहा गया है—''हम जैसा सोचते हैं, वैसा ही बनते हैं। यदि हम मन में सोच लें कि यह काम मैं कदापि नहीं कर सकता तो कभी भी नहीं कर पाएँगे। आप पवित्र तथा पूर्ण हैं और जिसे आप पाप कहते हैं, वह आप का नहीं है। आप ऊँचाई की ओर आगे बढ़ें। कभी मत कहें कि मैं यह नहीं कर सकता, आप कोई भी और प्रत्येक कार्य कर सकते हैं। आप सर्वशक्तिमान के अंश हैं।''

चरित्रवान बनें—सकारात्मक सोच, स्वभाव तथा ऊर्जा से जो आप चाहते हैं, वह सब कर सकते हैं। इस लक्ष्य की प्राप्ति के लिए—

- समर्पित भाव चाहिए।
- अपने शरीर को नहीं, चरित्र को सँवारिए।

क्रिया का बीज बोएँगे तो आप आदत की फसल काटेंगे। आदत का बीज बोएँगे तो संस्कारी बनेंगे और चरित्र की फसल उगेगी, चरित्र ही हमारा भाग्य-निर्माता है। ज्ञान, भावना तथा क्रिया के आधार पर हमारा जीवन तीर्थराज बनता है। अत: हम सदा अच्छा देखें, अच्छा सुनें, अच्छा बोलें तथा अच्छा करें। Keep your mind on things that you want and off the things that you don't want. मन को अच्छी वस्तुओं पर केंद्रित करें, बुराई पर नहीं। लोगों से स्नेह करें, दूसरे के दु:ख-दर्द में सहायक हों। आँखों

से आँसू पोंछकर दूसरों के चेहरे पर मुसकान लाएँ।

जब आप त्याग कर भोजन करते हैं तो आपके सुख का मूल्य दोगुना हो जाता है और जब आप जोड़ते जाते हैं तो आपका मूल्य घट जाता है। यह जोड़-घटा गणित के प्रश्न हैं। आदेश तथा उपदेश से नहीं, मन के संदेश तथा अपने जीवन के उदाहरण से साथियों को प्रेरित कीजिए।

माँ शारदा कहती है—"यदि आप मन की शांति चाहते हैं तो छिद्रान्वेशी न बनें, त्रुटियाँ यदि ढूँढ़नी हैं तो अपनी ढूँढ़िए।"

चरित्रवान व्यक्ति गुणधाम

छोटे-छोटे कार्य जो हम दैनिक जीवन में करते हैं, उनका समूह ही 'चरित्र' है। कार्य कितना भी छोटा हो, उसे अस्थिर मन से करने से जीवन में सफलता प्राप्त नहीं होती। कोई भी कार्य छोटा नहीं होता, बड़े लोग भी जब कोई छोटा कार्य करते हैं तो छोटे नहीं हो जाते। छोटे व्यक्ति भी बड़े काम कर सकते हैं और समय की रेत पर पदचिह्न छोड़ सकते हैं। Inshort measures life may perfect be. सभी बड़े-बड़े युद्ध छोटी-छोटी लड़ाइयों से जीते गए हैं। लघु कार्य भी पूर्ण तथा पूजाभाव से करना चरित्रवान व्यक्ति का भूषण है। योगी वसिष्ठजी का कहना है, "संसार में कोई भी कार्य ऐसा नहीं है, जो प्रामाणिकता तथा परिश्रम से सिद्ध नहीं किया जा सकता है।" प्रयास बहुत बड़ी पूजा है। स्वामी विवेकानंदजी कार्य को पूजा मानते हैं। छह कदम आगे बढ़ाना मानव की परिश्रमशीलता है, सातवाँ कदम ईश्वर की कृपा है। शब्दकोश में सफलता से पहले परिश्रम शब्द आता है। एकाग्रचित्तता, व्यवस्थाप्रियता, पूजाभाव से किया गया कर्म, ईश्वर की कृपा, जीवन में सफलता के ये चार स्तंभ हैं। चरित्रवान व्यक्ति को जीवन में बाह्य, आंतरिक स्वच्छता रखनी चाहिए।

स्वामी विवेकानंदजी ने कहा है—"The sheet of our character should be so clean that there should be not even a spot to be found." हमारे चरित्र की चादर इतनी साफ हो कि देखने पर उसमें एक भी धब्बा न मिले।

चरित्रवान व्यक्ति सबल, संतुलित, संयमी, सद्विचारी, सत्यान्वेषी, स्वच्छ, सुव्यवस्थित तथा सेवाभावी होता है। वह अपने कार्य की सूची और उसके अनुसार दिनचर्या बनाता है। A person who is listless is lustless. (कार्यसूची रहित व्यक्ति प्रभाहीन होता है) चरित्रवान गुणों का धाम होता है।

चरित्रवान व्यक्ति–समय प्रबंधक

हमारे जीवन की सफलता का मापन इसमें है कि हम हर क्षण, हर घंटा, हर दिन

कैसे जीते हैं? रात्रि को सोने से पूर्व आत्मावलोकन करते हैं कि आज का दिन कैसा व्यतीत हुआ? नकारात्मक ऊर्जा प्रसारण से विचार प्रदूषित तो नहीं हुए? अच्छे तथा बुरे दैनिक कामों का चिट्ठा तैयार करके सोना चाहिए। जो मैं आज हूँ, अब नहीं रहूँगा। बेहतर कार्य करने के लिए कल जागूँगा और कार्य करूँगा। दिन के अवसान का यह संकल्प होना चाहिए।

विक्टर ह्यूगो ने लिखा है—"Before going to sleep have good expectation, love and forgiveness are your pillow. Then you will wake up in the morning with overwhelming joy and happiness." अच्छी आशाओं, प्यार तथा क्षमा का सिरहाना लेकर सो जाओ। प्रात: आप अत्यधिक आनंद तथा प्रसन्ता लेकर जागेंगे। वेदों में कहा गया है कि हजारों हाथों से धन कमाएँ और सहस्रों से अभाव ग्रस्त लोगों की मदद करें—"त्यक्तेन भुञ्जीता:।" त्याग से भोजन करें।

तैत्तिरीय उपनिषद् में चरित्रवान बनने के लिए कहा है, "सत्यवद-धर्म चर," स्वाध्याय करने में प्रमाद न करें। आइए हम चरित्रवान बनें।

आहार, आचार, व्यवहार

डॉ. डीन ओरनिशी की पुस्तक के पृष्ठ 20 पर वर्णित है कि चिरायु तथा अच्छे स्वास्थ्य के लिए चार बातों पर बल देना चाहिए—

1. संतुलित आहार, 2. व्यायाम, 3. तनाव मुक्त जीवन 4. संयम

आहार, आचार तथा व्यवहार तीनों लंबे तथा अच्छे जीवन के रहस्य हैं। चाणक्य ने मितम्, हितम् तथा ऋतम् भोजन लेने की बात कही है। निर्देश यह है कि भोजन अल्प मात्रा में लेना चाहिए। जो स्वास्थ्य के लिए हितकारी हो, उस भोजन का सेवन करें। ऋतु अनुसार भोजन पदार्थों का चयन करें। चिकित्सा वैज्ञानिकों ने शोध से प्रमाणित किया है—तरल एवं शाकाहारी भोजन चबाकर खाने से शरीर सबल बनता है। बंगाली में कथन है कि रोटी पियो, जल खाओ अर्थात् रोटी को चबाकर ऐसे खाएँ कि उसका रस बन जाए और जल को धीरे-धीरे सेवन करें, एकदम न पिएँ। शाकाहारी भोजन का शरीर पर सकारात्मक प्रभाव पड़ता है। मांसाहारी भोजन रोगों का कारण बनता है।

तैतरीय उपनिषद् में कहा गया है, अन्न ब्रह्म है—"अन्नं ब्रह्मेति व्यजानात।" अन्न का कभी अपमान न करें। अन्न न निच्यात। भोजन पात्र में अन्न का त्यागना भोजन का अनादर है। सात्त्विक अन्न वह है, जो सात्त्विक मन से बनाया जाता है। भोजन बनानेवाले के हाथ तथा विचारों का भोजन करनेवाले के मन तथा विचारों पर प्रभाव होता है। जैसा होगा अन्न, वैसा होगा मन और जैसा होगा मन वैसा होगा तन। अत: चरित्रवान होने के लिए आहार, आचार तथा व्यवहार का ध्यान रखना आवश्यक है।

भगवान् कृष्ण ने गीता के अध्याय 6 के 17वें श्लोक में कहा है—

युक्ताहारविहारस्य युक्तचेष्टस्य कर्मसु।
युक्तस्वप्नावबोधस्य योगो भवतिदुःखहा॥

दुःखों का नाश करनेवाला योग तो यथायोग्य आहार-विहार करनेवाले का, कर्मों में यथायोग्य चेष्टा करनेवाले का और यथायोग्य सोने तथा जागनेवाले का ही सिद्ध होता है।

चरित्र-निर्माण : आचरण का महत्त्व

स्वर्गीय एकनाथजी का कथन है—"A good worker is not known what he eats and what wears, he is known as to how he behaves." बहु पदार्थ भोजन करने तथा अनेक सुंदर कपड़े पहनने से कोई अच्छा कार्यकर्ता नहीं बनता, अपितु वह अपने सद्व्यवहार से बनता है। एक महिला ने स्वामी विवेकानंद पर व्यंग्य किया कि देखिए, इनको कपड़े पहनने भी नहीं आते। स्वामीजी ने उत्तर देते हुए कहा, "In America tailor makes a man but in Bharat character makes a man."

भारत की धारणा है कि चरित्र ही सबकुछ है, इसके नाश होने से सर्वस्व समाप्त हो जाता है। चरित्र ही मनुष्य की शोभा है, आचरण ही उसका धर्म है और यही उसका भूषण है।

पंचवटी में राम और सीता आपस में संवाद कर रहे थे, राम ने कहा, ''सीते! तेरे चरण बहुत ही सुंदर हैं।'' सीता बोली, ''भगवन्, मेरे चरणों की बात आपने कही है, आपके पग की रज प्राप्त करने के लिए जीवन भर लोग ललकते रहते हैं। इसका थोड़ा सा रजकण भी यदि प्राप्त हो जाए तो माथे पर लगाकर अपने को धन्य मानते हैं।'' दोनों एक-दूसरे के पदों की शोभा का वर्णन कई बार जब कर चुके तो लक्ष्मण वहाँ आए और सीता ने उनसे कहा, ''लक्ष्मण, तुम निर्णय करो कि हम दोनों के चरणों में से किस के चरण शोभायमान हैं।'' लक्ष्मण ने विनत भाव से कहा, ''क्षमा कीजिए, आपकी शोभा इन चरणों में नहीं, अपितु आचरण में है।'' यह सुनकर राम और सीता एक-दूसरे के पद निहारकर बहुत ही प्रसन्न हुए और लक्ष्मण अपलक उन चरणों को देखते रह गए। नेताओं, अधिकारियों और प्राचार्यों की शोभा उनके पदों तथा नाम-पट्टिका में नहीं है, अपितु 'आचरण' में ही है।

श्री ईश्वरचंद्र विद्यासागर ने कहा है—''सच है कि हृदय की पवित्रता का पता मधुर शब्दों से नहीं, आचरण से चलता है। समान रूप से सभी के लिए स्नेहमय व्यवहार ही व्यक्ति की उदारता और बड़प्पन को रेखांकित करता है।''

शिक्षा और चरित्र

महात्मा गांधी ने कहा है—"जिस तालीम का असर हमारे चरित्र पर नहीं होता, वह कुछ काम की नहीं होती।"

राज्यसभा की याचिका समिति का विवरण 2 अप्रैल, 2009 को माननीय सभापति को प्रस्तुत किया गया और 9 जून, 2009 को राज्यसभा में प्रस्तुत किया गया। सिफारिशों में कहा गया है—

6.4.3 विज्ञान सम्मत स्वास्थ्य-शिक्षा, नैतिक-शिक्षा, व्यक्तित्व-विकास एवं चरित्र निर्माण, पर्यावरण के प्रति जागरूकता और सामाजिक जागरूकता हेतु उचित एवं आयु विशिष्ट पाठ्यक्रम तैयार किए जाएँ।

6.4.5 अपनी समृद्ध सांस्कृतिक विरासत की जानकारी को विद्यालय के बच्चों के बीच फैलाने की आवश्यकता है। विद्यार्थियों को हमारी परिवार प्रणाली के मूल्यों तथा इन्हें संरक्षित रखने की आवश्यकता के बारे में भी सिखाया जाना चाहिए।

6.4.6 नए पाठ्यक्रम में हमारे महान् संतों, आध्यात्मिक नेताओं, स्वतंत्रता सेनानियों और राष्ट्रीय वीर पुरुषों के जीवन तथा सीख के संबंध में समुचित सामग्री शामिल की जानी चाहिए, ताकि हमारे बच्चे हमारे राष्ट्रीय आदर्शों और मूल्यों को पुन: ग्रहण कर सकें, जिसके परिणामस्वरूप विभिन्न स्रोतों से हो रहे सांस्कृतिक आक्रमण का प्रभाव भी बेअसर हो जाएगा।

6.5 आज हमारे विद्यालय के पाठ्यक्रमों में नैतिक मूल्यों के विषय को पुन: प्रारंभ करने की आवश्यकता है, क्योंकि समाज मानवता के नीतिपरक मूल्य में अपनी अधिकांश आस्था खो रहा है। भारतीय धर्मग्रंथों एवं काव्यों में इन मूल्यों पर हमेशा बल दिया गया है। लंबे समय से एक पारिवारिक उत्तरदायित्व के रूप में समझे जानेवाले नैतिक मूल्य की शिक्षा को किसी भी शैक्षणिक-संस्थान के पाठ्यक्रम का एक महत्त्वपूर्ण हिस्सा बनना चाहिए। किसी समाज के मूल्यों को मजबूत बनाने का उत्तरदायित्व केवल व्यक्तिगत प्रयासों तक ही सीमित नहीं है, वरन् शिक्षकों को भी आवश्यकता की इस घड़ी में अवश्य ही परामर्शदाता की भूमिका अपनानी चाहिए और एक बेहतर विश्व की ओर अग्रसर होने के लिए परिवर्तन लाना चाहिए—एक ऐसा विश्व, जो हमारे इर्द-गिर्द के लोगों के निस्स्वार्थ भाव से ओत-प्रोत हो।

अत: अब यह महत्त्वपूर्ण हो गया है कि विद्यालय तथा महाविद्यालयों के सभी विषयों के शिक्षक एक महत्त्वपूर्ण गतिविधि के रूप में नैतिक-शिक्षा की आवश्यकता पर बल दें।

राष्ट्रीय शिक्षा आयोग (1964-66) के अध्यक्ष प्रो. डी.एस. कोठारी ने एक बार टिप्पणी की थी कि यदि उन्हें शिक्षा आयोग की अध्यक्षता करने का अवसर मिला तो वे इसे 'राष्ट्रीय विकास के लिए शिक्षा' नहीं, अपितु 'चरित्र-निर्माण के लिए शिक्षा' का

नाम देंगे। राष्ट्रीय शिक्षा–नीति, जो अब करीब 25 साल पुरानी हो चुकी है, उसे नया रूप देने की आवश्यकता है। गांधीजी की दृष्टि में सात सामाजिक बुराइयाँ हैं—

1. नैतिकता के बिना व्यापार
2. चरित्र के बिना शिक्षा
3. विवेक के बिना प्रसन्नता
4. सिद्धांतों के बिना राजनीति
5. मानवता के बिना विज्ञान
6. काम के बिना धन
7. सेवा के बिना धर्म

जब तक चरित्र–निर्माण को शिक्षण–संस्थाओं में अनिवार्य नहीं किया जाता, तब तक ये समस्याएँ बनी रहेंगी। राज्यसभा की याचिका समिति, जिसमें सभी पक्षों के सांसद थे, ने सर्वसम्मति से रिपोर्ट तैयार करके राज्यसभा में प्रस्तुत की है, वह तुरंत क्रियान्वित हो, इस हेतु देशव्यापी प्रयास करके केंद्र सरकार पर दबाव बनाने से इस रिपोर्ट को क्रियान्वित किया जा सकेगा।

पूर्व राष्ट्रपति ए.पी.जे. अब्दुल कलाम ने लिखा है—

जब हृदय में शुद्धता हो, तो चरित्र में सुंदरता आ जाती है,
यदि चरित्र सुंदर हो तो, परिवार में समरसता होती है।

अत: परिवारों में शांति के लिए प्रत्येक प्राणी को चरित्रवान होना चाहिए, इससे न केवल घर, अपितु संसार में भी शांति स्थापित हो सकती है। किसी भी राष्ट्र को धन ऊँचाई की ओर नहीं ले जाता है, परंतु चरित्रवान व्यक्ति उसे सबल, सुदृढ़ बनाते हैं और परम वैभव की ओर ले जाते हैं।

□

व्यक्तित्व-विकास : एक आध्यात्मिक यात्रा

सृष्टि की व्यापकता में मनुष्य समुद्र में एक बूँद के समान है, परंतु विज्ञान ने यह सिद्ध कर दिया है कि इस बूँद में भी असीम समुद्र सम्मलित है। शरीर की संरचना, इसकी बनावट, इसके भिन्न-भिन्न अंगों तथा कोशिकाओं का जटिल कार्य चकित कर देता है और चौंकानेवाला है।

रक्त की एक बूँद में पाँच लाख रक्तवर्ण तथा पाँच हजार श्वेतवर्ण कोशिकाएँ और पाँच सौ हजार अनियमित आकार के टुकड़े हैं। यह कितना अद्‌भुत तथा रहस्यमयी संसार है।

स्वामी विवेकानंद ने कहा है—"There is divinity in every body." मनुष्य के अंदर सूक्ष्म दिव्यता तथा अलौकिक प्रकाश है। यह शरीर देहालय नहीं देवालय है। देवालय के प्रकाश-दीप तक पहुँचना, यही जीवन का लक्ष्य है। ऋषि वेदव्यास ने कहा है—"आओ मैं तुम्हें एक रहस्य की बात बताता हूँ कि मनुष्य सृष्टि का सर्वश्रेष्ठ प्राणी है।"

मनुष्य की श्रेष्ठता का रहस्य

देवताओं के पास वरदान देने की शक्ति थी। देवतागण मनुष्य की तपस्या से प्रसन्न होकर उसे वह सब दे देते थे, जिसकी वह माँग करता था। इन माँगों से तंग आकर देवताओं ने एकांत में बैठकर मंत्रणा की, इस वरदान के सामर्थ्य को किसी ऐसे स्थान पर रख देना उचित होगा, जहाँ मनुष्य पहुँच ही न सके। देवताओं में से एक ने सुझाव दिया, "इस शक्ति को समुद्र की उस गहराई में रख दें, जहाँ पहुँचना संभव न हो।" दूसरे देवता ने कहा, "कितना अच्छा हो, इसे हिमालय के उच्चतम शिखर पर रख दें।" अब तीसरे देवता की बारी थी, उन्होंने कहा, "इसे घने जंगल की गुफा में रखने से हमारी समस्या का समाधान संभव दिखाई देता है। सभी देवताओं में प्रौढ़ तथा श्रेष्ठ देवता ने

परामर्श दिया कि क्या अच्छा हो कि हम इसे मनुष्य के मन की गहराई में रख दें। जन्म से बालक का मन चंचल रहता है और वह संसार के बाहर के पदार्थों की ओर आकर्षित होता है तथा उनको प्राप्त करने के लिए दौड़ता रहता है। मन में जादुई शक्ति का पता नहीं लग पाता, अत: वह बहिर्गमन यात्रा करता रहता है। देवतागण इस सुझाव से सहमत हो गए।'' मन में असीम शक्तियों, कुशलताओं तथा क्षमताओं को देवताओं ने मन के अंदर छुपाकर रख लिया, मनुष्य की श्रेष्ठता का यही रहस्य है, शरीर में पूर्णता है और इसमें गुप्त खजाना है।

आनंद की साधना

तैत्तिरीयोपनिषद् में एक बड़ी महत्त्वपूर्ण आख्यायिका आती है। उसमें पंचकोश की साधना पर प्रकाश डाला गया है।

वरुण के पुत्र भृगु ने अपने पिता के निकट जाकर प्रार्थना की--''भगवन्! ब्रह्मज्ञान की शिक्षा दीजिए।'' वरुण ने उत्तर दिया--''हे भृगु! जिससे समस्त प्राणी उत्पन्न होते हैं, उत्पन्न होकर जीवित रहते हैं और अंत में जिसमें विलीन हो जाते हैं, तू उस ब्रह्म को जानने की इच्छा कर।''

पिता के आदेशानुसार पुत्र ने उस ब्रह्म को जानने के लिए तप किया। दीर्घकालीन साधना के उपरांत भृगु ने अन्नमय जगत् में (स्थूल संसार) में फैली ब्रह्म विभूति को जान लिया और पिता के पास पहुँचकर अपनी तपस्या से प्राप्त ज्ञान का वर्णन किया। पिता ने पुत्र को फिर कहा, ''हे पुत्र, तुम तप करके ब्रह्म को जानने का प्रयत्न करो, क्योंकि ब्रह्म को तप के द्वारा ही जाना जाता है।''

भृगु ने फिर तपस्या की और 'प्राणमय जगत्' की ब्रह्म विभूति को जान लिया। पिता के पास जाकर प्राप्त विभूति की बात कही। पिता ने फिर तीसरी बार उसे तप द्वारा ब्रह्म को जानने का उपदेश दिया।

पुत्र ने पुन: कठोर तप किया और अब 'मनोमय जगत्' में ब्रह्म विभूति का ज्ञान प्राप्त कर पिता के पास लौटा। पिता ने फिर से तप करने के लिए भेज दिया। अब उसने 'विज्ञानमय जगत्' के तत्त्व का बोध कर लिया। पिता अभी भी संतुष्ट नहीं थे। अब पाँचवीं बार तप में प्रवृत्त होने के लिए वापस भेज दिया।

अब भृगु ने आनंदमयी विभूति को उपलब्ध कर लिया। पिता के सम्मुख उपस्थित होकर उसने अंतिम सीढ़ी का वर्णन किया—''पिता श्री, मैंने जाना कि आनंद ही ब्रह्म है, आनंद से ही सभी प्राणी जन्म लेते हैं और उसमें ही जीवित रहते हैं तथा अंत में आनंद में ही विलीन हो जाते हैं।''

जीवन का लक्ष्य है ब्रह्मानंद, परमानंद तथा आत्मानंद में लीन होना। आनंदमय

कोश तक पहुँचने के लिए तप करने का संकेत है। कोशों की सीढ़ियाँ जैसे-जैसे पार होती जाती हैं, वैसे-वैसे परब्रह्म की उपलब्धि निकट आती जाती है।

उपनिषद्-पंचकोश?

उपनिषद् का तत्त्वदर्शी ऋषि पंचकोश संबंधी जिज्ञासा का समाधान इस प्रकार करता है—

पञ्चकोशः कः?

उत्तर—अन्नमय कोश, प्राणमय कोश, मनोमय कोश, विज्ञानमय कोश, आनंदमय कोश।

अन्नमयः कः?

जो अन्न के रस से उत्पन्न होता है। जो अन्न के रस से ही बढ़ता है और जो अन्न रूप से पृथ्वी में लीन हो जाता है, उसे अन्नमय कोश एवं स्थूल शरीर कहते हैं।

प्राणमयः कः?

प्राण, अपान, ध्यान, समान—उदान इन पाँच प्राण-वायुओं के समूह और कर्मेंद्रिय पंचक समूह को प्राणमय कोश कहते हैं। यही क्रिया-शक्ति है।

मनोमयः कः?

मन और पाँच ज्ञानेंद्रियों के समूह के मिलने से मनोमय कोश बनता है। इसे इच्छा शक्ति तथा संकल्प कहते हैं।

विज्ञानमयः कः?

बुद्धि और पाँच ज्ञानेंद्रियों का समन्वय विज्ञानमय कोश है। यह ज्ञानमय शक्ति है।

आनंदमयः कः?

सत्त्व के कारण आनंद इच्छुक कोश आनंदमय कोश है। इसे हम सूक्ष्म शरीर भी कहते हैं।

पाँच कोश—पाँच सिद्धियाँ

इन पाँच कोश से पाँच सिद्धियाँ प्राप्त होती हैं—अन्नमय कोश की सिद्धि से निरोगिता, दीर्घ-जीवन एवं चिर-यौवन का लाभ होता है। प्राणमय कोश से साहस, शौर्य, पराक्रम, प्रभाव, प्रतिभा जैसी विशेषताएँ उभरती हैं। मनोमय कोश में संकल्प, दृढ़इच्छा, मन द्वारा सकारात्मक चित्रों का संग्रह तथा चरित्र का विकास होता है। विज्ञानमय कोश से सज्जनता, सहृदयता, सृजनात्मकता, सहयोग, समर्पण, सत्यान्वेश का विकास होता है और देवत्व की विशेषताएँ उभरती हैं। आनंदमय कोश के विकास से चिंतन तथा कृतित्व दोनों इस स्तर के बन जाते हैं कि हर क्षण आनंद-ही-आनंद की व्याप्ति रहती

है। ईश्वर-दर्शन, आत्मसाक्षात्कार, मुक्ति जैसी महान् उपलब्धियाँ, आनंदमय कोश की देन है।

आध्यात्मिक यात्रा

सभी कोशों पर आवरण हैं, परतें हैं। क्रम से आवरण हटाना और दूसरे तक पहुँचने के लिए तप करना होता है और आगे बढ़ना होता है। यह आध्यात्मिक यात्रा है।

अन्न कोश का अनावरण

मनुष्य देह का विकास अन्न से होता है—"अन्नादि भवन्ति भूतानि," इस कथनानुसार प्राणी संरचना में अन्न का प्रमुख स्थान है। छांदोग्य उपनिषद् में कहा गया है—"अन्नं हि सौम्यमन:," अन्न के अभाव में स्थूल काया दुर्बल पड़ जाती है। शरीर एक भवन है, यदि यह स्वच्छ, सबल तथा संस्कारमय हो तो जीवन में आनंद-ही-आनंद है।

युक्त आहार, विचार तथा व्यवहार से अन्नकोश का अनावरण किया जा सकता है। चाणक्य ने कहा है—

दीपो भक्ष्यते ध्वान्तं कज्जलं च प्रसूयते।
यदन्नं भक्षेयते नित्य जायते तादृशी प्रजा॥

दीपक अँधेरा खाता है, इसलिए काजल को जन्म देता है। मनुष्य जैसा अन्न खाता है, वैसी ही उसकी क्रिया और परंपरा बनती है।

कहा गया है—"जैसा खाएँगे अन्न, वैसा बनेगा मन और जैसा होगा मन वैसा होगा तन।" तन, मन और भावभूमि को सुधारने के लिए सात्त्विक भोजन, स्वाध्याय और सत्संग सहायक होते हैं। मित भुख, हित भुख, ऋतु भुख—इसी त्रिसूत्र से स्वास्थ्य का संरक्षण होता है। शीतल जल से स्नान, शुद्ध भोजन तथा शुद्ध जल सेवन करना चाहिए।

स्वादेंद्रियों पर नियंत्रण, ब्रह्मचर्य पालन, आहार संयम, व्यायाम, सूर्यनमस्कार, उपवास, व्रत, शरीर को सबल तथा सुदृढ़ बनाते हैं। शरीर एक रथ है, जिस पर आरूढ़ होकर हम जीवन की यात्रा पूर्ण करते हैं। अत: शरीर की साधना एक धर्म है।

प्राणमय कोश का अनावरण

प्राणमय कोश आत्मा पर चढ़ा हुआ दूसरा आवरण है। अन्नमय कलेवर के भीतर जो ऊर्जा, स्फूर्ति, उमंग काम करती है, वह प्राण है। प्राण से शरीर चलता है और प्राणी जीवित रहता है। जिसका यह कोश जितना समर्थ है, वह उतना ही प्रतापी, पराक्रमी तथा निर्भीक बनता है।

भारतीय तत्त्व-दर्शन के अनुसार मनुष्य की स्थूल काया में प्राणतत्त्व की गरिमा के

अनुरूप एक प्राण शरीर भी होता है। अध्यात्म शास्त्र में प्राणतत्त्व का भाव भरा उल्लेख है। उसे ब्रह्म तुल्य माना है और सर्वोपरि ब्रह्म शक्ति का नाम दिया है। प्राण की उपासना से प्राणमय कोश का अनावरण होता है।

प्राण ही जीवन है। संकल्पानुसार उसे विभिन्न योनियाँ प्राप्त होती हैं। अथर्ववेद में कहा गया है—

प्राणाय नमो यस्य सर्वमिदं वशे।
यो भूतः सर्वस्येश्वरी यस्मिन् सर्वप्रतिष्ठिम्॥

उस प्राण को मेरा नमस्कार है, जिसके आधीन यह सारा जगत् है, जो सबका ईश्वर है, जिसमें यह सारा जगत् प्रतिष्ठित है।

प्राण ही यश और बल है। "प्राणश्च में यज्ञेन कल्पन्ताम्"—यजुर्वेद। मेरी प्राण शक्ति सत्कर्मों में प्रवृत्त हो। प्राण को जाग्रत् करना ही महान् जागरण है। प्राणशक्ति का स्वरूप और अभिवर्धन व्यक्तित्व विकास की यात्रा है। प्राणायाम इस दिशा में प्रथम सोपान है। संध्या-वंदना जैसे नित्यकर्मों का दिनचर्या में महत्त्वपूर्ण स्थान है। यम और नियमों का पालन, यौगिक क्रियाओं का अभ्यास प्राणशक्ति को संतुलित करता है। कामी-क्रोधी तथा गंदे-भद्दे दृश्य देखने तथा उत्तेजक गीत सुनने से प्राणों का अपव्यय होता है। प्राणों को सद्विचारों से संतुलित रखा जा सकता है। स्वामी विवेकानंद ने प्राण की विवेचना करते हुए इसे मानसिक शक्ति कहा है। आचार्य यम ने नचिकेता को उपदेश देते हुए कहा था, "प्राणयाम से मन एकाग्र होने लगता है, जिसने प्राण को जीत लिया, उसने मानसिक शक्ति को अर्जित कर लिया।"

प्राणायाम से चित्त की शुद्धि होती है। चित्तशुद्धि से अंतःकरण में प्रकाश होता है, उसी प्रकाश में आत्मा का साक्षात्कार होता है। यह यात्रा का दूसरा पड़ाव है।

मनोमय कोश का अनावरण

पंचकोश में तीसरा 'मनोमय कोश' है। मन बड़ा चंचल और वासनामय है। श्रीमद्भगवद्गीता में मन के संबंध में कहा गया है कि मन ही मनुष्य का शत्रु और मन ही मित्र है; बंधन और मोक्ष का कारण भी यही है। सब भोगों को भोगने, अहंकार की पूर्ति करने, अर्थ-संग्रह मन के प्रधान काम हो गए हैं। मनुष्य को नरकीय पतितावस्था तक पहुँचा देना अथवा उसे नर से नारायण बना देना मन का ही खेल है। मन में जैसी कल्पनाएँ, इच्छाएँ, वासनाएँ, आकांक्षाएँ, तृष्णाएँ उठती हैं, शरीर उसी ओर चल पड़ता है।

मन को वश में होने का अर्थ है, उसका बुद्धि और विवेक के नियंत्रण में होना। मन की एकाग्रता एवं तन्मयता में इतनी प्रचंड शक्ति है कि संसार में उस शक्ति की तुलना किसी शक्ति से नहीं हो सकती। स्वामी विवेकानंद ने कहा है, "यदि मेरा फिर से जन्म

हो, प्रभु से प्रार्थना करूँगा कि मुझे ऐसी प्राथमिक शाला में प्रवेश मिले, जहाँ एकाग्रचित्तता का पाठ पढ़ाया जाता हो।''

पतंजलि ऋषि ने योग की परिभाषा करते हुए कहा है, ''योगश्चित्तवृत्ति निरोधः'', अर्थात् चित्त की वृत्तियों का निरोध करना, उनको रोककर एकाग्र करना ही योग है। संसार के किसी भी कार्य में प्रतिभा, यश, विद्या, स्वास्थ्य, अन्वेषण आदि, जो भी वस्तु चाहिए, वह वशवर्ती मन के प्रयोग से निश्चित है। मन के जीते जीत है, मन के हारे हार। भगवान् कृष्ण ने अर्जुन को मन को वश में करने के दो उपाय बताए हैं—1. अभ्यास, 2. वैराग्य।

योग साधनाएँ मन को वश में करती हैं। यह अभ्यास से संभव है। वैराग्य का अर्थ है—व्यावहारिक जीवन को संयमशील और व्यवस्थित बनाना। आदर्श, लक्ष्य, इष्ट निर्धारित करके उसमें तन्मय होने को ध्यान कहते हैं, जैसा ध्यान किया जाता है, मनुष्य वैसा ही बनने लगता है। ज्ञानेंद्रियों तथा कर्मेंद्रियों द्वारा किए गए कार्यों से अच्छे और बुरे चित्र बनते हैं—उनका संचय ही मन है। अतः अच्छा देखें, अच्छा सुनें, अच्छा बोलें और अच्छे कार्य करें।

सकारात्मक मन देवता और परम देव है। उसकी साधना किए बिना क्लेशों और दुःखों की निवृत्ति नहीं हो सकती। मन को जीत लेना ही सबसे बड़ी विजय है।

मनोमय कोश को व्यवस्थित बनाने के लिए ध्यान, एकाग्रचित्तता, चित्त निरोध, सामाधिक अभ्यास, स्वाध्याय, सत्संगति आदि के साधन अपनाने चाहिए। गीता के अध्याय 10, श्लोक 25 में कहा गया है, ''यज्ञों में जप श्रेष्ठ है।'' अतः पुण्य साधना के लिए जप करना चाहिए। मनोमय कोश का अनावरण अध्यात्म यात्रा का तीसरा सोपान है।

विज्ञानमय कोश का जागरण

आत्मोन्नति की चतुर्थ भूमिका में विज्ञानमय कोश की साधना की जाती है। विज्ञान का अर्थ है—विशेष ज्ञान। साधारण ज्ञान का परिणाम स्थूल शरीर तक सीमित है। विशेष ज्ञान से आत्मविद्या प्राप्त होती है, जिसे हम परा विद्या भी कहते हैं। आत्मज्ञानी वह है, जो यह अनुभव करता है—''मैं विशुद्ध आत्मा हूँ, आत्मा के अतिरिक्त कुछ नहीं।''

जीवात्मा के तीन गुण हैं—सत्यं, शिवं, सुंदरम्। आस्था, उमंग और सरसता का समन्वय-ज्ञान, भावना और क्रिया का संगम, इच्छा, ज्ञान और क्रिया की त्रिवेणी, विज्ञानमय कोश जागरण के विविध प्रवाह हैं। इस प्रवाह का उद्गम स्थान अंतरात्मा है। साधना विज्ञान में इस अंतरात्मा को विज्ञानमय कोश कहा गया है।

विज्ञानमय कोश की सुप्त स्थिति को हटाकर उसमें जागृति उत्पन्न कर देने पर असामान्य मनुष्य सामान्य न रहकर असामान्य हो जाता है। विज्ञानमय कोश चेतना का

वह स्तर है, जो अपने भीतर उच्चस्तरीय विभूतियों को छिपाए रहती है। विज्ञानमय कोश का विकास सद्भावनाओं की अभिवृद्धि में होता है। हृदय उदारता, प्रेम, संयम, परमार्थ की भावना, साझेदारी, समर्पण साधक के गुण हैं। यह सब मस्तिष्क के दाएँ भाग में वास करते हैं। अत: कहा गया है कि मस्तिष्क के बाएँ भाग, जिसमें तर्क, अहं, जानकारियों के ढेर रहते हैं, वहाँ से दाईं ओर जाना चाहिए। "Start from left and march towards right."

स्वामी विवेकानंद ने विज्ञानमय कोश की साधना के लिए आत्मानुभूति की विधि बतलाई है। यह साधना है 'सोऽहम्' का उच्चारण। आत्मानुभूति के लिए आत्मचिंतन करें, "मैं किसी भी सांसारिक हानि-लाभ से प्रभावित नहीं होता। मैं शुद्ध, चैतन्य, सत्यस्वरूप, पवित्र अविनाशी आत्मा हूँ। परमपिता का अंश हूँ।" ध्यान में एकाग्रचित्त होकर यह मंत्र मन-ही-मन जपिए। आत्मचिंतन तथा आत्मदर्शन की ये दो साधनाएँ हैं। इन सब विधियों, तप तथा जप से हम विज्ञानमय योग का जागरण कर सकते हैं।

आनंदमय कोश का अनावरण

आनंदमय कोश में पहुँचा हुआ जीवन अपने पिछले चार शरीरों—अन्नमय, प्राणमय, मनोमय और विज्ञानमय कोशों को भली प्रकार समझकर सांसारिक समस्याओं को हलका मान अपने दृष्टिकोण में सात्त्विकता, वास्तविकता, सूक्ष्मदर्शिता को प्रधानता देता है।

आनंदमय कोश जीवात्मा पर चढ़ा अंतिम आवरण है। यहाँ पहुँचकर उसके जीवन में सोऽहस्मि, सच्चिदानंदोस्मि,शिवोहम्, अहम् ब्रह्मस्मि के उद्घोष होने लगते हैं। आनंदमय कोश—शिव शक्ति का संगम है। आत्मसात् का मूल स्वरूप सत्यं, शिवं, सुंदरम् है। परमात्मा आनंदस्वरूप है, आनंदमय कोश की साधना का स्वरूप ईश्वर और जीवन की मिलन अवस्था है। श्रद्धा और भक्ति से हम इस समन्वय के यात्री बनते हैं।

जीवन जब बंधन-मुक्त होता है, तो हृदय में जो आनंद का समुद्र उमड़ता है, यही जीवन का लक्ष्य है, आनंद में लीन वह जीवन भी आनंदमय हो जाता है।

ऐसी स्थिति तक पहुँचने के लिए मन:स्थिति को समाधि कहा गया है। समाधि से स्वर्ग की अनुभूति और प्राप्ति होना सुनिश्चित है। स्वर्ग में रहनेवाले देवता भी मनुष्य देह के जन्म की अभिलाषा करते हैं। क्योंकि मनुष्य के पास लोक-ज्ञान, भक्ति तथा मोक्ष के साधन होने से वह श्रेष्ठ है।

आनंदमय कोश की क्रमश: तीन उपलब्धियाँ हैं—समाधि, स्वर्ग और मोक्ष। बंधन-मुक्ति अर्थात् अभावों से मुक्ति, दुर्बलताओं से मुक्ति, हीन-भावनाओं से मुक्ति। मनुष्य ईश्वर का राजकुमार है। उपलब्ध साधनों का सदुपयोग करके वह इसी जीवन में परमेष्ठी में लीन हो सकता है।

वह अपनी आत्मा का इतना परिष्कार करता है कि उसे सृष्टि में सर्वत्र आत्मीय, आत्मन, आत्मस्वरूप प्राणी दिखाई देते हैं।

गीता के अध्याय छह, श्लोक 28 में कहा गया है—

या माँ पश्यति सर्वत्र च मयि पश्यति
तस्याहं न प्रणश्यामि स च मे न प्रणश्यति॥

जो पुरुष संपूर्ण भूतों में आत्मरूप और संपूर्ण भूतों को मेरे अंतर्गत देखता है, उसके लिए मैं और वह मेरे लिए अदृश्य नहीं होते।

आनंदमय कोश अंतरात्मा की उच्चतम स्थिति है। यह साधना अंतिम है। आनंदमय कोश का अनावरण प्रेम तथा भक्ति से ही संभव है। प्रेम से अधिक प्रिय भगवान् को और कुछ भी नहीं। भगवान् चाहते हैं, उनके बंदों से प्यार किया जाए। "Love to mankind is to love to God." प्राणी मात्र से प्यार ही भगवान् की भक्ति है, स्वामी विवेकानंद ने कहा है—"I don't want Moksha, I want to be born a thousand times so that in each birth I can serve my God, my true and only God, My God the poor, My God the miserable, My God the wicked."

मुझे मोक्ष नहीं चाहिए। मैं हजार बार जन्म लेकर गरीब, दुःखी और जो शैतान भी क्यों न हो, उनकी सेवा करना चाहता हूँ। मेरे लिए ये सब भगवान् हैं।"

शिक्षा-व्यक्तित्व का सर्वांगीण विकास

वेदों में शिक्षा को ज्ञान का काजल कहा गया है, इससे दृष्टि और दृष्टिकोण निर्मल तथा स्वस्थ होते हैं। स्वामी विवेकानंदजी के शब्दों में शिक्षा के माध्यम से हम अंतर्निहित शक्तियों को प्रकट कर सकते हैं। उनका यह भी कहना है—"Education is an emancipation of perfection that is already in man."

गांधीजी ने शिक्षा को हाथ, सिर और हृदय को विकसित करने के अभ्यास के रूप में परिभाषित किया है। श्रीअरविंद ने कहा है, "शिक्षा ऐसी होनी चाहिए, जो शरीर, मन, भावनाओं को समृद्ध करे।" स्वामी दयानंदजी ने कहा, "शिक्षा का अर्थ है, जिसके द्वारा व्यक्ति धर्मात्मा, सौम्य, जितेंद्रिय एवं चरित्रवान बने।"

डेलवर रिपोर्ट 1966 में कहा गया है कि शिक्षा निरंतर उथल-पुथल भरे जटिल संसार में मानचित्र और रास्ता खोज निकालने के लिए दिक्सूचक (Compass) उपलब्ध कराती है। (पृष्ठ-85) शिक्षा एक ज्ञान-दीप है, जो अज्ञानता को काटती और उसका ध्वंस कर देती है, जो हमें मृत्यु से अमरता और अधंकार से प्रकाश की ओर ले जाती है। "असतो मा सद्गमय, तमसो मा ज्योतिर्गमय, मृत्योर्मामृतं गमय॥" 1972 में यूनेस्को ने शिक्षा को संपूर्ण मनुष्य विकसित करने की प्रक्रिया कहा था। कार्ल रोजर्स ने शिक्षा के

द्वारा संपूर्ण मनुष्य का पूर्ण पुष्पित व्यक्तित्व का विकास कहा है। यूनेस्को ने अपने प्रतिवेदन का नाम दिया है—"The treasure from within." खजाना अंदर है।

शिक्षा हमें इस खजाने तक क्यों नहीं पहुँचाती है? गीता इस का उत्तर देती है। भगवान् कृष्ण 5 अध्याय के 15वें श्लोक में कहते हैं, "अज्ञानेन आवृतं ज्ञानम्"। अज्ञानता के आवरण को हटाए बिना हम ज्ञानकोश के दर्शन नहीं कर सकते।

शिक्षा अनिवार्य रूप से मनुष्य निर्माण तथा व्यक्तित्व विकास की प्रक्रिया है। "What is the heart of Education, It is the education of the heart." शरीर की सबलता, प्राणों का संतुलन, हृदय की पवित्रता, मस्तिष्क की विवेकशीलता और आत्मा के परिष्कार से आनंद की अनुभूति ही संपूर्ण मानव के लिए शिक्षा है। यह बाह्य तथा अंतर्यात्रा से संभव है। महर्षि कणाद ने कहा है, "यतो हि अभ्युदय निःश्रेयस सिद्धि सः धर्मः।" श्रेयस यात्रा है। निःश्रेयस तीर्थयात्रा है। विवेकानंदजी के शब्दों में—"जीवन लक्ष्य तक पहुँचने के लिए दोनों यात्राएँ करना अनिवार्य है। इसी में संपूर्ण व्यक्तित्व की सफलता है। श्री माँ ने कहा है—"शिक्षा समग्र जीवन की शिक्षा है।"

डॉ. संपूर्णानंदजी का कथन है, "शिक्षा का लक्ष्य और जीवन के लक्ष्य में कोई अंतर नहीं।" मनुष्य अपने गंतव्य स्थान पर पहुँचने के लिए चार पुरुषार्थ करता है—"धर्म, अर्थ, काम, मोक्ष।"

जीवन का लक्ष्य अंतिम है, बंधन मुक्ति मोक्ष को पाएँ।

शिक्षा का भी उद्देश्य यही है—"सा विद्या या विमुक्तये।" दोनों का लक्ष्य मोक्ष है। ज्ञान, भक्ति तथा कर्मयोग से दैवी संपदा प्राप्त कर हम अपनी आध्यात्मिक यात्रा संपन्न करते हैं। जीवन और शिक्षा दोनों के लक्ष्य की प्राप्ति का प्रमुख साधन धर्म है, वह ज्ञान के बिना अंधा, भावना के बिना निष्प्राण तथा क्रिया के बिना लूला-लँगड़ा न हो। ज्ञान, भावना तथा क्रिया के संगम से यह यात्रा प्रारंभ होती है। शिक्षा का स्वरूप अखंडमंडलाकार है। समन्वयन के द्वारा ही हमें उस स्वरूप के दर्शन होते हैं—शिक्षा की प्रत्येक गतिविधि, पाठ्यचर्या, विषय-पाठ्यक्रम, पुस्तकें, आचार्य, छात्र, अभिभावक इन सबमें एकात्म-भाव है। शिक्षित व्यक्ति सब में एक आत्मा के दर्शन करता है। उसके अहं का विस्तार नहीं परिष्कार होता है और वह अपने ध्येय प्राप्ति के लिए यात्रा के लिए निकल पड़ता है।" यह सप्तपदी यात्रा है। व्यक्ति, परिवार, समाज, राष्ट्र, विश्व, जड़-चेतन, परमेष्ठी यात्री प्रत्येक पड़ाव की परिधि को लाँघकर कदम आगे बढ़ाता जाता है। "चरैवेति चरैवेति।" स्वामी रंगनाथानंदजी का कथन है—"अपनी प्रतिभाओं तथा क्षमताओं के आधार पर व्यक्ति व्यक्तिनिष्ठ बनता है और जब वह अपने संपूर्ण गुण और कुशलताओं को समाज को समर्पित कर देता है, तब वह व्यक्तित्व में रूपांतरित होता है। व्यक्तित्व से

वह सुघड़, आत्मीय परिवार की संरचना कर, समाज में समरस होता है। समाज के प्रति परस्परानुकूलता राष्ट्र की एकता तथा अखंडता की सुदृढ़ तथा पुष्ट नींव बनती है और देश परमवैभव की ओर अग्रसर होता है। सर्वसंपन्न, संगठित, सुसंस्कृत राष्ट्र अपने देश तथा विश्व के कल्याण की चिंता करता है। अपने ऋषियों द्वारा निर्दिष्ट संदेश 'सर्वेभद्राणि पश्यन्तु मा कश्चिद् दु:खभाग भवेत' को जीवन में यथार्थ कर, सभी जड़-चेतन में ईश्वर का साक्षात्कार करता है। उसे कण-कण में भगवान् के दर्शन होते हैं। 'आत्मवत् सर्वभूतेषु', सभी प्राणियों में आत्मा के दर्शन करना ही शिक्षित तथा ज्ञानवान व्यक्ति का लक्षण है।

अब अंतिम चरण है परमेष्ठी—

मैं तो था उसका ही श्वास जिसे चुरा लाया यह विश्व समीर।

जल में कुंभ, कुंभ में जल, बाहर-भीतर पानी।

टूटा कुंभ जल जलहि समाना यह तथ कहचौ ग्यानी॥

लौकिक बंधनों से मुक्त होना, यही अध्यात्म यात्रा की समाप्ति है।

पाँच कोशों के अनावरण के लिए जो तप किया, गुण अर्जित किए, यही पूर्ण जीवन है तथा समग्र शिक्षा है, यात्रा के यज्ञ की समिधा है। ''इदं न मम्। सर्व भूतहिते रत:— ॐ शांति।''

□

शिक्षा का अखंडमंडलाकार स्वरूप

बालिका शिक्षा

यूसुफ अली की पुस्तक, जिसमें उसने महिलाओं/बालिकाओं की शिक्षा के संबंध में जो विचार लिखे हैं, वे विचार करने योग्य हैं। उसका कथन है कि जब तक लड़कियों की शिक्षा में सुधार नहीं होता, तब तक भारत की स्थिति में सुधार की संभावना बहुत ही कम है। महिला को पुरुष का आधा अंग कहा गया है और यदि शरीर का आधा भाग काम करना बंद कर दे तो हम इसे पक्षाघात कहते हैं, फिर वह व्यक्ति काम करने योग्य नहीं रह जाता। देश में बालिकाओं की शिक्षा की स्थिति देखें तो देश की निष्क्रियता का चित्र सामने आता है। सभी अभिभावकों को इस संबंध में गंभीरता से विचार करना चाहिए तथा लड़कों के समान लड़कियों को पढ़ाना अपना धर्म समझकर अपने-अपने परिवार तथा देशहित में निज दायित्व का निर्वाह करना चाहिए।

बालक और बालिकाओं की शिक्षा में कोई अंतर नहीं होना चाहिए। गांधीजी का कथन है कि प्रकृति ने लड़कियों को कुछ नैसर्गिक गुण दिए हैं, उनमें कुछ अंतर्निहित रुचियाँ तथा क्षमताएँ हैं, जिसका शिक्षा के माध्यम से विकास होना चाहिए, जैसे ललित कलाएँ, रंगोली, गृह विज्ञान, चिकित्सा परिचारिका, शिक्षा—ये सब इनकी प्रकृति के अनुकूल प्रिय विषय बन सकते हैं। इस दृष्टि से बालिकाओं का विशेष ध्यान रखा जाना चाहिए। गांधीजी का कथन है कि महिलाओं पर विशेष ध्यान देना चाहिए, महिलाओं को घर में तथा पुरुषों को बाहर की दुनिया में शासन करना है। अत: दोनों के कार्य के अनुरूप शिक्षित करना उनके जीवन के विकास तथा सफलता के लिए लाभदायक है।

लड़कियों की शिक्षा के संबंध में हमारी महती आकांक्षाएँ तभी पूर्ण हो सकती हैं, जब पुरुष प्रामाणिकता से कार्य के लिए अग्रसर हो। महिलाएँ अब पुरुषों की दास तथा पैर की जूती अथवा मौज-मस्ती की 'वस्तु' नहीं, अपितु वह परिवार जीवन की संगिनी,

जीवन के संघर्ष में बराबर भागीदार हैं। उन्हें शिक्षा के इस दायित्व को निभाने के लिए उनके मानस को तैयार करना चाहिए।

संवेदनशील, जनजातियों के कबीले तथा आर्थिक दृष्टि से पिछड़े वर्ग तथा मलिन बस्तियों में रहनेवाली लड़कियों तथा बच्चों के लिए पढ़ाई का विशेष प्रबंध तथा प्रयास करने की आवश्यकता है।

यह विचारणीय है कि भारत में 6-14 वर्ष तक के स्कूल से बाहर के चार करोड़ बच्चों में दो-तिहाई लड़कियाँ हैं। ऐसा नहीं कि सुधार का कोई लक्षण नहीं, परंतु प्रत्येक स्तर पर परिवर्तन की दर पर्याप्त धीमी है।

सारिणी-1 लड़कियों के नामांकन और समूचे नामांकन का प्रतिशत

वर्ष	प्राथमिक	मिडिल	माध्यमिक / उच्च माध्यमिक और इंटरमीडिएट	उच्च शिक्षा
1950-51	28.1	16.1	13.3	10.0
1960-61	32.6	23.9	20.5	16.0
1970-71	37.4	29.3	25.0	20.0
1980-81	41.5	32.9	29.6	36.7
1990-91	43.7	36.7	32.9	33.3
2000-02	43.7	40.9	38.6	39.4
योग 30.9.02	**46.8**	**43.9**	**41.4**	**41.6**

स्रोत : *सेलेक्टेड एजुकेशनल स्टेटिस्टिक्स (अलग-अलग वर्षों से) मानव संसाधन विकास मंत्रालय, एम. (एच.आर.डी.) भारत सरकार, 7वाँ ऑल इंडिया एजुकेशनल सर्वे एन.सी.ई.आर.टी.—*

1. माध्यमिक के लिए
2. उच्च माध्यमिक के लिए

सामाजिक—सांस्कृतिक और भौतिक वातावरण के रूप में लड़कियों की शिक्षा में निरंतर अवरोध उपस्थित हो रहे हैं। सामाजिक कुरीतियाँ, जैसे बाल-विवाह, भ्रूण हत्या, दहेज-प्रथा, लैंगिक रूढ़िवादिता।

लड़कियों की शिक्षा को प्रोत्साहन देने के लिए कुछ योजनाएँ तो आरंभ हुई हैं, परंतु उन पर पुनः विचार करने और इनमें सुधार करना भी आवश्यक लगता है—

(क) दलित, आदिवासी लड़कियों को निःशुल्क पाठ्य-पुस्तकें तथा वेशवस्त्र दिए जा रहे हैं।

(ख) बालिका समृद्धि योजना एक केंद्रीय सहायता प्राप्त योजना है, जिसमें लड़कियों के लिए डाकखाने में एक खाता प्रारंभ करने का प्रावधान है, अनेक कार्यकारी समस्याओं के कारण इसके परिणाम आशाजनक नहीं रहे।

(ग) राज्यों में भी लड़कियों की शिक्षा के प्रोत्साहन के लिए अनेक रणनीतियाँ अपनाई गई हैं। हिमाचल में लड़कियों के लिए उच्च शिक्षा तक निःशुल्क शिक्षा की व्यवस्था की—दिल्ली, गुजरात, मध्य प्रदेश लड़कियों के लिए छात्रवृत्तियाँ देने की घोषणा की, आंध्र प्रदेश ने प्रत्येक उस बच्ची को एक लाख रुपए देने की बात कही, जो अभिभावकों की एकमात्र संतान हो। गुजरात ने एक 'बालिका कोश' प्रारंभ किया, जिसमें प्रत्येक लड़की को जन्म समय 5000 रुपए का ब्रांड दिया जाता है। कर्नाटक में घर तथा विद्यालय तक लड़कियों को आने-जाने की व्यवस्था की है। ऐसे सभी राज्यों ने लड़कियों की पढ़ाई के लिए अनेक आर्थिक सुविधाओं की योजनाएँ बनाई हैं और उनका क्रियान्वयन भी हो रहा है।

- लड़कियों की शिक्षा के विकास के लिए केंद्र तथा राज्यों में प्रोत्साहन योजनाओं पर पुनर्विचार की आवश्यकता है और ऐसे उपाय अपनाए जाएँ कि प्रकृति तथा परिवेश ऐसा हो कि वे गरीब, घरेलू/बच्चों की देखभाल, माता का उत्तरदायित्व, बालिका मजदूरी, लड़कियों की शिक्षा को निम्न वरीयता, लड़कियों की शादी को पढ़ाई से अधिक महत्त्व देने जैसे कारकों द्वारा उत्पन्न अवरोधों को पार कर सकें।
- प्राथमिक विद्यालयों को ग्रामों तक स्थापित और कुछ राज्यों में लड़कियों के लिए औपचारिक तथा वैकल्पिक विद्यालयों की भी व्यवस्था करना अपेक्षित है।
- लड़कियों के लिए आगे की पढ़ाई को सुलभ बनाने के लिए आवासीय विद्यालयों की आवश्यकता को पूर्ण करने से बालिकाओं का प्राथमिक कक्षा के पश्चात् पढ़ाई छोड़ देना रुक सकता है।
- यह बात सर्वमान्य है कि लड़कियों के लिए उच्च गुणवत्तावाले नियमित स्कूलों का कोई भी विकल्प स्वीकार्य नहीं होना चाहिए।
- आँगनबाड़ी केंद्रों को विद्यालयों के समीप लाया जाए और उसमें काम करने के घंटे वैसे ही हों, जैसे कि विद्यालयों को घर में शिशुओं की देखभाल से मुक्त कराया जा सके, जिससे वे विद्यालय में जा सकें।
- शहर को झुग्गी-बस्तियों में शिशु देखभाल केंद्रों को स्थान दिया जाना और कामकाज के स्थानों पर क्रैच की व्यवस्था करनी चाहिए।
- विद्यालयों में महिलाओं को शिक्षिका के रूप में नियुक्त करने को वरीयता दें, विद्यालयों की प्रबंध समितियों में भी महिलाओं की भागीदारी हो और अधिक मात्रा में हो।
- विद्यालय पूर्व की शिक्षा के लिए शिशुओं को पूर्व प्राथमिक विद्यालयों में पढ़ाने

की व्यवस्था हो।

- बालिकाओं की शिक्षा दर बढ़ाने के लिए राष्ट्रीय आंदोलन तेज करने की आवश्यकता है। सरकारी तथा गैर-सरकारी स्तर पर इस आंदोलन में सबका सृजनात्मक सहयोग चाहिए।
- विद्यालयों में मध्यकालीन भोजन, किताबें, कपड़ों के साथ लड़कियों के लिए शौचालय की सुविधा यत्नपूर्वक की जानी चाहिए। इस आंदोलन में सब का सृजनात्मक सहयोग चाहिए।

डॉ. मुदलियार आयोग ने 1952 में लड़कियों की शिक्षा के लिए निम्नलिखित संस्तुतियाँ की हैं।—

- लड़कियों के लिए गृह-विज्ञान तथा व्यावसायिक शिक्षा के विविध आयामों के लिए पूर्ण सहयोग दिया जाए।
- यथासंभव लड़कियों के लिए पृथक् विद्यालय स्थापित किए जाएँ।
- समाजसेवी संगठनों को लड़कियों की शिक्षा में कार्य करने के लिए पूर्ण सहयोग दिया जाए।
- लड़कियों तथा महिलाओं की समस्याओं का अध्ययन तथा निदान के लिए विशेष कार्यदल बनाया जाए, जो निरंतर व्यापक रूप से समस्याओं के निदान के लिए कार्य करता रहे। इस दल के लिए पर्याप्त धन की भी व्यवस्था रहनी चाहिए।
- महिलाओं तथा लड़कियों के लिए राष्ट्रीय संस्थानों को स्थापित करना चाहिए।
- राज्य के शिक्षा निदेशालयों में लड़कियों की शिक्षा की देखभाल के लिए सहनिदेशक की नियुक्ति की जाए।
- महिलाओं तथा लड़कियों की शिक्षा के लिए शोध-कार्य करने की भी आवश्यकता है।

कथित सुझावों तथा आयोगों द्वारा की गई संस्तुतियों पर प्रामाणिकता से कार्य करने पर लड़कियों की शिक्षा की समस्याओं का निदान किया जा सकता है। लड़कियों की शिक्षा के लिए पाठ्यक्रम में एक अनिवार्य विषय, भारतीय संस्कृति, लड़कियों का राष्ट्रीय तथा सामाजिक कार्यों में योगदान, महान् नारियाँ, भारतीय संस्कार तथा व्यक्तित्व विकास में उनका योगदान, पारिवारिक जीवन में महिलाओं की भूमिका आदि देश की धरती तथा संस्कृति से जुड़े विषयों को उस विषय में जोड़कर प्रत्येक बालिका को अनिवार्य रूप से पढ़ाया जाना चाहिए।

एक लड़की की शिक्षा दो परिवारों के लिए लाभदायक है। सुसंस्कृत, सुशील लड़की ससुराल में जाकर भी उस घर को संस्कारी बनाएगी। घर का संस्कारमय वातावरण वर्तमान परिस्थिति में अनेक समस्याओं का हल है, अतः आइए, मिलकर प्रयास करें।

□

वेदों में गणित

ज्ञान तथा विज्ञान के आदि-स्रोत वेद हैं, गणित के पर्याप्त प्रमाण वेदों में उपलब्ध होते हैं। वेदों में बीज रूप में उपलब्ध गणित ने ज्ञान-विज्ञान को अनुपम उपहार दिए हैं।

यजुर्वेद में कहा गया है—

''ॐ खं ब्रह्म।'' (यजुर्वेद, आ. 40)

इस ऋचा में ॐ और खं दोनों ब्रह्म के नाम हैं। खं का अर्थ आकाश तथा शून्य भी होता है। 'नारद पुराण' के द्वितीय पाद के त्रिस्कंध ज्योतिष के वर्णन प्रसंग में शून्य का वर्णन करते हुए कहा गया है कि शून्य का वर्ग या घन या वर्गमूल या घनमूल करने पर वह सदैव शून्य ही रहता है। इन्हीं भावों का विस्तार करते हुए ऋषि भास्कराचार्य ने लीलावती के प्रथम खंड में भी यही कहा है। किसी राशि में शून्य जोड़ने पर वही राशि प्राप्त होती है। शून्य का वर्ग, घन, वर्गमूल एवं घनमूल शून्य ही होता है।

शून्य के इस ज्ञान के संबंध में। Albert Einstean ने कहा है, "We owe a lot to Bhartiya who taught us how to count, without which no worth while scientific discovery could have been made."

अथर्ववेद—अंक

न द्वितीयो, न तृतीयो, न चतुर्थो, न पञ्चमो न षष्ठः।
सप्तमो नाप्युच्यतेनाष्टमो न नवमो दशमो नाप्युच्यते॥
तमिद निगतं सहः स एष एक एव वृदेक एव।
सर्वे अस्मिन देवा एक वृतो भवन्ति॥

परम पिता परमात्मा एक ही है, वह सदा एक अद्वितीय एवं अप्रमेय है। उससे भिन्न कोई भी ईश्वर नहीं है।

संख्या-अंक परस्पर मिलकर संख्या का निर्माण करते हैं। —यजुर्वेद

जैसे एक एवं दो मिलकर—तीन, आगे पाँच, सात, नौ, ग्यारह, तेरह, पंद्रह, सत्रह, उन्नीस, इक्कीस···

इक्कीस, तैंतीस आदि की कल्पना की गई है। एक और ऋचा में चार से चार आठ बढ़ती संख्या अड़तालीस आदि तक चली जाती है।

संख्या के प्रत्येक अंक का स्थानानुसार विशिष्ट मान भी होता है।

यजुर्वेद में कहा गया है—

पूर्णमिदं पूर्णमदः पूर्णात् पूर्णमुदच्यते।
पूर्णस्यपूर्णमादाय पूर्णमेवावशिष्यते॥

वह पूर्ण है, यह पूर्ण है, पूर्ण से पूर्ण पुकारा जाता है। पूर्ण से पूर्ण निकलने पर भी पूर्ण ही अवशेष होता है।

आचार्य विनोबा भावे—

यह पूर्ण है, वह पूर्ण है, यह पूर्ण से निस्पंद होता पूर्ण है। पूर्ण में से पूर्ण को यदि निकाल दें, शेष तब भी पूर्ण ही रहता है।

वेदों की ऋचाओं के प्रमाणों से स्वयं सिद्ध है, विचारणीय मनीषी गणित विषय के अद्‌भुत विद्वान् थे।

गणित विद्या सभी शास्त्रों की शिरोमणि कही गई है—

यथा शिखा मयूराणां नागानां मणयो यथा।
तद्‌वत् वेदांग शास्त्राणां गणित मूर्धनिवर्तते॥

गणित शब्द का शाब्दिक अर्थ है—वह शास्त्र, जिसमें गणना की प्रधानता है। यह शब्द वैदिक साहित्य में बहुलता से मिलता है। गणित शास्त्र का जन्म मूलतः यज्ञ वेदियों के निर्माण और नक्षत्रीय गणनाओं की आवश्यकता से प्रेरित था। पुराने समय में क्रियाएँ या तो पाटी पर खड़ियाँ से की जाती थीं अथवा पाटी पर धूल बिछाकर किसी नुकीली कलम से। इस प्रकार गणित के अर्थ में पाटी गणित अथवा धूलि कर्म शब्द प्रचलित थे।

- नारदजी सनत्कुमार के पास गए और उनसे ब्रह्मविद्या पढ़ाने की प्रार्थना की। सनत्कुमार ने पूछा कि वह कौन-कौन सी विद्याएँ पढ़ चुके हैं? नारद ने विद्याओं की लंबी सूची का वर्णन कर दिया। इस सूची में गणित और अंकगणित भी सम्मिलित था। इससे स्पष्ट है कि गणित का ज्ञान लौकिक तथा आध्यात्मिक ज्ञान में बाधक नहीं समझा जाता था। अतः इसे सहायक ही माना जाता था। इस कथन से गणित का महत्त्व स्वतः स्पष्ट है।
- वैदिक गणित प्राचीन ज्ञान विधि है। यह विश्व के लिए एक उपहार है; भारत के ऋषियों मनीषियों की ओर से यह हम सब को प्रदान किया गया है।
- 1911 से 1918 के बीच में जगद्‌गुरु स्वामी भारती कृष्णतीर्थ महाराज ने इस ज्ञान

की पुनर्स्थापना की।

- स्वामीजी ने 21 वर्ष की युवा अवस्था में सात विषयों में परास्नातक की परीक्षाएँ उत्तीर्ण कीं। सब विषयों में वे सम्मान उत्तीर्ण हुए।
- वे दर्शनशास्त्र तथा संस्कृत के श्रेष्ठ विद्वान् थे।
- वे वेदों के प्रकांड विद्वान् थे और गणित की सभी शाखाओं में वैदिक गणित के 16 सूत्र लिखे।
- भाग्य की विडंबना है कि आज ये सभी खंड लुप्त हो गए हैं।
- स्वास्थ्य भी खराब था और आँखें भी कमजोर पड़ गई थीं, फिर भी उन्होंने अपनी स्मृति से 16 खंड का संक्षेप एक पुस्तक के रूप में लिखा।
- वैदिक गणित 16 सूत्रों पर आधारित गणित की एक विद्या है। इस विद्या से तर्क, प्रतिभा तथा नवीन उपक्रम विकसित होते हैं।
- सूत्र एक पंक्ति के हैं। अतः इनको जानने, समझने तथा इसके आधार पर प्रश्नों को हल करने में सरलता होती है। समय की बचत होती है और जटिल समस्याओं का निदान भी होता है।
- प्रश्नों को सूत्रों के आधार पर अनेक विधियों से हल किया जा सकता है। यह वैदिक गणित के सूत्रों का चमत्कार है।
- वैदिक गणित से एकाग्रचित्तता का संवर्द्धन होता है और आध्यात्मिकता की ओर झुकाव होता है।
- इस विद्या से मस्तिष्क की ऊर्जा में वृद्धि होती है। विद्यार्थी-लचीले प्रतिभाशाली अध्यात्म प्रेरित तथा एकाग्रचित्त हो, सभी कार्यों को पूजा-भाव से करने लगते हैं।
- वैदिक गणित विद्यार्थियों की स्पर्धाओं, प्रतियोगिताओं की तैयारी करने में सहायक सिद्ध हुआ है। इसके प्रभावकारी तथा परिणामकारी परिणाम निकले हैं। प्रतियोगिताओं की तैयारी के केंद्रों में इसे Magic mathmatics, Speedy Mathematics आदि नामों से विद्यार्थियों को आकर्षित किया जा रहा है।
- कैलकुलेटर की सीमा है, परंतु वैदिक गणित सीमातीत है।
- In the words of Swami ji The sutras apply to and cover each and every chapter of each and every branch of mathematics (Arithmetic's) Algebra, Geometry, Trigonometry, astronomy. Calculus etc. The sutras are easy to understand. Easy to apply and easy to reminder The whole work can be truthfully summarized in one word "Mental.

□

प्राचीन ज्ञान-विज्ञान

इतिहास को विकृत किया गया

मॉर्क्स ने कहा कि भारत का कोई भी इतिहास नहीं है। यदि कोई इतिहास है तो आक्रमणकारियों के सामने घुटने टेकने का। मैकाले ने देशवासियों को गौरवहीन बनाकर काले अंग्रेज बनाने की घोषणा की थी। मैक्समूलर ने धन के लालच में वेदों के अर्थों का अनर्थ करने के लिए प्रति पृष्ठ 5 पौंड धन स्वीकारा था। इन तीन मक्कारों ने हमारी शिक्षा, संस्कृति तथा इतिहास को विकृत किया, इन्होंने हमारे गौरव को विदेशी कर्णधारों के नाम के साथ जोड़कर हमारे स्वर्ण पृष्ठों पर कालिख लगाने का प्रयास किया।

सत्य जानिए–

- चरक ने रक्त प्रवाह (Blood Circulation) के संबंध में 300 वर्ष ईसा पूर्व 5 गद्यांशों में इसकी व्याख्या की थी। जबकि विलियम हार्वे को इसका प्रथम प्रस्तोता कहा गया।
- पाइथागोरस से 400 वर्ष पूर्व बोधायन ने इस प्रमेय की व्याख्या की थी। परंतु इस प्रमेय को पाइथागोरस के नाम से प्रसिद्धि मिली।
- जान फलेचर (1748–1819) स्कॉटिश गणितज्ञ ने अपनी पुस्तक 'प्रमेय 1790' में लिखा कि ईसा से पूर्व भारतीयों को नक्षत्रीय जो ज्ञान था, उसके आधार पर समग्र विश्व में उसका प्रयोग किया जाता था।
- आर्यभट्ट प्रथम बार पाई का मान 3.1416 बतानेवाले ऐसे प्रथम गणितज्ञ थे, जिसने ज्या (Sine) के मान दिए।
- आर्यभट्ट ने गणित की अनेक समस्याओं का समाधान प्रस्तुत किया। आज भी हिंदू पंचांग आर्यभट्ट द्वारा की गई गणनाओं के आधार पर तैयार किया जाता है।
- वैदिक गणित तथा इसकी प्रवाहमान प्रतिभा से भारत के वैज्ञानिक महान् बने

और उनकी विश्व सभ्यता को देन अमूल्य तथा अविस्मरणीय है।

* **भरद्वाज**—वैदिक ऋषि, जिन्होंने सर्वप्रथम विमान विद्या विषयक ग्रंथ का निर्माण किया। वे एक प्रसिद्ध आयुर्वेदाचार्य भी थे।
* **कपिल**—सांख्य दर्शन के प्रवर्तक मुनि, जिनके अनुसार चेतन पुरुष और तीन गुणों से युक्त प्रकृति ही सृष्टि के मूल कारण हैं।
* **कणाद**—वैशेषिक दर्शन के प्रवर्तक ऋषि, जिनका परमाणु आविष्कार प्रसिद्ध है।
* **सुश्रुत**—शल्य चिकित्सा के जनक। उन्होंने त्वचारोपण (प्लास्टिक सर्जरी) और मोतियाबिंद की शल्य-क्रिया का भी विकास किया।
* **चरक**—काय चिकित्सा के मूल ग्रंथ 'चरक संहिता' के रचयिता, जिसका विश्व की अनेक भाषाओं में अनुवाद हुआ है।
* **भास्कराचार्य द्वितीय**—उन्होंने न्यूटन से 500 वर्ष पूर्व पृथ्वी में गुरुत्वाकर्षण शक्ति की खोज की थी। 'सिद्धांत शिरोमणि', 'लीलावती', 'बीज गणित' आदि उनके प्रसिद्ध ग्रंथ हैं।
* **वराहमिहिर**—सम्राट् विक्रमादित्य के राज ज्योतिषी और उनके नवरत्नों में से एक वराहमिहिर महान् ज्योतिषाचार्य थे। उनका 'बृहत्संहिता' नामक ग्रंथ बहुत प्रसिद्ध है।
* **नागार्जुन**—प्रसिद्ध रसायनशास्त्री और आयुर्वेदाचार्य प्रसिद्ध विद्वान् प्रो. पी.सी. राय ने अपने महान् ग्रंथ 'दि हिंदू केमिस्ट्री' में उनकी भूरि-भूरि प्रशंसा की है।
* **आर्यभट प्रथम**—5वीं शती के महान् गणितज्ञ और ज्योतिषाचार्य, जिनका ग्रंथ 'आर्यभटीयम' लोकप्रसिद्ध है। 'पृथ्वी सूर्य की परिक्रमा करती है,' इस सिद्धांत का विश्व में सर्वप्रथम उन्होंने ही प्रतिपादन किया था।
* **पतंजलि**—'योग सूत्र' के रचयिता। विश्व को योगविद्या का महान् योगदान उन्होंने दिया।
* **ब्रह्मगुप्त**—'ब्रह्म स्फुट सिद्धांत' के रचयिता, जो ज्योतिष और गणित का प्रामाणिक ग्रंथ है। 'सूर्य सिद्धांत' के प्रतिपादक भी ब्रह्मगुप्त ही थे।
* **वागभट्ट**—प्रसिद्ध आयुर्वेदाचार्य, जिन्होंने 'अष्टांग हृदय' नाम ग्रंथ की रचना की।
* **भावमिश्र**—प्रसिद्ध आयुर्वेदाचार्य 'भाव प्रकाश निघंटु' नामक ग्रंथ के रचयिता।
* **शारंगधर**—प्रसिद्ध नाड़ी-शास्त्र विशेषज्ञ व 'शारंगधर संहिता' के रचयिता।

- ❊ **जगदीशचंद्र बसु**—वनस्पतियों की सजीवता के सिद्धकर्ता तथा मार्कोनी से पूर्व ही' 'बेतार का तार' (Wireless communication) के आविष्कर्ता।
- ❊ **श्रीनिवास रामानुजन**—संख्या सिद्धांत, त्रिकोणमिति, रेखागणित के साथ ही गणित की सभी शाखाओं में मौलिक योगदान करनेवाले गणितज्ञ भी थे। इनकी प्रतिभा का सम्मान करते हुए रॉयल सोसाइटी ने इन्हें अपना फेलो चुना। प्रोफेसर हार्डी ने इनको गणित का विशेष प्रशिक्षण देना चाहा, परंतु उन्होंने यह स्वीकार किया कि श्रीनिवास रामानुजन गणित की प्रत्येक शाखा में उनसे बहुत आगे थे।
- ❊ **Dr. Arnold Toynbee**—"It is already becoming clear that a chapter which has a western beginning will have to have an Indian ending. At this supremely dangerous moment salvation for mankind is the Indian way."

इक्कीसवीं सदी भारत की है

वर्ल्ड इकोनॉमिक फोरम की भविष्यवाणी के अनुसार, भारत यू.एस.ए., यू.के., फ्रांस, जर्मनी, ऑस्ट्रेलिया संसार के इन पाँच अर्थ-संपन्न देशों का शीघ्र ही सदस्य बन जाएगा। आज के समय में भारत में विदेशी निवेश बिलियन डॉलर तक जा पहुँचा है। भारत अब परमाणु शक्ति हो गया है। अपनी सुरक्षा के लिए अपने देश की सामग्री से मिसाइल तथा युद्ध के लिए टैंक तैयार किए हैं, अंतरिक्ष यात्राएँ की हैं। पोखरण परीक्षण के कारण हम संसार की अगली पंक्ति में खड़े हो गए हैं।

भारत 21वीं सदी की महाशक्ति के रूप में अपने को ढालने के लिए तैयार है। विगत दिनों उत्पादन दर 6.7 प्रतिशत को स्पर्श कर चुकी है। 4 लाख साफ्टवेयर इंजीनियर कार्यरत हैं। आई.टी. के क्षेत्र में हम संसार में अग्रणी हैं। अमेरिका में भारत के पचास हजार डॉक्टर हैं। नासा में हमारे 7 प्रसिद्ध वैज्ञानिक हैं। आयुर्वेद, योग तथा कंप्यूटर की दृष्टि से विश्व हमारी ओर निहार रहा है। दासता और दमन के प्रतिरोध में हजार साल बिताने के बाद एक बार पुनः भारतीय प्रज्ञा और निपुणता का विश्वव्यापी पुनरोदय हो रहा है। लक्ष्मी मित्तल और रतन टाटा दुनिया के सबसे बड़े इस्पात निर्माता हैं, साथ ही इंजीनियरिंग, मेडिकल साइंस, बहुराष्ट्रीय वित्तीय कंपनियों के शीर्ष प्रबंधन एवं उच्च शिक्षा और शोध के क्षेत्र में भारतीय अपनी प्रतिभा और विश्वसनीयता के बल पर छा गए हैं। कुछ समय पहले 'न्यूयॉर्क टाइम्स' के चर्चित स्तंभकार थामस फ्रीडमैन ने 21वीं शताब्दी का इतिहास लिखा (द वर्ल्ड इज फ्लैट), तो उसका प्रारंभ

एक उदाहरण से किया। उसने लिखा कि पहले अमेरिकी माताएँ नाश्ते की मेज पर अपने बच्चे से कहती थीं—'नाश्ता पूरा खाओ, देखो भारतीय भूखे मर रहे हैं और तुम जूठा छोड़ रहे हो।' पर वे अब कहती हैं—'टाम, जमकर पढ़ाई करो—देखो भारतीय आ रहे हैं। अमेरिकी व यूरोप के बच्चे इंटरनेट के जरिए चेन्नई और बंगलौर के भारतीय शिक्षकों से ट्यूशन पढ़ रहे हैं। रैनबैक्सी 125 देशों में दवाएँ देती है, जिसके 49 देशों में संयुक्त उद्यम हैं और 8 देशों में औषध निर्माण कारखाने हैं। उसकी 298 प्रतिशत बिक्री अमेरिका में है और 75 प्रतिशत आय का स्रोत विदेशों में है। व्हाइट हाउस में दीवाली का पर्व मनाया गया, अमेरिका में हिंदू विश्वविद्यालय भी स्थापित है। श्रीमद्भगवद्गीता का अध्ययन भी विदेशी विश्वविद्यालयों में प्रारंभ हो गया।

ज्ञान, संस्कार और वैराग्य के प्रसार में भी भारत का विश्वव्यापी प्रभाव बढ़ा है। स्वामीनारायण पंथ, गायत्री परिवार, माता अमृतानंदमयी, श्री श्री रविशंकर, स्वामी दयानंद सरस्वती जैसे अग्रणी योग, वेदांत-भक्ति और संयम पर आधारित भारतीय जीवन-शैली और ज्ञान के नायक बने हैं। राष्ट्रीय स्वयंसेवक संघ का दो सौ से अधिक देशों के हिंदुओं में संगठन कार्य हैं तो भारत के जनजातीय एवं पिछड़े क्षेत्रों में कार्य करने अमेरिका और यूरोप में जन्मे भारतीय युवा सेवा-उद्यमी ही नहीं, संन्यासी के नाते आ रहे हैं।

भारत के आदर्श वाक्य 'वसुधैव कुटुम्बकम्' तथा 'लोकाः समस्ताः सुखिनो भवन्तु' को स्वीकार करना होगा। जिस मैक्समूलर ने भारत के इतिहास को विकृत करने के लिए अंग्रेजों से धन प्राप्त किया, फिर भी उसको लिखना पड़ा—"If I were to look over the whole world to find out the country most endowed with all the wealth, and beauty that nature can bestow, from someparts a very paradise on earth, I should point to India."

रोम्याँ रोलाँ ने भी इसी प्रकार भावनाएँ अभिव्यक्त की हैं—"If there is one place on the earth where all the dreams of living men have found a home from the very earliest days it is India."

श्रीअरविंद ने लिखा है—"जब यह कहा जाता है कि भारत ऊपर उठेगा, तब उसका अर्थ है कि सनातन धर्म ऊपर उठेगा। भारत अपना विस्तार तथा विकास करेगा। भारत का अस्तित्व ही धर्म के लिए और धर्म के द्वारा है।"

आचार्यगण भारत में से हीनभाव मिटाकर विद्यार्थियों का आह्वान करें तथा गौरव से कहें कि हम भारतीय हैं। भारत का अन्न और जल ग्रहण कर मैं खड़ा हूँ। भारत ने मेरा पालन-पोषण किया है। मैं भारत के लिए जीऊँगा और जीतूँगा। भारत की सांस्कृतिक धरोहर विद्यार्थियों को स्थानांतरित करना हमारा धर्म है। अपने पूर्व महापुरुषों, संतों,

ज्ञानी, विज्ञानी, सांस्कृतिक पुरोधाओं तथा वीर पुरुषों से प्रेरणा लें, हम सर्वस्व देश को दें और हम सब मिलकर कहें—तन समर्पित, मन समर्पित और यह जीवन समर्पित, चाहता हूँ, देश की धरती तुझे कुछ और भी दूँ।

प्राचीनता तथा आधुनिकता का समायोजन

प्राचीनता की कुंजी लेकर वर्तमान का ताला खोल और भविष्य के वैभवपूर्ण भारत के दर्शन करें। हम प्राचीन गौरव के पक्षधर हैं, इसका यह अर्थ नहीं कि संसार में अन्य देशों के आविष्कार तथा उपलब्धियों से हमारा कुछ लेना-देना नहीं है। अपने देश के हित में उनसे भी लाभान्वित होना चाहिए। आधुनिकीकरण तो चाहिए, पाश्चात्यीकरण नहीं। देश की धरती के साथ जुड़ें Let us think globally but act locally, अच्छे विचार सब दिशाओं से आएँ Let the Note thought come from all sides.

आ नो भद्राः क्रतवो यन्तु विश्वतः (ऋग्वेद)

आइए, श्री रामधारी सिंह दिनकरजी के शब्दों के अर्थ तथा भाव समझकर इनको राष्ट्रीय पाठ्यक्रम का भाग बनाएँ—

जब चलो आगे
जरा सा देख लो मुड़कर चिरंतन रूप वह अपना
अखिल परिवर्तनों में जो अपरिवर्तित रहा है।
करो मत अनुकरण ऐसे
कि अपने आपसे ही दूर हो जाओ,
न बदलो यों कि भारत को
कभी पहिचान ही पाए नहीं इतिहास भारत का।

□

पर्यावरण की भारतीय अवधारणा

पर्यावरण शब्द—परि+आवरण इन दो शब्दों की संधि से बना है, परि का अर्थ है—चारों ओर तथा आवरण से अभिप्रेत है वातावरण। चारों ओर के वातावरण को ही पर्यावरण कहा जाता है।

वेद कालीन समाज में केवल पर्यावरण संबंधी चर्चा ही नहीं, अपितु इसके संरक्षण के महत्त्व को भी स्पष्ट किया गया है।

वेद की ऋचाएँ

अथर्ववेद में पृथ्वी को माता कहा गया है। इसके पुत्रों ने इसके साथ आत्मीय तथा पारिवारिक संबंध स्थापित किया है। वेद कहता है, ''माता भूमिः पुत्रोऽहं पृथिव्याः।''

भूमि माता की रक्षा तथा जीवनपर्यंत इससे अभिन्न संबंध स्थापित करना मेरा वैसा ही कर्तव्य है, जैसे मेरी जननी के प्रति, जिसने मुझे जन्म दिया। इस संबंध में आधुनिक कवियों ने भी अपने भाव व्यक्त किए हैं—

''खा अन्न और जल तेरा माँ यह अंग सकल हैं बड़े हुए।
तेरी ही वायु से माता यह श्वास है, अब तक अड़े हुए।''

वैदिक साहित्य में पर्यावरण संरक्षण और संवर्धन की विषय-सामग्री का अथाह भंडार है। प्रकृति का प्रत्येक कार्य एक स्वाभाविक और नियमित प्रणाली से कार्य का श्रेष्ठ उदाहरण है, जैसे दो मित्र एक सिक्के के दो पहलू हैं, वैसे मनुष्य और प्रकृति का संबंध भी अभेद है।

यजुर्वेद कहता है—''प्रकृति और मनुष्य दो मित्र हैं।'' मानव प्रकृति को संबोधित कर कहता है—''मित्रवर मेरा-तुम्हारा अटूट रिश्ता है। मैं तुम्हारी प्रत्येक दृष्टि से सहायता करूँगा।'' इसके उत्तर में प्रकृति का कथन है—''मैं तुम्हारी आवश्यकताओं को पूर्ण करने में कभी पीछे नहीं रहूँगी।'' अंत में दोनों मिलकर कहते हैं—''हम एक-दूसरे के सहायक, संरक्षक तथा समायोजित भाव से जीवनयापन करेंगे।''

ऋग्वेद की ऋचाएँ स्पष्ट संदेश देती हैं

(क) ''मा काकम्वीर मुरदहो वृहोवनस्पतिन शस्तीर्विहीनशः।''

वृक्ष काकादि पक्षियों के आश्रय-स्थल हैं। संपूर्ण प्राणियों को खाद्य-सामग्री इन्हीं से प्राप्त होती है। वे वर्षा का मूल कारण और प्रदूषणों के निवारक हैं। अतः वृक्षों का रोपण तथा संरक्षण मानव जाति का धर्म है।

(ख) ऋग्वेद में आह्वान भी किया है—''यतते भूमोविश्वनाभिक्षिप्तं तदपि रोहतु।'' विश्व में जितनी भी भूमि खाली पड़ी है, सब पर वृक्षारोपण करो।

(ग) वेदों में वनस्पतियों से उत्पन्न ओषधियों को माता के समान कल्याणकारी बताया गया है।

ऋग्वेद–

''औषधीरिति मातरः तदवो देवीरूप ब्रुते।''

अथर्ववेद ने भी इसी भावना को पुष्ट करते हुए कहा है—

वीरूधो वैश्व देवीः उप्राः पुरुष जीवनीः।

वृक्ष, जंतु, जगत् के जीवन का मूलाधार हैं, मनुष्य का जीवन भी वृक्षों के बिना संभव नहीं है।

ऋग्वेद के अनुसार नदियाँ, तन, मन और आत्मा को निर्मल कर स्फूर्ति और ऊर्जा प्रदान करती हैं। वन, भूतल की प्राकृतिक छतरी तथा राष्ट्र की जीवन-रेखा होते हैं। वृक्षों का प्रगतिशील होना राष्ट्र का प्रतीक माना गया है।

उपनिषद्–

ईशोपनिषद् में कहा गया है कि पृथ्वी पर (जगत्) चराचर जो भी वस्तु है, ईश्वर से आच्छादित है, इसके कण-कण में दिव्यता है।

ईशावस्यमिदं सर्वं यत्किंचित् जगत्यां जगत।
तेन त्यक्तेन भुञ्जीथा, मा गृधः कस्यस्विद्धनम्॥

कोई भी वस्तु ऐसी नहीं है, जो ईश्वर में न हो और जिसमें ईश्वर न हो। परमपिता सर्वव्यापी है।

ईश्वर प्रदत्त सब पदार्थों का भोग ईश्वर का प्रसाद समझकर करना पुण्य है। दूसरों की सामग्री तथा अस्तित्व छीनकर भोग करना पाप है।

यावहय भ्रियेत जठरं तावत् स्वत्वं ही देहिनाम्,
अधिकं योऽभिमन्यते स स्तेना दण्डमर्हति॥

उपनिषद्कार कहता है कि जिधर देखता हूँ, उधर 'तू ही तू' है। प्राणियों के लिए अपना पेट भरने के लिए जितना आवश्यक है, उतना ही उनके लिए अपेक्षित है। उससे अधिक की कामना करनेवाला चोर है तथा दंड का भागी है।

उपनिषदों के अनुसार हवा, पानी, अग्नि, वृक्ष और जड़ी-बूँटियों में ईश्वर का स्थान है। ये देवता हैं, आराधना करने योग्य हैं।

चरक संहिता–

दुर्लभ कृति चरक-संहिता में कहा गया है—"जब तक इस धरती के वन्य, पशुओं और हरे-भरे पेड़-पौधों के बीच प्रकृति का लीला-विलास चलता रहेगा, तब तक मानव जाति फलती-फूलती रहेगी।"

मनु–

मनु महाराज ने प्रजाजनों से कहा है—"जो प्रकृति हमें इतना सबकुछ देती है तथा जिसकी कृपा से संपूर्ण जगत् पोषित और जीवंत है, हम सदा उसकी रक्षा करें। उसकी रक्षा करना प्रत्येक मनुष्य का नैतिक दायित्व है।"

यज्ञ-विधान–

वैदिक काल से ही हम पर प्रकृति की कृपा बनाए रखने के लिए मनु ने यज्ञ को संस्थागत स्वरूप प्रदान किया है। यज्ञ का प्रयोजन पृथ्वी के चक्र को बनाकर रखने के लिए किया गया है।

अग्नौ प्रस्ताहूतिः सम्यगदिव्यभु प्रतिष्ठते।
आदित्याज्जंतें वृष्टिश्वरष्टेरंत्रं प्रजाः॥

अग्नि में डाली आहुति सूर्य की किरणों में उपस्थित होती है। उसके संसर्ग से अंतरिक्ष में इस प्रकार का वातावरण निर्मित हो जाता है, जिससे मेघों का संग्रह होने लगता है। वे समय पाकर पृथ्वी पर बरसते हैं। ओषधि, वनस्पति, लता, फल, खाद्य, जीवन-शक्तियाँ, अग्नि, पृथ्वी, वायु, सूर्य, चंद्र, पृथ्वी एवं जल के रूप में हमारे संरक्षण तथा संवर्धन के लिए प्राप्त होते हैं।

"अग्नि वै देवानां मुखम्", अग्नि देवताओं का मुख है। देवता पदार्थों को प्राप्त करते हैं और वे आहुति देनेवाले को लौटा देते हैं।

"देहि मे ददामि ते"

मनुस्मृति में फिर से कहा गया है–

जो व्यक्ति वनस्पतियों को जिस प्रकार चोट पहुँचाता है। ऐसे दोषी व्यक्ति को संबंधित क्षेत्र के राजा द्वारा दोष के अनुरूप दंडित किया जाना चाहिए।

महाभारत–

वृक्ष अपने पुष्पों से ईश्वर का सम्मान करते हैं। अतिथियों की आवभगत फल से करते हैं तथा शीतल समीर और छाया से संपूर्ण जगत् को आनंदित करते हैं।

धर्म ग्रंथ–

धर्म ग्रंथों के अनुसार कमल विष्णु की नाभि से, कदंब कामदेव की हथेली से, पलास यम से और पीपल सूर्यदेव से जन्मे हैं। आम जनों में यह मान्यता है कि तुलसी व पीपल पर विष्णु, लक्ष्मी, ब्रह्मदेव बरगद पर, शिव, श्री हरि तथा कुबेर सोमलता पर, चंद्रमा बेल पर, माहेश्वर आम पर, लक्ष्मी कदंब पर, कृष्ण नीम पर, शीतला माई, पलास पर, ब्रह्मा, गंधर्व तथा तमाल पर भगवान् कृष्ण विराजते हैं।

हम जिन देवताओं की पूजा करते हैं, वे सब किसी-न-किसी वृक्ष पर विराजते हैं।

ईसा से 200 वर्ष पूर्व, केरल में जन्मे महाकवि भास ने अपने नाटकों में ज्ञान-विज्ञान के केंद्र अनेक तपोवनों का उल्लेख किया है। महाकवि कालिदास ने भी अपने प्रसिद्ध नाटक अभिज्ञान शाकुन्तलम् में प्राचीन भारत की वनसंपदा का मनोहारी चित्रण किया है। वृक्ष सज्जनों के समान वर्णित किए गए हैं।

भारत आर्यक संस्कृति का देश रहा है। आश्रम-तपोवन तथा गुरुकुल ये सभी वनों में प्रस्थापित हैं।

रामचरित मानस में गोस्वामी तुलसीदास जी कहते हैं—

पीपर तरु ध्यान जो धरई। जाप यज्ञ पाकर तर करई॥
आँब छाँह कर मानस पूजा। वट तर कह हरि प्रशंसै,
आवहि सुनहि अनेक विहंगे॥

इन वृक्षों की छाँव के नीचे मानस के पाठ, पूजा, दृष्टिकोण को सुनने के लिए अनेक पक्षीगण भी आया करते थे। पीपल वृक्ष अध्यात्म पूजा की पावन-स्थली माना जाता था।

वृंदावन का निधि वन कृष्ण राधा की रासलीला का पावन स्थल है। कागभुशुंडि-गरुड़ का संवाद, नीलगिरी की सुरम्य वादियों में संपन्न हुआ था।

भगवान् ने गरुड़ का उद्धार किया था। यह वह गरुड़ है, जिसने सीता की रक्षा के लिए रावण से युद्ध किया था। जख्मी होकर जब वह पृथ्वी पर मरणासन्न पड़ा था, तब

भगवान् राम ने उसका उद्धार किया था। गिलहरी जिसने अपनी गीली पीठ पर रेत के छोटे-छोटे कण ले जाकर रामसेतु के निर्माण में सहयोग किया, श्रीराम ने उसे गोद में लेकर उसे प्यार किया था।

भगवान् कृष्ण मोरों के संग खेलते थे, गायें चराते थे। भगवान् राम ने वानरों की सेना सजाकर रावण से युद्ध किया था। लंका के सुषेन वैद्य के अनुसार— संजीवनी बूटी, शरीर, मन से परे आत्मा को ऊर्जा प्रदान करती है और इस बूटी से लक्ष्मण सचेत हुए थे।

भगवान् कृष्ण ने गीता में कहा है—''हे अर्जुन, मैं जल में रस हूँ, चंद्रमा और सूर्य में प्रकाश हूँ, संपूर्ण वेदों में ओंकार हूँ, आकाश में शब्द और पुरुषों में पुरुषत्व हूँ।

''हे अर्जुन, तू संपूर्ण भूतों का सनातन बीज मुझको ही जान, मैं बुद्धिमानों की बुद्धि और तेजस्वियों का तेज हूँ।

''हे अर्जुन! मैं सब वृक्षों में पीपल का वृक्ष हूँ। घोड़ों में उच्चे:श्रवा नामक घोड़ा, श्रेष्ठ हाथियों में ऐरावत, गौओं में कामधेनु हूँ, नागों में शेषनाग, जलचरों में वरुण देवता हूँ। पशुओं में मृगराज सिंह, पक्षियों में गरुड़, नदियों में गंगा तथा मछलियों में मगर हूँ। भगवान् कृष्ण संपूर्ण सृष्टि में विराजमान हैं। अतः यह सृष्टि पूजा के योग्य है। सृष्टि की पूजा ही ईश्वर की पूजा है।

जैन मतानुसार–

वृक्षों को काटने से बीमारियाँ बढ़ती हैं। एक तिब्बती कहावत के अनुसार, पीपल का वृक्ष काटने से कोढ़ का प्रकोप बढ़ता है।

रामायण में सीता ने वट वृक्ष के सामने हाथ जोड़कर प्रार्थना की, ''हे देव-देवता! मैं तुमसे विनती करती हूँ कि मेरे पति को अक्षय शक्ति प्रदान करो, ताकि वे विजय प्राप्त करें।''

अग्नि पुराण के अनुसार–

घर के उत्तर में पाकड़, पूरब में बरगद, दक्षिण में आम और पश्चिम में पीपल का वृक्ष लगाने से धन-ऐश्वर्य और सौभाग्य की वृद्धि होती है।

स्कंद पुराण के अनुसार कार्तिक मास में आँवले की छाया में पूजा-पाठ तथा भोजन करने से व्यक्ति के सारे पाप नष्ट हो जाते हैं।

मत्स्य पुराण--

दशकूप समावापी दशवापी समोह्रदः
दशह्रदसम पुत्रः दशपुत्र समो द्रुमः॥

दस कुओं के समान एक बावड़ी है। दस बावड़ियों के समान एक पुत्र तथा दस पुत्रों के समान एक वृक्ष है।

अतः वृक्षारोपण तथा इसके संरक्षण से हम परिवार का संरक्षण करते हैं। साथ ही पुण्य के भागीदार भी बनते हैं।

चरक शास्त्र में सृष्टि-सृजन के तत्त्वों का उल्लेख करते हुए कहा गया है—पृथ्वी, जल, वायु, अग्नि, आकाश तथा ब्रह्मांड से ही चर, अचर जगत् की व्युत्पत्ति हुई है। यदि इनमें से एक का भी असंतुलन होता है तो प्रकृति विकृत तथा विषम हो जाती है और पर्यावरण का प्रदूषण तथा विश्व में असंतुलन की स्थिति उपस्थित हो जाती है।

भारत ने सदा सृष्टि की पूजा की है। गोस्वामी तुलसीदास ने 'सियाराममय सब जगजानी' कहकर जग को 'राममय' बना दिया है। हमने पर्वत, नदियों, सूर्य, चंद्र, वृक्षों को देवता मानकर अध्यात्म भाव से पूजा की है। हमने प्रकृति का शोषण कभी नहीं किया। हम ध्यान रखें कि प्रकृति हमें कभी नहीं छोड़ेगी।

विज्ञान, तकनीक एक-दूसरे के पूरक हैं। ज्ञान, भाव, कर्म, उद्योग, उपयोग-प्रयोग तथा योग सब प्रकृति के संरक्षण के कवच हैं।

हम प्रकृति से पर्यावरण की सुरक्षा की शिक्षा ग्रहण कर सकते हैं। प्रकृति व्यर्थ वस्तुओं को हजम करती है और इसके बदले में सुंदर-से-सुंदर वस्तुओं का सृजन करती है। सृजन करते हुए हम किसी का ह्रास नहीं करते।

महात्मा गांधीजी ने कहा था—

Mother India has everything to fulfill our needs,
But she will never satisfy our greed.

कामनाओं, लालसाओं को पूर्ण करने की दौड़ हमें अधिक कामुक बनाती है और इससे मानसिक संतुलन बिगड़ता है। निश्चय ही इसका प्रभाव पर्यावरण पर भी पड़ता है।

भोग-विलास की अभिवृद्धि कभी भूख को शांत नहीं कर सकती। जयशंकर प्रसादजी ने ठीक कहा है—

अपने में सबकुछ भर, कैसे व्यक्ति विकास करेगा।
यह एकांत स्वार्थ भीषण है, अपना नाश करेगा।

हमारे ऋषियों का मंत्र है "इदं न मम्-जगत् हिताय"—ऋषियों, मनीषियों की पर्यावरण की अवधारणा को मूर्तरूप देने से ही विश्व को सुखमय तथा निरामय बना सकेंगे।

जड़ और चेतन में अखंड चेतना के दर्शन करने में सब का भला है। जयशंकर प्रसाद की ये पंक्तियाँ सदा के लिए हमारा मार्गदर्शन करती रहेंगी—

समरस थे जड़, चेतन, सुंदर साकार बना था।
चेतना एक विलसती, आनंद अखंड घना था।

भोजन में छिपी वैज्ञानिकता

प्राणी मात्र के लिए भोजन सबसे आवश्यक पदार्थ है। हमारे शास्त्रों में अन्न को ब्रह्मा कहा है। रस विष्णु एवं भोक्ता महेश्वर देव हैं।

हमें ऋषियों ने बताया है, भोजन को ईश्वर के प्रसाद रूप में ग्रहण किया जाए। इस भाव से भोजन की पवित्रता बनी रहती है।

भोजन करने से पूर्व आचमन, थाली के चारों ओर पानी की रेखा से घेरा बनाना, क्रिया-प्रक्रिया, ग्रास, बाहर निकालकर रखना। भोजन बनानेवाली ग्रहिणी सर्वप्रथम कौए, गाय तथा ब्राह्मण के लिए भोजन परोसती हैं। उपनिषदकार के इस कथन 'तेन त्यक्तेन भुञ्जीथा' के उपदेश को सार्थक किया जाता है।

दैनिक उपासना–

आज के भारत के करोड़ों बांधव इस श्लोक का उच्चारण करते हैं और धरती माँ पर पाद (पैर) रखने के लिए क्षमा माँगते हैं—

समुद्र वसने देवि, पर्वतस्तनमण्डले।
विष्णु पत्नि, नमस्तुभ्यं पादस्पर्शं क्षमस्व मे॥

माँ से क्षमा माँगकर हम पंचभक्तों, नवग्रह, दिशा, काल, लोक से सबके कल्याण के लिए प्रार्थना करते हैं। स्नान करते हुए गंगा, सरस्वती, सिंधु, ब्रह्मपुत्र, कृष्णा, गोदावरी, महानदी के पवित्र जलों का स्मरण करते हैं। पर्वतों तथा पवित्र नगरों को भी नमस्कार करते हैं।

इतिहास के झरोखे से

राम वन में सीता को ढूँढ़ते विलाप करते पशु-पक्षियों, वृक्षों तथा लताओं से पूछते हैं। जड़-चेतन का मानवीकरण कर वे हृदय-विदारक वाणी से कहते हैं—'तुम देखी सीता मृगनयनी?'

महान ग्रंथ रामायण का लेखन क्रौंच पक्षी को तीर लगने से उसकी व्यथा, पीड़ा तथा चीत्कार से हुआ था। महर्षि वाल्मीकि के मुख से करुणा के पद निकले, तत्पश्चात् रामायण का जन्म हुआ।

हमारी दिनचर्या प्रकृति के साथ अध्यात्म-एकात्म संबंध स्थापित करती है। अंत में पर्यावरण के संरक्षण के संबंध में ऋषियों ने प्रार्थना करने का जो आग्रह किया है, उसका सच्चे हृदय से उच्चारण करें। हृदय में स्थान दें और तदनुकूल आचरण करें, यह वैदिक मंत्र है—

ॐ द्यौः शान्तिः अन्तरिक्ष ४ शान्तिः पृथिवीः शान्तिः आपः
शान्तिः ओषधयः शान्तिः वनस्पतयः शान्तिः विश्वेंदेवाः शान्तिः
ब्रह्म शान्तिः, सर्व ४ शान्तिः शान्तिरेव शान्तिः सा मा शान्तिरेधिः॥
ॐ शान्तिः, शान्तिः, शान्तिः!! यजुर्वेद 36/17

द्यौलोक के नक्षत्रों में शांति ही गतिमान मिले, अंतरिक्ष, पृथ्वी तल पर शांति ही गतिमान मिले, जलाशय, वनस्पति, प्रकृति में शांति के भंडार मिलें, पुष्पलता, औषध अन्न में शांति का आधार मिले। अखिल विश्व की दिव्य शक्तियों में शांति की पहचान मिले।

ज्ञान, ध्यान, सागर, गगन में शांति की पहचान मिले।

□

बुद्धि, भाव तथा आध्यात्म लब्धि

(I.Q) (E.Q) (S.Q)

शिक्षा का अखंड तथा समग्रस्वरूप जो प्राचीन ऋषियों तथा मनीषियों ने हमें दिया है, उसमें शरीर, प्राण, मन, बुद्धि तथा आत्मा का समायोजित तथा एकात्म विकास करना है। शरीर एक रथ है, जिस पर आरूढ़ होकर हमें अपनी जीवन यात्रा पूर्ण करनी है, अत: यह रथ सुदृढ़ तथा सुगठित होना चाहिए। आत्मा इस रथ का स्वामी है। इच्छा तथा आकांक्षा इसके घोड़े हैं, मन लगाम है, बुद्धि इसका रथवान है।

प्रामाणिकता से परिश्रम तथा साधना करते हुए हम जीवन के लक्ष्य को प्राप्त करते हैं और इसी में शिक्षा की सार्थकता है। आजकल शिक्षा की परिभाषा बौनी हो गई है। बौद्धिक विकास ही सबकुछ मान लिया गया है। पाठ्यक्रम तथा पाठ्यचर्या के निर्माण के लिए बहुत प्रयत्न किया जाता है। जानकारी एकत्रित करना, इसका विश्लेषण, संश्लेषण, समझ, प्रबंधन, कुशलताएँ, संवाद, तर्क, समीक्षा, अच्छे तथा बुरे की पहचान, अधिकार तथा कर्तव्य का विवेक, समस्याओं का निदान, सृजनात्मकता, इन सबका विकास बौद्धिक संपदा के लिए आवश्यक है। विद्यालयों में इन सबकी ओर ध्यान दिया जाना चाहिए।

वर्गीकरण करते हुए जब हम यह कहते हैं कि क ख से अधिक बुद्धिमान है, इसका अर्थ है कि क ख से अधिक बुद्धिवाला है और वह समस्याओं के निदान में अधिक कुशल है। अध्ययनों से यह सिद्ध होता है कि उच्च बुद्धिलब्धित व्यक्ति आवश्यक नहीं है कि जीवन में यशस्वी तथा प्रत्येक दृष्टि से सफल हो। वास्तव में सफलता का आधार है, लोगों से भावपूर्ण आत्मीय व्यवहार, भावनाओं का नियोजन तथा कुशलताओं में निपुणता। भावनाएँ हमारा पूर्व संचित ज्ञान है। भावनाओं से हम क्रिया करते हैं। भावनाएँ वे हैं, जो अब हम हैं। मानव संरचना से इनका प्रवेश ऊर्जा के रूप में होता है, जिसके कारण व्यक्ति तरंगित तथा गुंजायमान होता है। भावनाओं में हमारा इतिहास, प्रवृत्तियाँ, रुचियाँ, अनुभव आदि सब रहते हैं, बुद्धि से भावनाएँ अधिक बलशाली होती

हैं, शिक्षा क्षेत्र में जानकारी के आधार पर अधूरी प्रक्रिया है। बुद्धि तथा हृदय इससे प्रेरित क्रियाएँ ही व्यक्ति विकास के मापन की प्रक्रिया है। जयशंकर प्रसाद ने अपने महाकाव्य कामायनी में इस विषय को काव्यात्मक रूप देते हुए लिखा है—

तू चढ़ी रही सिर, पाया न हृदय।

ज्ञान, भावना तथा क्रिया के आधार पर शिक्षा वास्तविक, पूर्णरूप से अपनाई जाती है। पढ़ा-लिखा व्यक्ति संवेदनशील नहीं है तो क्रूर बन सोचता है तथा आचरण करता है, इस घटना से यह बात ध्यान में आ जाएगी।

एक आई.ए.एस. अधिकारी अपनी पत्नी के साथ जब सैर करने निकला तो एक वृक्ष पर पक्षियों द्वारा बनाए घोंसले को देख वह चकित रह गया। उसने देखा और देखता रह गया। पत्नी से इच्छा प्रकट करते हुए कहा, कितना ही अच्छा हो कि घोंसले को घर ले जाकर, घर की सजावट सामग्री के रुप में इसका उपयोग करें। वृक्ष से घोंसले को लेने का प्रयास जैसे ही उसने प्रारंभ किया तो गाय चरानेवाले गँवार लड़के ने दौड़कर उसे ललकारा—"बाबूजी, यह आप क्या कर रहे हैं? इस घोंसले में पक्षियों के अंडे तथा बच्चे हैं। आप जब इसको ले जाएँगे, पक्षी अपने बच्चों को यहाँ न देखकर जो विलाप करेंगे, उनकी कल्पना क्या आपने की है? संवेदनहीनता का यह कार्य मैं कभी भी नहीं होने दूँगा।" पढ़ा-लिखा बुद्धिमान अधिकारी यह सुनकर अवाक् रह गया। उसने अपनी पत्नी को कहा, "हम पढ़े-लिखे हैं, परंतु हम सांस्कृतिक नहीं हैं। यह ग्रामीण बालक पढ़ा-लिखा नहीं है, परंतु सांस्कृतिक है।"

हम अनेक बार इन पंक्तियों को दोहराते हैं—Let emotions not sway your duty towards your Country. अति भावुक होकर अपने कर्तव्य का पालन न करना किसी भी स्थिति में वांछनीय नहीं है। भावना का प्रवाह हमें कहीं भी बहाकर ले जाए यह उचित नहीं। इसमें सावधानी की आवश्यकता है। अरस्तु ने कहा है—"भावना संतुलित चाहिए। भावनाओं का दबाना अथवा इनका अतिरेक व्यक्ति को मानसिक रोगी बना देता है।" डॉ. डेनियाल गोलमेन के अनुसार भावना बौद्धिक उपलब्धि की सहचरी है। उन्होंने इसे Emotional Intelleigence (भावनात्मक बुद्धि) की संज्ञा दी है।

भावनात्मक बुद्धि सामाजिक दक्षता है, जिससे हम अपनी तथा दूसरों की भावनाओं को आँक सकते हैं। इस अंकन से अपने तथा दूसरों से व्यवहार के प्रति हम सजग हो जाते हैं,अनेक बौद्धिक तथा मानसिक समस्याओं के निदान में हम समर्थ हो जाते हैं। भावात्मक बुद्धिमत्ता संतुलित रखने की प्रक्रिया को श्रीमद्‌भगवतगीता में योग कहा गया है।

योग कर्मसु कौशलम्।

चित्त-वृत्तियों के निरोध से किया गया कर्म हमें कुशल तथा निपुण बनाता है। शोधों के निष्कर्षों से यह ज्ञात होता है कि भावनात्मक बुद्धिमत्ता केवल बौद्धिक लब्धता

से अधिक बलवान तथा सक्षम है। हम कहते हैं, "Get Smart, Have a heart." क्या भावना का बुद्धि से ऊँचा स्थान है? वास्तव में ये दोनों एक सिक्के के दो और छोर हैं। बौद्धिक गुण संपदा पैतृक निधि है। भावात्मक गुण-संपदा का विकास किया जा सकता है। यह विकास व्यक्ति विकास का सोपान है।

डॉ. गोलमेन ने अमरीका में एक अध्ययन के पश्चात् एक निचोड़ निकाला है। जीवन में सफलता के लिए बुद्धिलब्धता का स्थान 20 प्रतिशत है। 80 प्रतिशत और ही तत्त्व हैं जो व्यक्ति को सफलता की ऊँचाइयों तक ले जाते हैं। वे तत्त्व हैं, भावनाओं को परिष्कृत करने की कुशलता। अत: दोनों तत्त्वों को एक-दूसरे के सहभागी बनाने से हम ऊँचाइयों को स्पर्श कर सकते हैं।

उच्च भावनालब्धि वाले प्राणियों के निम्नांकित पाँच वैशिष्ट्य हैं—

1. अपनी भावनाओं को जानना।
2. भावनाओं का नियोजन करना।
3. स्व: प्रेरणा से कार्य करना।
4. अन्य व्यक्तियों की भावनाओं को पहचानना तथा आदर करना।
5. संबंध स्थापन की कला को सुदृढ़ करना।

यदि भावनात्मक दृष्टि से हमारा स्वास्थ्य सबल है तो हमारा जीवन तेजस्वी, सुंदर, प्रेरक तथा भावनाकारी बनेगा। अत: प्रारंभिक शिक्षा से भावनाओं को परिष्कृत करने का प्रयास करना चाहिए। भावनात्मक विकास के प्रेरक तत्त्व हैं—आदर्शवान व्यक्तियों को प्रेरणा-स्रोत मानकर आचरण करना, व्यक्तित्व विकास गोष्ठियों में भाग लेना, स्वाध्याय से संस्कृति को पुष्ट करना, अपने अनुभवों से सीखना, सकारात्मक दृष्टिकोण अपनाना, दूरदर्शन पर अनेक अच्छे कार्यक्रमों को देखना आदि।

शिक्षण-संस्थाओं में मन को सद्विचारी, संतुलित तथा तनावमुक्त रखने के लिए स्वाध्याय, सत्संग एवं सहपाठ्यचर्या क्रिया-कलापों को पढ़ाई के साथ-साथ उच्च स्थान दिया जाना चाहिए। भावनाओं को परिष्कृत करने तथा समाज के प्रति सजग तथा संवेदना जाग्रत् करने के लिए अनेक प्रयास करने की आवश्यकता है। "Our institution should not be an Island in the society." यदि विद्यालय समाज में और समाज विद्यालय में आए तो दोनों के पारस्परिक सृजनात्मक सहयोग से जीवन में उदारता तथा सहभागिता के गुण विकसित होते हैं।

युवकों को यह अनुभूति कराने की आवश्यकता है कि देश की स्वतंत्रता के लिए लाखों लोगों ने संघर्ष किया, सहस्रों युवकों ने भारतमाता की जयनाद के साथ फाँसी के फंदों को चूमा और शहीद हो गए। यदि विद्यार्थी जान सकें और महसूस कर सकें कि देश की आजादी के लिए कितना मूल्य चुकाया गया है तो निश्चय ही स्वतंत्रता को सँभालकर

रखने तथा स्वतंत्रता को सुदृढ़ करने के लिए वे भी संकल्प करेंगे।

लज्जा की बात यह है कि स्वतंत्रता संग्राम की कहानी को भी राजनीति की चेरी बना दिया गया है। कर्नाटक से विधानपरिषद् के सदस्यों का एक दल पोर्ट ब्लेयर गया, सेलुलर जेल के अंदर केवल एक सदस्य ही गया, शेष बाहर ही बैठे रहे। जेल में 998 कोठरियाँ हैं। देशभक्त स्वतंत्रता सेनानियों को उन अँधेरी कोठरियों में पृथक् से रखा जाता था। कितने कष्ट उनको दिए जाते थे। अंग्रेजों की बर्बरता की यह शर्मनाक कहानी है। भारत के 518 सपूत इसी स्थान पर रखे गए तथा पीड़ित किए गए थे। भाई परमानंद, वीर सावरकर, वीरेंद्र कुमार घोष जैसे अनेक नाम हैं, जिनकी वीरता की कहानियाँ बालकों, किशोर, युवक-युवतियों को बताई जानी चाहिए थीं। काश! वे हमारे पाठ्यक्रम का भाग बनतीं। आज हम ताजमहल को जानते हैं, परंतु सेलुलर जेल, जो 'राष्ट्रीय स्मारक' है, उसको नहीं जानते। यदि विद्यार्थियों को राष्ट्रीय अस्मिता संस्कृति के पुरोधा राष्ट्रीय पुरुषों, महापुरुषों तथा नारियों की गौरवगाथाएँ पढ़ाई जाएँगी तो निश्चय ही अपने जीवन में, नव संतति भी उनसे प्रेरणा प्राप्त कर जीवन में कुछ कर गुजरने की सोच सकेगी। ब्रिटिश प्रधानमंत्री चर्चिल ने कहा था—"जो देश अपने गौरव के अतीत में नहीं जाता है, वह कभी भी भविष्य के सामर्थ्य को नहीं पहचान सकता।" हाँ, हमें भी अपनी वर्तमान पीढ़ी को प्राचीन की ओर ले जाकर भविष्य के लिए स्वर्णिम स्वप्न लेना सिखाना चाहिए।

भारत के कृषि विशेषज्ञों का एक दल अमरीका गया। वहाँ के संसद् सदस्यों तथा उपकुलपतियों से मिला। वह कृषि के संबंध में उनसे जानना चाहता था, तभी एक उपकुलपति ने दल के सदस्यों को सुझाया—India has been an agricultural Country. To know agriculture and Horticulture, go to your country and nurture your culture. हमें अपनी सांस्कृतिक धरोहर पर विचार करने की आवश्यकता है।

जॉन कैनेडी से भारतीय दल के सदस्यों ने पूछा कि आपके देश ने प्रगति की चरम-सीमा को स्पर्श किया है, इसका क्या विशेष कारण है? कैनेडी ने उत्तर दिया कि यहाँ का प्रत्येक अध्यापक बच्चों की आँखों में जॉन कैनेडी को देखता है और उन्हें वैसा बनाने का प्रयास करता है। भारत के शिक्षकों के लिए यह एक सीख है। विद्यालयों में संस्कारमय वातावरण के सृजन से भावलब्धि के विकास का अवसर हमें अपने हाथ से नहीं जाने देना चाहिए।

भावना का उदारीकरण, ऊर्जावान हृदय, जीवन-मूल्यों का सृजन, ज्ञान तथा भावना का समायोजन, जवाबदारी, समझदारी और पारिवारिक आत्मीय भाव, अहं शून्यता—इन सब गुणों का स्रोत आध्यात्मिकता है। ज्ञान तथा भावनालब्धि के परिणाम तथा प्रभाव तब तक स्थायी नहीं रह सकते, जब तक उनको आध्यात्मिक लब्धता के साथ न जोड़ा जाए।

भारत की यह सोच अब पाश्चात्य में विचार तथा संवाद का विषय बनी हुई है। आध्यात्मिकता ज्ञान तथा भावना का विस्तार तथा व्यापारीकरण नहीं है। प्रसिद्ध वैज्ञानिकों, बुद्धिजीवी मनोवैज्ञानिकों ने अब यह कहना प्रारंभ किया है कि आध्यात्मिक प्रज्ञा का अस्तित्व अवश्य है। हाँ, वह यह अवश्य कहते हैं कि इसे मापा नहीं जा सकता है। केवल अनुभव किया जा सकता है। उनका यह भी कहना है कि यह प्रतिभा प्रज्ञा तथा ऋतंभरा अत्यंत शक्तिशाली है। परंतु यह है सूक्ष्म से सूक्ष्मतम। स्वामी विवेकानंद के शब्दों में—"We see a man taking up a horse weight. We see his muscles swell, and all over his body we see signs of exertion and we think muscles are more powerful things. But is thin thread-like structure, the neurons that bring power to the muscles. The moment one of these tiny-looking neurons is cut off from reaching the muscles from the brain. The muscles will not be able to move." यह सूक्ष्म तत्त्व ही शक्ति का केंद्र है। इस तत्त्व की एकाग्रचिता ही आध्यात्मिकता है। इसकी लब्धि से ज्ञान तथा भावना ये दोनों पुष्ट होते हैं और मानव पूर्ण विकास की संज्ञा प्राप्त करता है।

आध्यात्मिक लब्धि का संबंध किसी मजहब तथा पूजा-पद्धति से नहीं है। आध्यात्मिक लब्धि को मापना कठिन इसलिए है कि हम महान् से महानतर तथा महानतम तक पहुँचने का निरंतर प्रयास करते रहते हैं। ऊँचाई पर पहुँचने पर भी हम अनुभव करते हैं कि इससे ऊपर एक और ऊँचा स्थान है, जहाँ अभी पहुँचना है। हम वर्तमान से संतुष्ट हैं और असंतुष्ट भी। वह इसलिए कि इस जहाँ के आगे एक जहाँ और भी है, जहाँ हमें पहुँचना है।

स्वामी विवेकानंदजी के शब्दों में—हम सब आध्यात्मिक पुरुष हैं। सबमें अंतर्निहित शक्तियाँ तथा क्षमताएँ हैं। सबमें दिव्यता विद्यमान है। इनको प्रकट करने के अवसर प्रदान करना शिक्षा का कार्य है।

मनुष्य की मूलभूत आवश्यकताएँ हैं—रोटी, कपड़ा, मकान, शिक्षा और स्वास्थ्य। इसके पश्चात् वह चाहता है सुरक्षा, सुदृढ़ता, व्यवस्था तथा अनुशासन; आगे बढ़ते हुए उसमें संबंध स्थापन की चाह जाग्रत् होती है। स्नेह सहभागिता तथा आत्मीयता के भाव पुष्ट होते हैं। आत्म सम्मान उसके विकास का चौथा सोपान है। विकास का उच्चतम शिखर है आत्मबोध। भारतीय मनीषियों ने विकास की दृष्टि से पाँच कोशों की संकल्पना की है—अन्नमय, प्राणमय, मनोमय, विज्ञानमय तथा आनंदमय। अंतिम कोश तक पहुँचने की यात्रा जीवन के विकास की यात्रा है। आनंदमय कोश की जब वह अनुभूति करता है तो वह सब में एक ही आत्मा का दर्शन करता है। व्यक्ति, परिवार, समाज, राष्ट्र, विश्व, जड़, चेतन परमेष्ठी चरमसुख तथा आनंद प्राप्त करने के पड़ाव हैं। यह व्यक्ति एकात्म

मानववादी कहलाता है। विद्यालयों तथा महाविद्यालयों में अध्यात्मलब्धि के प्रयासों में आत्मनिवेदन, प्रार्थना से सेवा-कार्य, पर्यावरण संरक्षण तथा वैचारिक शुद्धीकरण के अनेक कार्यक्रमों का आयोजन किया जाना चाहिए। बीसवीं शताब्दी के प्रारंभ में ज्ञान लब्धि (I.Q.) एक बहुत बड़ा विषय बना था। 1991 के समय भावलब्धि (E.Q.) ने चर्चा में महत्त्व का स्थान ग्रहण किया।

गोलमैन ने कहा है कि E.Q. is the basic requirement for the effective use of (I.Q.) अब शताब्दी के अंत में मनोवैज्ञानिक इस निर्णय पर पहुँचे हैं कि मनुष्य की पूर्ण बुद्धिमत्ता का मापन अध्यात्मलब्धि के बिना संभव नहीं है। ज्ञान तथा भावना के व्यावहारिक पक्ष के लिए (S.Q.) अध्यात्मलब्धि नींव का कार्य करते हैं। आध्यात्मिक लब्धि से व्यक्ति इन प्रश्नों का उत्तर अपने जीवन की प्रयोगशाला में प्रयोग प्राप्त कर सकता है। मैंने क्यों जन्म लिया, मेरे जीवन का लक्ष्य क्या है? मुझे कहाँ जाना है इत्यादि?

कंप्यूटर का ज्ञान लब्धता मनुष्य से किसी स्तर पर अधिक है। उनको नियमानुसार काम करना है और वहाँ त्रुटियाँ करने की गुंजाइश कम है। पशु-पक्षियों के पास भाव लब्धि पर्याप्त मात्रा में है। परिस्थिति विशेष में वे समस्या निदान करने में समर्थ हैं। कंप्यूटर तथा पशु-पक्षी कभी नहीं कहते कि अमुक नियम हमारे लिए क्यों बनाए गए हैं। वे सीमा के अंतर्गत कार्य करते हैं। अध्यात्मलब्ध व्यक्ति असीम खेल खेल सकता है, नियम बदल सकता है, विवेक से अच्छे-बुरे की पहचान कर सकता है। अत: आध्यात्मलब्धि के कारण ही वह पशुओं से भिन्न है। प्रत्येक व्यक्ति अपने साथ अर्जित पैतृक गुण-संपदा साथ लेकर जन्म लेता है। वातावरण के परिणामस्वरूप बुद्धि, भाव तथा आध्यात्मलब्धि की दृष्टि से सबमें भिन्नता हो सकती है। यदि तीनों में समरसता रहे तो किसी सीमा तक सबके मध्य ही दूरी को पाटा जा सकता है।

जीवन की पूर्णता के लिए ज्ञान, भावना, क्रिया के समायोजन की आवश्यकता है और इस समायोजन का आधार है आध्यात्मिकता। शिक्षा का उद्देश्य आध्यात्मिकता से नि:स्सृत ज्ञान, भाव तथा क्रिया के संगम के सेतु तैयार करना होना चाहिए। आज के समय में इसकी महती आवश्यकता है।

□

ग्राम तथा जनजातीय बंधुओं का सशक्तीकरण

स्वामी विवेकानंदजी ने कहा था, "वनवासी, गिरिजन, झुग्गी-झोंपड़ियों में वास करनेवाले बांधवों का जब तक उद्धार नहीं होगा, अपनी मातृभूमि का जागरण कभी संभव नहीं होगा। अपनी समस्त शक्तियाँ जुटाकर उनके अज्ञान का परदा हटा दो। चमके हुए सूर्य की भाँति मैं स्पष्ट देख रहा हूँ कि वही ब्रह्म शक्ति, जो हमारे अंदर विद्यमान है, वह उनके अंदर भी है। अंतर केवल प्रकटीकरण की मात्रा का है। राष्ट्रीय रक्त का संपूर्ण शरीर के अंग-प्रत्यंग में संचार हुए बिना देश का उत्थान कभी संभव न हो सकेगा।"

प्रारंभ में ही मैं 'बल तथा शक्ति' इन दो शब्दों का अंतर करना आवश्यक समझता हूँ।

हल की मुठिया पकड़े किसानों, उपेक्षित क्षेत्रों के बनवासियों, अनंत विपदाओं को सहन करनेवालों को सूचना का अधिकार, उनके रोजगार तथा संरक्षण के लिए कानून बनाकर उनको बलशाली बनाना एक बात है। उनके मन की शुद्धता तथा आत्मिक ऊर्जा के प्रकटीकरण से उनको सशक्त बनाना दूसरी बात है। स्वामी रामतीर्थ ने कहा है— "My strength is equal to the strength of ten because my heart is pure." आशा है, आप इन दोनों शब्दों का अर्थ, भाव तथा उनके आधार पर जीवन खड़ा करने का प्रारूप तैयार करेंगे।

जिन क्षेत्रों की आप चर्चा करने के उत्सुक हैं, आओ, जरा उनकी वास्तविक स्थिति जान लें। प्राथमिक शिक्षा की दशा कितनी गड़बड़ है। देखिए, 90,000 विद्यालयों में श्यामपट नहीं हैं। हजारों विद्यालय ऐसे हैं, जिनके न भवन हैं और न ही सीमा दीवार। मूलभूत सुविधाएँ, जैसे पीने का जल और शौचालय भी न के बराबर हैं। प्राथमिक विद्यालयों से 31.47 प्रतिशत छात्र-छात्राएँ पढ़ाई पूरी किए बिना ही विद्यालय छोड़ जाते हैं। सामाजिक दृष्टि से पिछड़े, अनुसूचित जनजाति के बच्चों की अवस्था और भी सोचनीय है। इस भयावह स्थिति से हम सबको मिलकर निपटना और लड़ना है।

सर्वशिक्षा अभियान आत्मप्रवंचना की एक दु:खद कहानी है। अनेक विद्यालयों में दोपहर को 12 बजे से 1 बजे तक उपस्थिति इसलिए अधिक होती है, क्योंकि बच्चों को मध्याह्न का भोजन इसी समय मिलता है। उनमें पढ़ने की प्रेरणा नहीं जागी, भोजन पाकर विद्यालयों से भाग जाने का क्रम अवश्य प्रारंभ हुआ है। अत: विद्यालयों से त्यक्त विद्यार्थियों की एक सेना तैयार हो रही है। यह अभिमान परिवर्तन का एक संकल्प बने, यह हमारी कामना है।

शिक्षा के संदर्भ में एकल विद्यालय का अभिप्राय ऐसे विद्यालयों से है, जो अनौपचारिक रूप से बनवासी ग्राम के बच्चों की सुविधा के अनुसार प्रतिदिन अपनी विकसित की गई शिक्षा-पद्धति के आधार पर संचालित किए जाते हैं। इन विद्यालयों में एक ही शिक्षक की व्यवस्था होती है, जो यथासंभव उसी गाँव का होता है।

विद्यालय चलानेवाले आचार्य विभिन्न प्रशिक्षणों के माध्यम से अपने कार्य के प्रति प्रतिबद्ध बनता है। स्थान, समय, पाठ्यचर्या तथा गतिविधियों के प्रबंधन की अनेक कुशलताओं से वह अपने कार्य को पूजा तथा आध्यात्मिक भाव से करने में सक्षम होता है। ऐसे ही आचार्यों से योजना सफलता की ओर अग्रसर है।

ग्रामीण तथा जनजातीय समाज को बलशाली, सक्षम तथा सशक्त बनाने के लिए शिक्षा के सप्तरंगी इंद्रधनुषीय आयाम हैं। यह है—साक्षरता, स्वास्थ्य, समरसता, संस्कृति, स्वावलंबन, सदाचार, स्वदेशी भाव।

- साक्षरता से अभिप्राय है प्रत्येक बालक में लिखने, पढ़ने और गिनने की दक्षता उत्पन्न करना, जिससे वह अपने दैनिक जीवन की आवश्यकताओं को सहजता से पूरा कर सके। अपने विचारों को मौखिक या लिखित रूप में दूसरे तक पहुँचा सकें तथा स्वयं को सामाजिक एवं राष्ट्र की मुख्य धारा से जोड़ सकें। भाषायी, गणितीय, पर्यावरणीय दक्षताओं का विकास कराना ही साक्षरता प्रदान करने से अभिप्रेत है। साक्षरता तथा संस्कारों का आपस में अभिन्न संबंध है। कहा गया है, साक्षर व्यक्ति यदि संस्कारविहीन है और वह उलटा हो जाए तो वह राक्षस बन जाता हैं। अंतर्निहित शक्तियों को प्रकट करने के लिए संस्कारमय वातावरण प्रदान करना एकल विद्यालय शिक्षा का प्रमुख उद्देश्य है।
- अनुकूलतम् स्वास्थ्य के लिए आवश्यक ज्ञान अभिवृत्ति और व्यवहार संबंधी परिवर्तन उत्पन्न करने के सभी प्रयासों को स्वास्थ्य-शिक्षा कहते हैं। बाह्य तथा आंतरिक स्वच्छता एक साधना है। स्वच्छता आंदोलन नहीं, स्वभाव बनना चाहिए। सब स्वस्थ रहें, इसके लिए समाज का प्रबोधन आवश्यक है।
- व्यक्ति के सामाजिक हित की महत्ता का विकास, अपनत्व, आत्मीयता परंपरानुकूलता तथा परिवार भाव सामाजिक चेतना के प्रेरक-तत्त्व हैं। समाज

के प्रति एकात्म भाव, उसी के कल्याण से प्रेरित होकर प्रत्येक कार्य करना एवं उसी की अनुभुति करना सामाजिक चेतना का ही सही स्वरूप है। सामाजिक समरसता तथा क्षेत्र विशेष के लिए श्रमसाध्य जीवन इनके आभूषण हैं।

➢ गौरवमयी इतिहास, सेवाभाव तथा नम्रता इनके जीवन के अंग हैं। सांस्कृतिक धरोहर का संरक्षण करना हमारा प्रथम धर्म है। एकल विद्यालय सामाजिक चेतना के केंद्र बनें, इसमें ही हमारी योजना की सफलता है। जनजीवन से संबंधित सभी प्रकार के आचार-विचार, विधिनिषेध, विश्वास, प्रथा, परंपरा, धर्म-अनुष्ठान प्रचलित परंपराएँ अक्षुण्ण रहनी चाहिए। शिक्षा के प्रसार का अर्थ लोक संस्कृति को पुष्ट करना ही है।

➢ अटल बिहारी वाजपेयी तथा पं. दीनदयाल उपाध्याय राष्ट्रीय स्वयंसेवक संघ की ग्राम शाखा से वापस लौट रहे थे। पं. दीनदयालजी खेत की मुँड़ेर से एक कुएँ में गिर गए। उन्होंने कहा कि ऊपरवालों, मैं नीचे गिर गया हूँ। मैं अपने पैरों पर खड़ा होता हूँ, आप भी जरा नीचे की ओर झुकें। मेरा और आपका हाथ, हम दोनों के प्रयास से मैं ऊपर उठ बाहर आ जाऊँगा। यह कथन 'स्वावलंबन' का मूलमंत्र बन गया।

➢ हमें अपने बंधुओं को यह मूलमंत्र देना है। वे स्वावलंबी बनें। परमुखापेक्षी नहीं बनें। यही जीवन जीने की कला है। नैतिक एवं आध्यात्मिक शिक्षा, सामाजिक साँझेदारी, समझदारी तथा जवाबदारी देती हैं। खेलकूद, गीत-उत्सव, भजन तथा अन्य अनेक कार्यक्रमों का आयोजन निरंतर होते रहना चाहिए। सदाचार पर बल ही शक्ति प्रदान करता है। अतः ज्ञान, भावना तथा क्रिया से हम शिक्षा को तीर्थराज प्रयाग बना पाएँगे।

➢ स्वदेश प्रेम तथा स्वदेशी भाव एकल विद्यालय शिक्षा की संकल्पना का महत्त्वपूर्ण आयाम हैं। अंतरराष्ट्रीय तत्त्वों ने बनवासी क्षेत्र में राष्ट्रीय जीवन के मार्ग में बाधा उत्पन्न की है। देश की एकता तथा अखंडता खतरे में है। स्वदेश प्रेम तथा स्वदेशी भावना जाग्रत् करने के लिए विद्यालयों के छात्रों के लिए तथा ग्रामीण अंचलों में अभिभावक के लिए अनेक प्रकल्पों पर कार्य करना उचित है।

➢ जीवन अंतर्बाह्य यात्रा और तीर्थयात्रा है। कल-कारखानों, हाट-बाजारों, खेत-खलिहानों, बिना चूँ-चपड़ किए अत्याचारों को सहन करनेवालों, सभी अनपढ़, दीनहीन भाई तथा बहिनों को सबल, सहभागी तथा शक्तिसंपन्न बनाने का वनबंधु परिषद् तथा एकल विद्यालय योजना एक महान् यज्ञ है, इसमें हम सब मिलकर समिधा डालें। गान की इन पंक्तियों को गुनगुनाकर अपनी वाणी को

विराम दें और क्रियाशीलता के लिए शक्ति का संचय कर चल पड़ें—वहाँ, जहाँ अभी भी अँधेरा है।

अन्य किसी के मुँह की रोटी, हरना अपना काम नहीं,
पर अपने अधिकार गँवा हम कर सकते आराम नहीं,
अपने हित, औरों के हित, मेल मिलाने वाले हम,
मानवता के लिए उषा की, किरण जगाने वाले हम,
शोषित, पीड़ित, दलित जनों के भाग्य जगाने वाले हम।

□

समत्वभाव की गंगोतरी : वैदिक नारी

स्त्री शिक्षा परिवार, समाज तथा राष्ट्र के विकास के लिए अति आवश्यक है यह बात वेदकाल में ही समझी गई थी अतः स्त्री को सर्वदूर सम्मान दिया गया है। यहाँ वैदिक साहित्य में नारी के स्थान को सुस्पष्ट करने का प्रयास किया गया है।

1. पृथ्वी, उषा, निद्रा, अदिति, इंद्राणी, मेधा, श्रद्धा, सरस्वती आदि की महिमा का गुणगान वेदों ने बार-बार किया है।
2. अदिति को देवताओं की माता कहा गया है। अदिति ही **भूलोक** है, अदिति ही अंतरिक्ष है, वहीं माता-पिता-पुत्र सर्वदेव की अदिति है। अदिति देवताओं को आकार देती है। (ऋग्वेद 1,89,10)
3. सरस्वती अपने पराक्रम से बड़े जल-प्रवाह को गति देती हैं। वह अखिल बुद्धि की अधिष्ठात्री हैं। (ऋग्वेद 1.3.12)
4. वेदो में महिलाएँ--शब्दार्थ, भावार्थ, ध्वन्यार्थ से नारियों का वर्णन मिलता है।
5. संहोत्रं स्म पुरा नारी, समनं वाव गच्छति (ऋग्वेद 10.86.10)
6. मम पुत्राः शत्रुहणोऽथो मे दुहिता विराट, उताहमस्मि संजयाषत्यौ मे श्लोक उत्तमः (ऋग्वेद-10.159.3)
   मेरा पुत्र शत्रु का नाश करनेवाला और तेजस्वी है, मेरी पुत्री अत्यत्न तेजस्वी है। मैं विजयशाली हूँ, पति के नाम से ही मेरी कीर्ति है।
7. अथ य इच्छेत दुहिता मे पंडिता जायते, (मुझे विद्वान् कन्या प्राप्त हो और वह सौ सालों तक जिए)।
8. कन्या के जन्म के समय स्त्रियाँ दुंदुभी, गोमुख आदि वाद्य बजाकर अपनी प्रसन्नता व्यक्त करती थीं।
9. पुत्रिणा ता कुमारिणा विश्वमायुर्व्यश्नुतूः—पुत्री की कामना (ऋग्वेद 8.21.8)

शिक्षा

1. लड़कियों की शिक्षा का विशेष ध्यान रखा जाता था। उपनयन संस्कार भी होता था। आजीवन ज्ञान-साधना का अधिकार भी उन्हें दिया जाता था। सभी विषयों में शिक्षा लेती थी।
2. 'तत्र ब्रह्म वादिनीना अग्निधन, वेदाध्ययन च मैक्ष्यचर्या' अग्नि में हवन करना, अध्ययन करना और ब्रह्मचर्य का पालन करना। ये तीनों नियम महिलाओं पर लागू होते थे।
3. ब्रह्मचर्य का पालन कर, विदुषी बन, सुशिक्षित हो, युवा अवस्था में पहुँचे व्यक्ति से विवाह करे। (अथर्ववेद 11.8.18)

विवाह

1. ईश्वर ने जिस प्रकार स्त्री की उत्पत्ति की है। उसी प्रकार उसके लिए पति भी उत्पन्न किया है। वही ईश्वर स्त्री-पुरुष को दीर्घायु दे। (6, 18, 3 अथर्ववेद)
2. परिवार के लाभ—लड़की के घर पहुँचनेवाले हमारे मार्ग सीधे व निष्कंटक हों। भगवान् हमें वहाँ ठीक से पहुँचा दें। देवतागण इस जोड़ी को सुखी और समृद्ध करें। (ऋग्वेद-10 मंडल-85 सूक्त)
3. सम्राज्ञी श्वसुरे भव, सम्राज्ञी श्वश्रुवा भव, ननांदरि सम्राज्ञी अधि देवृषु॥ समाज्ञी तुम पति के घर की सम्राज्ञी और सब को वश में करनेवाली बनो। (ऋग्वेद-10.85.46)
4. अथर्ववेद के 14वें मंडल का पहला सुक्त विवाह संबंधी है। ''हे प्रिये तुम्हारे ऐश्वर्य रूपी हाथो को मैं ग्रहण करता हूँ। आज से तुम मेरी धर्मपत्नी हो। हमारे घर से संबंधित कार्यों को हम दोनों मिलकर करेंगे। मेरे साथ सौ वर्ष तक सुखी जीवन व्यतीत करो। जैसे शक्तिशाली सागर नदियों पर राज करता है, उसी प्रकार तुम पति के घर जाकर उसकी महारानी बनना।
5. हे स्त्री! तुम मुझे अपने अंतकरण में (अथर्ववेद-14.1.51-53) स्थान दो।
6. हमारे मन सदा मिले रहें। (अथर्ववेद-14.2.15)
7. पति-पत्नी का नाता अटूट माना जाता था। दो पक्षी जैसे एक ही दिखते हैं, वैसे ही पति-पत्नी इकट्ठे विचरण करते हैं।

विवाह योग्य आयु

1. विवाह करने की जबरदस्ती नहीं थी। बेटी के परिपक्व होने तक संभवतः विवाह नहीं होते थे।

2. विवाह के स्वयंवर-पद्धति चलती थी। निर्णय स्वयं लड़की करती थी।
3. जोर जबरदस्ती करना, उदंडता दिखाने जैसे प्रकार नहीं थे।

पुनर्विवाह (अथर्ववेद-18.3.1.2)

1. ऋषि कहते हैं—"हाँ, मैंने देखा है, मृत पति से उस जीव को, उस युवती को दूर ले जाया गया और उसका विवाह कर दिया गया—उसके जीवन में घिर गया अँधेरा मिटकर जीवन पुनः दमक उठा।"

संपत्ति का विवाह

1. याज्ञवल्क्य मैत्रेयी संवाद में याज्ञवल्क्य तक ने संन्यास लेने से पहले अपनी संपत्ति का बँटवारा किया था।
2. उपवर कन्या कहती है—"मुझे पिता के घर अच्छी शिक्षा मिली—संपत्ति मिलती थी।" (ऋग्वेद—2.17.)

ज्ञान-संपन्न महिलाएँ

वेदों में ऋषि मंत्रदृष्टा महिलाओं के नाम आते हैं। विश्ववारा, अपाला, लोपमुद्रा, सूर्या, सावित्री, सुलभा, कात्यायनी।

1. विश्वधारा स्त्री पुरोहित के रूप में प्रसिद्ध थीं।
2. ब्रह्मवादिनी गार्गी का उदाहरण प्रसिद्ध है। विद्वत सभा में उसके पूछे 12 प्रश्न—सृष्टि, वातावरण, अवकाश के संदर्भ में उसकी विद्वता प्रमाणित करते है।
3. मैत्रेयी-याज्ञवल्क्य संवाद
4. वैदिक संहिता में मदालसा, देवहूति, रमेशा
5. स्त्रियों की नृत्य-कुशलता।
6. यज्ञ क्रिया में स्त्री पति के साथ आहुति देनेवाली को सहधर्मिणी कहा जाता था। (ऋग्वेद-8-43-15 / 8, 13, 13)
7. यज्ञ करानेवाली स्त्रियों का उल्लेख अथर्ववेद में आता है। उनको यज्ञ में आने का आह्वान किया जाता था।

युद्ध में सहभाग

1 युद्ध में स्त्रियों का सहभाग पुरुषों के जैसा ही सहज, स्वाभाविक माना गया था।
2 विषमता ने स्त्री-सेना एकत्रित कर शत्रु का जोरदार सामना किया था।
3 ऋग्वेद में मुद्गल पत्नी द्वारा शत्रु से संघर्ष किए जाने का वर्णन है। जब

मुरगलानी सारथी बनी, तब उसने इंद्र की सेवा को लौटा दिया था। शत्रु को गरजकर ललकारने लगी। जबरदस्त तीरंदाजी की। (10-102. 8, ऋग्वेद)

परिवर्तनशीलता

1. वेद ऋचाओं से स्पष्ट होता है कि सामाजिक परिवर्तन में भी स्त्रियों ने नेतृत्व किया।
2. तरंतराज की पत्नी राशीपसी ने अनाज जनता के लिए खोल दिए। असहाय युवकों के लिए शिक्षा का प्रबंध किया। (ऋग्वेद-5-61-6) लोभी पुरुषों की तुलना में शिक्षित जैसी स्त्री श्रेष्ठ हैं।
3. लोगो उठो! चेतना आ गई है। अँधेरा भाग चुका है, उसका तेज फैल रहा है।
4. स्त्री रूपी उषा में अंधकार को समाप्त किया।
5. अश्व प्रतियोगिता में अंतिम छोर को छूकर विजयी प्रतियोगी की तरह सूर्य कन्या तुम्हारे रथ पर सवार हुई है।
6. गर्भ के रक्षण, मंगल और कल्याण की कामना करता था। इसके लिए प्रार्थना भी होती थी।
7 अथर्ववेद—"18 सूक्त मंत्र 13, 16, 19 जिस राष्ट्र में महिलाओं पर अत्याचार होते हैं, वहाँ गर्भपात होते हैं। प्राणियों की असमय ही मृत्यु हो जाती है। वीर पुरुष आपस में लड़ते-झगड़ते हैं। तालाबों में कमल नहीं खिलते, गाय दूध नहीं देती। बैल काम नहीं करते हैं।"

नारी का शील

1. अधः पश्यस्व, मोपरि, संतरां पादकौ हर।
मा ते कशप्लकौ दृशंत्री, स्त्री हि ब्रह्मा वभूविथ॥

हे स्त्री! नीचे दृष्टि रख, ऊपर नहीं। पैरों को संलिष्ट रखकर चल। ऐसा वेश पहन कि अंग उघड़े न रहें। तू यज्ञ की ब्रह्मा है। (ऋग्वेद—8/33-19)

2. सम्राज्ञी श्वशुरे भव, सम्राज्ञी श्वश्रवाँ भव।
ननांदरि सम्राज्ञी भव सम्राज्ञी अधिदेवृषु॥

तुम श्वशुर की दृष्टि में सम्राज्ञी हो। सास की दृष्टि में सम्राज्ञी हो। ननद की दृष्टि में सम्राज्ञी हो। देवरों की दृष्टि में सम्राज्ञी हो। (ऋग्वेद-14-2-19)

श्वशुर जनों को सुख दे, पति को सुख दे, परिवार को सुख दे, सब प्रजा को सुख दे। इन सबकी यथायोग्य सेवा एवं पुष्टि करती रहे। (अथर्ववेद-10.85.46)

❖ पति-पत्नी, चकवा-चकवी के समान परस्पर प्रेम करें। "चक्रवाकेव दम्पती" (अथर्ववेद—14.2.64)

- मा. व्यथिष्ठी मया सहप्रजय च धनेन च।
  तुम मेरे साथ रहती हुई संतान और धन किसी भी प्रकार से कष्ट का अनुभव नहीं करोगी। (अथर्ववेद-14.1.46)
- माम आयु प्रमोवीर मा अंह तव। (यजुर्वेद-4 (23)
  (तुम मेरी आयु का अपहरण मत करना, मत करना, मैं तुम्हारी आयु का अपहरण नहीं करूँगा।)
- हृदय त्वा मनसे त्वा। (यजुर्वेद 6/25)
  (मैं तुम्हें हृदय में बसाने के लिए ग्रहण करता हूँ। मन में बसाने के लिए ग्रहण करता हूँ।)
- तुम गृहस्थ आश्रम की पताका, गृहस्थ आश्रम रूपी शरीर का मस्तक और शत्रुओं से लोहा लेनेवाली वीरांगना हो।
- पृथ्वी, उषा, नदी, गाय बाकी नाम प्राय नारी के वाचक भी हैं।
- वेदों में कई स्थलों में स्पष्ट कन्या या पुत्री की कामना मिलती है।
  "मम पुत्राः शत्रृहणोडथा में दुहिता विराट।" (ऋग्वेद-10/15/3)
- बाल-विवाह का निषेध था।
- वर-वधु का चुनाव—कन्या और वर के विवाहोचित गुण थे।
- पत्नी के कर्तव्य—घर को शुद्ध तथा संस्कारित रखे।
- पति-पत्नी का व्यवहार—पुरुष स्त्री को प्रसन्न रखे। स्त्री के अप्रसन्न रहने पर संपूर्ण कुल में कलह का वास रहता है
- स्त्री शिक्षा—सब मनुष्य मात्र को वेद पढ़ने का अधिकार है। जो माता-पिता बच्चों को शिक्षा नहीं देते, राज्य की ओर से उन्हें दंडित करने का अधिकार होना चाहिए।
- स्त्रियाँ अध्यापिका बनें—युद्ध-क्षेत्र, राजकाज एवं न्यास विभाग में जाएँ।
- मातृभाव, पितृभाव, आचार्यवान पुरुषो वदे।

□

स्वामी विवेकानंद के शिक्षा संबंधी विचार

12 अक्तूबर, 1836 को मैकाले ने कलकत्ता से अपने पिताजी को एक पत्र लिखा था। उसके कुछ अंश निम्नलिखित हैं—

"प्रिय पिताजी—हमारे इंग्लिश स्कूल आश्चर्यजनक ढंग से प्रगति कर रहे हैं। हिंदुओं पर इस शिक्षा का प्रभाव अधिक दिखाई देता है। जो हिंदू एक बार अंग्रेजी शिक्षा प्राप्त कर लेता है, वह अपने धर्म से विमुख हो जाता है।… यह मेरा विश्वास है कि यदि हमारी शिक्षा योजनाओं को अबाध गति से चालू रखा गया तो 18 वर्ष के पश्चात् बंगाल के प्रतिष्ठित परिवारों में कोई भी हिंदू नहीं रह जाएगा। भविष्य की इस आशा में मेरा मन नाच उठता है।"

मैकाले के प्रयास के परिणामस्वरूप तत्कालीन भारतीय शिक्षा व्यवस्था का तम भरा चित्र जो उपस्थित था, उसे स्वामी विवेकानंदजी ने समझा। स्वामीजी ने कहा कि ब्रिटिश सत्ता को भारत में प्रभावी करने का यह एक सुनिश्चित षड्यंत्र था—ईसाई मत के प्रचार के लिए भारतीय प्रादेशिक भाषाओं में उन्होंने अपने धार्मिक ग्रंथों का वितरण किया और सोचा कि इस प्रकार से भारतीय अपने आप ईसाई बन जाएँगे।

श्री धर्मपालजी ने अंग्रेजों के पूर्व की स्थिति का चित्रण करते हुए लिखा है—बंगाल, बिहार, मुंबई तथा मद्रास प्रेसीडेंसी में लाखों पाठशालाएँ थीं। हर ग्राम में छोटा-बड़ा विद्यालय था। उन्हें उस काल में मैकाले ने शिक्षा के उच्चतम केंद्र कहा था। अपने षड्यंत्र को सफल करने के लिए उन्होंने योजनानुसार पाठशालाओं को सरकारी अनुदान बंद कर दिया। अंग्रेजी माध्यम विद्यालय प्रारंभ किए। अंग्रेजी पढ़े युवकों को सरकारी सेवा की भरती में वरीयता दी। धीरे-धीरे वह इस कुटिल नीति में सफल होते दिखाई दिए।

स्वामी विवेकानंद भारतीय शिक्षा व्यवस्था के नाश से भारतीय संस्कृति तथा अस्मिता पर आए संकट का अनुभव किया। अतः भारत में विलुप्त 'रमणीय शिक्षा का वृक्ष' को पुनः रोपण का पावन संकल्प लिया। शिक्षा संबंधी उनके विचारों को इस लेख में प्रतिबिंबित करने का एक प्रयास किया गया है।

शिक्षा का अर्थ

स्वामी विवेकानंद ने हिंदू जीवन-दर्शन का निचोड़ शिक्षा की परिभाषा में व्यक्त किया है। उनका कहना था—"शिक्षा का अर्थ मनुष्य की अंतर्निहित पूर्णता की अभिव्यक्ति करना है। शिक्षा अंतर्निर्हित शक्तियों के प्रकट करने के अवसर प्रदान करती है। ज्ञान बाहर से नहीं आता। विद्यार्थी कोई एक बोतल नहीं है, जिसे बाहर के जल से भर दिया जाए और ढक्कन लगाकर बंद कर दिया जाए। शिक्षा कोरा अक्षर ज्ञान नहीं है, जो मस्तिष्क में पड़ा रहकर सड़ाँध पैदा करता है। सब अंदर ही है। मनुष्य का सीखना वास्तव में आविष्कार करना है।" आविष्कार का अर्थ है, मनुष्य का अपना अनन्त ज्ञान-स्वरूप आत्मा के ऊपर से अविद्या के आवरण को हटा लेना।

विवेकानंदजी ने कहा है, "अज्ञान की कालिमा तभी तक भासित होती है, तब तक प्रकाश अर्थात् ज्ञान नहीं होता।" गीता में यही कहा गया है, "असत की सता नहीं सत का नहीं भाव।"

शिक्षा का उद्देश्य है—

असतो मा सद्गमय, तमसो मा ज्योतिर्गमय।
मृत्योर्मात्अमृत गमय—शांतिः, शांतिः, शांतिः॥

भारतीय मनोविज्ञान

स्वामी विवेकानंद ने शिक्षा का भव्य भवन भारतीय मनोविज्ञान की नींव पर निर्मित किया। भारतीय मनोविज्ञान के अनुसार आत्मा ज्ञान का स्वरूप है। मस्तिष्क को ऐसा कुछ भी नहीं सिखाया जा सकता, जो कि आत्मा में सुप्त ज्ञान के रूप में पहले से ही गुप्त न हो। विवेकानंदजी ने इसकी ओर संकेत करते हुए कहा है। "विश्व का असीम ज्ञान-भंडार तुम्हारे मन में है। बाहरी संसार तो एक सुझाव है। एक प्रेरक मात्र है, जोकि तुम्हें अपने मन का अध्ययन करने के लिए प्रेरित करता है। न्यूटन ने अपने मन में विचार की पुरानी कड़ियों को फिर से व्यवस्थित किया और उसमें एक नई कड़ी को देख पाया, जिसे हम न्यूटन द्वारा आविष्कृत गुरुत्वाकर्षण का नियम कहते हैं।

जब व्यक्ति में अंतर्निहित पूर्णता है तो कोई ज्ञानी व कोई अज्ञानी कैसे हो सकता है?

शिक्षा का उद्देश्य—मनुष्य निर्माण

स्वामी विवेकानंद ने कहा है कि किसी प्रकार की शिक्षा और अभ्यास का उद्देश्य मनुष्य निर्माण है। सभी प्रशिक्षणों का अंतिम ध्येय मनुष्य का विकास करना है। हम मनुष्य बनानेवाला धर्म ही चाहते हैं। हम मनुष्य बनानेवाले सिद्धांत ही चाहते हैं। हम सभी क्षेत्रों में मनुष्य बनानेवाली शिक्षा ही चाहते हैं। धर्म तो शिक्षा का मेरुदंड है।

शिक्षा का उद्देश्य है—"हमारे पूर्वजों ने जो किया है, वह हम भी कर सकते हैं, यह विश्वास उत्पन्न करना है।

शिक्षा का मार्ग—एकाग्रता

स्वामी विवेकानंद कहते हैं—"ज्ञान प्राप्ति के लिए एक ही मार्ग है और वह है—एकाग्रता। मन की एकाग्रता ही शिक्षा का संपूर्ण सार है।" मनुष्य में अपार क्षमता है, उसका प्रकटीकरण नहीं हो पाता। कहा है—"एक साधे सब सधे, सब साधे सब जाए।" अपने ध्येय पर एकाग्र हाने से सफलता निश्चित है, क्योंकि तब ही वह अपनी अधिकतम क्षमता का नियोजन कर पाता है। स्वामीजी इसकी ओर संकेत करते हैं।

विवेकानंदजी का कथन है—"यदि मैं फिर से जन्म लूँ तो मेरी इच्छा रहेगी कि मुझे पुनः प्राथमिक शाला में प्रवेश दिलाया जाए, जहाँ एकाग्रचित्तता का पाठ पढ़ाया जाता हो। गीता में चित्तवृत्तियों के निरोध को योग कहा गया है। चित्तवृत्ति निरोधः योगः। मानसिक एकाग्रता का अभ्यास करने के लिए हमारे यहाँ ध्यान-पद्धति का विकास हुआ। स्वामीजी ने कहा, "बारह वर्ष तक अखंड ब्रह्मचर्य का पालन करनेवाले को शक्ति प्राप्त होती है। पूर्ण ब्रह्मचर्य से प्रबल बौद्धिक और आध्यात्मिक शक्ति उत्पन्न होती है, एकाग्रचित्तता साधन है और ब्रह्मचर्य साध्य है।"

चरित्र विकास

चरित्र से ही व्यक्तित्व विकास संपन्न होता है। भारतीय मनीषियों के अनुसार 'संस्कार सिद्धांत' हमारी शिक्षा और जीवन का आधार है। 'सम्यक् करोति इति संस्कारः' अर्थात् संस्कारों से व्यक्ति प्रत्येक परिस्थिति में सम रहता है। संस्कारों तथा तदनुसार क्रियाओं से बालक का शारीरिक, प्राणिक, मानसिक, बौद्धिक तथा आध्यात्मिक विकास होता है। शिक्षा सर्वांगीण विकास की जननी है। मनुष्य का चरित्र उसकी विभिन्न प्रवृत्तियों की समेष्टी है। उसके मन के समस्त झुकावों का योग है। विवेकानंदजी का कथन है—"यदि शुभ संस्कार का प्राबल्य रहे तो मनुष्य का चरित्र अच्छा होता है और अशुभ संस्कारों से बुरा।"

चरित्र का निर्माण अभ्यास से होता है। विचार-क्रिया, स्वभाव, आदतें, संस्कार, चरित्र तथा मनुष्य के भाग्य का सृजन ये एक शृंखला की कड़ियाँ हैं।

योगाभ्यास से हम शक्तियों का जागरण करते हैं। अभ्यास से चरित्र तथा चरित्र से व्यक्तित्व का विकास होता है।

गीता में कहा है—"योगः कर्मसु कौशलम्।" कुशलता से कार्य करनेवाली शिक्षा ही योग है।

व्यक्ति, परिवार, समाज, राष्ट्र, विश्व-जड़-चेतन, परमेष्ठी की यह सप्तपदी यात्रा चरित्र से ही संभव होती है। अत: चरित्र है तो सबकुछ है। चरित्र के बिना सबकुछ होते हुए भी कुछ नहीं। चरित्र शिक्षा का सर्वस्व है।

शिक्षा और शिक्षक संबंध

स्वामी विवेकानंदजी कहते हैं—" वे ही सच्चे गुरु हैं, जो अपने शिष्य की प्रवृत्ति के अनुसार अपनी समस्त शिक्षा का प्रयोग कर सकते हैं। सच्ची सहानुभूति के बिना हम कभी भी सम्यक् शिक्षा नहीं दे सकते हैं।"

शिक्षक की तीन प्राथमिक आवश्यकता हैं—1. धर्म की मर्मज्ञता, 2. निष्पाप चरित्र, 3. निस्स्वार्थ भाव।

विवेकानंदजी कहते हैं—"जो शब्दों की शक्ति में बह जाते हैं, वे भीतर का मर्म खो बैठते हैं। शास्त्रों की वास्तविक आत्मा के ज्ञान से ही सच्चे गुरु का निर्माण होता है। गुरु को पूर्ण रूप में शुद्धचित्त होना चाहिए।"

शिष्य के लिए आवश्यक है कि उसमें पवित्रता, सच्ची ज्ञान-पिपासा हो। वह मनोनिग्रही और सत्यान्वेषी भी हो।

शिष्य को बाल्यावस्था से ऐसे गुरु के साथ रहना चाहिए, जिसका चरित्र उज्ज्वल, अग्नि के समान हो, जिससे उच्चतम शिक्षा का आदर्श उसके सामने रहे।

गुरु-शिष्य संबंध ऐसे हों, जैसे तलवार तथा तलवार की धार। वह अंगअंगी भाव से एक-दूसरे के निकट रहें। कहा गया है—

"तू (गुरु) धरती का भगवान्, तेरे चरणों में ईश्वर (शिष्य) बैठे हैं। दो आत्मीय दिव्य आत्माओं का मिलन गुरु-शिष्य संबंध है।"

संस्कृत शिक्षा

संस्कृत एक अद्‌भत भाषा है। संस्कृत का ज्ञान होने से अन्य भाषाओं को सीखने और समझने की क्षमता बढ़ती है।

सर्वोच्च न्यायालय के न्यायाधीश सरदार कुलदीप सिंह का कहना है, "संस्कृत एक ऐसी भाषा है, जो प्राचीन ज्ञान-विज्ञान के द्वार खोल देती है और हमें तेजो पुंज बना सकती है।"

नासा ने संस्कृत की उत्कृष्टता को कुछ इन शब्दों में व्यक्त किया, "संस्कृत इस ग्रह की एक मात्र शुद्धभाषा है।"

विवेकानंदजी के शब्दों में—"गौरवमय संस्कृत भाषा का अध्यापन, अध्ययन सभी शिक्षण-संस्थाओं में अनिवार्य रूप से होना चाहिए।"

स्त्री शिक्षा

विवेकानंदजी का कथन है—"जो देश, राष्ट्र स्त्रियों का आदर नहीं करते, वे कभी बड़े नहीं हो पाए और न भविष्य में ही कभी बड़े होंगे। यथार्थ शक्तिपूजन तो वह है, जो यह जानता है कि ईश्वर विश्व में सर्वव्यापी शक्ति है, जो स्त्रियों में उस शक्ति का प्रकाश देखता है।"

स्त्री शिक्षा परिवार, समाज तथा राष्ट्र के विकास के लिए अत्यंत आवश्यक है। स्त्रियों को ईश्वर ने जन्म से कुछ रुचियाँ, प्रवृत्तियाँ तथा विशेषताएँ प्रदान की हैं। इन क्षमताओं का विकास शिक्षा के माध्यम से होना चाहिए। घरेलू कार्य, संगीत, नृत्य, हस्त-कौशल, बागवानी आदि ये सब स्त्रियों की रुचि के कार्य हैं। इन रुचियों तथा अभिरुचियों का विकास शिक्षा करती है और इसे करते रहना है।

स्त्री शिक्षा दो परिवारों को शिक्षित, संस्कारित तथा स्वावलंबी बनाती है, अत: स्त्री शिक्षा भी लड़कियों के लिए नि:शुल्क तथा अनिवार्य होनी चाहिए। स्वामीजी के अनुसार स्त्री शिक्षा के विस्तार का आधार होना चाहिए। धर्म शिक्षित और धार्मिक माताओं के घर ही महापुरुष जन्म लेते हैं।

स्वामीजी ने आशावादी भविष्यवाणी की है—"यदि स्त्रियाँ उन्नत हो जाएँ तो उनके बालक अपने उदार कार्यों के द्वारा देश का नाम उज्ज्वल करेंगे। तब तो संस्कृति, ज्ञान, शक्ति और भक्ति देश में जाग्रत् हो जाएँगी।"

जनशिक्षा

देश उस अनुपात में उन्नत हुआ करता है, जिस अनुपात में वहाँ के जनसमुदाय में शिक्षा और बुद्धि का प्रसार हो। स्वामीजी के अनुसार—दलित, पिछड़े वर्गों की सच्ची सेवा है, शिक्षा और शिक्षा देना ही उनकी एकमात्र सेवा है।

जनसामान्य विद्यालय में नहीं आता तो विद्यालय को उनके पास जाना चाहिए। अनपढ़ता देश के लिए अभिशाप है। स्वामी विवेकानंद ने कहा है, "जब तक इस देश में एक व्यक्ति भी अनपढ़ है, मुझे मोक्ष नहीं चाहिए।"

सब को शिक्षा देना ही सच्ची आध्यात्मिकता है।

उपसंहार

"भारत तभी जगेगा, जब विशाल हृदय वाले सैकड़ों नर नारी, भोग-विलास तथा सुख की इच्छाओं को छोड़कर, मन, वचन और कर्म से उन करोड़ों भारतीयों के कल्याण के लिए सचेष्ट होंगे, जो दरिद्रता के अगाध सागर में डूबते जा रहे हैं।"

—स्वामी विवेकानंद

□

खंड–2
जीवन–मूल्यों की शिक्षा

जीवन-मूल्यों की शिक्षा

उद्‌देश्य

1. माता-पिता जीवन-मूल्यों की शिक्षा देने के प्रथम स्रोत हैं। उनको अपने दायित्व का बोध कराना।
2. आचार्य जीवन-मूल्यों की खुली पुस्तक हैं, विद्यार्थी इसको पढ़कर जीवन में अच्छाई का अनुकरण करते हैं। अतः आर्यत्व जाग्रत् करना।
3. समाज संरचना तथा बड़े लोगों के आचरण से विद्यार्थी तथा समान्यजन उनका अनुसरण करते हैं। अतः सामाजिक सुदृढ़ता तथा समरसता के भावों को पुष्ट करने के लिए समाज प्रबोधन अति आवश्यक है।
4. देश हमें देता है सबकुछ, हम भी तो कुछ देना सीखें, देनेवाले के प्रति कृतज्ञता के भावों का उदय करने के लिए देशप्रेम, स्वदेशी भाव तथा देश को संपन्न, सुसंस्कृत तथा सबल बनाने के लिए सृजनात्मक सहयोग प्रदान करने की प्रेरणा जाग्रत् करना
5. व्यक्तित्व निर्माण, परिवार की सुघढ़ता, सामाजिक समरसता, देश की अखंडता, विश्वबंधुत्व की भावना का सृजन, जड़-चेतन में एकात्म भाव की अनुभूति, परमेष्ठी से साक्षात्कार, यही यात्रा जीवन-लक्ष्य है। मूल्यपरक शिक्षा से जीवन की सप्तपुरी यात्रा को सफल करना।
6. सांस्कृतिक धरोहर का वितरण करना।
7. भारतीय उज्ज्वल ज्ञान तथा विज्ञान की परंपरा से विद्यार्थियों तथा जनमानस को परिचित कराना।

संसाधन

उद्‌देश्यों की पूर्ति के लिए भौतिक, मानवीय तथा आर्थिक संसाधनों का समायोजन करना आवश्यक है।

(क) भौतिक संसाधन

1. भवन कक्ष-विशाल कक्ष।
2. कक्षों में भारतीय संस्कृति की धरोहर का संग्रह-वाङ्गमय साहित्य-वेद-उपनिषद्।
3. सांस्कृतिक भारत का मानचित्र-एकात्मता स्रोत—प्रातः स्मरण।
4. कैसेट्स, टेपरिकॉर्डर, फिल्म, फिल्म स्ट्रिप्स इत्यादि।
5. देश में चल रहे जीवन-मूल्यों पर प्रयोग—उनकी पुस्तक, प्रणाली, मूल्यांकन-संग्रह।
6. पुस्तकालय—जीवन-मूल्यों पर लिखी पुस्तकें।
7. शोध-कार्य, कंप्यूटर आदि।
8. मूल्यपरक शिक्षा के लिए आयोगों की संस्तुतियाँ (उनकी रिपोर्ट्स)।
9. आयुवर्गानुसार—कथा कहानियाँ, गीत, प्रार्थनाएँ, नाट्य-पुस्तकों का संग्रह।
10. सभी मजहबों की अच्छी शिक्षाएँ।
11. चार्ट्स-मानचित्र तैयार करना।
12. साहित्य-सृजन।
13. प्रकल्पों पर कार्य प्रशिक्षण तथा शोध।
14. योग, शिक्षा हेतु व्यवस्था।
15. पंचकोष-व्यावहारिक स्वरूप।

प्राचार्यों तथा आचार्यों के लिए 40 दिन का प्रशिक्षण

1. प्रशिक्षण पाठ्यक्रम तैयार करना।
2. विद्यालयों तथा ग्रामों तथा विद्यालयों को गोद लेना।
3. शोध-कार्य।
4. शोधकर्ताओं को छात्रवृत्तियाँ तथा आर्थिक सहायता प्रदान करना।
5. स्रोत व्यक्तियों को तैयार करना।
6. विद्वानों से मार्गदर्शन
7. सर्टीफिकेट, डिग्री तथा उपाधियाँ तथा पी-एच.डी. पाठ्यक्रम।

जीवन-मूल्यों की शिक्षा तथा चरित्र-निर्माण

- मूल्य सृष्टि का अभिन्न अंग है। यह अटूट संबंध ऐसा है, जैसा आत्मा का शरीर से। जीवन मूल्य विहीन प्राणी, अर्थ तथा काम का चलता-फिरता पुतला है, जिसमें न तो जीवन है और न ही शक्ति। चरित्रविहीन व्यक्ति पशुओं के

समान ही है।

- शारीरिक दृष्टि से देखा जाए तो सभी मानव प्राणी एक-दूसरे से भिन्न दिखाई देते हैं। यदि जीवन में केवल बहिर्गमन यात्रा रहे तो भेद ही भेद सामने आएँगे और यह संसार हिंसक पशुओं का वन बन जाएगा। तथ्य यह है कि शिक्षा मानव का सर्वांगीण विकास कर उसके नैतिक-चरित्र का निर्माण करती है। मनुष्यों में पारस्परिक मानवीय संबंध वैचारिक मान्यताओं का सामंजस्य एवं आपसी कर्तव्यों तथा अधिकारों का पालन करते हुए इनके लिए समरस मिश्रण भी तैयार करती है।
- शिक्षा मानव को धर्म, अर्थ, काम, मोक्ष इन चार पुरुषार्थों की बाह्य तथा आंतरिक यात्रा को सफलता से संपन्न कराने के लिए पवित्रता, सुदृढ़ता तथा समर्पण का संबल देती है। भिन्न दिखाई देनेवाले शिक्षित तथा संस्कारित ये जीवन-यात्री, परस्परानुकूल एकात्मा जीवन-यापन करते हैं। वे सब केवल स्वयं ही सुखी नहीं होते, अपितु परिवार, समाज, राष्ट्र तथा संसार का भी कल्याण करते हैं।
- शिक्षा जब तक विषय ज्ञान तथा शाश्वत जीवन-मूल्यों का वितरण करती रही, तब तक ज्ञान, उदारता, प्रेम, साहस, शक्ति और विनय, भारतवासियों के चरित्र के लक्षण रहे। जब से जीवन-मूल्यों का शिक्षा से विछोह हो गया है। श्रीअरविंदजी के कथनानुसार—'धर्म-भ्रष्ट तथा लक्ष्य-भ्रष्ट' हो गए हैं।

समितियाँ तथा आयोगों के सुझाव

1. सार्वजनिक जीवन में नैतिकता व सामाजिक मूल्यों के ह्रास के प्रति आज पूरा देश चिंतित है। जबसे देश स्वतंत्र हुआ है, अनेक समितियों तथा शिक्षा आयोगों ने शिक्षा के विविध पहलुओं पर विचार किया है और मूल्यपरक शिक्षा की आवश्यकता पर बल दिया है। मूल्यपरक शिक्षा से संबंधित सुझावों का वर्गक्रम से ब्योरा इस प्रकार है—

- **1936 बेसिक शिक्षा वर्धा योजना**—"सभी मजहबों के समान सत्य सभी छात्रों को पढ़ाए जाने चाहिए।"
- **1948 विश्वविद्यालय शिक्षा आयोग**—"शैक्षिक पाठ्यक्रमों में धार्मिक तथा नैतिक-शिक्षा प्रावधान करने की संभावनाओं पर विचार करना चाहिए।
- **1942-43 माध्यमिक शिक्षा आयोग**—"मूल्यपरक शिक्षा का विद्यालय स्तर तक ठीक व्यवस्थित आयोजन करना चाहिए।"
- **1954 शिक्षा को केंद्रीय सलाहकार बोर्ड गठित धार्मिक, नैतिक विषय पर श्री प्रकाश कमेटी**—"प्राथमिक कक्षाओं से विश्वविद्यालय स्तर तक मूल्य-

परक नैतिक-शिक्षा के पठन-पाठन की व्यवस्था की जानी चाहिए।''

- **1964-66 कोठारी आयोग**—''केंद्रीय तथा प्रांतीय सरकारों को नैतिक, सामाजिक तथा आध्यात्मिक मूल्यों पर आधारित शिक्षा का प्रबंध अपने अधीनस्थ संस्थाओं में करना चाहिए।''
- **1967 संसद् सदस्यों की उप-समिति**—''नैतिक, सामाजिक तथा आध्यात्मिक मूल्यों की शिक्षा का शिक्षा के ढाँचे में प्रवेश शिक्षा-सुधार की दृष्टि से एक महत्त्वपूर्ण पग होगा।''
- **1975 एन.सी.ई.आर.टी.**—''विद्यालय पाठ्यक्रम की रचना इस ढंग से की जाए कि चरित्र-निर्माण शिक्षा का एक प्रमुख उद्देश्य बने।''
- **1978 माध्यमिक बोर्ड्स के नवम वार्षिक सम्मेलन की सिफारिश**—''नैतिक-शिक्षा, जो व्यक्ति के सर्वांगीण विकास के लिए महत्त्वपूर्ण है, दस वर्षीय स्कूली पाठ्यक्रम में इसे स्थान प्राप्त होना चाहिए।''
- **1969 राष्ट्रीय शिक्षा-नीति प्रारूप**—''पाठ्यक्रम तथा सहपाठ क्रियाकलापों के माध्यम से नैतिक-शिक्षा पाठन का प्रमुख भाग रहनी चाहिए।''
- स्वामी विवेकानंद, महात्मा गांधी, श्रीअरविंद, श्री हनुमान प्रसाद पोद्दार, श्री राजगोपालचार्य स्वा. दयानंद सरस्वती आदि महापुरुषों ने भी शिक्षण-संस्थाओं में धार्मिक/नैतिक-शिक्षा प्रदान करने की महती आवश्यकता जतलाई है।
- **राष्ट्रीय शिक्षा-नीति 1986 में कहा गया है—**

(क) इस समय मूल्यों में निरंतर कमी तथा बढ़ते हुए सनकीपन के कारण पाठ्यक्रम में परिवर्तन आवश्यक हो गया है, ताकि शिक्षा द्वारा सामाजिक एवं नैतिक-मूल्यों को विकसित किया जा सके।

(ख) मिली-जुली सांस्कृतिक पृष्ठभूमि में शिक्षा शाश्वत तथा सर्वमान्य ऐसे जीवन-मूल्यों को बढ़ावा देगी, जिससे देशवासियों में भावात्मक एकता पुष्ट हो। इन मूल्यों की शिक्षा से रूढ़िवादिता, मतांधता, हिंसा, भाग्यवाद भाग्यवाद तथा अंधविश्वास समाप्त होंगे।

(ग) जीवन-मूल्यों की शिक्षा का स्रोत हमारी संस्कृति, राष्ट्रीय लक्ष्य तथा विश्वबोध से होगा।

- कथित उद्देश्यों की प्राप्ति के लिए नैतिक-शिक्षा संस्थानों की स्थापना, कार्य योजना का भाग है। यह कार्य प्रांतीय संस्थान तथा (एनसीईआरटी) राष्ट्रीय शैक्षित अनुसंधान एवं प्रशिक्षण परिषद् के परस्पर सहयोग से पूर्ण किया जाएगा।

समीक्षात्मक मूल्यांकन–

- नैतिकता/जीवन-मूल्य तथा धर्म अविच्छिन्न हैं, दोनों में अटूट संबंध है। धर्म क्रियात्मक और नैतिकता भावात्मक पक्ष है। एक विद्वान् के अनुसार—बिना धर्म के नैतिकता की बात करना उसी प्रकार है, जैसे बिना जड़ों के वृक्ष।
- राष्ट्रीय शिक्षा-नीति में धार्मिक, नैतिक, आध्यात्मिक शब्द प्रयोग नहीं किया गया है और इससे गतलफहमी हुई है कि संभवतः इन शब्दों के भावों में अंतर है। अतः मूल्यों को स्रोत से ही पृथक् कर दिया गया है। राधाकृष्णन आयोग के अनुसार—धर्म के प्रति जो भारतीय दृष्टिकोण है, उसमें और पंथनिरपेक्षता (सर्वधर्म समभाव) में कोई अंतर नहीं है। भारत में धर्म की शिक्षा का आधार आध्यात्मिक है, बिना आध्यात्मिकता के नैतिक जीवन-मूल्यों का विकास संभव नहीं।

राधाकृष्णन, मुदलियार, कोठारी आयोगों ने स्पष्ट शब्दों में कहा है—

- धार्मिकता से अभिप्राय आध्यात्मिकता माना जाए, अतः धार्मिक शिक्षा का अर्थ आध्यात्मिक शिक्षा होना चाहिए। (राधाकृष्ण आयोग)
- नैतिकता तथा आध्यात्मिकता को छात्रों के चरित्र-निर्माण में सहायक होना चाहिए। (मुदालियार आयोग)
- नैतिक आध्यात्मिक विकास के लिए सर्वधर्म समभाव की शिक्षा छात्रों को दी जाए। धार्मिक शिक्षा से तात्पर्य नैतिक-शिक्षा है। (कोठारी आयोग)
- भारतीय संविधान में पंथनिरपेक्षता का अर्थ ठीक प्रकार से ग्रहण नहीं किया गया तथा धर्म शब्द संप्रदाय, पंथ, मजहब (रिलिजन) के पर्यायवाची के रूप में प्रयुक्त होने के कारण अब जीवन-मूल्य/नैतिक-मूल्य शब्द का प्रयोग शिक्षा-जगत् में प्रचलित हो गया है। राष्ट्रीय शिक्षा-नीति ने इस प्रचलित शब्द को ध्यान में रखकर ही धर्म/आध्यात्मिक शब्द को मूल्य शिक्षा की परिधि से बाहर निकाला प्रतीत होता है, जो उचित नहीं है।
- जिन गुणों को व्यक्ति धारण करता है, जिनसे समाज की धारणा होती है तथा परहित होता है, वही धर्म है। संक्षिप्त हिंदी शब्द-सागर में लिखा है कि आध्यात्मिक आचरण के सिद्धांत नीतियाँ हैं और यही नैतिकता है। प्राचीनकाल से नैतिकता, धार्मिकता तथा आध्यात्मिकता के संबंध में बनी धारणाएँ और अमिट-संस्कार उसे एक ही मानकर चलते आ रहे हैं। शब्दों के सही प्रयोग न करने के कारण अर्थ भावहीन होकर जीवन खड़ा करने का सामर्थ्य खो देंगे।
- मिली-जुली सांस्कृतिक पृष्ठभूमि—जीवन-मूल्यों के विकास के लिए मिली-जुली संस्कृति की बात कही गई है। संसार के प्रायः सभी देशों में मिली-जुली संस्कृति है, परंतु इस शब्द का प्रयोग नहीं होता। संस्कृति अलग-अलग हिस्सों से मिलकर

नहीं बनती। गंगा की धारा में मिलने के बाद मिलनेवाले तत्त्व का कोई अलग अस्तित्व नहीं रहता। संस्कृति शब्द एक संपूर्ण अवधारणा को व्यक्त करता है। इसलिए भारत की संस्कृति को मिली-जुली कहना ठीक नहीं होगा। इसे भारतीय संस्कृति कहना अधिक हितकर है।

- यदि हर भारतवासी में स्वस्थ राष्ट्रीयता के भाव को पुष्ट करना है तो हमें ठीक शब्दों का प्रयोग कर उनके अर्थ तथा भावों को समझना होगा।
- **नैतिक-शिक्षा संस्थानों की स्थापना**—नैतिक-शिक्षा संस्थानों की स्थापना का कार्य अभी प्रारंभ नहीं हुआ। नैतिक-शिक्षा जैसे महत्त्वपूर्ण विषय के क्रियान्वयन के लिए कार्य-योजना में दिए गए सुझाव को प्राथमिकता नहीं दी गई है।
- संस्थानों की स्थापना का उद्देश्य जीवन-मूल्यों के अध्ययन को आरंभ कर, आगे उसे शिक्षा के संपूर्ण कार्यक्रम में सँजोना ही कहा गया है। संस्थान में जीवन-मूल्यों के अध्ययन को आरंभ करने की बात से यह प्रश्न स्वत: से खड़ा हो जाता है कि क्या धार्मिकता, नैतिकता, आध्यात्मिकता, जीवन-मूल्य पहले कभी शिक्षा कार्यक्रम के भाग नहीं थे? वास्तव में वैदिक काल से आगे सहस्रों वर्षों तक हमारे ऋषियों, मनीषियों तथा चिंतकों ने जीवन की प्रयोगशाला में अनेक प्रयोग किए थे और जीवन में धारण करने योग्य ऐसे नियमों की अवधारणा की थी, जो हमारे शाश्वत मूल्य हैं, जिनके आचरण से हमारे ही देशवासी केवल चरित्र संपन्न ही नहीं बने, अपितु संसार को भी संबोधित कर हमने कहा था—'जिस-जिसने अपने चरित्र का निर्माण करना है, वह भारतवर्ष में आए।' हमें यदि शुरुआत करनी है तो शोध कर यह देखें—कि जीवन-मूल्यों के विकास में क्या अवरोध है? और शिक्षण-संस्थाओं में इनकी परिणामकारी तथा प्रभावकारी स्थापना कैसे हो सकती है?
- आधुनिक तथा प्राचीनता में संतुलन कैसे बैठे? आधुनिक परिस्थितियों में हम भारतीय शाश्वत जीवन-मूल्यों के आधार पर व्यक्तिगत, भावात्मक, सामाजिक, सांस्कृतिक, नैतिक तथा आध्यात्मिक विकास के क्षेत्रों में ऊँचाई को कैसे स्पर्श कर सकते हैं? आधुनिकीकरण का अर्थ पाश्चात्यीकरण नहीं, परंतु यह भारतीयकरण है। इसे चरितार्थ करने के लिए बहुमुखी निर्देश कार्यों की संस्थान में योजना बनानी आवश्यक है।
- राष्ट्रीय शिक्षा-नीति में पाठ्यक्रम को परिवर्तित करने की बात कही गई है। परिवर्तन के नाम पर जिन दस तत्त्वों का विशेष आग्रह किया गया है, वे हैं—भारत के स्वतंत्रता संग्राम का इतिहास, संवैधानिक अनुबंधता, राष्ट्रीय एकता को बढ़ावा देने के लिए आवश्यक विषयवस्तु, भारत की समान सांस्कृतिक विरासत,

समानता, लोकतंत्र और पंथनिरपेक्षता, स्त्री-पुरुष की समानता, पर्यावरण सुरक्षा, सामाजिक रुकावटों को दूर करना, छोटे-परिवार के विचार को बढ़ावा देना, वैचारिक क्षमता उत्पन्न करना।

- वैज्ञानिकता से, अंधविश्वास से मुक्ति, सामाजिकता से मानवीय मूल्यों के प्रति निष्ठा, स्वास्थ्य विषय के अंतर्गत शारीरिक और मानसिक दृष्टि से स्वस्थ नवयुवकों की आवश्यकता, कलात्मक विषयों से सौंदर्यानुभूति, इन मूल्यों के प्रति ज्ञान और उनके प्रति उचित दृष्टिकोण के विकास के लिए पाठ्यक्रम में तो व्यवस्था की गई है, किंतु जिस मूल प्रश्न को स्पर्श नहीं किया गया है, वह है—मूल्यपरक शिक्षा के लिए संस्थाओं में वातावरण की निर्मित कैसे हो?
- विद्यालयीय पाठ्यक्रम के नियमित विषयों में मूल्य-निधि सुरक्षित है। हर विषय के मूल्यगत पक्ष को उजागर कर इस निधि को छात्र/छात्राओं तक पहुँचाने की बात है। पुस्तकों के साथ आचार्य का आचरण बालक के लिए मूल्यों का सृजन करता है। इस महत्त्वपूर्ण स्रोत को अबाध गति से प्रवाहित के लिए आचार्य के मन तथा मस्तिष्क को तैयार करने की प्रक्रिया की ओर विशेष ध्यान नहीं दिया गया है।

मूल्यपरक शिक्षा के मार्ग के अवरोधक तत्त्व

- जीवन-मूल्यों के महत्त्वपूर्ण विषय की शिक्षा के प्रति शिक्षाविदों, शिक्षा विभाग, शिक्षण-संस्था के संचालकों, प्राचार्यों तथा आचार्यों का दृष्टिकोण स्वस्थ तथा स्पष्ट नहीं है। इस विषय के साथ उनका व्यवहार हलका सा है। मूल्यों की शिक्षा को अतिरिक्त विषय के रूप में जहाँ-तहाँ अपनाने की बात की जाती है। समय-सारिणी में येन-केन-प्रकारेण अनमने से इसे स्थान देकर संतोष किया जा रहा है।
- मूल्य-सृजन का प्रभावी स्रोत ही शुष्क है, तो धारा कैसे प्रवाहित हो? कोरा अक्षरज्ञान मस्तिष्क में ठूँसने को शिक्षा कहनेवाले शिक्षक इस कार्य को संपन्न नहीं कर सकेंगे।
- पाठ्यक्रमों में दी गई सामग्री मूल्यपरक होने पर भी आयुवर्ग तथा स्तरानुसार नहीं है। इसका दैनिक जीवन में भावनाओं तथा आवश्यकताओं से संबंध स्थापित नहीं किया गया है। अत: छात्र/छात्राओं की अधिक संख्या के लिए वह सामग्री अपच्य है।
- मूल्य संचार की विधि परंपरावादी, उपदेशात्मक तथा निदेशात्मक है। मूल्यों की जानकारी तथा इनके सृजन के बीच बहुत बड़ी खाई है, जो पाटी जानी चाहिए।
- जब तक शिक्षा का अर्थ कक्षा-कक्ष से परीक्षा तक की यात्रा, तब तक सतत

व्यापक मूल्यांकन की संकल्पना को व्यवहार में लाना कठिन होगा। आचार्य तथा छात्र दोनों की योग्यता, सम्मान तथा मूल्यों का अंकन परीक्षा परिणाम से होने के कारण, पाठ्यपुस्तकों के अतिरिक्त सहपाठ क्रिया-कलापों की ओर बहुत ही कम ध्यान जाता है, यह स्थिति मूल्यपरक शिक्षा के मार्ग में बाधा है, इसे दूर किया जाना चाहिए।

मूल्य-शिक्षा के लिए बहुआयामी कार्यक्रम–

- मूल्य-सृजन जीवन के संपूर्ण व्यक्तित्व को व्याप्त करने से ही संभव है। शरीर, प्राण, मन, बुद्धि, आत्मा के पोषण से सर्वांगीण विकास हो सकेगा। अतः मूल्य सृष्टि में सब को लक्षित करना आवश्यक होगा। मूल्य शिक्षा प्रत्येक क्षण, परिस्थिति तथा प्रत्येक मोड़ पर अवसर लिये खड़ी है। अतः इसे किसी वेला में नहीं बाँधा जा सकेगा। इसके लिए तो बहुमुखी कार्यक्रम को प्रामाणिकता, सतत व्यापकता से हाथ में लेना होगा।
- मूल्य शिक्षा के लिए क्या, कैसे और कब इन प्रश्नों का उत्तर, शोध तथा प्रयोगों के उपरांत देने से विषय की गुणग्राहकता बढ़ेगी। अतः राष्ट्रीय, प्रांत, जिला तथा विद्यालय स्तर तक भी इस शोध-कार्य के लिए शोध-संस्थान तथा प्रकोष्ठ प्रारंभ करने चाहिए।
- सर्वधर्म समभाव के लिए भिन्न-भिन्न संप्रदायों, पंथों तथा मजहबों द्वारा दी गई शिक्षाओं का संकलन कर इनका आयुवर्ग तथा स्तरानुसार सरल तथा रोचक भाषा में पुस्तक का आकार देना चाहिए और शिक्षण-संस्थाओं में इनके पठन-पाठन की योजना भी बनानी चाहिए।
- मूल्य शिक्षा विषय को स्नातक तथा स्नातकोत्तर स्तर तक तथा उसके पश्चात् शोध के लिए विशेष विषय के रूप में पढ़ने की सुविधा प्रदान की जाए।
- प्राथमिक शिक्षा तथा इसके आगे की सबसे ऊँची इकाई एम.एड. प्रशिक्षण विद्यालयों, महाविद्यालयों तथा शिक्षण-संकायों के पाठ्यक्रम में जीवन-मूल्यों को पाठ्यक्रम का एक अविभाज्य अंग बनाया जाए।
- शिक्षकों तथा छात्र/छात्राओं के लिए सेवा तथा पाठन समय में भी प्रशिक्षण-कार्य को लगातार चलाते रहने से इसका लाभ होगा।
- जीवन-मूल्य शिक्षा केवल विद्यालय में ही नहीं, अपितु अभिभावकों को भी इस विषय का महत्त्व समझाने के लिए गोष्ठियों तथा कार्यशालाओं का आयोजन बहुमुखी कार्यक्रम का भाग बनाना होगा। आचार्य-अभिभावक संपर्क, आपसी स्नेह तथा संस्कार से ही इस कार्यक्रम को सफलता प्राप्त होगी।

- सांस्कृतिक धरोहर के वितरण के लिए संस्कृति माला का मूल्य प्रेरक 100 पुस्तकों का संच राष्ट्रीय स्तर पर तैयार कराया जाए और इस कार्य के लिए अखिल भारतीय स्तर के शिक्षाविदों तथा लेखकों की सहायता ली जानी चाहिए।
- मूल्यों के प्रसार व प्रचार के लिए जन संचार माध्यमों की भूमिका अत्यंत ही प्रभावी है। शिक्षा जगत् में इनका उपयोग करने के लिए दृश्य-श्रव्य उपकरणों के संस्थान स्थापित किए जाने चाहिए।

मूल्यपरक शिक्षा-मूल्य तथा वर्गीकरण

- अहम् से वयम् की यात्रा मानव जीवन का लक्ष्य है और यही लक्ष्य शिक्षा का भी है। शिक्षा से संस्कारों द्वारा प्रवृत्तियों का रूपांतरण तथा नियमन किया जाता है। जिससे मानव पशु से नर तथा नारायण बनता है। 'मैं' के उदात्तीकरण से वह 'हम' तक पहुँच पाता है। मूल्यपरक शिक्षा इस यात्रा में उसका पथ-प्रदर्शन करती है।
- व्यक्ति के विकास के सोपानों के रूप में हमारे ऋषियों तथा चिंतकों ने पाँच कोषों की कल्पना की है। वे हैं—शरीर, प्राण, मन, बुद्धि तथा आत्मा। पाँच अंगों से पाँच आधारभूत मूल्य निःस्सृत होते हैं। वे हैं—सक्षमता, संतुलन, संयम, सत्यान्वेषण (विवेक) तथा सेवा।
- व्यक्ति, परिवार, समाज, राष्ट्र तथा संसार-व्यष्टि से समष्टि तक ही यह यात्रा, अहं का परिष्कृत स्वरूप लिये आगे बढ़ती है और जीवन के अंतिम लक्ष्य को प्राप्त करती है। इस यात्रा के आधार पर मूल्यों का वर्गीकरण हम दो भागों में कर सकते हैं—
- **अहं अर्थात् मैं, जिसके गुण हैं**—स्वच्छता, श्रम-निष्ठा, अध्यवसाय, समयपालन, नियमितता, प्रामाणिकता, सौंदर्य-बोध, विजयाकांक्षा, साहस, आत्मनिर्भरता, विवेकशीलता, आशावादिता, सत्यान्वेषण, स्वाध्याय, सादगी, आत्मविश्वास, दृढ़संकल्प, धृति, व्यवस्थाप्रियता, आत्मबोध।

वयम् अर्थात् हम, जिसके गुण हैं—

(क) परिवार, समाज, राष्ट्र तथा संसार

कर्तव्य-पालन, कृतज्ञता, समर्पण, नम्रता, संतोष, मितव्ययिता, सम्यक् दृष्टि, आज्ञापालन, सहिष्णुता, स्वतंत्रता, क्षमा, प्यार, पश्चात्ताप, सेवा, सहभागिता, समूहभाव, उत्तरदायित्व, दायित्वधारणा, सहानुभूति, अतिथि-सत्कार, न्याय, अहिंसा, देश तथा संस्कृति-प्रेम, धर्मनिष्ठा, शिष्टाचार, अनुशासनप्रियता,

आध्यात्मिकता, एकात्मानुभूति, विश्वबंधुत्व, संवैधानिक प्रतिबद्धता।

(ख) समाज, राष्ट्र तथा संसार में स्वः का विस्तार तथा परिष्कार नैतिक/मूल्यपरक शिक्षा का उद्देश्य है। व्यक्ति गुण अर्जित कर इदं न मम्, राष्ट्रीय स्वाहा तक मनुष्य का यह पुरुषार्थ, धार्मिक/नैतिक/जीवन-मूल्यपरक शिक्षा की चरम परिणति है।

(ग) धृति, क्षमा, दान, अस्तेय, शौच, इंद्रियनिग्रह, धी, विद्या, सत्य एवं अक्रोध। इन दस गुणों का मिलान यहूदियों, ईसाइयों के दस आदेशों से किया जा सकता है।

- हमारे मनीषियों ने इन गुणों की संख्या और कम करते हुए कहा है— "जो सत्य है, वही शिव है और वही सुंदर भी है तथा 'सत्यं-शिवं-सुन्दरं'—ये तीनों गुण क्रम से ज्ञान, इच्छा तथा क्रिया के प्रतीक हैं। धार्मिक पुरुष के जीवन में इन तीनों का संगम है। ज्ञान के बिना धर्म अंधा, इच्छा के बिना निष्प्राण तथा क्रिया के बिना लूला-लँगड़ा है। अतः जीवन में इन तीनों का ही स्थान होना चाहिए।"
- भक्त प्रह्लाद ने प्राथमिकता के आधार पर शील, धर्म, सत्य, सदाचार, सबलता पाँच गुण गिनाते हुए कहा है, जहाँ इनका वास है, वहीं लक्ष्मी का भी वास है। इन सबका आधार शील है, यही सबकी जड़ है।

  पतंजलि ने आध्यात्मिक विकास के लिए अष्टांग मार्ग को प्रस्तुत किया है और जीवन-मूल्यों का वैयक्तिक तथा सामाजिक दो भागों में विभाजन किया है।

मूल्यपरक शिक्षा प्रदान करने की विधियाँ—

मूल्यपरक शिक्षा प्रदान करने की पाँच विधियाँ हैं—

- **अनुदेशन**—प्रत्येक विषय के साथ मूल्यों की शिक्षा दी जाती है। उपदेशात्मक तथा निदेशात्मक शैली से अनुदेशक विधि अधिक परिणामकारी रहती है। सहपाठ क्रियाकलाप इस प्रणाली का भाग है।

सहपाठ क्रियाकलाप—

(क) विषयों के अतिरिक्त अनेक ऐसी सहायक विधियाँ हैं, जो मूल्यों के विकास का महत्त्वपूर्ण साधन है। स्वशासन, बालसभा, छात्र संसद्, विषय परिषदों का गठन, एन.सी.सी., स्काउटिंग, गर्ल्सगाइड, रेडक्रॉस, खेलकूद, देशदर्शन, सेवा, स्वच्छता तथा श्रमनिष्ठा, वाटिका आदि कार्यों से छात्र-छात्राओं में परस्परानुकूलता, सहयोग, जनतांत्रिक भावना, सेवा, सहिष्णुता, उत्तरदायित्व, पंथ-निरपेक्षता, स्वाध्याय की सबलता आदि

नैतिक गुणों का विकास किया जा सकता है।

(ख) पुस्तकालय, पत्रिका (भीति, कक्षाश: हस्तलिखित, मासिक, वार्षिक) विद्यालय वैचित्र्य निकेतन, (संग्रहालय); विद्यालय आकाशवाणी प्रसारण, प्रश्नमंच, प्रामाणिक सहकारी भंडार, अपना डाकघर, गणवेश, बाल बैंक, पुस्तक बैंक, सुझाव तथा प्रश्न पेटिका, प्रार्थना सभा, संगीत परिषद्, अनेक प्रकल्प, कक्षा नामावली, वार्षिक समयसारणी, प्रतियोगिताएँ (भाषण, कविता, संगीत, एकांकी, चित्रकला, कहानी, सूक्तियाँ, प्रेरक प्रसंग, निबंध) आज का विचार लेखन, सामाजिक उत्पादक क्रियाएँ, धर्मग्रंथ, परिचय प्रदर्शनी, महापुरुष वचन तथा चित्र परिचय, वन विहार, छायाचित्र, दृश्य-श्रव्य-उपकरण प्रयोग, भारत मानचित्र परिचय, जन्मदिन मनाना, पुस्तकालय उपयोग, बाहर से आमंत्रित व्यक्तियों के प्रवचन, इन सब कार्यक्रमों से अंतर्निहित शक्तियों का प्रकटीकरण होता है तथा मूल प्रवृत्तियों के उदात्तीकरण के अवसर प्राप्त होते हैं।

(ग) यौगिक-क्रियाएँ, प्राणायाम, योग-व्यायाम, गति, रचनात्मक, मानसिक, परीक्षात्मक, स्पर्धात्मक खेलों की व्यवस्था से प्राण संतुलित तथा शरीर से दक्षता भी बढ़ती है तथा मिल-जुलकर कार्य करने का संस्कार भी मिलता है।

(घ) छायाचित्र, पोस्टर्स, चार्ट्स, संगीत टेप्स, वीडियो कैसिट्स, वी.सी.आर., समाचार-पत्र, पत्रिकाएँ, आकाशवाणी, टी.वी., आधुनिक युग में शिक्षा संचार के महत्त्वपूर्ण अंग बन गए हैं। नैतिक-शिक्षा की दृष्टि से इनका उपयोग बहुत ही लाभदायक सिद्ध हो सकता है।

- **अनुभव**—अनुभूत ज्ञान से विवेक का उदय होता है। देश-दर्शन, मलिन बस्तियों का सर्वेक्षण, वन, गिरिवासी बंधुओं की सामाजिक, आर्थिक स्थिति का उनके क्षेत्र में जाकर अध्ययन, राष्ट्रीय एकता शिविर में सहभागी होना, श्रम तथा सेवा-कार्यों का करना, आपात प्रकृति प्रकोप अंतर्ब्रह्म कष्ट की घड़ी से निपटने के लिए सहयोग आदि अनेक अनुभवों से नैतिकता का व्यावहारिक पाठ पढ़ाया जा सकता है और इसका संस्कार भी स्थायी रहता है।
- **आचरण**—नैतिक मूल्यों की शिक्षा प्रौढ़-पीढ़ी, माता-पिता तथा आचार्यों के अनुकरणीय आचरण के माध्यम से जितनी अच्छी प्रकार दी जा सकेगी, उतनी केवल पाठ्यक्रम में दो-चार अध्याय जोड़ने से नहीं दी जा सकती है। केवल पाठ्यक्रम में नैतिकता संबंधी विवेचन का समावेश अनुकरणीय बालकों के मनोविनोद का साधन मात्र होगा। आचरण के कारण शिक्षक को आचार्य की संज्ञा मिली है।
- **आकांक्षा**—छात्र/छात्राओं में धार्मिक/नैतिक/मूल्य पर जीवन व्यतीत करने की यदि आकांक्षा जाग्रत् नहीं होती और उस इच्छा को यदि क्रिया में परिणत

नहीं किया जाता तो कार्यक्रम असफल मानना चाहिए। छात्र/छात्राओं में इस दृष्टि से आत्मावलोकन/आत्मनिरीक्षण करना श्रेयस्कर रहता है। इस विधि के गुणकारी परिणाम सामने आते हैं। अत: उन्हें इसका अभ्यास कराना चाहिए।

शिक्षा आयोगों के कार्यक्रम-संबंधी सुझाव

राधाकृष्णन आयोग ने धार्मिक, नैतिक एवं आध्यात्मिक विकास के लिए जो सुझाव दिए हैं, वे इस प्रकार हैं—

- सभी शिक्षण-संस्थाओं में कुछ मिनटों तक छात्र मौन रहकर ध्यान करें और फिर इसके बाद शिक्षण-कार्य आरंभ हो। इस मौन-ध्यान या चिंतन में शिक्षक भी शामिल हों।
- विभिन्न धर्मों के तुलनात्मक अध्ययन की दृष्टि से उनसे संबंधित ग्रंथों (जैसे गीता, बाइबिल, कुरान, गुरुग्रंथ साहिब, धम्म पद आदि) के सारभूत अंश विद्यार्थियों को पढ़ाए जाएँ।
- **मुदलियार आयोग (1942-43)**—इस आयोग ने इस बात पर बल दिया है कि विद्यालय में सामूहिक प्रार्थना और प्रेरक-प्रसंगों को भी महत्त्व दिया जाए। परिवार, समाज और विद्यालय का परिवेश बालकों के नैतिक एवं चरित्र-विकास में सहायक हो।
- **कोठारी आयोग (1964-66)**—इस आयोग के अनुसार नैतिक- आध्यात्मिक विकास के लिए सर्वधर्म समभाव की शिक्षा छात्रों को दी जाए। छात्रों के नैतिक एवं आध्यात्मिक विकास के लिए इस प्रकार शिक्षा दी जाए कि उनमें धार्मिक भेदभाव उत्पन्न न हो, वरन् उनमें नैतिकता का विकास हो और वे विभिन्न वर्गों की अच्छी बातों को ग्रहण करके अपने चरित्र का निर्माण करें, देश के उत्थान में योगदान दें तथा मानव-कल्याण के लिए अग्रसर हों।

  जब हम नैतिक विकास के लिए शिक्षा पर विचार करते हैं, तब हमारा ध्यान शिक्षा के प्राथमिक, माध्यमिक तथा उच्च स्तरों की ओर भी जाता है। अत: इन स्तरों पर भौतिक विकास के लिए शिक्षा का कार्यक्रम निम्नलिखित हो सकता है—

(क) प्राथमिक स्तर—दैनिक कार्यक्रम का आरंभ सामूहिक प्रार्थना से हो। भाषा की पुस्तक में संतों के उपदेश और महापुरुषों के जीवन से संबंधित पाठ हों। दैनिक कार्यक्रम में सेवा और श्रम को स्थान दिया जाए। खेलों द्वारा चरित्र-निर्माण एवं उदारता की भावना का विकास किया जाए।

(ख) माध्यमिक स्तर—युवा छात्रों और छात्राओं को सत्य, अहिंसा, अस्तेय,

अपरिग्रह एवं ब्रह्मचर्य के सामाजिक पक्ष को समझाया जाए। स्वामी विवेकानंद, श्रीअरविंद, महात्मा गांधी तथा अन्य आधुनिक भारत के निर्माताओं की जीवनियों के अध्ययन द्वारा विश्वविद्यालयों एवं महाविद्यालयों के छात्रों का नैतिक विकास किया जाए।

विशेष कार्यक्रम–

- विद्यालय कार्य नित्य प्रार्थना-सभा से प्रारंभ हो। प्रार्थना का वातावरण शांत एवं पवित्र हो। प्रार्थना सभा में प्रभावी प्रार्थना, उद्‌बोधक वाक्य तथा प्रेरणादायक प्रसंग सुनाए जाएँ। अंत में राष्ट्रगान कराया जाए।
- विद्यालय में उपयुक्त स्थान पर दैनिक श्याम-पट्ट पर महापुरुषों के वचन लिखे जाएँ।
- महापुरुषों के जन्मदिवस पर प्रमुख राष्ट्रीय पर्व मनाए जाएँ।
- ऐतिहासिक एवं सेवा-केंद्रों के दर्शनार्थ छात्र/छात्राओं की यात्राएँ आयोजित की जाएँ।
- समाज के पीड़ित एवं अभावग्रस्त बंधुओं के प्रति सेवा एवं आत्मीयता के भाव जागरण हेतु क्रियात्मक आयोजन किए जाएँ।
- छात्रों की परिषदें बनाकर उन्हें विद्यालयों के विभिन्न उत्तरदायित्व सौंपे जाएँ।
- व्यक्तिगत संपर्क, परामर्श तथा मार्गदर्शन से छात्र/छात्राओं को जीवन में आगे बढ़ने में सहायता मिलती है, अतः इस कार्य को प्रामाणिकता से किया जाए।
- अभिभावक संपर्क, आचार्य-अभिभावक संघ इस कार्यक्रम का उपयोगी भाग हैं, अतः इन्हें स्थापित किया जाए।
- वक्ताओं को आमंत्रित कर नैतिक तथा सदाचार पर व्याख्यान कराए जाएँ।
- अवकाश के दिनों में सेवा तथा श्रम-शिविरों का आयोजन किया जाए।

पंचपदीय पद्धति–

- प्रार्थना।
- मौन।
- सामूहिक गान।
- कथा-कथन एवं सद्ग्रंथों का स्वाध्याय।
- सहपाठ क्रियाकलाप एवं सेवा-कार्य।

इस पद्धति से नैतिक-शिक्षा तुरंत ही सभी शिक्षण-संस्थाओं में लागू की जा सकती है। इस पद्धति को प्रायः सभी देश तथा अंतरराष्ट्रीय आयोगों तथा समितियों ने मान्यता दी है।

मूल्यांकन तकनीक–

- मूल्यपरक शिक्षा प्रत्यक्ष तथा परोक्ष, विषयों के अध्ययन तथा वातावरण निर्माण से, सहपाठ क्रियाकलाप तथा परिस्थितियों में कार्य करके, स्वाध्याय तथा आचरण आदि भिन्न-भिन्न विधियों से प्रदान की जाती है। यह शिक्षा एक पाठ्यक्रम का विषय नहीं है और न ही उसकी अन्य विषयों के समान परीक्षा हो सकती है।
- दैनंदिनी जीवन में सभी छोटे-बड़े कार्य जो किए जाते हैं, सिद्धांतानुसार जो व्यवहार है तथा जीवन के प्रत्येक मोड़ पर जो परिस्थितियाँ खड़ी हैं।

नैतिक एवं मानवीय जीवन-मूल्य प्रस्तावित पाठ्यक्रम के मुख्य बिंदु

1. जीवन-मूल्य एवं समग्र जीवन-दृष्टि

(क) मानव जीवन, उसका महत्त्व और उसके लक्ष्य : पारंपरिक और आधुनिक विचार।

(ख) सफल, सुखी एवं सार्थक जीवन की अवधारणाएँ।

(ग) जीवन के विविध पक्ष और उनकी मूल्य मर्यादाएँ : आंतरिक व्यक्तित्व और बाहरी जीवन।

2. व्यक्ति और समाज

(क) सभ्य और मानवोचित समाज की परिकल्पना।

(ख) आधुनिक समाज-व्यवस्था के मूल्य—लोकतंत्र की मूल्य-मर्यादाएँ, समाज और सामाजिक न्याय।

(ग) व्यक्तिगत स्वातंत्र्य और सामुदायिक हित।

(घ) हमारी समाज-दृष्टि और हमारे सामाजिक दायित्व।

3. आधुनिक जीवन की मूल्यगत समस्याएँ

- परंपरा, परिवर्तन और आधुनिकता।
- भौतिक प्रगति और व्यापक मानव कल्याण के बीच अंतर्द्वंद्व।
- विज्ञान, प्रौद्योगिकी, उपभोक्तावाद और मानव मूल्य।
- समाजिक एवं सांस्कृतिक विविधता, विषमताएँ एवं सामंजस्य।
- सामाजिक प्रगति, संघर्ष और समरसता।
- प्रकृति और मानव जीवन की पारस्परिकता : पर्यावण की समस्याएँ और

उनसे जुड़े नैतिक एवं मानवीय मूल्य।
- विश्व मानवता के नए आयाम।

4. नैतिक एवं मानवीय मूल्य

- नैतिकता एवं उसके विविध पक्ष।
- चारित्रिक सद्गुण : निरहंकारिता, विनम्रता, शुचिता, सत्यनिष्ठा, आत्म-संयम, दायित्व-बोध।
- नैतिक जीवन-व्यवहार के कुछ सामान्य नियम।
- सामाजिक नैतिक : कार्यक्षेत्र में, वृत्तिक-व्यावसायिक जीवन में संस्थागत व्यवस्था में : समस्या और समाधान ।
- मूलभूत मानवीय संवेदनाएँ एवं मानवी मूल्य : समानानुभूति, प्रेम, करुणा, मैत्री, सहिष्णुता, बंधुत्व।
- जीवन-व्यापार के विविध क्षेत्रों में मूल्यनिष्ठ व्यवहार : अधिकार और कर्तव्य में संतुलन, अपने हित और दूसरे के हित के बीच संतुलन, परस्पर सहयोग, सहायता और सेवा भाव।

5. उत्कृष्ट व्यक्तित्व के प्रमुख अंग

बौद्धिक, भावानात्मक, सृजनात्मक, नैतिक-आध्यात्मिक विकास, सौंदर्यबोध, आत्मनिर्भरता, क्रियाशीलता।

6. क्षेत्र विशेष से जुड़े नैतिक एवं मानवीय मूल्यों के प्रश्न : कुछ उदाहरण, जैसे–

- अर्थशास्त्र की नैतिक भावनाएँ और उनकी व्यावहारिक मूल्यगत समस्याएँ।
- वाणिज्य, व्यवसाय, उद्योग जगत्, प्रबंध-शास्त्र की मूल्य-मर्यादाएँ।
- विधि-व्यवस्था में नैतिक एवं मानवीय मूल्य।
- विज्ञान जगत् में मानवीय एवं नैतिक मूल्य।
- चिकित्सा जगत् में मानवीय एवं नैतिक मूल्य।
- प्रौद्योगिकी जगत् में मानवीय एवं नैतिक मूल्य।

नोट : प्रस्तावित पाठ्यक्रम का यह छठा भाग अलग-अलग विभागों/संकायों के लिए अलग-अलग होगा। उपलब्ध समय का 25-50 प्रतिशत इस छठे भाग के लिए, और बाकी 50-75 प्रतिशत समय अन्य पाँच भागों के लिए हो सकता है।

टिप्पणियाँ–

- प्रस्तावित विषय के पठन-पाठन का उद्‌देश्य मूल्यों की जानकारी दे देना या उनका बौद्धिक-तार्किक विवेचन कर देना मात्र नहीं है।
- ऐसे पाठ्‌यक्रम तभी प्रभावी होंगे, जब इसके अध्यापक स्वयं मूल्यनिष्ठ हों तथा जीवन और समाज के मूल्यगत प्रश्नों में रुचि लेते हों, उन पर मनन-चिंतन करते हों। अन्यथा यह विषय पढ़ाने वाले पर और साथ ही पढ़ने वाले पर, थोपा हुआ लगेगा। अतः इसे ऐसे ही विभागों/संकायों में लागू किया जाना चाहिए, जहाँ ऐसे अध्यापक स्वेच्छा से इसे पढ़ाने के लिए आगे आए या इसके लिए उन्हें प्रोत्साहित किया जा सके।
- इस विषय के पढ़ाने की शैली विशेष महत्त्वपूर्ण है। शैली, व्याख्यात्मक या उपदेशात्मक न होकर संवादात्मक होनी चाहिए। कक्षा में विद्यार्थियों को प्रश्न उठाने, अपनी टिप्पणियाँ देने और अपने विचार व्यक्त करने के लिए प्रोत्साहित किया जाना चाहिए। छात्रों के विचार अध्यापक से भिन्न हो सकते हैं। फिर भी उनका स्वागत किया जाना चाहिए। विवादित प्रश्नों पर शालीन बहस द्वारा आम सहमति बनाने का प्रयास किया जाना चाहिए।
- चूँकि पाठ्‌यक्रम में चर्चा-बिंदु गंभीर चिंतन की अपेक्षा रखते हैं, इसलिए इस विषय को अभी परास्नातक स्तर के विद्यार्थियों के लिए एक वैकल्पिक विषय के रूप में रखा जाना चाहिए।
- यहाँ दिए गए चर्चा-बिंदु सुझाव मात्र हैं। वास्तविक पाठ्‌यक्रम पढ़ाने वाले शिक्षकों के साथ मिल-बैठकर बनाया जाना चाहिए तथा उस पर विभागीय और संकाय स्तर की औपचारिक अकादमी समितियों में विचार होना चाहिए।

□

आचार्यों के व्यवहार के द्वारा जीवन मूल्यों का सृजन

आज की परिस्थिति में थोड़ा सकारात्मक प्रयास करके देखें तो निश्चय ही कक्षा कक्ष का वातावरण बदलेगा और हम जीवन-मूल्यों का सृजन कर सकेंगे। In the tiny world in which I live I shall try to create heaven out of the hell.

(क) कक्षा में जाने से पूर्व मैं सात प्रतिबद्धताओं को दोहराऊँगा–

- स्वयं के प्रति प्रतिबद्धता,
- विषय के प्रति प्रतिबद्धता,
- विद्यार्थियों के माता-पिता के प्रति प्रतिबद्धता,
- समाज के प्रति प्रतिबद्धता, व्यवसाय के प्रति-प्रतिबद्धता,
- विद्यार्थी के प्रति प्रतिबद्धता,
- जीवन-मूल्यों के प्रति प्रतिबद्धता।

(ख) रात्रि को आचार्य दैनंदिनी को देखूँगा और उसमें कक्षा में पठन-पाठन विषय के संबंध में योजना बनाऊँगा–

- कक्षा में विषयों को इकाइयों में विभाजित करें (कक्षा को कई समूहों में विभाजित किया जा सकता है)।
- इकाइयों तथा कार्यदिवसों में तालमेल चाहिए।
- कठिनाई क्षेत्र को दूर करने के लिए दिन निश्चित करना।
- दैनंदिनी में वर्ष के प्रारंभ में ही कक्षा का वर्गीकरण करना।

- विद्यार्थी को जानना, पहचानना और अपनाना। इसके पश्चात् निम्नांकित वर्गीकरण हो सकता है—
- शैक्षिक दृष्टि से गति-अवरुद्ध, गतिशील, प्रतिभाशाली।
- शारीरिक दृष्टि से अतिस्वस्थ, स्वस्थ और कृशगात (विकलांग)।
- सामाजिक-आर्थिक दृष्टि से संपन्न मध्यवर्गीय तथा सामान्य। कक्षा-कक्ष भारत का लघु स्वरूप है।
- **वर्गीकरण के अनुसार**—दैनिक दो विद्यार्थियों का चयन करना। उनके साथ बातचीत करना तथा उनको परामर्श देना। उन दो विद्यार्थियों के नाम रात्रि में लिखने हैं, उनसे (रिक्तांतर, शारीरिक शिक्षा के अंतर में) या छुट्टी के बाद मिलें।

(ग) पाठ का विस्तार–

- कठिन शब्दों के अर्थ और उनका वाक्यों में प्रयोग।
- एक शब्द को लेकर उससे बननेवाले अनेक शब्दों का प्रयोग, उदाहरण—Hand & Hand in Hand & Handy, Handi-craft & Hand and Glove, Handsome, Handcuff, etc.
- पाठ के साथ जीवन-मूल्यों का सृजन, उदाहरण—When you weep, troubles heap, When you smile your troubles reconcile. When you laugh your trouble are off.

गृह-कार्य देना : गृह-कार्य के प्रकार–

1. लिखित कार्य प्रश्नों के उत्तर।
2. पढ़ाए गए पाठ के प्रश्न बनाना।
3. पाठ की पुनरावृत्ति के चार्ट्स, मॉडल बनाना।
4. पढ़ाए हुए पाठ की दूसरे दिन क्रिकेट खेलने की योजना बनाना। (Play way Method)
5. सर्वेक्षण/लेख वाचन/कविता पाठ।
6. निबंध/कहानी।
7. शुद्ध लेखन/सुलेख श्रुतलेख।
8. विद्यार्थियों के वर्गीकरण के अनुसार पाठ का विस्तार करना।
9. छठे दिन नायक प्रणाली से पाँच दिन के पाठों की पुनरावृत्ति।
10. लघु परीक्षा।

मेरा संकल्प

मैं नवम् कक्षा, जिसमें 40 विद्यार्थी हैं, वहाँ पढ़ाने के लिए नहीं जा रहा हूँ, अपितु मैं उस स्थान पर जा रहा हूँ, जहाँ एक समूह में अनेक समूह बैठे हैं।

- मैं कक्षा-कक्ष में पढ़ाने के लिए नहीं, सीखने-सिखाने के लिए जा रहा हूँ।
- मैं किसी भी बालक को शारीरिक दंड नहीं दूँगा।
- मैं विद्यार्थियों को नाम से पुकारूँगा, रोल नंबर से नहीं।
- मेरा लक्ष्य केवल पाठ्यक्रम की समाप्ति नहीं है, अपितु प्रत्येक विद्यार्थी के लिए पाठ्यक्रम समाप्त करना है। I shall not cover the syllabus but I shall cover up each and every student.
- कक्षा में मैं और विद्यार्थी दोनों सीखेंगे—

  ॐ सह नाववतु। सह नौ भुनक्तु।
  सह वीर्यं करवावहै। तेजस्विनावधीतमस्तु।
  मा विद्विषाव है॥ कठोपनिषद् 2/3/1

अर्थात् परमात्मा हम दोनों (गुरु और शिष्य) की साथ-साथ रक्षा करे। हमारा साथ-साथ पालन करे। हम दोनों साथ-साथ सब प्रकार के बल प्राप्त करें। हमारा अध्ययन तेजस्वी हो। हम द्वेष न करें।

- बच्चों की जिज्ञासा शांत करने का सहज प्रयास करूँगा। मैं उनके प्रश्नों का यथासंभव उत्तर देने का प्रयास करूँगा।
- मैं क्रोध करने में सुस्त, बधाई देने में चुस्त तथा निर्णय करने में तंदुरुस्त रहूँगा।
- केवल पाठ्यपुस्तक से नहीं, अपितु अपने जीवन की खुली पुस्तक से शिक्षा प्रदान करूँगा। मैं मास्टर/सर नहीं अपितु आचार्य हूँ।

कक्षा में

- सर्वप्रथम कक्षा के वातावरण को देखूँगा, अर्थात् स्वच्छता की चिंता करूँगा (जो दिखाई दे और जो न दिखाई दे) वह दोनों स्वच्छ रहें, इसका ध्यान रखूँगा—Cleanliness is next to godliness. स्वच्छता ईश्वर का ही नाम है, इस तथ्य को स्मरण रखूँगा।
- **व्यवस्था**—व्यवस्था का अर्थ है, कक्षा की प्रत्येक सामग्री यथास्थान होनी चाहिए, जैसे—मेज, कुर्सी, डस्टर, चाक (सरस्वती माता का वरद् पुत्र है) जिसके द्वारा वह श्यामपट्ट (ब्लैक बोर्ड) पर ज्ञान का वितरण करता है। इसलिए वह भी यथास्थान रहें।
- **सज्जा**—कक्षा-कक्ष ज्ञानवर्धक तथा शिक्षापरक चार्ट्स से सज्जा हो। कक्षा में

भित्ति पत्रिका के लिए भी स्थान हो। दीवारें बोलें तथा पत्थर गीत गाएँ। (The walls should speak and stone should sing.) पत्रिका की सामग्री बदलती रहनी चाहिए।

- **बालकों को निहारना**—सबके चहरे को देखना और जाँचना कि कोई उदास तो नहीं है। यदि उदास है तो उसके पास जाकर उसकी पीठ थपथपाना और कहना 'बेटा खुश रहो।' उनकी वेशभूषा की स्वच्छता का भी ध्यान रखना।
- शुरू में तीन बार ओउमकार एवं एक मिनट के लिए विद्यार्थी और आचार्य दोनों ही मौन रहेंगे।
- इसके बाद विद्यार्थी एक सदाचार का वाक्य लिखे एवं अर्थ बताएँगे। सभी विद्यार्थी उसे सदाचार की दैनंदिनी में लिखेंगे, जैसे—I knew not how to fly when I came to know, now I shall touch the sky.
- Chalk, talk, walk—सीखना-सिखाना की प्रक्रिया को प्रारंभ करना—कक्षा में चलना, संवाद करना और श्यामपट पर और चाक का प्रयोग करना।

पाठ प्रारंभ–

- मस्तिष्क व्यायाम (Brain storming) कुछ कठिन प्रश्न करना—समस्या समाधान—कुछ नया (Innovation) कहने तथा करने के लिए प्रेरित करना चाहिए। बालकों को कठिनाई के क्षेत्र में ले जाने से उनके मस्तिष्क में हलचल होती है। मस्तिष्क व्यायाम में स्मृति तीव्र हो जाती है। विद्यार्थियों से पूछें कि गाय हरी घास खाती है और सफेद दूध देती है, यह कैसे? भारत में धूप अनेक शब्द हैं। अक्षरों का स्थान बदलकर शब्द बनाएँ आदि।
- **आँख**—पाठ से संबंधित सामग्री दिखलाएँ, अर्थात् "तू कहता कागद की लेखी, मैं कहता आँखन की देखी," दृश्य Audio Visual Aid-चार्ट/मॉडल बनाकर लाना। हमारे पूर्व राष्ट्रपति अब्दुल कलामजी जब विद्यालय में पढ़ने गए, उस काल का प्रसंग लिखते हैं—"अंग्रेजी की पुस्तक में वाक्य था कि Birds Fly पक्षी उड़ते हैं।" आचार्यजी ने यह जब पूछा, "बच्चो, बताओ कि पक्षी कैसे उड़ते है तो क्या आपको समझ में आया।" अधिकतर बच्चों ने कहा कि नहीं आया। आचार्यजी ने श्यामपट पर चाक से पक्षी का चित्र बना दिया। फिर पूछा अब बताओ कि कितने बालकों की यह समझ में आया। कुछ बता पाए। आचार्यजी ने समय निश्चित कर समुद्र किनारे सभी विद्यार्थियों को आने का निर्देश किया। निश्चित समय पर विद्यार्थी पहुँच गए। आचार्यजी ने उड़ते पक्षियों की ओर संकेत किया कि देखो, आसमान पर पक्षी उड़ रहे हैं।

बच्चों की यह बात समझ में आ गई कि पक्षी अपने पंखों को हिलाते और उड़ते हैं। बच्चों ने केवल समझा ही नहीं, उन्हें मजा भी बहुत आया।

- **श्रवण**—प्रधानाचार्य, अतिथि, टेपरिकॉर्डर और विद्यार्थी। मधुर शब्द के द्वारा अलग ढंग से बच्चों को सुनाना और सिखाना। आचार्यजी को सुनते-सुनते विद्यार्थी ऊबते हैं और सोते हैं। आचार्यजी इस ऊब को दूर करने के लिए कभी वे प्रधानाचार्यजी से निवेदन कर उनकी कक्षा में आने का निमंत्रण देते हैं और वे किसी विषय पर चर्चा करते हैं। विद्यालय से निकट रहनेवाले किसी विषय विशेषज्ञ, कवि, पुरातन छात्र को भी बुलाया जा सकता है—टेपरिकॉर्डर में अपने पाठों के अंश मुद्रित कर कक्षा में सुनाए जा सकते हैं। भाषा की दृष्टि झाँसी की रानी से यदि कोई कविता हो, भावपूर्ण वाचन में कक्षा का वातावरण ओजपूर्ण हो जाता है। सड़क पर तोड़ती थी पत्थर, भिखारी का वर्णन करते यदि आँखें नम नहीं हुईं तो पाठ के संप्रेषण की सार्थकता ही कहाँ रही!
- **मुख—मौखिक अभिव्यक्ति**—आपके प्रश्नों के उत्तर प्राप्त करना। विद्यार्थी के प्रश्नों का उत्तर देना, संवादात्मक शैली से विषय को आगे बढ़ाना। कक्षा में कवि दरबार से, पाठ के आधार पर क्रिकेट मैच खेलना, पाठ पर भाषण, पत्र-लेखन पढ़ना, नायक-प्रणाली से पाठ आरंभ करना।
- **क्रिया—आधारित/योग आधारित शिक्षा**—God also dreams. He delegates His dream to the determined, dedicated, doer. एकाग्रचित्तता का अभ्यास करना। इस वाक्य के अंदर कितने शब्द हैं? पंचायत चुनाव (क्रिया आधारित)। पाठ के अंशों को आँखें बंद कर, मन-मस्तिष्क से स्मरण करना। आँखें खोल उन अंशों को दोहराना।
- पाठ के साथ एकरूपता होनी चाहिए—शब्द के साथ हृदय बोलना चाहिए। कहानी-कविता आदि (बालक शिवाजी), एकांकी तथा एकांकी प्रणाली से पाठ में एकात्म-रूप होना। अभिनय गीत से कविता पाठ।
- पाठ से संबंधित जीवन-मूल्य। निबंध, कहानी, पत्र, प्रार्थना-पत्र से भी आप जीवन-मूल्यों का पाठ पढ़ा सकते हैं। महत्त्व की बात आचार्य का जीवन है। वह अपने जीवन की खुली पुस्तक से सिखाता है। वही पाठ हम सब की स्थायी निधि बनता है।

मूल्यांकन—

- सतत व्यापक मूल्यांकन।
- लघु परीक्षाओं तथा त्रैमासिक परीक्षाओं के अंकों का मूल्य निश्चित करना।

- बालकों के मार्गदर्शन हेतु सुझाव।
- 15 दिन में विषय अनुसार परीक्षा।
- आचार्य तथा नायक-प्रणाली से।
- कक्षा गीत तथा विद्यालय गीत का अभ्यास करें।
- बालसभा में भाग लें।
- कक्षा की हस्तलिखित त्रैमासिक पत्रिका में योगदान देना।
- परीक्षाओं का अभिलेख (रिकॉर्ड) आचार्य दैनंदिनी में हो।
- गृहकार्य की जाँच। अभिभावक संपर्क। विद्यालय का घर के जीवन से तालमेल तथा घर में अध्ययनशील तथा संस्कारशील वातावरण।
- सुधार कार्यक्रम में शिक्षक-अभिभावक सहयोग।
- हमारी कक्षा के विद्यार्थी प्रार्थना-सभा के कार्यक्रमों में भाग लें।
- मास में एक दिन मलिनबस्ती, चिकित्सालय आदि स्थानों के सर्वेक्षण के लिए जाएँ। उस स्थान के संबंध में लिखना।
- दैनिक रूप से रात्रि को आत्मनिरीक्षण चार्ट भरें।
- कक्षा-कक्ष में कक्षा पुस्तकालय की व्यवस्था भी रहेगी। बच्चों को स्वाध्याय के प्रति जागरूक करना। इस पुस्तकालय की चिंता छात्र कक्षा के आचार्य के मार्गदर्शन में करेंगे।

□

जीवन में सफलता के सोपान

श्री माँ का कहना है—"जो व्यक्ति लक्ष्यविहीन है, वह सुखविहीन तथा श्रीविहीन होता है।" लक्ष्य के बिना व्यक्ति का जीवन एक पत्ते के समान है, जो वृक्ष से गिरता है और हवा तथा आँधी उड़ाकर उसे कूड़ेदान में पहुँचा देती है। डॉ. ए.पी.जे. अब्दुल कलाम कहते हैं—"बड़ा स्वप्न लीजिए, छोटा स्वप्न लेना पाप है, बड़ा स्वप्न लेकर इस पर अपनी चित्तवृत्ति तथा कुशलताओं को केंद्रित करते आगे बढ़ते जाइए, जब तक आप अपने स्वप्न को साकार नहीं कर लेते।"

जीवन जीने के लिए है, रहने के लिए नहीं। लोहार की धौंकनी के समान साँस नहीं लेनी है। जीवन वह है, जिसमें हलचल हो, उमंग हो, तरंग हो। स्वामी विवेकानंदजी के शब्दों में—"जीवन वह है जो दूसरों की भलाई के लिए जिया जाए, नहीं तो शेष सब सूखी लकड़ी के समान है।" अच्छे जीवन के लिए कोई एक आधारभूत जीवन-मूल्य को आधार बनाकर उसका अनुसरण करें। प्रामाणिकता तथा परिश्रम से जीवन-मूल्य के वे पल व्यक्ति के जीवन को मूल्यवान बनाते हैं। एक नहीं, अपितु अनेक मूल्य उस व्यक्ति के अनुगामी बन, उसके मार्ग को प्रशस्त कर उसे जीवन-लक्ष्य की ओर ले जाते हैं।

इच्छा, संकल्प, कार्य विजय-पथ के प्रहरी हैं। इच्छा के पीछे दृढ़संकल्प खड़ा कर, कार्य को पूजा मानकर चलनेवालों को पीछे सफलता उन दृढ-संकल्पी तथा क्रियाशील व्यक्तियों का अनुसरण करती है। कर्मशील होने का अर्थ है—योजना बनाना तथा प्रत्येक क्षण का उपयोग कर समयबद्ध उपयोग करना। किसी भी बात का विस्तार तथा विकास के लिए अनुभव की जा रही आवश्यकताओं की पूर्ति के लिए योजना होती है। योजना की सफलता समन्वित तथा समग्रता से किए गए प्रयास का परिणाम है। शारीरिक, प्राणविक, मानसिक, बौद्धिक तथा आत्मिक विकास के समग्र क्रिया-कलाप व्यक्ति को पूर्ण विकसित मानव बनाते हैं और वह जीवन में उच्चतम् को स्पर्श करता है।

ज्वलंत-संकल्प जीवन बदल देता है। विपरीत परिस्थितियों की लाश पर खड़ा होकर व्यक्ति सफलता की पताका फहराते हुए आगे बढ़ता है। एक कमजोर कृशगात युवक खड़ा भी नहीं हो सकता था। हवा के झोंको से गिरता रहता था। उसका नाम था— सैंडो। एक दिन मस्तिष्क में स्वस्थ तथा बलवान होने की इच्छाशक्ति जाग्रत् हुई और वह फौलादी इरादे में बदल गई। उसने अपनी दिनचर्या बदल दी। खाने-पीने में संयम प्रारंभ किया। आहार, विचार तथा व्यवहार में परिवर्तन से उसके जीवन की दिशा बदल गई। नित्य व्यायाम से शरीर इतना गठीला तथा सुदृढ़ हो गया कि वह एक अच्छा विजयी पहलवान बन निकला और उसने भारत के प्रसिद्ध पहलवान चंदगीराम को चित कर दिया। यह दृढ़संकल्प तथा प्रबल इच्छाशक्ति का ही कमाल था।

स्वयं से जो प्रतिबद्ध नहीं, वह किसी से प्रतिबद्ध नहीं हो सकता। उपनिषद् में कहा गया है कि अपने को जानो तथा पहचानो। अपनी योग्यताओं और प्रतिभाओं पर विश्वास रखो। अपने को पहचानते ही जब हम प्रयास प्रारंभ करते हैं, तब यह बात ध्यान में आती है कि हम बहिर्गमन यात्रा कर रहे हैं। यह यात्रा हमें भौतिकवादी बनाती है। फूलों की दीपावली, मरकत वर्ण की वनस्थलियाँ, कपोलों को स्पर्श करनेवाली सुगंधित समीर, नदी के तट पर खड़े वृक्ष पर बैठी चिड़ियों के चूँ-चूँ के स्वर, ये सब दृश्य हमको मोहित करते हैं और हम इसी में मस्त रहते हैं। यह बाह्य रूप है, परंतु जब हम इसके आंतरिक स्वरूप का अनुभव करते हैं, तब अंतर्यात्रा की शुरुआत हो जाती है। बाहर की आँखें मूँद अंदर की आँखें खोल, अंतर्यात्री बन जब हम तीर्थयात्रा करते हैं, तो हम जीवन के सफल यात्री बन जाते हैं। अंदर की ऊर्जा से ऊर्जावान होकर हम बाहर आ जिधर भी देखते हैं तो यह सृष्टि हमें सियाराममय दिखाई देती है। यही जीवन का आनंदमय पड़ाव है।

सफल जीवन वह जीवन है, जो यह समझ लेता है, ''बड़े भाग मनुष्य तन पावा।'' मानस के उत्तरकांड में पक्षिराज गरुड़ ने महात्मा काकभुशुंडी से प्रश्न पूछा—''सबसे दुर्लभ कवन शरीरा।'' उत्तर देते हुए महात्मा कहते हैं—

नर तन सम नहिकवनिउ देही।
जीव चराचर जाचत तेही॥

अर्थात् मनुष्य शरीर के समान कोई शरीर नहीं है। चर और अचर सभी जीवन इस देह को पाने के लिए याचना करते हैं। शरीर एक रथ है, जिस पर आरूढ़ होकर हम जीवन की यात्रा करते हैं। अत: यह शरीर सुदृढ़, सबल, संतुलित तथा अखंड मंडलाकार होना चाहिए। यह शरीर ही हमें सफलता के सोपान पर ले जाएगा। यह शरीर सृष्टि का सरताज कहलाता है। यह जीवित भगवान् का मंदिर है। यह मंदिर स्वच्छ, मोहक तथा आध्यात्मिकता का स्थल है। आध्यात्मिकता के बिना जीवन में कभी सफलता प्राप्त नहीं हो सकती।

हमें अपनी आँखों में ज्ञान का काजल लगाकर इन चक्षुओं को पवित्र करना होगा। इससे हमारे दृष्टिकोण में स्वच्छता, समदर्शिता तथा समरसता के भावों का उदय होता है। दृष्टिकोण से दृष्टिपथ पर चलना, बढ़ना तब तक चलते जाना, जब तक मंजिल तक नहीं पहुँच जाते हैं। यह चलना, बढ़ना तथा आगे बढ़ना ही अंतिम लक्ष्य तक पहुँचने में सहायक हो सकता है।

पवित्र विचार प्रवाह ही जीवन है, विचार प्रवाह का विघटन ही मृत्यु है। सद्विचार ही नैतिकता है। विचार क्रिया में परिवर्तित होते हैं, क्रिया से आदतें बनती हैं। बार-बार की गई क्रियाओं से हमारा स्वभाव और चरित्र बनता है। चरित्र से व्यक्तित्व विकास होता है। समग्र विकसित व्यक्तित्व से हमारा भाग्य बनता है। हम अपने भाग्य के स्वयं निर्माता है। सफलता प्रकृति का वरदान है।

प्रत्येक शब्द का चित्र होता है, जो हम देखते हैं, सुनते हैं, बोलते हैं और हाथों से काम करते हैं, इन सब क्रियाओं से संगृहीत चित्र मन का स्वरूप धारण करते हैं। ये चित्र नकारात्मक तथा सकारात्मक होते हैं। सकारात्मक विचार मन को शुद्ध करते हैं—"जैसा होगा मन वैसा बनेगा तन।"

एक मेज पर गिलास जल से आधा भरा है। उसे देख दूसरा कहता है कि गिलास आधा खाली है। गिलास न आधा खाली न आधा भरा है। इस गिलास में वायु भी व्याप्त है अर्थात् यह भरा हुआ है, यह सकारात्मक विचार है। सकारात्मक सोच का व्यक्ति कभी भी अभावों की बात नहीं करता। वह सदा-सर्वदा प्रत्येक वस्तु को भावों से भरा देखता है।

एक व्यक्ति रोता, दौड़ता हुआ जा रहा था। वह इसलिए कि उसके पास जूता नहीं था, उसने अचानक रोना बंद किया, क्योंकि उसने देखा कि सामने आ रहे व्यक्ति के पास तो पैर ही नहीं थे। पैर विहीन व्यक्ति के चेहरे पर कोई भी मलाल नहीं, वह प्रसन्न वदन अपने काम पर जा रहा था। यह सच्चे अर्थों में सकारात्मकता है।

एक और बंधु, जिसकी एक टाँग कट गई थी। घर तथा पड़ोसवाले रोने-धोने लगे, कैसे चलेगा अब इसका जीवन? कटी टाँग की ओर देख वह तपाक से बोला "श्रीमंत, रोना है तो अलग जाकर रोओ। हँसना है तो सारा संसार तुम्हारे साथ हँसेगा। आपको यह जानकारी तो होगी, पहले मैं दो जूते पॉलिश करता था। अब मुझे एक जूता ही पॉलिश करना होगा। इससे मेरा समय बचेगा और मैं इस मूल्यवान समय का सदुपयोग करूँगा।" समय-पालन और सफलता दोनों की एक ही राशि है कुंभ।

प्रभु प्रार्थना, ईश्वर के चरणों में आत्मनिवेदन है, कृतज्ञता ज्ञापन है। समर्पण भाव से प्रार्थना कहते हुए यह शब्द सच्चे हृदय से स्वत: ही नि:स्सृत होते हैं। "तेरा तुझ को समर्पित क्या लागत है मेरा।" "इदं न मम", मैं व्यक्ति नही, संपूर्ण सृष्टि की अभिव्यक्ति

हूँ। मैं संकीर्ण नहीं, विराट् हूँ। परमात्मा का प्रतिरूप हूँ। मैं प्रभु में हूँ और प्रभु मुझ मैं है। मैं भाग्यवादी नहीं, पुरुषार्थवादी, मानवतावादी, अध्यात्मवादी हूँ। जीवन में सुख आए तो प्रभु की कृपा और दु:ख आए तो उसकी इच्छा; हर सफलता परमात्मा का प्रसाद स्वीकार कर ग्रहण करनी चाहिए।

स्वाध्याय, सुसंगत, स्वनिरीक्षण, सदाचार, संवेदनशीलता, ये सब मार्ग प्रभु के सामने आसन पर बैठने अथवा उपासना कहलाते हैं। सच्चे मन से की गई प्रार्थना से ईश का वरदान प्राप्त कर हमारा जीवन धन्य हो जाता है और सफल होकर जीवन की अंतिम यात्रा को पूर्ण करते हैं।

□

युवावस्था की शक्ति एवं सामर्थ्य का बोध

युवा अनंत शक्ति का भंडार हैं, युवक इस ऊर्जा से अपने भाग्य का स्वयं निर्माण कर सकते हैं। यही कारण है कि परमात्मा ने युवकों को अतुलनीय बल तथा ऊर्जा प्रदान की। दुर्भाग्य यह है कि युवक आज अपनी तरुणाई तथा शक्ति से वैसे ही अनभिज्ञ हैं, जैसे वीर बलशाली हनुमान को अपने सामर्थ्य तथा शक्ति का ज्ञान नहीं रह गया था। जब हनुमानजी को उनको अंतर्निहित शक्तियों का स्मरण कराया गया तो वे एक ही छलाँग में समुद्र लाँघ गए। हम अभिभावकों, शिक्षाविदों, राष्ट्रीय कर्णधारों तथा समाज-सेवियों को मिलकर युवकों को उनकी कुशलताओं, क्षमताओं, सबलताओं तथा अंतर्निहित शक्तियों का ज्ञान कराना चाहिए। वे सर्वांगीण विकसित बन देश को समुन्नत, समरस तथा संस्कार संपन्न बना सकते हैं।

सर्वांगीण व्यक्तित्व विकास का अर्थ है—शरीर, प्राण, मन, बुद्धि, आत्मा का विकास। उपनिषदों में अन्नमय, प्राणमय, मनोमय, विज्ञानमय तथा आनंदमय कोषों के संवर्धन से युवक के समग्र स्वरूप को निखारने का उल्लेख है।

व्यक्तित्व विकास के लिए शरीर की सबलता, प्राणों का संतुलन, मानसिक सद्विचार, बौद्धिक विवेक, सत्यान्वेषण तथा आत्मिक सेवाभाव की आवश्यकता है। प्रत्येक कोश का संरक्षण तथा संवर्धन करना एक साधना है। साधना के मार्ग पर चलने से पूर्व मन की एकाग्रचित्तता तथा संयम की आवश्यकता है। चंचल मन तथा चितवृत्ति निरोध के लिए स्वाध्याय तथा सत्संगति वह अमर फल है, जिनका सेवन आगे बढ़ने की प्रथम शर्त है।

युवक शब्द उच्चारण के साथ इसमें तरुणाई, ऊर्जा, सामर्थ्य, साहस तथा जोखिम भरे कामों को करने के संकल्प, यह सब चित्र एक-एक करके मन-मस्तिष्क के पटल पर स्थापित होते हैं।

विश्व की महान् आशाएँ युवकों पर टिकी रहती हैं। ऐसे युवकों पर, जिन के संबंध में स्वामी विवेकानंद ने कहा है—"हमें चाहिए ऐसे युवक—प्रशस्त ललाट, चमकती

आँखें, सुदृढ़ शरीर, आजानुबाहु, फौलादी छाती एवं सिंहगर्जना।''

ऐसे युवक ही किसी देश की शान-बान होते हैं और वे भी देश को महान्, सुदृढ़ तथा शक्तिशाली बना सकते हैं—

नहीं बनाता है, स्वर्ण राष्ट्र को।
सशक्त, शाश्वत, दिव्य महान॥
सच्चरित्र युवक ही करते, देश का भव्य उत्थान।
शिक्षा को करना होगा, ऐसे युवकों का निर्माण॥
इन पर ही बनेगा भारत का, उच्च भवन विशाल।
गगनचुंबी, विश्ववंदनीय, माता का स्वर्णिम भाल॥

स्वामी रंगानाथनंदा कहते हैं, ''युवक जिसके पास प्रतिभा, योग्यता तथा निपुणताएँ हैं, वह केवल व्यक्ति है, परंतु जब वह ये सारी योग्यताओं तथा कुशलताओं को समाज को समर्पित कर देता है तो उसे व्यक्तित्व कहते हैं।''

आज शिक्षण-संस्थाओं से व्यक्ति निकल रहे, परंतु हमें चाहिए व्यक्तित्व।

चरित्र निर्गाण तथा व्यक्तित्व-निर्माण के लिए शिक्षण-संस्थाओं में जीवन-मूल्यों का शिक्षण तथा समाजिक सेवा को अनिवार्य बनाना चाहिए। शिक्षा बोर्ड तथा अनेक समितियों ने युवकों की शक्तियों को समाज-सेवा तथा श्रमनिष्ठा के कार्यों में लगाने की संस्तुतियाँ की हैं—

1. 1950 में केंद्रीय शिक्षा बोर्ड की परामर्शदात्री समिति ने यह संस्तुति की थी कि विद्यार्थियों तथा अध्यापकों को श्रम के कार्यों से जोड़ा जाए और श्रमनिष्ठा के भावों को पुष्ट किया जाए। श्रम तथा समाजसेवा के शिविरों का आयोजन करना तथा अन्य ऐसी योजनाओं तथा प्रकल्पों को शिक्षा की पाठ्यचर्या में उचित स्थान दिया जाना चाहिए।
2. 1959 में शिक्षा मंत्रियों के सम्मेलन में समाज-सेवा के महत्त्व को रेखांकित करते हुए कहा गया कि सामाजिक सेवा के कार्यों तथा देश की आर्थिक पुनर्रचना के लिए यह योजना महत्त्वपूर्ण योगदान देगी।
3. राष्ट्रीय समाज-सेवा समिति ने सिफारिश की हायर सेकेंडरी की परीक्षा के पश्चात् विद्यार्थी अनिवार्य रूप से एक वर्ष के लिए सेवा के कार्यों में व्यतीत करें।
4. कोठारी शिक्षा आयोग 1964-66 ने इस विषय को शिक्षा का भाग बनाया जाए। माध्यमिक विद्यालयीन शिक्षा से विश्वविद्यालयीन शिक्षा तक इस पाठ्यचर्या को अभिन्न अंग बनाया जाए। विद्यार्थी एक साथ रहकर सामूहिक जीवन व्यतीत करें। मिल-जुलकर समाज-सेवा के कार्यों को संपन्न करें। इस उपक्रम से

शिक्षित, अशिक्षित, ऊँच, नीच, नगर तथा ग्राम के बीच की खाई को भी पाटा जा सकता है।

5. 28 अगस्त, 1959 को शिक्षामंत्री ने डॉ. सी.डी. देशमुख चेयरमैन विश्वविद्यालयीन अनुदान आयोग की अध्यक्षता में एक समिति का गठन किया। समिति ने अपनी रिपोर्ट में कहा—
   - राष्ट्रीय सेवा का मुख्य उददेश्य शिक्षित युवकों में यह जागृति लाना है कि वे ग्रामों में ग्रामोत्थान के लिए कार्य करना अपना कर्तव्य समझें।
   - देशहित के लिए श्रमनिष्ठा व्यक्तित्व विकास का महत्त्वपूर्ण सोपान है।
   - देश की माटी के स्पर्श से देशभक्ति की भावना जाग्रत् होती है। राष्ट्र-सेवा देश के प्रति कृतज्ञता ज्ञापन करना ही है।

युवावस्था में युवकों के पास अति ऊर्जा होती है। इस ऊर्जा को यदि विधेयक धाराओं में प्रवाहित नहीं किया जाता तो वह शैतान के प्रतिरूप बनेंगे। अत: सभी संस्थाओं में पढ़ाई के साथ-साथ सेवा-कार्यों को बढ़ावा देना चाहिए और युवाओं की इस अवधि में देश को गौरवमयी स्थान प्राप्त कराने के लिए उपयोग करना चाहिए।

विद्यार्थी काल में तरुणों को अपना जीवन अनुशासित रखने के लिए व्यवस्थित जीवन-प्रणाली अपनानी चाहिए।

युवकों के लिए मार्गदर्शन

- माता-पिता का सम्मान करना उनके प्रति कृतज्ञता ज्ञापन है।
- युवकों को हर महिला को अपनी माँ तथा युवतियों के प्रति मातृवत् व्यवहार करना चाहिए।
- भोजन करने की आदतें सामान्य रहें।
- सोने की आदतें भी सामान्य हों।
- वाणी संयम ही वाणी का तप है। इसकी साधना आवश्यक है।
- मनोरंजन के लिए थोड़ा समय अवश्य निकालें।
- शरीर के प्रत्येक अंग की स्वच्छता की ओर विशेष ध्यान दें।
- इंद्रिय उत्तेजक दृश्य, जिह्वा स्वाद तथा दुष्कर्म क्रियाओं से सदा दूर रहें।
- स्वाध्याय में कभी प्रमाद न करें। धार्मिक ग्रंथ तथा स्वामी विवेकानंदजी के साहित्य का सदा सर्वदा अध्ययन करते रहना चाहिए।
- विकृत विचार युवकों में विकृति लाते हैं। इनके स्थान पर सद्विचारों को मन बुद्धि पर प्रस्थापित करना चाहिए।
- मात्र गप्पें हाँकना समय को नष्ट करना है। जो काल को मारता है, काल उसे

कभी नहीं छोड़ता।

- बुरी संगत से दूर रहें। सत्संगति जीवन को प्रगति के पथ पर ले जाती है।
- प्रार्थना जीवन का शक्तिशाली संबल है। प्रार्थना में सिर झुकाना आना चाहिए। गरदन की अकड़ ढीली करें। अहं ऐसा करने से रोकता है। अत: अहंकार शून्य बनें।
- दैनिक व्यायाम—योगासन, स्नान, स्वाध्याय—दिनचर्या का स्वाभाविक भाग है और यह रहना ही चाहिए।
- दिन में किसी सामाजिक सेवा की क्रिया में भाग लें। हमारी अतिऊर्जा अच्छी धाराओं में प्रवाहित हो; शरीर, मन, बुद्धि को निर्मल कर इन तीनों को समायोजित करें।
- ब्रह्मचर्य पालन युवावस्था का अमोघ कवच है। इससे हम जीवन की अनेक कमजोरियों पर काबू पा सकते हैं।
- अपने शरीर, मन तथा बुद्धि की शक्तियों को उच्च आदर्श से जोड़ दें। बौद्धिक लब्धि (I.Q.) भावात्मकलब्धि (E.Q.) तथा आध्यात्मिक लब्धि (S.Q.) अर्थात् गीता के अनुसार ज्ञान, भक्ति तथा कर्मयोग है। इनमें से किसी एक का भी विछोह नहीं होना चाहिए। ज्ञान, इच्छा तथा कर्म का संयोग ही धर्म है। ज्ञान के बिना धर्म अंधा, इच्छा के बिना निष्प्राण तथा क्रिया के बिना लूला-लँगड़ा है। जीवन की सप्तपदी यात्रा को धर्म दंड का सहारा लेकर पूर्ण करें।
- ज्ञान, भावना क्रिया के संगम पर जीवन तीर्थराज प्रयाग बनता है। प्रतिदिन इसमें स्नान करे।
- कार्य ही पूजा है। स्वामी विवेकानंदजी का कथन है कि काम को पूजा-भाव तथा आध्यात्मिक भाव से करें।

ज्ञान का दीप जलाए रखूँगा

हे भारतीय युवक
ज्ञानी-विज्ञानी
मानवता के प्रेमी-
संकीर्ण तुच्छ लक्ष्य
की लालसा पाप है।
मेरे सपने बड़े
मैं मेहनत करूँगा
मेरा देश महान् हो

धनवान हो, गुणवान हो,
यह प्रेरणा का भाव अमूल्य है,
कहीं भी धरती पर,
उससे ऊपर या नीचे
दीप जलाए रखूँगा
जिससे मेरा देश महान् हो।

महामहिम पूर्व राष्ट्रपति डॉ. ए.पी.जे. अब्दुल कलाम ने युवकों का यह आह्वान किया है। प्रत्येक युवक को इसका सदा स्मरण करना चाहिए।

ऋण

'मैं दूसरों की सहायता के लिए' इस प्रकार की धारणा जब समाज में विकसित होती है तो समाज सुसंगठित, सुसंस्कारित तथा संपन्न होता जाता है। जो व्यक्ति सबके हित में अपने जीवन की सफलता मानता है, उसे अनिर्वचनीय आनंद की प्राप्ति होती है। गोस्वामी तुलसीदासजी ने कहा है—

"परहित सरिस धरम नहीं भाई।"

मनुष्य जीवन की सार्थकता दूसरे के लिए जीने तथा उन्हें सुख प्रदान करने में है। कहा गया है—

"जो दूसरों के लिए जीता है, उसे इनसान कहते हैं, जो अपने लिए जीता है, उसे हैवान कहते हैं।"

भगवान् शंकर कहते हैं—

"जो दूसरों के लिए आत्मोत्सर्ग नहीं करता है, वह जीवित लाश है।"

स्वामी विवेकानंदजी ने इस भाव को अपने शब्दों में इस प्रकार प्रगट किया है—

"जो दूसरों के लिए जीते हैं, वे वास्तव में जीते हैं, शेष तो जीते हुए भी मरे हुए हैं।"

हिंदू धर्म में समाज की धारणा और व्यक्ति का विकास दोनों पर ही विचार किया गया है। हमारे ऋषियों ने हिंदू धर्म में जीवन की अंतिम यात्रा पूर्ण करने से पूर्व तीन ऋणों से मुक्त होने का निर्देश दिया है। ये तीन ऋण हैं—1. देव ऋण, 2. ऋषि ऋण, 3. पितृ ऋण।

देव ऋण से मुक्त होने से अभिप्राय है कि धर्म का पालन करते हुए जीवनयापन करना। ऐसे सभी कार्य संपन्न करना, जिससे व्यक्ति तथा समाज की धारणा सुदृढ़ हो। पूजा भाव से सभी कार्य करना, धर्म के पहरे में धन अर्जित करना और उसमें से दशांश समाज के लाभ के लिए व्यय करना ही उचित है। वेदों में कहा गया है—

"सौ हाथ से कमाओ तथा हजार हाथ से व्यय करो।"

अपने पास जो धन है, उस पर साँप के समान कुंडली मारकर बैठना व्यक्तिनिष्ठ जीवन का लक्षण है और यह प्रकृति है। दूसरों का शोषण कर उसका भाग भी छीन लेना विकृति है। दूसरों के प्राण बचाने के लिए अपना सर्वस्व अर्पण कर देना संस्कृति है।

देव ऋण से मुक्त होने का मार्ग है—सांस्कृतिक मानव के रूप में अपना विकास करना। जो हमें देता है, उसे हम दें, यह कृतज्ञताज्ञापन हैं, जो देनदार का नाम भी नहीं लेता, वह कृतघ्नता है। कृतज्ञ प्राणी कहता है—

"देश हमें देता है सबकुछ, हम भी तो कुछ देना सीखें।"

दूसरा ऋण है—ऋषि ऋण। हमारे ऋषियों, मनीषियों, विद्वानों, ज्ञानी तथा संतों ने जीवन की प्रयोगशाला में अनेक प्रयोग कर ज्ञान का अनुभव किया, वह ज्ञान के दृष्टा थे। उनके पास अनुभूत ज्ञान था। कोरे अक्षर ज्ञान की बजाय, इस ज्ञान का उन्होंने सर्वत्र वितरण किया।

गुरु-शिष्य परंपरा से ज्ञान की धारा अबाध तथा अविरल गति से प्रवाहित होती रही। इसमें स्नान कर कोटि-कोटि लोगों का जीवन धन्य हुआ। ज्ञानार्जन तथा ज्ञानदान से हम इस ऋण से मुक्त होते हैं। इस ऋण में ज्ञान का अभिवर्द्धन भी हुआ। प्रयोग हुए, शोध किए गए। अनेक नए सिद्धांतों का प्रतिपादन हुआ।

तीसरा ऋण है—पितृ ऋण। यह समाजवर्धन की संकल्पना पर आधारित है। यहाँ वंश-वृद्धि के कर्म के साथ-साथ सामाजिक मूल्यों के पालन तथा विकास करने का दायित्व भी इस ऋण को चुकाने से पूर्ण होता है। माता-पिता की यह इच्छा होती है कि उसकी संतान अपने से भी अधिक गुणवान तथा श्रेष्ठ बने। यह क्रम परिवार को सुखी तथा समाज को सशक्त बनाने का एक सुदृढ़ मार्ग है।

हमारे महान् ज्ञानवेत्ताओं की ऋण-मुक्ति की कल्पना का आज शिक्षा क्षेत्र में कहीं भी स्थान नहीं है। परिणामस्वरूप युवक व्यक्तिनिष्ठ, उच्छृंखल तथा अनुशासनहीन हो गया है। परिवार टूटने के कगार पर है। पाखंड के द्वार पर खंड-खंड के दृश्य चित्रित किए जा रहे हैं।

साक्षर व्यक्ति यदि संस्कारविहीन हो जाए तो साक्षर का उलटा राक्षस बन जाता है और सरस व्यक्ति साक्षर न भी हो, तो भी उलटा होने पर भी सरस रहता है। अत: शिक्षा का अर्थ ही संस्कार है।

व्यक्ति और समाज में परस्पर अनुकूलता, एकात्मभाव, मानवतावादी दृष्टिकोण लाने के लिए आवश्यक है कि ऋषियों की सीख को हम पाठ्यक्रम का अभिन्न अंग बनाएँ और उसपर आचरण करने के लिए अनुकूल वातावरण का सृजन करें। □

विज्ञान और तकनीकी शिक्षण-संस्थाओं में मूल्य शिक्षा के लिए सूत्र

हम भारतीय योग्यताओं, क्षमताओं तथा ज्ञान-विज्ञान में किसी भी देश से कम नहीं। हम गर्व से कहते हैं कि हम वैज्ञानिक तथा प्रौद्योगिकी दृष्टि से विश्व के राष्ट्रों में क्रमांक 3 पर हैं। संख्यात्मक दृष्टि से भारत संसार का सबसे बड़ा प्रजातांत्रिक देश है। यह सब होते हुए भी हमें इस तथ्य को स्वीकार करना होगा कि अभी हमारी गणना महान् प्रजातंत्र के रूप में नहीं हुई है। विज्ञान की प्रयोगशालाओं से विकास की अजस्र प्रवाह-धारा हमारे करोड़ों अभावग्रस्त बंधुओं को स्पर्श नहीं कर सकी है।

सामाजिक कुरीतियाँ, निर्धनता, ऊँच-नीच, भेदभाव, निरक्षरता ने हमारे देश की गति तथा प्रगति को अवरुद्ध किया है। आतंकवाद तथा गरीबी की विभीषिका ने देश की अस्मिता तथा अखंडता को विचलित कर दिया है।

इन सब समस्याओं का निदान देश की जनता की इस आत्मानुभूति में है कि अब हम स्वतंत्र देश के सशक्त नागरिक हैं। हम उन बुराइयों की चर्चा न करें, अपितु अपने कर्तव्यों का पालन करें।

Let us not curse the darkness
we should light the lamp whereever we are.

शिक्षा तथा जानकारी

Knowledge is lost in its information
Education is lost in its knowledge
Wisdom is lost in its education

स्वामी विवेकानंदजी के शब्दों में—''शिक्षा जानकारियों का ढेर नहीं, जो मस्तिष्क

में रहकर सड़ाँध पैदा करती है। उनका कहना है मानव की अंतर्निहित पूर्णता का प्रगटीकरण शिक्षा है "Education is manifestation of perfection that is already in man." शिक्षा के उद्देश्य और जीवन के उददे्श्य में कोई अंतर नहीं है। ''सा विद्या या विमुक्तये,'' विद्या वही है, जो मोक्ष की ओर ले जाती है और यही मनुष्य का भी अंतिम लक्ष्य है। आज की समस्याओं का मूल शिक्षा के सही स्वरूप तथा सकारात्मक परिभाषा को सार्थक न करने के कारण है। केवल उपाधि प्राप्त करना ही शिक्षा मान लिया गया है। अत: शिक्षा में आमूलचूल परिवर्तन की आवश्यकता है। शिक्षा के माध्यम से चरित्र-निर्माण तथा व्यक्तित्व का विकास हो, शिक्षा मूल्यपरक बने, हमें यह समझना होगा कि महत्त्वपूर्ण आचार नहीं, आचरण है, महत्त्वपूर्ण चित्र नहीं, चरित्र है।

If there is righteousness in head, there will be beauty in character
If there is beauty in character, there will be harmony at home
If there is harmony at home, there will be order in the society.
If there is order in the society, there will be peace in the world

विश्व में धार्मिक विचार, अनुकरणीय चरित्र, परंपरानुकूलता, सुगठित परिवार, संतुलित समाज, अखंड राष्ट्र विश्व-शांति के अभिन्न अंग हैं। प्रत्येक क्षेत्र में शिक्षा को मूल्यपरक होना चाहिए।

आज शिक्षा लक्ष्यविहीन है। परिणामस्वरूप मूल्यों का ह्रास है। गांधीजी ने इस विषम परिस्थिति का अवलोकन करते हुए कहा था कि देश पापों से ग्रस्त है। आज सब व्यवसाय करते हैं, परंतु यह उनकी वृत्ति नहीं है। वे पूजा की बजाय पैसे के लिए कार्य करते हैं? वर्तमान परिस्थिति में राजनीति धर्माधारित नहीं है और शिक्षा संस्कारविहीन है। जीवन से तत्त्व का बोध तथा सत्य का शोध कहीं लुप्त हो गया है। हम सब अधिकारों की चर्चा करते हैं, इनके लिए आंदोलन करते हैं, संघर्ष भी करते हैं, परंतु कर्तव्यों का पालन नहीं करते हैं। समाज का अभिन्न अंग होते हुए भी सामाजिक समरसता के भाव को पुष्ट नहीं करते। देश को इन पापों से मुक्त कराने के लिए शिक्षा मूल्यपरक होनी चाहिए। हमें यह ज्ञान होना चाहिए कि मूल्यों की नींव पर खड़ा देश ही अपने उच्चतम आदर्श को स्पर्श कर पाएगा।

मूल्य क्या है?

हमारी प्रवृत्तियाँ, आचार-विचार, व्यवहार तथा सामाजिक स्तर का मूल्यांकन जीवन-मूल्यों से ही होता है। मूल्य वह है, जो व्यक्ति और समाज के संरक्षण में सहायक हो। 'सत्यं, शिवं, सुंदरम्' से निस्सृत हो।

विज्ञान से भौतिकवादी जगत् की खोज होती है और इसके आधार पर मनुष्य बहिर्गमन करता है। कामनाओं, इच्छाओं तथा वासनाओं की तृप्ति का प्रयास करता है, परंतु वह कभी संतुष्ट नहीं होता। वह जितना दौड़ता है, उतना ही तनावग्रस्त होता है। अंतर्यात्रा से ही दिव्यता के दर्शन कर वह ऊर्जावान होकर जब बाहर आता है तो उसे आनंद की अनुभूति होती है। यात्रा और तीर्थयात्रा जीवन की सफलता के दो सोपान हैं, यही धर्म है। उपनिषदकारों ने कहा है—"यतोऽभ्युदय निश्रेयस सिद्धिः स धर्म।"

विज्ञान तथा तकनीक मूल्य आधारित हो

ज्ञान, भावना, क्रिया, उद्योग, उपयोग, प्रयोग तथा योग इनमें से किसी एक का भी विछोह होने से विज्ञान अभिशाप बन जाता है तथा प्रौद्योगिकी दृष्टि संकुचित हो जाती है। व्यक्तिगत सफलता के लिए मनुष्य, व्यक्तिनिष्ठ जीवन और धन, बल, सम्मान को सर्वस्व मानकर, संवेदनहीन तथा स्वार्थी बन जाता है।

1. थॉमस हक्सले ने कहा है—"Advancement of knowledge is for alleviation of human suffering. ज्ञान की प्रगति से मनुष्यों के दुःख-दर्द मिटने चाहिए।" अतः शिक्षा के माध्यम से मानवीय उमंग तरंगायमान होनी चाहिए।
2. "शिक्षा के उद्देश्य तथा जीवन के उद्देश्य में कोई अंतर नहीं है।" डॉ. संपूर्णानंद।

   जो दूसरों के लिए जीता है, उसे इनसान कहते हैं।
   जो अपने लिए जीता है, उसे हैवान कहते हैं।
3. वैज्ञानिक आविष्कार तथा प्रौद्योगिक प्रगति से गरीबी दूर हो, अनपढ़ता का अभिशाप मिटे और सामाजिक कुरीतियों का उन्मूलन हो। भ्रष्टाचार, कर की चोरी, संवेदनहीनता, शोषण समाप्त हो।
4. स्वामी विवेकानंद ने शिकागो से 1894 में पत्र लिखा था—"As long as millions live in hunger, I hold every one as a traitor who has been educated at their expense and pays not the least heed to them." इस देश में लाखों लोग भूखे हैं। मैं ऐसे सब पढ़े-लिखे लोगों को गद्दार मानता हूँ, जो गरीबों को सुविधाओं से वंचित कर पढ़े-लिखे हो गए हैं और उनकी तरफ थोड़ा सा भी ध्यान नहीं देते। उन्होंने बार-बार कहा है—"They alone live who live for others, the rest are more dead than alive." जो दूसरों के लिए जीते हैं, वे ही जीते हैं, शेष तो लोहार की धौंकनी के समान साँस लेते हैं।
5. जब तकनीकी प्रगति का भौतिकवाद की ओर झुकाव होने लगता है, ऐसी प्रगति

केवल विस्तार है, गुणात्मक विकास नहीं। सुख देती है, जो क्षणिक है आनंद नहीं, जो शाश्वत है।

6. हमारे संविधान की प्रस्तावना में अधिकार और कर्तव्य दोनों की चर्चा है। संविधान की प्रस्तावना को गंभीरता से अध्ययन करें और सोचें कि हम देश के स्वतंत्र नागरिक हैं। अधिकारों और कर्तव्यों के प्रति हम सजग रहें। व्यक्ति की स्वतंत्रता, स्वानुशासन, मानवीय मन तथा सत्यान्वेषी बुद्धि तथा राष्ट्रहित का ध्यान रख संविधान की मूल भावनाओं का आदर करें।
7. श्रीमद्‌भगवद्‌गीता के अध्याय 18 के अंतिम श्लोक में कहा गया है—

यत्र योगेश्वरः कृष्णो यत्र पार्थो धनुर्धरः
तत्र श्रीविजयोभूतिर्ध्रुवो नीतिर्मतिर्मम॥

जहाँ योगेश्वर भगवान् श्रीकृष्ण हैं और जहाँ गांडीवधारी अर्जुन हैं, वहीं पर श्री, विजय और भूति (कल्याण) होता है यही अटल अचल नीति है—ऐसा मेरा मत है।

यहाँ विज्ञान, आध्यात्मिकता तथा कर्म संस्कृति का समायोजन है। जीवन के प्रत्येक क्षेत्र में विजय, सफलता, सुख, संपन्नता तथा अविचल नीति के लिए इस संगम की आवश्यकता है।

8. किसी भी क्षेत्र में 'उच्चतम' को प्राप्त करने के लिए कर्मयोग आवश्यक है। कर्म और पूजा के समान कर्म तथा कर्म ही पूजा। कर्म का यह तीसरा प्रकार है, कर्म संस्कृति और यह कर्मयोग है। वेद में कहा गया है कि यदि कर्म तुम्हारे दाएँ हाथ में है तो विजय तुम्हारे बाएँ हाथ में है।
9. विकास की अवधारणा केवल भौतिक सुविधाओं तक सीमित नहीं, अपितु प्रत्येक स्तर पर गुणात्मक विकास चाहिए। परिश्रम, साझेदारी, सहभागिता, समझदारी, मानवीय दृष्टिकोण तथा समायोजन ही जीवनमूल्य हैं, जो विकास के आधार-स्तंभ हैं। इस मार्ग पर आगे बढ़ने से सुख-संपन्नता प्राप्त करते हैं।

जीवन का दृष्टिकोण है

- स्व समायोजन—Harmony of man with himself.
- मानव-मानव के प्रति समदृष्टि—Harmony of man with man.
- मानव का प्रकृति के प्रति समरसता—Harmony of man with nature.

10. शरीर की सबलता, प्राणों का संतुलन, मानसिक सद्‌विचार, बौद्धिक सत्यान्वेषण, सेवाभाव, सब प्राणियों में एकात्म भाव के दर्शन, प्रकृति का पोषण, इन सब गुणों में एकात्मभाव के दर्शन तथा प्रकृति का पोषण, ये सब को सुखी तथा निरामय बनाने के लिए हैं। प्रगति के पदचाप की यह मधुर ध्वनि है, जो संताप

मिटाती है, सुख और शांति लाती है।

11. स्वामी विवेकानंदजी ने निम्न दृष्टिकोण की निंदा की है। यंत्रवत् कार्य, जीने के लिए खाना तथा पीना, कमाना तथा वेतनभोगी बनना, लाभ तथा पदोन्नति के लिए कार्य करना, अन्नमयकोश के आवरण को हटाना मात्र है। आनंदमयकोश तक पहुँचने के लिए प्राणमय, मनोमय तथा विज्ञानमय कोशों के आवरणों को हटाने के लिए आध्यात्मिक पथ का पथिक बनना होगा। भोग से नहीं, योग से समस्याओं का निदान होगा।
12. दरिद्रनारायण की सेवा ही ईश्वर की आराधना है।
13. लक्ष्य की प्राप्ति के लिए भौतिक, मानवीय तथा आर्थिक संसाधनों का समायोजन ही प्रबंधन है। आज प्रबंधन में मानवीय चेहरा पहनने की आवश्यकता है।
14. यदि किसी उद्योग के प्रबंधक को जादू की छड़ी (Magic wand) दे दी जाए और उससे कुछ माँगने को कहा जाए, तो सफल प्रबंधक सबसे मिलकर काम (Team work) करने की सीख माँगेगा। प्रबंधक को यह ध्यान रखना है कि वह सभी कार्यकर्ताओं में से एक है, वह उनसे केवल एक कदम आगे है। मिल-जुलकर काम करने से सुख-दुःख सहभागिता, निस्स्वार्थता तथा 'मैं नहीं, तू ही' के भाव तथा गुण पुष्ट होते हैं।
15. आदेश से नहीं, उपदेश से भी नहीं, अपितु मन के संदेश से कार्य होता है। "A leader is he who leads and is led." मुखिया वह है, जो सब को साथ लेकर चले, उनको कहे और उनकी सुने भी।

एक हृदय दूसरे हृदय का प्रकारांतर है। "One for all and all for one." मैं सबके लिए और हम सब एक के लिए--यह हमारी गति की गुनगुनाहट है।

16. स्वामी रंगनाथानंदजी ने व्यवस्थापक के दृष्टिकोण के बारे में कहा है—"A manager, when he sits in the chair of a manager and deals with the files with a manager's eye, becomes mechanical but when he wears a human face, he glorifies himself, the work and the worker." मानवीय चेहरा, उदात्त भावनाएँ तथा एकात्म दृष्टि ही व्यवस्थापक की सफलता के तत्त्व हैं। Bertrand Russell लिखते हैं, "Values are not mechanical; man has become the modern form of machine."

भारतीय ऋषियों का कहना है—मानव कार्य तथा कार्यकर्ता के लिए जीवन-मूल्यों का स्रोत दर्शन-शास्त्र ही है। धर्म, अर्थ, काम तथा मोक्ष हमारे चार पुरुषार्थ हैं। शुद्ध साधनों से धन कमाना, काम तथा इच्छाओं का निरोध करना, शक्तिशाली तथा कमजोर व्यक्ति के मध्य में असमानता रहना अधार्मिक है।

हमारी संस्कृति का मूल मंत्र है तेन त्यक्तेन भुजीथा:। त्याग से भोग करें। वेद में कहा गया है कि 100 हाथों से धन कमाएँ तथा 1000 हाथों से दान दें। हमारा धन पर पूर्ण स्वामित्व नहीं है। We are the trustee of the wealth, समाज से कमाए धन को समाज के लिए प्रयोग में लाना उचित कहा गया है।

17. सरस्वती तथा लक्ष्मी का कोई विरोध नहीं है। सरस्वती-ज्ञान से तत्त्व का बोध तथा सत्य की शोध करानेवाली विद्या की अधिष्ठात्री देवी हैं। लक्ष्मी-अर्थ की स्वामिनी देवी हैं। लक्ष्मी केवल धन कमाने का मार्ग प्रशस्त नहीं करती, अपितु देश की प्रगति, उत्पादन तथा राष्ट्रहित का संरक्षण भी प्रदान करती है।

सरस्वती शुद्ध विज्ञान है (Pure Science) और लक्ष्मी प्रायोगिक विज्ञान (Applied Science) है। समाज हित के कार्यों में दोनों का समायोजन आवश्यक है।

18. हमें श्रीमद्‍भगवद्‍गीता से प्रबंधन का संपूर्ण दर्शन सीखना चाहिए। इस दृष्टि से हम जापान से भी बहुत कुछ सीख सकते हैं।

- Mastrhustruta (मातसुशिरा) कंपनी के सभी कार्यकर्ता, जिनकी संख्या एक लाख के करीब है, प्रात: 8:00 बजे गीत गाते हैं और प्रार्थना करते हैं।
- वे एक परिवार बनकर रहते हैं। पारिवारिकता, परस्परानुकूलता तथा आत्मीयता—ये उनके प्राण हैं।
- वे कर्मचारियों में आंतरिक चेतना को जाग्रत् करने का प्रयास करते हैं।
- वे कुशलताओं और जीवन-मूल्यों की शिक्षाओं का शिक्षण देते हैं।
- सभी कार्यों तथा आचरण में समाज-कल्याण सर्वोपरि है।
- 'राष्ट्र की उन्नति तथा विश्व कल्याण', उनके मार्गदर्शक वाक्य हैं।
- इन तीन तत्त्वों में उनका विश्वास है—सामूहिक प्रयास (Combined effort), सृजनात्मक सहयोग (Synergic Co-operation),निरंतर उन्नति की ओर—इसको वे kaizen कहते हैं अर्थात् चरैवेति-चरैवेति।

19. जापान 7 आध्यात्मिक मूल्यों के प्रचार, प्रसार तथा आचरण पर बल देता है—

- उद्योग के माध्यम से राष्ट्र की सेवा। (National Service through industry)
- न्याय (Fairness)
- समरसता-सहयोग (Harmony and co-operation)
- सुधार के लिए संघर्ष (Harmony and co-operation)
- शिष्टाचार और नम्रता (Courtesy and humility)
- समायोजन, आत्मसाक्षात्करण (Adjustment and Assimilation)
- कृतज्ञता (Gratitude)

इन सब मूल्यों के लिए सब अधिकारी, कार्यकर्ता दैनिक प्रतिज्ञा लेते हैं।

20. 'मैं नहीं, तू ही' से जीवन तथा कार्यस्थल की यात्रा आरंभ होती है और समाप्त भी होती है। अहम्-त्वम्-वयम्-सब का कार्य, सबके द्वारा तथा सबके लिए संपन्न होना चाहिए।
21. हमें व्यक्ति नहीं व्यक्तित्व का विकास करना है। स्वामी रंगनाथानंद का कथन है—"I am a person when I have ability, agility and potentiality. As and when I transfer all these qualities to the society, I become personality." लक्ष्य की प्राप्ति के लिए समर्पण भाव चाहिए। शरीर को नहीं, मन को सँवारिए।
22. आत्मबोध, आत्मसम्मान, प्रतिबद्धता, स्वानुशासन, अंत:मानवीय आंतरिक संबंध, नागरिक व्यवहार, समयपालन, आध्यात्मिकता, आत्मावलोकन, सामाजिक चेतना—ये सब एक अच्छे कार्यकर्ता के गुण हैं।
23. मैं जो भी करूँगा, वह उत्तमोत्तम होगा। मनुष्य में जो पूर्णता पहले से ही विद्यमान है—उसका प्रत्येक कार्य में प्रकटीकरण होगा। प्रत्येक छोटे से छोटा कार्य भी पूर्ण होगा।

□

वैचारिक प्रदूषण से निवृत्ति

भौतिकवादी तथा वासनाजन्य दौड़ ने जीवन-साधना को विचलित कर दिया है। आज की विषम परिस्थितियाँ वैचारिक प्रदूषण के कारण उपस्थित हो रही हैं।

मानव शरीर की आधारभूत इकाई है जीवन-कोश। प्रत्येक जीव-कोश हजारों पावर स्टेशनों, परिवहन एवं संचार संस्थानों की मिली-जुली व्यवस्था के रूप में बहुत बड़ा संयंत्र है। एक समर्थ एवं अनुशासनपूर्ण प्रशासन की झाँकी इस इकाई के जीवन-व्यापार में प्रति पल दिखाई देती है।

मनुष्य अपनी ज्ञानेंद्रियों तथा कर्मेंद्रियों से मस्तिष्क को प्रभावित करता है। चारों ओर एक साथ स्पर्श और ध्वनियों का सागर सदा लहरता है तथा उसमें उठनेवाले तूफान से टकराते रहते हैं। मस्तिष्क इनको जानता तथा पहचानता है और विचार उत्प्रेरित करता है, जो शरीर के प्रत्येक अंग-प्रत्यंग के स्नायुमंडल को सक्रिय कर देते हैं।

वैचारिक प्रदूषण मस्तिष्क से टकरानेवाले हमारे बुरे विचार हैं। इस कारण हम सब अशांत तथा क्लांत हो जाते हैं। मन के भटकाव के कारण बुरे विचार बनते हैं। हम देखें कि कौन से ऐसे तत्त्व हैं, जिन्होंने हमारे विचारों को प्रदूषित किया है। सर्वप्रथम कैसा अन्न कहाँ खाया गया है? जैसा होगा अन्न, वैसा बनेगा मन। हम जो भी खाते हैं, उसका खून बनता है और वही खून हमारे शरीर से विभिन्न काम करता है। हम अपने से प्रश्न करके जरा सोचें, क्या हमारे खून में मिलावट तो नहीं हो रही है? निश्चय ही हो रही है। हमारा मन कल्पवृक्ष है। जिस कल्पना से हम कमाते हैं, वही कल्पना हमारी रुचि और खाद्य-पदार्थों के चयन में भी सम्मिलित होती है। इसी से विचार बनते-बिगड़ते हैं।

अधिक-से-अधिक धन संपत्ति की प्राप्ति के कारण हमारे जीवन का लक्ष्य व्यक्ति-केंद्रित बन गया है। सबके मन में धन-संपत्ति की लिप्सा सुरसा की तरह मुँह बाए खड़ी है और वह कर्तव्य पूरा करने में बाधा डालती है।

आज हम उस व्यक्ति को अच्छा समझते हैं, जो घूस लेकर काम करवा दे। दैनिक

जीवन में हमने मनुष्य की परख का यही मापदंड बना लिया है। हम सोचते हैं—रेल टी.सी. पैसा लेकर सीट की व्यवस्था करा दे, टैक्सी ड्राइवर कुछ अधिक पैसा लेकर घर पहुँचा दे, डॉक्टर घर पर आकर बार-बार रोगी को देख ले, सिनेमा का टिकट बेचनेवाला ऊँचे दाम में टिकट देकर मनोरंजन करने में हमारा सहयोग कर दे, अध्यापक कुछ पैसे लेकर बच्चों को पाठ याद करवा दे, पैसे लेकर कोई नौकरी दिलवा दें। गिनते जाएँ तो ज्ञात होता है कि दैनिक जीवन की समस्त विसंगतियाँ हमारे वैचारिक प्रदूषण की परिणाम हैं।

आज हर व्यक्ति अपने बच्चों को पाश्चात्य एवं अंग्रेजी माध्यम के विद्यालयों में प्रवेश दिलाना चाहता है। किशोर, युवक व युवतियों के सम्मुख जीवन का कोई लक्ष्य नहीं है। आधुनिकीकरण के नाम पर पाश्चात्यीकरण, उद्देश्यविहीनता, उच्छृंखलता तथा अनुशासनहीनता में लगातार वृद्धि हो रही है। चारों ओर बेकारों की सेना बढ़ रही है।

शब्दों के अर्थ होते हैं और अर्थों के भाव। भावों के आधार पर विचार तथा जीवन बनता है। स्वतंत्रता के पश्चात् जिन शब्दों तथा भावों से जीवन पुष्ट होना चाहिए था, आज वह अपभ्रंश हो गए हैं। पंथ-मजहब, राज्य-राष्ट्र, पंथनिरपेक्षता, भारत-इंडिया तथा सभ्यता-संस्कृति इन युगल शब्दों की सही व्याख्या न होने के कारण दिशा-भ्रम की स्थिति उत्पन्न हुई है।

इतिहास विचारों में परिवर्तन लाता है। आज इतिहास में विसंगतियाँ हैं। प्राचीन ज्ञान-विज्ञान, सद्ग्रंथ, सांस्कृतिक पुरोधाओं तथा संस्कृत भाषा में विमुखता ने गौरवहीन जीवनों का सृजन किया है। प्राचीन वैभवशाली देश की बात करनेवाले पुरातनपंथी तथा भगवाकरण के वाहक कहलाते हैं।

सत्य जिंदा है, यह बात सबको असत्य और बेतुकी लगने लगी है। प्रतिदिन सुबह समाचार-पत्रों में लूट, हत्या, भ्रष्टाचार, डकैती, बेईमानी आदि से संबंधित छपी हुई खबरें पढ़ते-पढ़ते आम आदमी के मन में यह विश्वास बैठ गया है कि सत्य अब जिंदा नहीं है। आम आदमी, राजनेता, अध्यापक, चिकित्सक, मालिक, कर्मचारी किसी-न-किसी रूप में सत्य का गला घोंटता नजर आता है।

विचारों से दृष्टिकोण बनता है और उसके आधार पर हम क्रियाएँ करते हैं। क्रिया से स्वभाव तथा आदतें बनती हैं, इसी से हमारा जीवन और भाग्य निर्धारित होता है।

प्रदूषित विचार जीवन को व्यवसनी बनाते हैं। कुव्यसनों की कुल्हाड़ी ने कितने ही जीवन की डालें काट दी हैं। मद्यपान का कुव्यसन पतन और विनाश के सिवाय कुछ नहीं देता है। धूम्रपान स्वास्थ्य और जीवन को नष्ट कर देनेवाला प्राणघातक कुव्यसन है। पान मसाला एवं जरदा एक विषैला अजगर कैंसर के रूप में व्यक्ति को काल का ग्रास बना देता है। नशीली दवाएँ, जैसे अफीम, ब्राउन शुगर, चरस अंधकारमय जीवन-यात्रा के स्तंभ हैं। ये पतन और विनाश के अतिरिक्त कुछ भी नहीं देते।

विचारों के प्रदूषण को बढ़ावा देने के लिए दूषित साहित्य तथा दूरदर्शन पर दिखाई जा रही उत्तेजक फिल्मों का भी हाथ है। फिल्मों के दृश्य, गंदे गीत, नंगी तसवीरें, काम-वासना भड़काते हैं और हिंसा व कुकर्म के लिए प्रेरित करते हैं। किशोरों और युवकों में हीरो की नकल उतारने की इच्छा बलवती होती है। दूषित रुचियाँ विचारों को प्रदूषित करती हैं। प्रदूषित वातावरण और घना हो जाता है। महात्मा गांधीजी के तीन बंदरों ने यही सीख दी थी—'बुरा न देखो, बुरा न सुनो तथा बुरा न बोलो।' आज बुराई दिखाई देती है। डिस्को कर्ण भेदन करते हैं, वाणी में मधुरता खो गई। यह सब कलुषित विचारों के प्रभाव के कारण ही हुआ है।

यमाचार्य ने नचिकेता को आत्मज्ञान विषय पर उपदेश देते समय कहा है कि श्रेयस और प्रेयस—मनुष्य के सामने दो मार्ग हैं। धीर, विवेकी मनुष्य भली प्रकार चिंतन-मनन करके श्रेयस मार्ग का आलिंगन करता है, किंतु मूर्ख-अज्ञानी मनुष्य प्रेयस का वरण करता है। श्रेयस का अर्थ है, जो श्रेष्ठ लगे और प्रेयस का अर्थ है, जो प्रिय लगे। जो भौतिक सुखों का आश्वासन दे, वह प्रेयस है। मन का भटकाव, इच्छा एवं व्यसन का पथ है प्रेयस। इसके अनुगामी पुरुषों ने वातावरण को दूषित तथा विचारों को प्रदूषित किया है।

शरीर हमारा रथ है। इंद्रियों के विषय इसके घोड़े हैं। बुद्धि हमारे रथ की सारथि है। विचार यदि प्रदूषित हैं और बुद्धि का सारथि इसे वश में नहीं रख पाता तो घोड़े इधर-उधर बिदककर शरीर को जीर्ण-शीर्ण बनाते हैं और हम भी चहुँ ओर चलती-फिरती सड़ाँध भरी लाशें बन जाते हैं। मन के भटकाव को रोकना आवश्यक है।

वेद की एक ऋचा ने विचार प्रदूषित करनेवाली विभीषिकाओं से संघर्ष करनेवाले साधकों का पथ आलोकित किया है। ऊषा सूर्य से मिलने जाती है। यह उसका दैनिक क्रम है, उसने मिलन के लिए शृंगार किया है, ज्ञान के काजल से नेत्रों को निर्मल किया। कमल का उपहार कर में लिये वह पग बढ़ाती आगे चलती है। उसने दसों दिशाओं की ओर निहारा और पुकारा—'दसों दिशाओं के विद्वान् मेरे पुरोहित बनें।' आ नो भद्रा क्रतवो यन्तु विश्वतः। विदूषी तथा विवेकशील बन उसने आग्रहपूर्वक कहा कि सूर्य के घर में विश्राम के लिए स्वतंत्रता ही मेरी सेज होगी।

इस ऋचा से स्पष्ट है कि केवल विषय की जानकारी पर्याप्त नहीं है, अपितु उसमें गहरा तथा गहन प्रवेश कर विचारों को स्पष्ट तथा परिष्कृत करने की आवश्यकता है। केवल मेरा कथन तथा विचार सत्य है, ऐसा दुराग्रह ठीक नहीं। ज्ञान को दसों-दिशाओं से आने दीजिए। (Let the noble thoughts come from all side) क्षीर-नीर-विवेक बुद्धि से सत्य तथा तत्त्वबोध कर स्वतंत्र चिंतन युक्त आचरण करने की आवश्यकता है। प्रस्थान के लिए प्रकाशमयी दिशा की ओर इंगित किया है, हम देखें कि हमारे से

प्रत्यक्ष तथा परोक्ष रूप से जुड़े कार्यकर्ता कितनी संख्या में हैं, जो ज्ञान के काजल से विभूषित हैं। सर्वग्राही सत्य की राह पर चलकर अल्पसंख्यक शक्तिशाली समूह (Miniority potential group) बनाकर प्रदूषण के तमस को दूर करने में समर्थ हो रहे। क्या हम ज्ञान-मल्लिका के मनके को गिनने में समर्थ हैं? जरा सोचें तो।

श्री दीनदयाल उपाध्यायजी के शब्दों में—ज्ञान, भावना तथा क्रिया के संगम पर व्यक्ति तीर्थराज के दोहरे पर्व का अधिकारी बनता है। जयशंकर प्रसाद ने कहा—

ज्ञान भिन्न, क्रिया भिन्न,
और इच्छा क्यों पूरी हो मन की।
यदि एक-दूसरे से ना मिल सकें,
तो विडंबना है जीवन की।

एक-दूसरे से न मिल सकें तो विडंबना है जीवन की। विडंबनापूर्ण जीवन ही विषम तथा प्रदूषित विचारों को जन्म देते हैं, जब भावना क्रिया में परिणत नहीं होती तो वह मस्तिष्क में पड़ी सड़ाँध पैदा करती है। हमें केवल मस्तिष्क-व्यायाम नहीं करना है। ऐसा मनुष्य केवल लोहार की धौंकनी के समान साँस लेता है, जीता नहीं। जीवंत संस्थाएँ समाज को सामर्थ्य प्रदान करती हैं। जीवन जिसमें हलचल होती है, वही समाज-परिवर्तन के चक्के को हाथ लगता है। गांधीजी ने कहा है—"We want thinking fingers." सोचो और करो।

आज के युग में बुद्धि-लब्धि को अधिक महत्त्व दिया जाता है। यह सोच असंतुलित तथा अधूरे व्यक्तित्व का सृजन करती है। डेनियल गोलमन ने भावात्मक-लब्धि को महत्त्व देते हुए अपनी पुस्तक में लिखा है—"It shows the single most important is not IQ, advanced degrees or technical expertise, but the quality i.e emotional intelliegence, self awareness, self confidence, commitment and integrity." किरण बेदी ने भी अमेरिका के विश्वविद्यालय में डेनियल के विचारों से सहमति प्रगट करते हुए कहा कि विषयों की प्रगाढ़ जानकारी व्यक्ति को मात्र उच्चतम ज्ञान प्राप्त करने में सहायक नहीं होती, अपितु वह गुण अधिक महत्त्वपूर्ण है, जिसके आधार पर वह अपने साथियों के साथ सहभागिता तथा संवेदनशीलता से कार्य करता है।

बौद्धिक् तथा भावनात्मक विकास का स्रोत आध्यात्मिकता है। अतः सर्वांगीण व्यक्तित्व के विकास में बुद्धि, भावना तथा आध्यात्मिकता-लब्धि (I.Q, E.Q., S.Q.) को स्वीकार किया गया है। विचार इस त्रिवेणी की धारा है। विचारों के शुद्धीकरण के लिए त्रिवेणी में स्नान करने की आवश्यकता है।

वैचारिक प्रदूषण के उन्मूलन का कार्य पाकशाला तथा पाठशाला से प्रारंभ होता है। अतः हमें अपने ही कार्य-क्षेत्र में अभिभावक, अध्यापक, प्राध्यापक, शिक्षाविदों, पत्रकारों

तथा शोध-छात्रों को अधिक संख्या में जोड़ना होगा।

गतिविधियों का दायरा बढ़ाने की भी आवश्यकता है। 'बुद्धिजीवी व्यक्ति बुद्धिधर्मी बनें'—इसमें हमारे कार्य की सफलता है। प्रत्येक अध्ययन केंद्र किसी एक सृजनात्मक कार्य को हाथ में ले सकता है। राष्ट्रीय जीवन के विभिन्न कार्यों को संपन्न करने के लिए केंद्र अपने स्थान पर लोगों को प्रेरणा दे। दैनिक जीवन से संबंधित शोध-प्रकल्पों पर भी कार्य करना उचित रहेगा। महिलाओं और युवकों का बहुत बड़ा वर्ग हमारे कार्य से अछूता है। उन्हें भी हम स्पर्श करें और उनसे सृजनात्मक सहयोग प्राप्त करें।

निश्चय ही यह सब करने के लिए सर्वप्रथम 'आपो दीपो भव' अर्थात् हम स्वयं दीप बनें। In the tiny world in which we live, let us try to create Heaven out of the Hell.

देश को शक्तिसंपन्न तथा तेजोमय बनाने के लिए शांति-पर्व में भीष्म ने युधिष्ठर को कहा, ''हमें चरित्रवान तथा सत्यनिष्ठ होना चाहिए। हमें कोई अनैतिक कार्य नहीं करना चाहिए। निडरता से बुराई का विरोध करना चाहिए।''

शिक्षा संस्कृति उत्थान न्यास ने शिक्षा परिवर्तन की दिशा में कुछ कार्य प्रारंभ किया है। छह विषयों पर संपूर्ण देश में गोष्ठियाँ आयोजित की हैं और जनजागरण के ठोस परिणाम भी हमारे सामने हैं। चरित्र-निर्माण एवं व्यक्तित्व विकास, भारतीय भाषाओं का विस्तार तथा विकास, वैदिक गणित, मूल्यपरक शिक्षा, पर्यावरण शिक्षा तथा शिक्षा में स्वायत्तता। इन विषयों पर पुस्तक प्रकाशित की है, और आगे भी काम हो रहा है।

पुस्तकों में प्रदूषित अंशों को पाठ्यपुस्तकों के निरस्त कराने के लिए 'शिक्षा बचाओ आंदोलन' की ओर से संघर्ष हुआ है। इस कार्य में सफलता मिली है और कार्यकलापों का विश्वास भी बढ़ा है।

□

संविधान का पालन और राष्ट्रध्वज, राष्ट्रगान तथा राज्य भाषा का आदर

संविधान के अनुच्छेद 51 (क) में प्रथम मूल कर्तव्य निम्नलिखित रूप में है—"संविधान का पालन करना और इसके आदर्शों तथा संस्थाओं, राष्ट्रध्वज तथा राष्ट्रगान का आदर करना नागरिकों का प्रथम कर्तव्य है।" इस कर्तव्य की व्याख्या करने के पूर्व यह समीचीन प्रतीत होता है कि यह उल्लेख कर दिया जाए कि संसद् में कुछ सदस्यों द्वारा उक्त कर्तव्य में राष्ट्रध्वज तथा राष्ट्रगान के साथ राष्ट्रभाषा अर्थात् हिंदी को भी रखने का प्रस्ताव रखा गया था और इसके लिए सबल तर्क उपस्थित किए गए थे। इनमें से कुछ का यहाँ उल्लेख करना सुसंगत होगा।

राष्ट्रध्वज और राष्ट्रभाषा को जोड़े जाने का संशोधन पेश करते हुए लोकसभा के सदस्य श्री शंकर दयाल सिंह ने कहा—

"हमारे कानून मंत्री गोखलेजी ने जो मूल कर्तव्य यहाँ जोड़े हैं, उनमें पहला क्या है? संविधान का पालन और उसके आदर्शों, संस्थाओं, राष्ट्रध्वज और राष्ट्रगान का आदर करें। मैं बड़े ही अदब के साथ कहना चाहता हूँ कि जहाँ आप ने राष्ट्रध्वज और राष्ट्रगान की बात कही है, वहीं आपको राष्ट्र भाषा की बात भी करनी चाहिए। आपने नेशनल ऐंथम कहा, उसके साथ-साथ नेशनल फलैग कहा तो नेशनल लैंग्वेज को नहीं रखा, जब कि भारत का संविधान अनुच्छेद 343 में यह कहता है कि संघ की राजभाषा हिंदी और लिपि देवनागरी होगी? यह मैं नहीं कह रहा हूँ। यह तो संविधान में दिया हुआ है। या तो इस को हटा दीजिए और अगर इस को नहीं रख रहे हैं तो मूल कर्तव्यों में आपको इसे भी जोड़ना बहुत आवश्यक है।

"मुझे बड़े दुःख के साथ यह कहना पड़ता है कि कल जब फ्रैंक एंथोनी साहब बोल रहे थे, आज वे यहाँ हैं नहीं, लेकिन वे इस सदन के एक सदस्य हैं, जब वे बोल रहे

थे तो ऐसा लग रहा था कि कोई हाउस ऑफ लॉर्ड्स या हाउस ऑफ कॉमंस का सदस्य बोल रहा हो। अंग्रेजी की, एक विदेशी भाषा की कोई वकालत करे और भारतीय भाषाओं को उपेक्षा की दृष्टि से देखे, यह किसी को सहन नहीं होगा। हम मानते हैं कि भारत की सभी भाषाएँ फलें-फूलें, चाहे वह उड़िया हो, मलयालम हो या तेलुगु हो, सबको स्थान मिलना चाहिए और हिंदी को भी मिलना चाहिए। लेकिन एक विदेशी भाषा की, जब हम वकालत करते हैं तो मुझे ऐसा लगता है कि जिस व्यक्ति ने इसकी वकालत की, उसका दिमाग अभी भी साफ नहीं है और अभी वह उसी रूप में सोचता है। इसलिए मैं यह कहना चाहता हूँ कि एक जो यह साजिश चल रही है कि 'आठवीं अनुसूची' में अंग्रेजी को भी रख दें, यह कभी नहीं होना चाहिए। इससे हमारा संविधान अपमानित हो जाएगा।

"एक बात मैं और विनीत स्वर में कहना चाहता हूँ कि संविधान की धारा 343 और 351 में हिंदी और देवनागरी को उच्च स्थान दिया गया है, लेकिन कार्य रूप में उसका पालन कभी नहीं होता है। हमने हिंदी को राजभाषा मान लिया और देवनागरी को लिपि मान लिया, लेकिन जब तक उसका व्यवहार सरकारी अधिकारियों और मंत्रियों की ओर से नहीं होगा, तब तक नीचे के स्तर पर कैसे हो सकता है? जब आप संविधान बनाते हैं तो जब संविधान के नियमों की रक्षा आप और हम करेंगे, तभी सामान्य जनता भी करेगी। मैं कहना चाहता हूँ कि बुद्धिजीवी ही सभी चीजों के ठेकेदार नहीं हैं। जो सामान्य आदमी है, वही सामान्य आदमियों की समस्याओं को समझता है। जो बुद्धिजीवी होते हैं, वे जटिलता पैदा करते हैं, जिससे गरीब आदमियों की उपेक्षा होती है। अभी हमारे विभूति मिश्रजी बड़े दर्द के साथ बोले, हरि सिंहजी भी दर्द के साथ बोल रहे थे और हमारे श्री राम गोपालन रेड्डी भी उस दर्द के साथ बोलनेवाले हैं। हमारा कहना यह है कि गरीबों के लिए आपने इसमें जो चीजें रखी हैं, उनकी जानकारी भी उनको पहुँचानी चाहिए।"

"सभापतिजी, एक बात की और मैं जरूर इस वक्त आपका ध्यान दिलाना चाहता हूँ। जब यह संविधान पारित हुआ था, उस समय यह तय हुआ था कि 15 वर्षों के बाद अंग्रेजी का स्थान गौण हो जाएगा और हिंदी की प्रधानता हो जाएगी। लेकिन ऐसा न हो सका। उसके बाद 1963 में एक कानून पास हुआ, कायदा यह है कि जो भी कानून पास होता है, उसके चार-छह महीने के अंदर उसके रूल्स बन जाया करते हैं, परंतु वे रूल्स भी नहीं बन सके। लेकिन एक खुशी की बात यह हुई कि जिस दिन इस देश में इमरजेंसी कायम हुई, यानी 26 जून, 1975 को उस दिन एक नए विभाग की रचना हमारे प्रधानमंत्रीजी ने की, एक राजभाषा विभाग अलग से बनाया गया और यह भी एक खुशी की बात है कि 28 जून, 1976 को रूल्स बन गए, 12 रूल्स बने, जो 17 जुलाई को गजट में

प्रकाशित हुए और उसी दिन से लागू हो गए। अब मैं यह कहना चाहता हूँ कि ये रूल्स हमारे सामने आ गए हैं, जिस तरह से आप अन्य कानूनों को लागू करते हैं, उसी तरह से भाषा के संबंध में, हिंदी के संबंध में अन्य भारतीय भाषाओं के संबंध में जो कानून और नियम बने हैं, उनको दृढ़ता के साथ, सजगता के साथ लागू कीजिए, उनका पालन कीजिए।''

अगले दिन की काररवाई में माननीय सदस्य ने आगे कहा–

''हम बार-बार इस बात को कहते हैं कि संविधान के प्रति हमें आदर करना चाहिए और मूल कर्तव्यों में सबसे पहला कर्तव्य यही है कि संविधान के प्रति आदर और सम्मान रहे। अब सभापतिजी, हमारे संविधान में कहा गया है कि राजभाषा हिंदी और लिपि देवनागरी है, लेकिन इसी सदन में दो दिन पहले एक माननीय सदस्य ने, जो हम लोगों की तरह चुनकर नहीं आए हैं, जिनको हम लोगों की तरह से दस लाख जनता का सामना नहीं करना पड़ा है, मनोनीत होकर यहाँ आए हैं—अंग्रेजी की बदौलत, उन्होंने जिस तरह से चुन-चुनकर भारतीय भाषाओं को, हिंदी को गालियाँ दीं, क्या यह संविधान का अपमान नहीं हुआ।''

उसी क्रम में माननीय सदस्य ने पुनः अगले दिन कहा–

''मूल कर्तव्यों की सूची को देखकर मुझे बड़ा ताज्जुब, निराशा और दुःख हुआ तथा उससे भी बढ़कर चिंता हुई। 51 (क) में कहा गया है—''संविधान का पालन करें और उसके आदर्शों, संस्थाओं, राष्ट्रध्वज और राष्ट्रगान का आदर करें।'' यह बिलकुल ठीक है। कोई राष्ट्र तब तक राष्ट्र नहीं कहा जा सकता, जब तक वह अपने राष्ट्रध्वज और राष्ट्र-गीत का सम्मान न करें। लेकिन उसके साथ ही कोई भी राष्ट्र तब तक राष्ट्र नहीं कहा जा सकता है, जब तक उसकी अपनी राष्ट्रभाषा न हो।

हमारी राष्ट्रभाषा है, जिसे संविधान में राजभाषा कहा गया है। वह राजभाषा हिंदी मानी गई है। संविधान सभा ने इस विषय पर बड़ी गंभीरता के साथ विचार किया था। पंडित जवाहरलाल नेहरू ने 13 सितंबर, 1949 को संविधान सभा में कहा था—

''But, at the same time, it created a great gulf between us, who knew Hindi and those who did not know Hindi, and that was a fetter for the progress of the nation. That is a thing which certainly we cannot possibly tolerate, and hence this problem.''

''उसके बाद संविधान सभा ने यह निर्णय किया था कि देश की राजभाषा (Official Language) हिंदी होगी, क्योंकि कन्याकुमारी से लेकर कश्मीर तक लोग हिंदी समझते

हैं, बोलते हैं, कुछ लिखना-पढ़ना भी जानते हैं, इसलिए हिंदी में ही राजभाषा बनने की सामर्थ्य है।

''इसलिए मैंने यह संशोधन पेश किया है कि राष्ट्र-ध्वज और राष्ट्र-गान के साथ-साथ राजभाषा का सम्मान करने की भी बात मूल कर्तव्यों में सम्मिलित की जाए। जब हम कहते हैं कि संविधान का पालन करना चाहिए और उसके आदर्शों तथा संस्थाओं का आदर करना चाहिए तो संविधान में लिखा हुआ है कि हिंदी हमारी राजभाषा और देवनागरी हमारी लिपि है।

''हिंदी के संबंध में जब कुछ लोग बेतुकी बातें कहते हैं, तो बड़ा आश्चर्य होता है कि हम कैसे उसको सहन कर लेते हैं। हिंदी के विरुद्ध इस सदन में एक-आध राजनीतिक पार्टियों ने कहा है, या एक-आध ऐसे लोगों ने कहा है, जो नॉमिनेटिड हैं, जिनके पूर्वजों ने चाहा था कि हम अपनी भाषा को एक विदेशी भाषा को हिंदुस्तान पर लाद दें, वे उनकी वकालत करते रहे हैं।''

बिना राष्ट्र-भाषा के राष्ट्र गूँगा होता है—''गांधीजी की आत्मा आज यह देखकर दु:खी हो रही होगी कि इस देश में और सबकुछ तो किया गया, लेकिन राष्ट्रभाषा की उपेक्षा की गई है। मैं स्पष्ट शब्दों में कहना चाहता हूँ कि हम अपने देश की सभी भाषाओं का आदर करते हैं और वे सब हमारी राष्ट्रीय भाषाएँ हैं। हमारा झगड़ा और तकरार तो अंग्रेजी भाषा के साथ है, एक विदेशी भाषा के साथ है, जो गुलामी की प्रतीक है। अंग्रेज चले गए, लेकिन वे हमारे माथे पर इतना बड़ा कलंक का टीका लगाकर गए हैं कि जब तक हम उसे पोंछ नहीं लेते हैं, तब तक हमारा राष्ट्र बिलकुल निष्कलंक नहीं हो सकता है।

''मैं विधि मंत्री से यह अनुरोध करना चाहता हूँ कि जो कुछ मैं कह रहा हूँ, वह मेरा व्यक्तिगत निवेदन नहीं है, बल्कि वह इस देश के करोड़ों लोगों की भावना है, जो मैं उन तक पहुँचा रहा हूँ। हाल ही में मॉरीशस में विश्व हिंदी सम्मेलन हुआ और उसके बाद प्रधानमंत्री श्रीमती इंदिरा गांधी वहाँ गांधी संस्थान का उद्घाटन करने के लिए गई थीं। जो विश्व हिंदी सम्मेलन हुआ, उसमें 33 देशों के प्रतिनिधियों ने भाग लिया, उनको यह सुनकर बड़ा आश्चर्य हुआ कि हिंदुस्तान में अभी भी अंग्रेजी चल रही है। इससे भी दु:ख की बात यह है कि पार्लियामेंट के हम तीन-चार सौ सदस्यों ने प्रधानमंत्रीजी को एक ज्ञापन दिया कि यू.एन.ओ. में हिंदी को स्थान मिलना चाहिए; इसलिए कि विश्व में हिंदी बोलनेवालों की संख्या तीसरे नंबर पर है। लेकिन दु:ख की बात यह है कि वे लोग चाहते हैं कि हिंदी न हो, जो यह जानते हैं कि हिंदी होगी तो हम किस मुँह से वहाँ जाएँगे, ऐसे अधिकारी इसका विरोध कर रहे हैं, क्योंकि हिंदी अगर हो गई तो हमारी तो रोजी-रोटी चली जाएगी। वे समझ रहे हैं कि वे हिंदुस्तान की ओर से जाएँ और हिंदी ही

न जानें तो कैसे काम चलेगा। इसलिए मैं भारत की जनता की ओर से मंत्री महोदय से यह प्रार्थना करता हूँ कि संविधान का पालन करें और उसके आदर्शों, संस्थाओं, राष्ट्रध्वज के पश्चात् राष्ट्रभाषा और राष्ट्रगान का भी आदर करे—इस प्रकार से इसमें संशोधन कर दिया जाए।

अंत में मैं केवल एक छोटी सी बात और कहना चाहता हूँ। हमारा देश 1947 में जिस दिन आजाद हुआ, उस दिन बी.बी.सी. के प्रतिनिधि गांधीजी के पास गए और कहा कि आप कुछ मैसेज दीजिए। गांधीजी ने अपना मैसेज हिंदी में शुरू किया तो बी.बी.सी. के अधिकारियों ने कहा कि अंग्रेजी में दे दीजिए। गांधीजी ने कहा कि दुनिया से कह दो कि गांधी अंग्रेजी नहीं जानता। क्यों कहा? भाषा का प्रश्न नहीं है। (कॉलम 184-86, 29.10.76) मैं भी अंग्रेजी पढ़ता हूँ, अंग्रेजी से प्यार करता हूँ, प्रेम करता हूँ, उसका आदर करता हूँ, शेक्सपीयर के प्रति सिर नवाता हूँ, लेकिन यहाँ तो राष्ट्र की चेतना का प्रश्न है। इसके लिए आपने जो स्थान ध्वज को दिया और जो स्थान राष्ट्रगान को दिया है, वही स्थान आप राजभाषा को दीजिए। मैं समझता हूँ कि विधि मंत्रीजी बोलने के लिए जब खड़े होंगे, तो सबसे पहले यही ऐलान करेंगे कि शंकर दयाल सिंह का एक संशोधन मैंने मान लिया और वह संशोधन राष्ट्रभाषा के संबंध में है।

□

राष्ट्रीय एकता एवं शिक्षा

राष्ट्र एक सजीव इकाई है। इसके मूल तत्त्व हैं, निश्चित भूमि खंड, उस पर निवास करनेवाला एक पुत्र रूपी मानव समुदाय, सहस्रों वर्ष की तपस्या तथा अनेक प्रयोगों के आधार पर विकसित जीवन जीने की कला अर्थात् संस्कृति, वैभव तथा पराभव से ग्रथित गाथा, जिसे हम इतिहास कहते हैं, सुख-दुःख की समान अनुभूतियाँ तथा शत्रु-मित्र की समान स्मृतियाँ। भारत के चिंतकों तथा महापुरुषों के अन्य मानव समुदायों से भिन्न यहाँ एक सांस्कृतिक जीवन प्रकट कर देशवासियों को अनेकता में एकता के दर्शन कराए और तब से यहाँ राष्ट्रीय धारा अखंड रूप में प्रवाहित होती रही।

राष्ट्र के तत्त्वों का आज एक-दूसरे से बिछोह हो गया है, परिणामस्वरूप राष्ट्रीय एकता खंडित हुई है। सांप्रदायिकता, जातिवाद, प्रांतीयता, भाषा-मिथ्याभिमान, असमानता, अनपढ़ता, सामाजिक कुरीतियाँ, मजहबी जुनून तथा दलगत राजनीति ने आज 'देश की एकता' भयावह समस्या के रूप में हमारे सम्मुख उपस्थित की है।

शिक्षा जहाँ एक ओर शाश्वत जीवन-मूल्यों का वितरण करती है, वहाँ दूसरी ओर सामयिक समस्याओं का निदान भी करती है। शिक्षा से आज यह अपेक्षा है कि राष्ट्र की भावात्मक एकता के सूत्रों को सुदृढ़ करने में प्रभावी भूमिका निभाएँ।

राष्ट्रीय एकता के प्रोत्साहन तथा इसे पुष्ट करने की बात विभिन्न आयोगों और समितियों ने बार-बार कही है। कोठारी आयोग, राष्ट्रीय एकता परिषद्, गजेंद्र गडकर कमेटी, राष्ट्रीय शिक्षा नीति, इन सबने प्राथमिक स्तर से लेकर उच्च शिक्षा तक शिक्षा के उद्देश्यों को स्पष्ट करते हुए कहा है—

- देशवासियों में भावात्मक एकता को सुदृढ़ करना।
- परस्परानुकूलता तथा निर्भरता के भाव का उदय।
- लोकतंत्र, समाजवाद तथा पंथ-निरपेक्षता के सिद्धांतों में विश्वास उत्पन्न करना।
- छात्र/छात्राओं को आगे बढ़ने के समान अवसर प्रदान करना।

इस संबंध में राष्ट्रीय शिक्षा-नीति 1969 में शिक्षा के सिद्धांतों की व्याख्या करते हुए कहा गया है—

"शिक्षा की भूमिका छात्र को आगे बढ़ाने की होती है। इसके माध्यम से उन विचारों और भावनाओं का विकास होता है, जो देश की एकता, वैचारिक शक्ति, मस्तिष्क की स्वतंत्रता को बढ़ावा देती है, और इस प्रकार से समाजवाद, पंथनिरपेक्षता और लोकतंत्र के लक्ष्यों की प्राप्ति में सहायक होती है।"

कथित उद्देश्य की पूर्ति के लिए राष्ट्रीय पाठ्यक्रम की सिफारिश की गई थी, जिसमें भारत के स्वतंत्रता संग्राम का इतिहास, संवैधानिक अनुबंधता, राष्ट्रीय एकता को बढ़ावा देने के लिए आवश्यक विषयवस्तु, भारत की समान सांस्कृतिक विरासत, समानता, लोकतंत्र और पंथनिरपेक्षता, स्त्री और पुरुष की समानता, पर्यावरण सुरक्षा, सामाजिक रुकावटों को दूर करना, छोटे परिवारों के विचार को बढ़ावा देना, वैचारिक क्षमता उत्पन्न करना, ये अनिवार्य समान तत्त्व होंगे।

इनके अतिरिक्त ऐसे तत्त्व भी होंगे, जिनमें लचीली नीति अपनाई जाएगी और जिन्हें विभिन्न राज्य अपनी आवश्यकतानुसार मोड़ दे सकेंगे।

समीक्षात्मक मूल्यांकन—

राष्ट्रीय शिक्षा-नीति के संदर्भ में निम्नांकित बिंदुओं का समीक्षात्मक मूल्यांकन करना उचित प्रतीत हुआ है—

शब्द-अर्थ-भाव

- शब्दों के अर्थ होते हैं तथा अर्थ से जीवन खड़े होते हैं। राष्ट्रीय एकता को लेकर पुस्तकों में जिन शब्दों का प्रयोग किया जाता रहा है और अब भी दिया जाता है, वे भ्रामक हैं और भावात्मक एकता में बाधक हैं। जैसे—
- राष्ट्र और राज्य एक नहीं। हम दोनों को एक ही समझते हैं, राष्ट्र वास्तव में शरीर की आत्मा है और राज्य उसका वस्त्र मात्र।
- संविधान की अंग्रेजी की प्रति के हिंदी अनुवाद में पंथ निरपेक्षता शब्द प्रयोग हुआ है, जबकि हम पुस्तकों में धर्मनिरपेक्षता पढ़ते हैं। धर्म मजहब अथवा पंथ/संप्रदाय का पर्यायवाची शब्द नहीं है। धर्म पंथ से ऊँचा है।
- मिली-जुली संस्कृति—संस्कृति शब्द एक संपूर्ण अवधारणा को व्यक्त करता है। गंगा की धारा में मिलने के बाद भी फिर मिलनेवाले तत्त्व का कोई अस्तित्व नहीं रहता। राष्ट्रीयता के भाव को पुष्ट करने के लिए इसे भारतीय संस्कृति कहना ही हितकर रहेगा।

- हिंदू और मुसलमान, हिंदू और ईसाई इन प्रयोगों में 'और' शब्द, पृथकता को जन्म देता है। पूजा-पद्धति की दृष्टि से हम भिन्न हो सकते हैं, पर हैं तो हम सब भारतवासी ही। राष्ट्रीय नीति के क्रियान्वयन में पृथकतावादी शब्दों के प्रयोग की समाप्ति की ओर कोई भी ध्यान नहीं दिया गया है।

पाठ्यक्रम की समीक्षा

- सामाजिक औचित्य संगति की दृष्टि से यह आवश्यक है कि पाठ्यक्रम इस प्रकार बनाए जाएँ कि विद्यार्थी अपनी राष्ट्रीय परंपरा पर उचित रूप से गर्व कर सकें तथा देश की एकता एवं अखंडता के लिए प्रतिबद्ध हों। पाठ्यक्रम उन्हें अपने निकटवर्ती सामाजिक वातावरण को समझने में तथा उसमें शरीक होने को प्रेरित करे और सिद्धांत को जीवन की वास्तविक परिस्थितियों से जोड़कर ज्ञान को मूर्तरूप दे सके। राष्ट्रीय शिक्षा-नीति के इस कथन की समीक्षा करने पर यह बात सिद्ध होती है कि पाठ्य-पुस्तकें निर्देश सिद्धांतों से बहुत दूर हैं।
- राष्ट्रीय परंपरा पर गर्व करने की बात को चरितार्थ करने के लिए गणित, विज्ञान, चिकित्सा, अर्थशास्त्र, मनोविज्ञान, तकनीकी शिक्षा, दर्शनशास्त्र, आध्यात्मिकता आदि अनेक विषयों में भारत की संसार को देन तथा अतीत के गौरवशाली पृष्ठ पाठ्य-पुस्तकों में समाविष्ट किए जाने चाहिए थे, परंतु इस पक्ष की उपेक्षा हुई है।
- देश की एकता तथा अखंडता के लिए प्रतिबद्धता केवल भारतीय स्वतंत्रता संग्राम विषय को अनिवार्य बनाने से नहीं आएगी। राष्ट्रीय सांस्कृतिक एकता की वह पावन धारा, जो वैदिक काल के 'माता भूमिः पुत्रोऽहं पृथिव्याः' उद्घोष से प्रवाहित हुई और जिसे अनेक महापुरुषों, संत-मनीषियों, वीर पुरुषों समाजसेवी युगपुरुषों ने भगीरथी प्रयास से पुष्ट कर अविरल तथा अबाध गति से आगे बढ़ाया। उसका दिग्दर्शन पाठ्यक्रम में न होने से भावात्मक एकता स्थापित करना संभव नहीं होगा।
- पाठ्यक्रम को वास्तविक परिस्थितियों तथा निकटवर्ती सामाजिक वातावरण से जोड़ने के लिए कोई ठोस पग नहीं उठाए गए। अर्थशास्त्र, विज्ञान, गणित आदि विषयों की सामग्री को दैनिक जीवन के साथ सँजोया नहीं गया।
- भाषा की पुस्तकों में नगरीय वातावरण अधिक दर्शाया गया है। ग्रामीण तथा नगरीय वातावरण से ली गई सामग्री में संतुलन बिलकुल नहीं। दिन-प्रतिदिन नगर एवं ग्राम में खाई बढ़ती ही जा रही है। यदि इसे पाटने के प्रयास न किए गए तो राष्ट्रीय एकता को गंभीर परिणामों का सामना करना पड़ेगा।

भाषा-नीति तथा दोहरी शिक्षा-प्रणाली

- त्रिभाषा सूत्र अंग्रेजी के आधिपत्य को स्वीकार करता है और इसमें संस्कृति विषय को सम्मानजनक स्थान प्राप्त नहीं हुआ है। हमारी सांस्कृतिक विरासत का भंडार संस्कृत ग्रंथों में है। इस भाषा के अध्ययन के बिना छात्र/छात्राएँ इस ज्ञान से वंचित हैं और रहेंगे। प्रचलित भाषा-नीति के स्थान पर निम्नांकित त्रिभाषा सूत्र आग्रह से लागू किया जाना चाहिए।
- (क) प्रथम भाषा के रूप में मातृभाषा तथा इसमें 20 प्रतिशत संस्कृत।
  (ख) द्वितीय भाषा हिंदी, हिंदी क्षेत्रों में अन्य भारतीय भाषा।
  (ग) तृतीय भाषा संस्कृत अथवा अन्य कोई विदेशी भाषा।
- (क) शिक्षा का माध्यम क्षेत्रीय भाषा अथवा हिंदी हो।
  (ख) सभी भारतीय भाषाओं में तकनीकी शब्दावली समान हो।
  (ग) रवींद्रनाथ टैगोर का यह कथन शिक्षा माध्यम की दृष्टि से अत्यंत ही महत्त्वपूर्ण है और इस ओर अविलंब ध्यान दिया जाना चाहिए। "भारत के अतिरिक्त संसार के किसी भी देश में यह बात दिखाई नहीं देती कि छात्र की भाषा का शिक्षा की भाषा से संबंध-विच्छेद किया गया हो।"
  (ङ) क्षेत्रीय भाषाओं को प्रोत्साहन दिया जाए। भावात्मक राष्ट्रीय एकता समिति तथा इसके पश्चात् राष्ट्रीय एकता कौंसिल 1962 ने क्षेत्रीय भाषाओं को प्राथमिकता से उच्च स्तरीय शिक्षा तक प्रयोग करने पर बल दिया है और कहा है कि इससे एकता का भाव सुदृढ़ होगा।
- दोहरी शिक्षा-प्रणाली में पब्लिक स्कूल, राजकीय स्कूल, मान्यता प्राप्त स्कूल तथा अल्पसंख्यक विद्यालयों में सुविधाओं का स्तर भी भिन्न है तथा व्यवस्थाओं में समानता भी नहीं है। इस बहुस्वरूप शिक्षा-व्यवस्था से न तो समानता आती है और न ही सामाजिक रुकावटें दूर होती हैं। एकता के दुर्ग पर प्रहार करने के लिए इन शिक्षण-संस्थाओं में अनेक दल तैयार हो रहे हैं।
- देश में सभी विद्यालयों के लिए समान आचार संहिता लागू करने तथा पाठन की समान सुविधाएँ प्रदान करने से शिक्षा जगत् में सबको आगे बढ़ने के समान अवसर प्राप्त होंगे। कोठारी आयोग की समीपस्थ विद्यालयों में प्रवेश की संकल्पना इसी आशय हेतु की गई थी।

पाठ्य-विषयों की समीक्षा

- भाषा और साहित्य में राष्ट्रीय एकता को बल देने की अधिक क्षमता है। राष्ट्रीय शिक्षा-नीति के अंतर्गत अब तक पाठ्य-पुस्तकों में से वे कुछ अंश निकालने

का ही कार्य हुआ है, जो राष्ट्रीय एकता के मार्ग में अवरोध थे। कैंची और कतरन विधि से ऐसे महत्त्वपूर्ण कार्य को पूर्ण मानने से संतोष नहीं करना चाहिए।

- देश के भिन्न भागों के उत्सव, दर्शनीय स्थल, प्रेरणादायक प्रसंग, कहानियाँ, कविताएँ, पाठ्य-पुस्तकों का अंग बनना चाहिए था, परंतु ऐसा नहीं हुआ है। सभी प्रांतों के प्रमुख साहित्यकारों की रचनाओं को पढ़ाने से पूरे देश से एकात्मता का स्वर ध्वनित होता है। देश के अभिन्न अंग के रूप में हम भी वही स्वर गुनगुनाते हैं। स्वतंत्र भारत में सबसे अधिक अन्याय जिस विषय के साथ हुआ है—वह है इतिहास।
- इतिहास लेखन के लिए एन.सी.ई.आर.टी. द्वारा जो मार्गदर्शन के निर्देश दिए गए हैं, उससे इस विषय का विकृत स्वरूप हमारे सम्मुख आएगा। देश की एकता को प्रोत्साहन देने का यह अप्राकृतिक प्रयास सफल नहीं हो सकेगा। इतिहास को तोड़ने-मोड़ने के स्थान पर इतिहास के तथ्यों से सीख लेने पर अधिक बल दिया जाना चाहिए। वैभव तथा पराभव क्रम से गौरव तथा आत्मचिंतन का अवसर प्रदान करते हैं और इतिहास पढ़ाने का यही उद्देश्य होना चाहिए।
- कोठारी आयोग ने इस बात पर दु:ख प्रकट किया है कि भारत में कोई भी ऐसी एक पुस्तक नहीं, जो समान रूप से पूरे देश में पढ़ाई जा सके। आयोग का कथन है कि इतिहास एक ऐसा विषय हो सकता है, जिसकी पाठ्य-पुस्तकें पूरे देश के लिए समान हों। एकता की दृष्टि से ये एक-दो सुझाव हैं।
- भौगोलिक तथा राजकीय एकता के सुदृढ़ होने के साथ सांस्कृतिक इकाई, जो देश की भावात्मक एकता की सबल कड़ी है, यदि वह कमजोर रह गई तो देश की अखंडता के प्रयास रेत पर प्रासाद बनाने के समान होंगे। अतः सांस्कृतिक इकाई को पुष्ट करने के लिए आयुवर्ग तथा स्तरानुसार संस्कृति पुस्तिका माला के अंतर्गत ऐसी सौ पुस्तकों का संचय तैयार किया जाए, जो प्राथमिक शाला से वरिष्ठ माध्यमिक विद्यालय स्तर तक की छात्र-छात्राएँ इन्हें स्वाध्याय के लिए उपयोग में लाएँ।
- भूगोल की पुस्तकों का भी पुनः लेखन इस प्रकार हो, जिसके अध्ययन से यह बात स्पष्ट हो जाए कि एक क्षेत्र में उत्पन्न कच्चे माल का उपयोग दूसरे प्रांतों में किस प्रकार होता है और एक प्रांत की निर्भरता दूसरे प्रांत से इस प्रकार गुँथी है कि दोनों को पृथक् नहीं किया जा सकता। वस्तुतः इस प्रकार भूगोल पढ़ाने से राष्ट्रीय एकता की कड़ी मजबूत होगी। जलवायु, उपज, खनिज-पदार्थ, नदी, समुद्र आदि ये सब देश की भौगोलिक एकता के सूत्र हैं। देश में सर्वत्र

रीति-रिवाज, खान-पान, वेश-भूषा, तीज-त्योहार भिन्न हैं, फिर भी हम सांस्कृतिक दृष्टि से एक हैं।

अन्य विषय

राजनीति तथा नागरिक शास्त्र से प्रजातंत्र, समाज शास्त्र तथा अर्थशास्त्र से समानता के प्रति प्रतिबद्धता, विज्ञान से वैज्ञानिक दृष्टिकोण का विकास, ललित कलाओं के माध्यम से सांस्कृतिक निधि का हस्तांतरण होता है। अन्य विषयों से भी देश की माटी से संबंध सथापित करने का प्रयास किया जाना चाहिए।

- विषयों के स्वरूप को निखारने के लिए शिक्षकों की भूमिका प्रमुख है। अतः उनके प्रशिक्षण की महती आवश्यकता है। यह क्रम सतत तथा व्यापक रूप से जारी रहना उचित है।
- कोठारी आयोग ने पुस्तकों में राष्ट्रीय दृष्टिकोण प्रस्तुत करने के लिए पुस्तक लेखन के लिए राष्ट्रीय स्तर के विषय विशेषज्ञों को सहभागी बनाने का महत्त्वपूर्ण सुझाव दिया है।

राष्ट्रीय शिक्षा नीति का संभवतः इस ओर ध्यान नहीं गया है। यह सुझाव बहुत ही अच्छा है, इसे कार्यान्वित किया जाना चाहिए।

सहपाठ क्रियाकलाप

- पाठ्यक्रम की परिभाषा केवल पुस्तकों तक सीमित नहीं है, इसकी परिधि में शिक्षक का व्यवहार, विद्यालय का भवन, प्रांगण, दीवारों पर लगे चित्र तथा लिखे आदर्श वाक्य आदि सहपाठ क्रियाकलाप भी आते हैं।
- विद्यालय का वातावरण ऐसा संस्कारक्षम हो कि बालक के सम्मुख कन्याकुमारी से कश्मीर तक भारत की अखंड तसवीर रहे और उसके प्रति कृतज्ञता तथा समर्पण का भाव सदा-सर्वदा उमड़ता रहे।
- समूह-गान, क्षेत्रीय भाषाओं के गीत, भिन्न-भिन्न प्रांतों की वेशभूषा, सज्जा, प्रेरणादायक प्रसंग, कहानी, कविता तथा चित्रकला प्रतियोगिता प्रत्यक्ष तथा परोक्ष रूप से प्रभावी रहती हैं।
- देश-दर्शन कार्यक्रम, अपना प्रांत, अपना देश पहचानो, प्रश्नमंच, मेरा विद्यालय-मेरा देश, मेरा देश प्रकल्प, अनेकता में एकता तथा देश के सभी सद्ग्रंथों की प्रदर्शनी, देश की सामाजिक तथा आर्थिक स्थिति का ज्ञान, सामाजिक कुरीतियों के उन्मूलन के लिए कक्षाओं की व्यवस्था, मलिन बस्तियों का सर्वेक्षण, इन सबसे देश की वास्तविक स्थिति की जानकारी होती है और चुनौतियों भरे

कार्यों को करने की इच्छाशक्ति भी प्रबल होती है।

- देश के प्रतीकों के पठन तथा पाठन की सुविधा से विद्यार्थियों में देश की सभी भाषाओं के प्रति प्रेम जाग्रत् होगा।
- राष्ट्रीय सेवा योजना, एन.सी.सी., स्काउटिंग, रेडक्रॉस आदि इन सब गतिविधियों को ऐसा रूप दिया जाए, जिससे इनमें भाग लेनेवाले सब सामाजिक कार्यकर्ता श्रमनिष्ठ, सेवाभाव, देशभक्ति से ओतप्रोत, एक अच्छे नागरिक बन सकें।
- विद्यालय स्तर से विश्वविद्यालय तक समाज-सेवा के कार्य को शिक्षा का अनिवार्य अंग बनाया जाए।
- अवकाश के दिनों में युवाशक्ति की क्षमताओं का सदुपयोग राष्ट्र-निर्माण के कार्यों के लिए किया जाए। राष्ट्रीय एकता शिविर, आचार्यों तथा छात्रों का अन्य प्रांतों में जाकर वहाँ के जीवन में समरसता, ये सब गतिविधियाँ उन्हें देश के अंगभूत होने का संस्कार देगी।
- हमारी शिक्षण-संस्थाएँ सामाजिक चेतना के केंद्र बनें। प्रकृति का प्रकोप हो अथवा देश में अंतर्बाह्य कष्ट की घड़ी हो, संस्था परिवार के सदस्य, कष्टग्रस्त क्षेत्र में सहायता कार्य करने के लिए तत्पर रहें। उनकी यह तत्परता राष्ट्रीय एकता के भाव को सुदृढ़ करेगी।

आंतरिक बाधाएँ

- वी.वी. जॉन ने कहा था—''शिक्षा में राजनीति नहीं, अपितु राजनीति में शिक्षा चाहिए।'' क्या हम इस उद्‍बोधक वाक्य को देश की एकता तथा अखंडता के लिए राजनीति में पथ-प्रदर्शक के रूप में रख पाएँगे?
- राष्ट्रीय गरिमा तथा एकता और सांस्कृतिक साहचर्य धर्म को बढ़ावा देने के मूल उद्‍देश्य को पूरा करने में शिक्षा समवर्ती सूची में होने पर भी अपने लक्ष्य तक पहुँचने में असमर्थ हो रही है; क्योंकि उसके पास न तो कानून की सहायता है और न ही कोई तरीका है, जिससे वह संकीर्ण क्षेत्रीय सामाजिक या मताग्रही धाराएँ बच्चों के मस्तिष्क में ठूँसने से रोक सके। इस समस्या के समाधान के लिए तत्काल उपाय ढूँढ़ना जरूरी है।
- सहपाठ क्रियाकलाप भावनाओं के उदात्तीकरण में बहुत ही सबल, सक्षम भूमिका निभाते हैं, परंतु इनको शिक्षण-संस्थाओं में पर्याप्त समय नहीं दिया जा सकता, क्योंकि विद्यार्थी के समूचे व्यक्तित्व उसके सम्मान, जीवन-मूल्यों आदि का मूल्यांकन केवल येन-केन-प्रकारेण मस्तिष्क में डाली ज्ञानकारी के आधार पर होता है, जिसे वह परीक्षा भवन में उड़ेल देता है।

- क्या देश की शिक्षण-संस्थाओं में सर्वधर्म समभाव के जागरण के लिए महापुरुषों, संत-साधुओं की प्रेरक आदर्श सामग्री पढ़ाने की स्थिति में है? क्या इस दृष्टि से संविधान में संशोधन करने के लिए हम दृढ़संकल्प हैं?

जब तक हम इन आंतरिक बाधाओं को दूर करने में देश की इच्छाशक्ति प्रकट नहीं करते, देश की एकता तथा भव्यता का स्वप्न कैसे पूरा होगा?

उपसंहार

राष्ट्रीय एकता के कार्यक्रम को बड़ी शांति, संयम तथा ईमानदारी से चलाने की आवश्यकता है। इसके परिणाम तुरंत दिखाई नहीं देंगे। हृदय परिवर्तन की प्रक्रिया धीरे-धीरे प्रारंभ होती है और दृढ़ होती जाती है। डॉ. श्री राधाकृष्ण के शब्द हमारा संबल बनेंगे—

"राष्ट्रीय एकता के भवन का निर्माण ईंट और गारे, करनी और कस्सी से नहीं होगा। यह प्रक्रिया धीरे-धीरे मनुष्यों के हृदयों में प्रवेश करेगी। यदि कोई गुणकारी मार्ग है, तो वह शिक्षा ही है, परंतु यह है—सुदृढ़ तथा स्थायी।"

□

जीवन का आधार ओ३म्

ॐ में जादू है, प्रभाव है, ऐसा गुण है, जो उसका जाप करनेवाले साधक का मन एकाग्र और वश में कर देता है। उसके गायन से हमारी भावनाएँ, हमारे विचार एक सामंजस्यपूर्ण स्थिति में पहुँच जाते हैं, उसके द्वारा आत्मा को शांति और विश्रांति मिलती है, हृदय उस दशा में पहुँच जाता है, जहाँ ईश्वर के साथ तादात्मीयता होती है। वेदांत मात्र 'नहीं-नहीं' हिंदुओं के सभी दर्शन-शास्त्र केवल इसी महामंत्र की व्याख्या मात्र हैं।

"Om has a charm about it, an efficieny, a virtue in it which directly brings the mind of one who chants it under control, which directly brings all feelings and all thoughts into a state of harmony, brings peace and rest to the soul and puts the mind in a state where it is one with God. All the Vedanta, nay all the philosophy of the Hindus is simply an exposition of this syllable OM."

प्रसिद्ध विज्ञान पत्रिका 'साइंस' में प्रकाशित एक शोध में कहा गया है कि 'ॐ' एक ऐसा शब्द है, जिसका अलग-अलग आवृत्तियों में जाप मस्तिष्क, पेट और रक्त से जुड़े कई रोगों की चामत्कारिक ओषधि है। यह सैरीब्रल पैल्सी जैसे असाध्य रोग का उपचार है। इस पत्रिका में रिसर्च एंड एक्सपेरीमेंट इंस्टीट्यूट ऑफ न्यूरो साइंसेज के एक दल, जिसके प्रमुख प्रोफेसर जे. मार्गन हैं, के द्वारा सात वर्ष तक हृदय और मस्तिष्क के रोगियों पर परीक्षण किया गया। ओ३म् का उच्चारण एवं जाप नियमित रूप से अलग-अलग आवृत्तियों एवं ध्वनियों में किया गया, जिससे पेट, सीना और मस्तिष्क में एक कंपन उत्पन्न हुआ। इससे शरीर में मृत कोशिकाएँ पुनर्जीवित हुईं तथा नवीन कोशिकाओं का निर्माण भी हुआ। इसका प्रभाव फेफड़ों, नाक एवं गले पर भी हुआ। तेज तरंग एवं

कंपन के द्वारा संतुलन भी स्थापित हुआ। इस परीक्षण में 2500 पुरुष एवं 2000 महिलाएँ सम्मिलित की गईं। इनके द्वारा सुबह एक घंटे तक योग्य प्रशिक्षकों की देख-रेख में विभिन्न आवृत्तियों में 'ॐ' का जाप किया गया। इसमें 70 प्रतिशत पुरुष और 85 प्रतिशत महिलाओं को 60 प्रतिशत लाभ हुआ। कुछ रोगियों को मात्र 10 प्रतिशत ही प्रभाव हुआ, क्योंकि उनका रोग आखिरी चरण में पहुँच गया था।

इस शोध के विषय में योग काउंसिल के विशेषज्ञ एस.एन. ठाकुर ने अपनी टिप्पणी दी—यह शोध हमारी आँखें खोलनेवाला है, जबकि हम पहले से यह बात कहते आए हैं। योग का एक हिस्सा प्राणायाम है और प्राणायाम इसका एक हिस्सा उच्चारण भी है। इन ध्वनियों से लाभ पहुँचता है।

एम्स में न्यूरोलॉजी के विभागाध्यक्ष प्रो. मंजरी त्रिपाठी ने लिखा—"ॐ के उच्चारण से नाभि से लेकर मस्तिष्क तक धमनियाँ सामान्य होने लगती हैं। इससे रक्त-प्रवाह सामान्य होता है। बीमारियों पर नियंत्रण आसान हो जाता है। 'ॐ' का असर नकारा नहीं जा सकता।"

एम्स मेडीसिन के विभागाध्यक्ष डॉ. अनूप मिश्रा ने रिपोर्ट दी—ॐ के उच्चारण से इंटरनल, आटॉनोमिक नर्व्स पर असर पड़ता है और दोनों की गतिविधियाँ कम हो जाती हैं। इससे लोग शांति अनुभव करने लगते हैं। एंग्जॉइटी, डिप्रेशन और रक्तचाप कम हो जाते हैं।

इस ॐ शब्द को प्रणव भी कहा जाता है। ॐ के संदर्भ में ऋषि-मुनियों की निरंतर साधना का यह परिणाम निकला कि प्रकृति के गर्भ में प्रतिक्षण, प्रतिपल ॐ सदृश ध्वनि निकलती रहती है। हमें इस जीवनोपयोगी ॐ का निरंतर शुद्ध अभ्यास कुंडलिनी शक्ति को जाग्रत् करके विशेष लाभ पहुँचाता है। यह प्रकृति को नियंत्रित करता हुआ हमारे अंदर हमारी सुषुप्त मेधा को विकसित करके चमत्कारपूर्वक दीर्घायु में पहुँचाता है। ध्वनि का अभ्यास निम्नवत् किया जाना चाहिए—

सर्वप्रथम रीढ़ की हड्डी सीधी रखते हुए कुचालक वस्तु के आसन पर सुखासन में बैठना होता है। योगशास्त्र के अनुसार 'ॐ' का विधिवत् जाप करने पर शरीर में संचरित प्राणऊर्जा नियमित हो उठती है। 'ॐ' के शुद्ध उच्चारण से उत्पन्न ध्वनि ऊर्जा एवं शरीर ऊर्जा से एक-दूसरे के विपरीत घूर्णन प्रारंभ होकर घर्षण-विद्युत् उत्पन्न होती है, जो विद्युत् धारा के रूप में शरीर को निरोग बनाती है। यही विद्युत् धारा संपूर्ण शरीर में परिपथ (सर्किट) बनाती हुई मस्तिष्क की ओर प्रवाहित होती है और ज्ञानकोश को खोलती है।

ॐ की ध्वनि के अभ्यास से दाईं हथेली को बाँईं हथेली पर रखते हुए सीधे बैठकर हाथों को गोद में रखा जाता है, ताकि परिपथ पूर्ण हो। ध्यानमग्न होकर नेत्र बंद

करके पूर्ण श्वास लेते हुए वायु को फेफड़ों से भरा जाता है। इससे पेट की मांसपेशियाँ अधिक न फूलें तथा पेट संकुचित ही रहे। मुख के ओठों को खोलकर 'ओ' के उच्चारण के उपरांत धीरे-धीरे 'म्' के उच्चारण की ओर बढ़ते हैं।

'ओ' के सामने लेटो '3' के अनुसार तीन गुणा समय लेकर 'म्' का समय अर्द्ध स्थिति में लघु हो जाता है। इस स्थिति में एकाग्रता के साथ मस्तिष्क में गुनगुनाहट का सुखद अनुभव होता है, यह क्रिया इच्छानुसार समय तक संचालित करने पर आनंद की अनुभूति होती है तथा शरीर निरोग रहता है। प्राणऊर्जा का नियमित संचरण होने के कारण उसमें उत्पन्न होनेवाले अवरोध समाप्त हो जाते हैं। उन अवरोधों के कारण ही रोग उत्पन्न होते हैं। चिकित्सा की एक्युपंक्चर विज्ञान विधि से शरीर में स्थित 700 बिंदुओं पर सुई चुभाकर दबाव डाला जाता है। उससे प्राणऊर्जा का अवरोध समाप्त हो जाता है। इस क्रिया के लिए ॐ का विशुद्ध रूप से विधिवत् उच्चारण अधिक उपयोगी एवं आनंददायक होता है। चिकित्सकीय क्रिया से ऊपर उठकर यह परमेश्वरीय एकाकार की आनंदानुभूति अनंत और असीम है।

यदि हम ॐ को जीवन का आधार बनाकर चलें तो जीवन सफल होगा तथा सर्वानंद की प्राप्ति होगी। मनुष्य ही नहीं, बल्कि संपूर्ण जीवन ईश्वर का अंश तो है, किंतु हमें अपनी ओर से विशेष रूप से परमेश्वर से जुड़ना होगा तथा अपनी त्रुटियों को त्यागना होगा। जीवनयापन में होनेवाली त्रुटियों के कारण ही हम संसार को नरक बना देते हैं। इसलिए यह कथन सत्य अनुभव होता है—

God made heaven, man created hell.

अर्थात् प्रभु ने स्वर्ग बनाया, लेकिन मनुष्य ने इसे नरक बना दिया। ईश्वर से जुड़कर स्थिति अवश्य संशय रहित होकर सुखमयी एवं आनंदमयी बनेगी। निम्नलिखित श्लोक में यह पूर्णतः स्पष्ट है—

सर्वाबाधा विनिर्युक्तों धनधान्यसुतान्वितः।
मनुष्यो मत्प्रसादेन भविष्यति न संशयः॥

अतः हम ॐ अर्थात् परमेश्वर (ब्रह्म) को अपने हृदय में धारण कर एवं उसकी साधना करके सर्वसुख की प्राप्ति करें। उपनिषद् अत्यंत प्राचीन हैं। कठोपनिषद् में निम्नांकित श्लोक में ओउम् के प्रत्येक अक्षर को कल्याणकारी कहा गया है—

एतद्ध्येवाक्षरं ब्रह्म, एतद्ध्येवाक्षरं परम।
एतद्ध्येवाक्षरं ज्ञात्वा यो यदिच्छति तस्य तद्॥ प्रथम अध्याया 2/17

ओउम् की ध्वनि वैश्विक ध्वनि तथा व्योम की ध्वनि है। यह ध्वनि संपूर्ण ब्रह्मांड में व्याप्त है। यह पूर्ण मंत्र एवं बीजमंत्र है तथा अन्यान्य मंत्रों का उद्गम है। सभी स्वरों की उत्पत्ति एवं लय ॐ से ही है। सभी भाषाओं के भाषी प्रायः किसी-न-किसी स्वर में

ॐ का प्रयोग करते हैं। ॐ के विषय में किसी भी देश, राष्ट्र, धर्म-संप्रदाय अथवा भाषा का विवाद नहीं है। ओउम को ही अरबी लोग 'आमीन' कहते हैं। फारसी में इसे 'आमेन' कहा जाता है। ग्रीक इसे 'ओमेन' अथवा 'आम्नी' कहते हैं। अत: ॐ की निरंतर साधना करके अपने मनुष्य जन्म को सार्थक, निरामय एवं सफल करें तथा परम कल्याण की प्राप्ति करें।

ओमित्येकाक्षरं ब्रह्म व्याहरन्मामनुस्तरन्।
यः प्रयाति त्यजन्देहं स याति परमां गतिम्।
ॐ तत्सदिति निर्देशो ब्राह्मणस्त्रिविधः स्मृतः।
ब्राह्मणास्तेन वेदाश्च यज्ञाश्च विहिताः पुरा॥ 17/23
तस्माद् ॐ इत्युदाहृत्य यज्ञ दान तपः क्रियाः।
प्रवर्तन्ते विधानोक्ताः सततं ब्रह्म वादिनाम्॥ 17/24

परम पिता परमात्मा को ब्रह्मवेता ऋषियों ने ॐ से ही निर्दिष्ट किया है। उसी परमात्मा से वेदों व सज्ञादि की उत्पत्ति हुई। अत: यज्ञ, दान, तप, क्रिया ॐ इस उच्चारण से करने का विधान किया गया है।

□

खंड–3

आचार्य का आचार्यत्व जागे

21वीं शताब्दी, दूरदर्शन की दीदी और आचार्य

21वीं शताब्दी की ओर से अग्रसर देश ने आनेवाले कल के लिए अनेक संभावनाओं तथा संकल्पनाओं को सँजोया है। कल्पना की उड़ान तो यहाँ तक की जाने लगी है कि प्रातः उठने के पश्चात् जिस भी स्वाद की चाय पीने की मस्तिष्क में चेतना होगी, कंप्यूटर उसका सूत्र तैयार कर देगा और रोबोट उसी के अनुसार चाय बनाकर आपके सम्मुख लाकर खड़ा रहेगा। चाय की अंतिम चुस्की के साथ वह खाली कप-प्लेट लेकर वापस अपने स्थान पर पहुँचा देगा। चाय तो बनी, परंतु न तो बनानेवाला और न ही बनानेवाली दिखाई दी।

शिक्षा क्षेत्र में भी कुछ ऐसा ही होने की संभावना है। ऐसा कहा जा रहा है, पाठ्यक्रम तो समाप्त हो जाएगा, न तो कक्षा में दंड देनेवाले हाथ होंगे। दूरदर्शन की दीदी ही प्रत्येक कक्ष में उपस्थित होकर अपने विषय को प्रस्तुत करेगी। उसकी पाठन-विधि में तकनीक का समावेश होगा और नवीनतम ज्ञान का भी वितरण होगा। दृश्य-श्रव्य उपकरणों से कक्षा-कक्ष मनोरंजक स्थल बन जाएगा।

'तू पढ़ विधि' जिसके माध्यम से मास्टरजी तो कुरसी पर बैठे रहते हैं, विद्यार्थी ही उनके स्थान पर इतिहास, भूगोल, विज्ञान, हिंदी आदि विषयों के पाठों का वाचन कर डालते हैं और इस क्रम से पाठ समाप्त हो जाते हैं, काल-बाह्य हो जाएगी। पुस्तकों में पड़े काले मरे अक्षर, येन-केन-प्रकारेण बालकों के मस्तिष्क में ठूँसने की जो प्रक्रिया आज चल रही है और बालक उसको जैसे-तैसे परीक्षा-कक्ष में उत्तर-पुस्तिकाओं पर उड़ेल देता है, इस नाटक का भी पटाक्षेप हो जाएगा।

21वीं शताब्दी में देश की आर्थिक स्थिति में इतना सुधार हो जाएगा कि प्रत्येक घर में दूरदर्शन होगा और उसमें बालक की दीदी बंद होगी, निश्चित समय पर घरों में ही पठन-पाठन क्रम चालू रहेगा। बालक पढ़ना चाहेंगे तो पढ़ेंगे। नहीं तो, नहीं। उनको सीखने के लिए तब कोई बाध्य नहीं कर पाएगा। उस अवस्था में, वर्तमान में कार्यरत

अध्यापक भाई तथा बहनों का क्या होगा? क्या उनकी छँटनी की जाएगी? क्या उनका स्थान दूरदर्शन तथा कंप्यूटर विषयों के ज्ञाता ले लेंगे? क्या विद्यालय भवन रहेंगे? आज के विचारशील अध्यापक को ये सारे प्रश्न कचोट रहे हैं।

असमंजस की स्थिति में अपने बंधुओं को मैं आश्वस्त करना चाहता हूँ कि उनकी आवश्यकता सदा-सर्वदा रहेगी। हाँ, अंतर यह होगा कि मास्टर का स्थान आचार्य ले लेंगे। ऐसे कितने ही कार्य हैं, जिनके लिए आप और केवल आप बने हैं, वह आपको ही करने होंगे? चोट लगने पर चीत्कार करते बालक की आवाज को क्या दूरदर्शन की दीदी सुन पाएगी? क्या यह सब देखकर अपनी चौखट से बाहर निकल, बालक को गोद में लेकर उसे पुचकारेगी, उसे चुप कराएगी? नहीं, ऐसा करना असंभव है। इस परिस्थिति में उस आचार्य की आवश्यकता रहेगी, जो संवेदनशील है और जो बालकों को जिगर का टुकड़ा मानती है। जहाँ से रोने की आवाज आ रही है, दौड़कर वह वहाँ पहुँचेगी और बालक के आँसू पोंछ, उपचार कर उसके होंठों पर फिर से मुसकान लौटा देगी।

यान की स्पुतनिक गति में वृद्धि हो रही है। बालक दसों दिशाओं से जानकारियाँ प्राप्त कर रहा है और करता जाएगा। उसके सम्मुख अनेक समस्याएँ उपस्थित होंगी। कठिनाइयाँ भी हल माँगेगी। जिज्ञासाओं के समाधान के लिए वह किस ओर निहारेगा? क्या दूरदर्शन की दीदी से उसका संवाद हो सकेगा? क्या, कौन, कब, कैसे, कहाँ और क्यों, प्रश्नवाचक शब्दों की गति क्या रहेगी? स्पष्ट है, जिज्ञासा समाधान, बालक की अंतर्निहित शक्तियों को प्रकट करने के अवसर प्रदान करना, प्रत्येक बालक की रुचि अभिरुचि का ध्यान रखते हुए, गतिरुद्ध बालक को गतिशील तथा गतिशील बालक को प्रतिभाशाली बनाना, यह शैक्षिक-कार्य दूर से नहीं, निकट से, भाषण-विधि से नहीं, संवादात्मक शैली से ही संभव है।

अत: 21वीं शताब्दी में वही आचार्य कार्यरत रहेंगे, जो अन्य गुणों के साथ प्रमुख रूप से दो गुणों के धनी होंगे। वह है—स्नेह और समाधान करने की क्षमता। परस्परानुकूलता, सुख-दु:ख समभाव, सहृदयता, पारिवारिक भावना, आत्मीयता—ये स्नेह की परिधि में आते हैं। सौम्यता, संतुलन, सामाजिकता, शांत स्वभाव, ज्ञानोपार्जन के प्रति रुचि , स्वाध्याय, प्रयोग प्रवृत्ति—इन गुणों को अर्जित कर आचार्य बालक की जिज्ञासा को शांत करने में समर्थ हो सकता है।

दूरदर्शन की दीदी भी रहेगी और आप भी रहेंगे। आप दोनों एक-दूसरे के पूरक हैं और रहेंगे। शिक्षा जीवमान क्रिया है। गुरु-शिष्य संबंध दूर से दर्शन करने का विषय नहीं है। यह एकाकार की साधना है। शिक्षा जगत् में नई विधियों, तकनीकियों के प्रवेश से अध्यापक यंत्रवत् न बने, यह चिंता अध्यापकों को करनी होगी। जो दूरदर्शन के पूरक नहीं

बन सकते, उन्हें ध्यान कर लेना चाहिए कि 21वीं शताब्दी में उनके केवल अवशेष रहेंगे। रहेंगे तो वह, जो बालकों से स्नेह करेंगे और उनकी जिज्ञासाओं के समाधान के लिए सदा तत्पर रहेंगे। आओ, उधर जाने की अभी से हम तैयारी करें। इस तैयारी में वर्तमान को भी लाभ होगा, भविष्य तो सुधरेगा ही।

□

अध्यापक नहीं आचार्य

अध्यापक शब्द उच्चारण करते ही शिक्षा का उद्देश्य लड़खड़ा जाता है और उसका पंगु स्वरूप हमारे सम्मुख उपस्थित हो जाता है। उसे देखकर ऐसा प्रतीत होता है कि बालक को खाली बोतल समझ लिया गया हो और जानकारियों के ढेर से उसे भर दिया गया हो। आत्मसात् किए बिना यह अक्षर-ज्ञान मस्तिष्क में पड़ा रहकर आजन्म ही गड़बड़ मचाया करता है। शिक्षा की यह लघु परिभाषा लॉर्ड मैकाले के काल से आज तक इस क्षेत्र की पवित्रता को खंडित कर रही है।

स्वामी विवेकानंदजी के शब्दों में—"यदि शिक्षा का अर्थ जानकारी होता, पुस्तकालय संसार के सबसे बड़े संत हो जाते और विश्वकोश महान् ऋषि बन जाते। सत्यता यह है कि बालक में अनंत अंतर्निहित शक्तियों का भंडार है। उनको प्रकाश में लाना और बालक को क्रियाशील बनाना ही शिक्षा है। ठीक ही कहा गया है—"यः क्रियावान् सः पण्डितः" (जो क्रियाशील है, वही बुद्धिमान है, न कि ज्ञान-संपन्न वाचाल (व्यक्ति)।

शिक्षा के इस उद्देश्य की पूर्ति के लिए अध्यापक शब्द हलका पड़ता है। संभवतः इसी कारण इसके साथ आदर्श विशेषण जोड़ने की आवश्यकता प्रतीत हुई है। प्राचीन काल में अध्यापक को गुरु अथवा आचार्य कहते थे। 'गुरु' शब्द में संयम तथा आचार्य में आचरण के आदर्श विद्यमान हैं। इन दोनों गुणों के आधार पर दी जानेवाली शिक्षा के परिणामस्वरूप गुरु अथवा आचार्य अपने नामों को सार्थक करते थे। "गुरोस्तु मौनव्याख्यानं शिश संछिन्न संशयः (गुरु का चरित्र तथा व्यक्तित्व विद्यार्थियों पर चिरकालीन प्रभाव डालता है।)

अध्यापक के लिए ये दोनों संबोधन अपने में पूर्ण थे और आज भी निज स्वरूप को स्वतः प्रकट करने में समर्थ हैं। हमारा आदर्श अध्यापक भी इसी श्रेणी में आता है। शिक्षा की व्यापक परिभाषा से वह परिचित है। उसकी यह मान्यता है कि प्रज्वलित दीप दूसरे को प्रकाशित कर सकता है। संयम, अभ्यास तथा आचरण की त्रिवेणी से ही वह अपना

ऐसा आदर्श उपस्थित करता है, मानो प्रयाग दोहरे पर्व का अधिकारी हो गया हो। इस क्षेत्र की शुद्धता के अनुरूप ही वह अपने जीवन की झीनी चादर धवल बनाए रखता है।

आजकल की परिस्थिति में अध्यापक में विद्वत्ता, नीतिमत्ता और शासन क्षमता (अर्थात् अनुशासन बनाए रखने की क्षमता) होना उसकी सफलता के लिए बहुत आवश्यक है।

विद्वत्ता, नीतिमत्ता च शासनक्षमता तथा।
विद्या गुरुणां चैते वै त्रिगुणाः संप्रकीर्तिता॥

उसके अनुशासन का आचार दंड नहीं, स्नेह, आत्मीयता तथा संवेदनशीलता से वह अपने शिष्यों का प्रिय आचार्य तथा पथप्रदर्शक बन जाता है।

अधिक वेतन, अधिक साधन, सुविधाएँ, शासन की कुरसी, रोबदाब, हुजूर—ये लुभावने शब्द उसके प्रेरणास्रोत नहीं। उसका संकल्प है, "मैं अपने प्रयत्न से दो-चार बालकों को जीवन-निर्माण में सहायक रहूँगा। उनके जीवन की दिशा बदलूँगा।" इस संकल्प को क्रिया में परिणत करने के लिए वह अविचल कार्य करता है। उसने ज्ञान, इच्छा तथा क्रिया में प्रयत्नपूर्वक सामंजस्य स्थापित किया है। उसका जीवन विडंबना विहीन है। इसी के आधार पर वह जी रहा है और जीता रहा है।

अध्यापन कार्य उसकी वृत्ति है, व्यवसाय नहीं। यह उसका मनोरंजन है, नौकरी नहीं। इसी में उसे सुख तथा संतोष का अनुभव होता है। इसी का परिणाम है कि उसकी इस कार्य में आस्था सुदृढ़ होती है। यह उसके लिए गौरव तथा गर्व का पुनीत-कार्य है। यही पवित्रता उसे जीवनपर्यंत आदर्शवादी जीवन व्यतीत करने की प्रेरणा देती है।

आदर्श अध्यापक विद्यालय को प्रयोगशाला मानता है। वह अपने अनुभवों व प्रयासों का प्रयोग करता है। वह प्रत्येक बच्चे का पृथक्-पृथक् विचार करता है। उसके संबंध में महान् संभावनाओं को आँकता है। सतत कार्य, अधिकारी दृष्टि, साधनामयी भाव से उन संभावनाओं को साकार कर दिखाता है। देहपुत्र देवपुत्र बन जाते हैं।

व्यक्ति निर्माण करने की प्रक्रिया में हम देखते हैं कि यह कार्य व्यक्तिगत संबंध बनाए बिना संभव नहीं। बनानेवाला ऊपर खड़ा रहकर यह सब नहीं कर सकता है। व्यक्ति को ऊपर उठने के लिए नीचे उतरना आवश्यक है। आदर्श अध्यापक बालक के पास जाता है। उसको धीरे से उठाकर लाता है, उसको पता भी नहीं लगने देता कि कुछ बन रहा है। संपर्क के माध्यम से जीवनज्योति जग रही है। वह उसकी श्रद्धा का पात्र बन जाता है। अध्यापक उस श्रद्धा को अपने प्रति नहीं, राष्ट्र-देवता के चरणों में समर्पित करने के लिए ध्येयोन्मुख कर देता है। इसमें उसकी महानता है तथा आदर्श की परख है।

निर्माण कार्य वस्तुतः बहुत कठिन कार्य है। बनानेवाले अत्यंत धैर्यवान प्राणी है। भिन्न-भिन्न संस्कार लिये बालक उसके सामने अनेक कठिनाइयाँ प्रस्तुत करते हैं।

आदर्श अध्यापक उनकी न्यूनताओं को पी जाता है। मुसकराता हुआ चेहरा, आगे बढ़ना, धैर्य का संबल, व्यक्ति तैयार करना, यह क्रम चलता रहता है। इस निर्माण में ही वह आत्मविस्तार के साक्षात् दर्शन करता है। आत्म-सफलता उसे मधुमाती भूमि पर ले जाती है, जहाँ वह एक ऐसे आनंद का अनुभव करता है, जो ब्रह्मानंद सदृश है। गूँगे के गुड़ के समान है। उसके सम्मुख अन्य सब हेय है।

ध्येय की स्पष्टता, कार्य की जानकारी, वृत्ति तथा रुचि से कार्य करने की प्रेरणा, पूजाभाव से किया गया कार्य, ज्ञान-अर्जन की प्रक्रिया आदि अनेक गुण हैं, जिसके कारण अध्यापक एक आदर्श अध्यापक बनता है। वैसे हिंदी के सभी अक्षर, स्वर हों अथवा व्यंजन, उनसे प्रारंभ होनेवाले सभी विशेषक गुणरूप में अध्यापक के साथ जोड़ दिए जाते हैं। कबीर ने तो यहाँ तक कहा है—

पृथ्वी सब कागद करूँ लेखनी सब बनराय।
सात समुंद्र की मसि करूँ, गुरु गुण लिखा न जाय॥

हमारा अध्यापक ऐसा नहीं है, जिसके गुणों को लिखा न जा सके। उसके केवल पाँच ही आयाम हैं। इन पड़ावों पर उसके जीवन की गाड़ी रुकती है, नहीं तो वह अविरल तथा अबाध गति से बढ़ता चला जाता है, जब तक वह लक्ष्य प्राप्त नहीं कर लेता।

शिक्षा एक ओर शाश्वत जीवन-मूल्यों का वितरण करती है तो दूसरी ओर समय की माँग को पूर्ण करती है। हमारा अध्यापक जीवन-मूल्यों का वितरण करता है और समय की चुनौतियों को भी स्वीकार करता है।

सर्वप्रथम विचार करते हुए उसके सामने प्राचीन ऋषियों, मनीषियों, ज्ञानी तथा संतों की वह तपोभूमि, पुण्य-भूमि सामने आती है, जहाँ चरित्र-निर्माण के लिए संसार के सभी लोग आते थे। यहाँ के वासी इस पृथ्वी को माँ मानकर आचरण करते थे। पढ़ा-लिखा वह कहलाता था, जो सब में एक जैसी आत्मा का साक्षात्कार करे। यह सांप्रदायिक सद्भावना की अनोखी धरती थी, अनेकता में एकता ही इस देश की विशेषता थी।

हाय! अब इसे क्या हो गया? हमारी उन दिव्य आँखों को मोतियाबिंद कैसे हो गया? सांप्रदायिक सद्भावना भाग्य की ठोकरें खाकर आठ-आठ आँसू बहाती, अपने पीर-पैगंबरों तथा संतों की वाणी को मरघटों में ढूँढ़कर हार रही है। अस्पृश्यता, भेदभाव, असमानता, बेकारी, भूख, भ्रष्टाचार, परिवार-पालन, दहेज, न जाने कितनी ही बुराइयों का खून स्वस्थ समाज में पड़कर उसे अंदर से खोखला कर रहा है। भारत माँ के सम्मुख यदि खड़े हो तो वह चीत्कार कर उठती है—

'क्या दूँ वरदान तुम्हें, आत्मा मेरी अभिशाप दे रही?'

समाज की इस विषम-स्थिति को देख हमारा आदर्श अध्यापक घबरा नहीं उठता।

वह निराश नहीं है। "राष्ट्र-निर्माण कौन करेगा?" माँ की यह पुकार सुनकर वह आगे बढ़ता है और कहता है, "मैं करूँगा, मैं करूँगा।" धन्य है, उसकी सामाजिक दृष्टि, संवेदनशीलता तथा स्वदेश-प्रेम।

समाज के परिवर्तन की प्रक्रिया में योग देने का संकल्प उसका प्रथम सोपान है।

इस दृढ़ संकल्प से वह कक्षा-कक्ष में है। कोठारी के ये शब्द उसके कान में गूँज रहे हैं, "भारत का भाग्य कक्षा-कक्षों में निर्मित हो रहा है।" ऐसा सुनते ही वह उन बालकों को देखता है, जिनके हाथ में भावी भारत की बागडोर होगी। उसकी कक्षा समाज का एक लघुस्वरूप है। स्वामी विवेकानंदजी के विचारों के अनुसार उसने सभी देवी-देवताओं को अलमारी में बंद कर दिया है। वह एक ही देवी की आराधना करना चाहता है। वह है भारत माँ। उसने शिक्षा के उद्देश्य को इस उदात-भाव से जोड़ दिया है। लक्ष्य स्पष्ट है। प्रत्येक कक्षा का बालक पढ़ाई समाप्त करने के पश्चात् भावी जीवन में अपनी प्रतिभा, यश, तन, मन तथा धन, देश को समर्पित कर जीवन भर यह गीत गुनगुनाए और समय आने पर उसकी देह तथा यह ध्येय एक हो जाए—

"तेरा वैभव अमर रहे माँ, हम दिन चार रहें न रहें।"

दूसरा आयाम था लक्ष्य की स्पष्टता। मेरे आदर्श अध्यापक का विषय है—हिंदी।

शिक्षाशास्त्री कनिंघम के शब्दों में—"पाठ्यचर्या एक कलाकार (शिक्षक) के हाथों में वह यंत्र (साधन) है, जिससे वह अपनी वस्तु (छात्र) को अपने कलापक्ष (विद्यालय) में अपने आदर्श के अनुरूप ढालता है।"

इसी के अनुसार रचना-कार्य का अभ्यास हो, पाठ्य-पुस्तकें पढ़ाई जा रही हों अथवा विषय का प्रतिपादन हो, उसके मुख से कोई भी ऐसा वाक्य, शब्द नहीं निकलता, जिसमें किसी भी संप्रदाय की भावना को ठेस लगे। बालकों में प्रारंभ से यह भाव प्रस्फुटित और पुष्ट होता है—

"भारत-माता का यह मंदिर नाता भाई-भाई का,
समझे माँ की प्रसव वेदना वह है लाल माई का।"

उसमें इस मनोवृत्ति की नींव डालता है कि वे अपनी भाषा के साथ-साथ अन्य प्रदेश की भाषाओं को भी सीखें, उन्हें सम्मान की भावना से देखें। भिन्न-भिन्न भाषाओं की अनूदित कहानियाँ, लेख तथा कविताएँ पढ़ें।

वह अपने विषय का ज्ञाता है और अपने विषय को पढ़ाने में अनेक दृश्य-श्रव्य उपकरणों का प्रयोग करता है। देखना, सुनना, बोलना, लिखना तथा करना, पठन-पाठन की आदर्श पंच पद्धतियों के आधार पर वह विषय में प्राण डाल देता है।

पाठ्यक्रम की परिधि में वह केवल पाठ्य-पुस्तकों को ही नहीं लेता, अनेक इतर प्रवृत्तियाँ, विद्यालय भवन, वाटिकाएँ, खेल का मैदान, वे सब उपकरण, जो प्रत्यक्ष

अथवा अप्रत्यक्ष रूप से कक्षा के अंदर तथा बाहर संस्कार प्रदान करने में सक्षम हैं—इन सबका समावेश वह पाठ्यक्रम में कर लेता है।

शारीरिक शिक्षा, सांस्कृतिक प्रवृत्तियाँ, जिसमें नाटक, चर्चा, कहानी, निबंध-लेखन, संगीत, बाल-सभा, सहभोज, देशदर्शन, धर्मनिष्ठा, सेवा प्रकल्प, वेशभूषा प्रतियोगिताएँ, भिन्न-भिन्न भाषाओं को सीखने की व्यवस्था, महापुरुषों, संतों की जयंतियाँ मनाना आदि कार्यक्रमों के आधार पर वह बालकों को गंतव्य-स्थल पर ले जाता है।

पठन-पाठन का, लक्ष्य के साथ अभिन्न संबंध-स्थापन की कुशलता उसका तीसरा सोपान है।

हमारा आदर्श अध्यापक समाज के परिवर्तन को हाथ लगाने के लिए आगे बढ़ता है। शैक्षिक उद्देश्य तथा वृत्ति के साथ उसका संबंध जोड़ते हुए वह अपनी, कक्षा-कक्ष की प्रयोगशाला में भारत की नई तसवीर बनाने में संलग्न है। यह सब करने के लिए वह अपने को सामर्थ्यवान बनाना चाहता है, ऐसा सामर्थ्यवान, जो कष्टों के सामने झुके नहीं और लुभावने दृश्यों को देखकर फिसले नहीं। कर्तव्य-पूर्ति के इस मार्ग पर शरीर, बुद्धि, मन, हृदय, आचरण, स्वभाव, आदत और पथ पर चलने के लिए जो कुछ चाहिए, वह अर्पित करता है। बौद्धिक दृष्टि से ज्ञान-भंडार का स्वामी, क्षीर-नीर विवेकी, मानसिक दृष्टि से संतुलित, शारीरिक दृष्टि से पुष्ट—वह एक आदर्श इनसान तथा एक आदर्श आचार्य बन जाता है।

गुण-अर्जन—यह चौथा आदर्श है। अंतिम है आत्म-निरीक्षण, यह उसका परीक्षक और पथ-प्रदर्शक है। वह यह देखता है कि बताए गए चारों बिंदुओं में परस्परानुकूलता है अथवा नहीं। आत्मनिरीक्षण के क्षणों में वह अपना लेखा-जोखा करता है। वर्ष के अंत में क्या परिणाम हुआ? बच्चे पढ़ाई में तो अच्छे रहे, परंतु क्या वह अच्छे इनसान बन पाए अथवा नहीं? कहीं अभाव तो नहीं रहा? इन सब प्रश्नों पर विचार कर, अपने जीवन से उतार दें, वह आदर्श व्यक्तित्व अपने प्रकाश-स्तंभ की ओर बढ़ जाता है।

हमारी परंपरा ने उन्हीं की पूजा और आराधना करना सिखाया है, जो उद्देश्य में पूरी तरह सफल सिद्ध हुए हैं। जो व्यक्ति परिस्थितियों का दास है, वह हमारा आदर्श कभी नहीं रहा। हमारा आदर्श वह है, जो परिस्थितियों का स्वामी बन जाता है। केवल मात्र अपनी योग्यता और चरित्र के आधार पर परिस्थिति में परिवर्तन ला देता है, और अपने जीवन की आकांक्षाओं को प्राप्त करने में पूर्ण सफल हो जाता है।

कालिदास ने मालविकाग्निमित्रम् में आचार्य के तीन प्रकार बताए हैं—

1. कुछ विद्वान् ऐसे होते हैं, जो स्वयं योग्य तथा प्रबुद्ध होते हैं, पर अपने ज्ञान को अन्यत्र (शिष्य) में सङ्क्रांत नहीं कर पाते हैं।

2. दूसरे ऐसे हैं, जो सड्क्रांति में दक्ष होते हैं, वह स्वयं इतने प्रबुद्ध नहीं होते।
3. अन्य आचार्य जो यह समझते हैं, कुरसी तो अब मिल गई, फिर शास्त्रार्थ के चक्कर में पड़कर अपना तिरस्कार क्यों करवाना?

इस प्रकार, जिसका अपना ज्ञान केवल अर्थकारी तथा जीविका चलाने के लिए है और वह छात्रों को कुछ कह देने मात्र तक अपने कार्य को पूर्ण हुआ समझता है, वह ज्ञान वस्तु का व्यवसाय करनेवाला व्यक्ति आचार्य नहीं, बनिया होता है।

हमारा आचार्य वह है, जो प्रबुद्ध है और सड्क्रांति की कला में भी कुशल तथा प्रशंसनीय है। वही अध्यापकों में अग्रगण्य आचार्य है।

हमारा अध्यापक कथित इन पंक्तियों के अनुसार जी रहा है और अपने कर्तव्य का पालन कर रहा है। अत: हम सबके लिए आदर्श तथा पूज्य है। ऐसे ही व्यक्ति के संबंध में श्री रघुवीर शरण मित्र ने कहा है—

ऐसा सत्य सिखाना जग को,
अनाचार मिट जाए,
मिटे स्वर्ग की असत् कल्पना,
शाश्वत सत्य भूमि पर आए।
तुम भू के भगवान्, तुम्हारे
चरणों में ईश्वर मिलते हैं।
तुम अंतर के माली,
तुम से फूल जिंदगी के खिलते हैं।
मैं भूलूँगा, पर तुम मुझसे,
भूलों पर उदास न होना
तुम शिक्षक विद्वान्, तुम्हारी
प्रतिभा से लोहा भी सोना।

□

सफल आचार्य विषय का नहीं, समाज का आचार्य होता है

मैं अपना कथन पाँच दशक से भी अधिक पहले, स्वतंत्र भारत के प्रथम उपराष्ट्रपति (बाद में राष्ट्रपति), डॉ. सर्वपल्ली राधाकृष्णन ने जो कहा था, वहाँ से प्रारंभ कर रहा हूँ—''शिक्षा का उद्देश्य मात्र बौद्धिक स्वाधीनता नहीं है, इसका उद्देश्य हृदय और अंतश्चेतना की मुक्ति है। बाहर दिखाई देनेवाली मलिन बस्तियों की अपेक्षा मानसिक मलिन बस्तियाँ कहीं अधिक खतरनाक हैं।

''यदि हम राष्ट्र के भविष्य को खतरे में नहीं डालना चाहते, तो हमें शिक्षा को सर्वोच्च प्राथमिकता देनी होगी। भौतिक संपन्नता का, बड़े-बड़े बाँधों इत्यादि का कोई अर्थ नहीं है, यदि हमारे नर-नारी संकीर्ण और क्षुद्र मानसिकता वाले हैं। जब तक हमारे लोगों का हृदय विशाल, बुद्धि ओजस्वी और मन परिष्कृत नहीं होगा, तब तक वे उन समस्त सुविधाओं का, जो हम उन्हें प्रदान कर रहे हैं, उपयोग नहीं कर सकेंगे। बाह्य पर्यावरण में परिवर्तन लाने का क्या लाभ, यदि हम मन में परिवर्तन नहीं ला पाते? हमें स्वयं में परिवर्तन लाना होगा और यदि हम चाहते हैं कि हममें परिवर्तन हो, तो यह प्रक्रिया हमें उन संस्थाओं में प्रारंभ करनी होगी, जो विद्यार्थियों की आवश्यकता की पूर्ति करती है।''

प्रतिभा, प्रतिबद्धता, परिणाम

शिक्षा मानव को सजगता तथा सबलता प्रदान करती है तथा इससे उसे जीवन जीने का अच्छा और गुणात्मक आधार मिलता है। प्रभावी शिक्षण विधि बालक की क्षमताओं को प्रकाश में लाती है। उसका विकास कर उसकी रुचियों, स्वभाव तथा जीवन-मूल्यों को उसके अनुरूप रूपांतरित कर उसका सर्वांगीण विकास करती है।

शिक्षण विधियों को परिणामकारी बनाने के लिए आचार्य की प्रतिभा, प्रतिबद्धता तथा परिणाम यह त्रिविधि ठोस आधार है। आचार्य के लिए निम्नलिखित प्रतिभा अर्जित करना आवश्यक है—

प्रतिभा

1. आचार्य को शिक्षा-कार्य के अवरोधक तत्त्वों की जानकारी अपेक्षित है। देश के सम्मुख उपस्थित समस्याएँ, सामाजिक कुरीतियाँ तथा असंतुलन, परिणामस्वरूप प्रगति की गति की अवरुद्धता, विज्ञान तथा तकनीकी की उन्नति शिक्षा को जीवन प्रदान करते हैं। उनको जानना तथा पहचानना आवश्यक है।
2. आचार्य को शैक्षिक उद्देश्य की पूर्ति हेतु बालकों को अनेक रूप, श्रेणियाँ, रुचियाँ तथा अभिरुचियाँ इसका गहन अध्ययन करने के पश्चात् उनके सर्वांगीण विकास के लिए कार्यक्रमों की रचना की योग्यता अर्जित करनी चाहिए। बच्चों को प्राथमिक शालाओं में प्रवेश दिलाने, उनको टिकाए रखने तथा शिक्षित करने के लिए संविधान में उनके लिए की गई वचनबद्धता को भी हृदयंगम करना होगा।
3. बालकों को जो पाठ्य-सामग्री प्रेषित की जाती है, उसमें आचार्य को गहरा प्रवेश करने के लिए कुशल तथा कुशाग्र बुद्धिवाला होना बहुत जरूरी है। आचार्य को, विषय को जानना, पहचानना तथा नवीन ज्ञान को अर्जित करना तथा उसे अपनाना होगा।
4. पाठ्यक्रम केवल पुस्तकीय ज्ञान नहीं है। विद्यालय की प्रत्येक गतिविधि ही पाठ्यक्रम का भाग है। अतः व्यापक दृष्टि का विकास करना चाहिए। पाठ क्रियाधारित, मनोरंजक होना चाहिए। बालक का सतत व्यापक मूल्यांकन करने की भी प्रतिभा विकसित करनी होगी।
5. विद्यालय में अनेक गतिविधियों की योजना, समय-प्रबंधन, कार्यक्रमों का मूल्यांकन, अभिभावक संपर्क, छात्रों का व्यक्तिगत मार्गदर्शन, समाज से एकरस तथा एकात्म भाव का उदय, इन सब क्षमताओं तथा ऊर्जा को शैक्षिक कार्यक्रम का अभेद अंग बनना होगा।
6. स्वाध्याय, नव प्रयोग, शिक्षाविदों से संवाद तथा अच्छे विद्यालयों के दर्शन आदि से प्रतिभा का विकास किया जा सकता है।

प्रतिबद्धता

1. जो अपने से प्रतिबद्ध नहीं है, वह किसी से भी प्रतिबद्ध नहीं हो सकता।

स्वप्रतिबद्धता आध्यात्मिक प्रक्रिया है। मैं कौन हूँ, मुझे कहाँ जाना है? इन सब प्रश्नों का उत्तर उपनिषदों ने दिया है। मनुष्य का शरीर देवालय तथा कृषि-स्थान है, फिर आचार्य बनना तो हमारे पूर्व जन्मों के संस्कारों का पुण्य परिणाम है। इस अलौकिक भाव से आत्मबोध करनेवाला आचार्य, बालक, समाज तथा राष्ट्र को बदल सकता है, कोई दूसरा नहीं। अत: यह दिव्य-दृष्टि प्रतिबद्धता का प्रथम सोपान है।

2. बालकों के प्रति प्रतिबद्धता ही आचार्य के कार्य का आधार है। बच्चों के प्रति अबाध तथा निरंतर स्नेह, सुख-दु:ख में सहभागिता, धूप-छाया संबंध ही उनको संस्कारित कर सकता है, यंत्रवत् व्यवहार नहीं। अनुपस्थित रहने तथा शुल्क जमा न कर सकने की स्थिति में विद्यालय से नाम काट देना मास्टरजी का यंत्रवत् कार्य करना है। यह आचार्य की संज्ञा को सार्थक नहीं करता। बालक के प्रति निश्छल तथा निष्काम-प्रेम ही शिक्षण-कार्य का प्राण है।
3. अध्यापन कार्य मेरा व्यवसाय नहीं, यह मेरी वृत्ति है। मैं पैसे के लिए नहीं, पूजा के लिए कार्य करता हूँ। धन के लिए नहीं, धर्म के लिए ही मैंने यह कार्य अपनाया है। यही प्रतिबद्धता के शिक्षक के कार्य को जीवंत बनाती है। एक जीवन, एक लक्ष्य—यही इस प्रतिबद्धता का नाद है।
4. अपने विषय से प्रतिबद्ध हुए बिना इस क्षेत्र में सफलता प्राप्त नहीं हो सकती। पाठ्य-सामग्री को पढ़ना, समझना तथा आत्मसात् कर जाना (Read, Chew and Digest) तथा नवीनतम ज्ञान आत्मसात् करना आवश्यक है। नित्य नई जानकारी के साथ यदि कदम मिलाकर नहीं चलेंगे तो पिछड़ जाएँगे। आज जबकि उच्चतम को स्पर्श करने की दौड़ है, हमारा स्थान कहीं भी नहीं होगा। अत: अपने विषय को परिपक्व बनाना, इसे यौवन प्रदान करना शिक्षक के जीवन का जीवन है। अत: इसे बनाए रखना होगा।
5. जीवन-मूल्यों के प्रति प्रतिबद्धता से आचार्य की जीवन की पुस्तक खुले अध्यायों के समान होती है, जिसको पढ़कर बालक सीखते हैं। शिक्षा और संस्कार इन दोनों में से किसी एक के विछोह होने पर शिक्षा अपनी सार्थकता समाप्त कर देगी।
6. शिक्षा का उद्देश्य जीवन-मूल्यों का वितरण करना है। मूल्यों से संपन्न आचार्य ही मूल्य प्रदाता हो सकता है, दूसरा नहीं। रवींद्रनाथ ठाकुर ने कहा है—"एक जलता हुआ दीपक ही दूसरे दीपक को जला सकता है।" अत: जीवन-मूल्यों के प्रति प्रतिबद्धता ही शिक्षक को आचार्य तथा आचार्य को मूल्यवान बनाएगी।
7. हम समाज के अंगभूत हैं। विद्यालय समाज से पृथक् नहीं रह सकते। वह

समाज में टापू नहीं बनने चाहिए। विद्यालय समाज में जाए और समाज विद्यालय में आए, पारस्परिक सहभागिता दोनों के लिए आवश्यक है। आचार्य सामाजिक दृष्टिविहीन है तो वह कृतज्ञ नहीं और जो कृतज्ञ नहीं, वह कुछ दे नहीं सकता। अतः समाज के प्रति प्रतिबद्धता आचार्य का प्रथम वरीयता का गुण माना गया है।

परिणाम

1. कोठारी आयोगानुसार कक्षा में ही भारत के भाग्य का उदय होता है। अतः कक्षा वह स्थान है, जहाँ पठन-पाठन, सहपाठ, क्रिया-कलाप, जिज्ञासा-समाधान, आचार्य का व्यवहार यह सब प्रदर्शित होता है। शैक्षिक कुशलताओं के लिए कक्षा प्रयोगशाला है। कक्षा में अपने दायित्व को प्रामाणिकता से निभाने का यह पावन-स्थल है। कार्य तथा कर्तव्य अनुपालना का यह प्रथम स्थान है।
2. केवल कक्षा ही विद्यालय नहीं है। विद्यालय का भवन, इसकी स्वच्छता, व्यवस्था, सज्जा, संस्कारक्षम वातावरण, रख-रखाव, विद्यार्थी, आचार्य तथा अभिभावक यह विद्यालय के भौतिक तथा मानवीय संसाधन हैं। वह अपनी क्षमताओं, प्रतिबद्धताओं का उपयोग कर्तव्य पालन के लिए प्रयोग में लाते हैं।
3. **संत विनोबा भावे कहते हैं**—"घर विद्यालय है और विद्यालय घर है।" अतः अभिभावक संपर्क आचार्य के महत्त्वपूर्ण कार्यों में से एक है। अभिभावक सम्मेलनों का आयोजन तथा व्यक्तिगत मार्गदर्शन उसके कार्य का एक भाग है। इसके निष्पादन से बालक की अनेक समस्याओं का समाधान हो जाता है।
4. **प्रो. राजेंद्र सिंह 'रज्जु भैया' का कहना है**—"हमारा आचार्य विषय का नहीं, अपितु समाज का आचार्य है।" एक शिक्षाविद् ने कहा है, "अच्छा विद्यालय खोलिए और जेल बंद कर दीजिए।" भाव यह है कि अच्छा विद्यालय और इसके अच्छे आचार्य समाज-परिवर्तन में सहायक होते हैं। सामाजिक कुरीतियों को दूर कर समाज को सुसंस्कारित तथा समुन्नत बनाते हैं। अतः आचार्य ही समाज की धुरी हैं।

प्रतिभा, प्रतिबद्धता तथा परिणाम—यह कुशल आचार्य की त्रिवेणी है। आइए, हम सब संगम के इस तीर्थ में स्नान कर अपने को पवित्र बनाएँ।

□

आदर्श बालक की संकल्पना

शारीरिक विकास

शरीर हमारा सदा सहायक और सेवक है। ऐसे आज्ञाकारी सेवक को समर्थ, निरोग एवं दीर्घजीवी बनाए रखना प्रत्येक विचारशील प्राणी का कर्तव्य है। 'शरीरमाद्यं खलु धर्म साधनम्'। शरीर को स्वस्थ रखना हमारा धर्म है।

स्वस्थ शरीर में स्वस्थ मन का वास होता है। बालक शारीरिक दृष्टि से सबल बनें। उनमें देशभक्ति, अनुशासन और चरित्र का विकास हो, प्रत्येक परिस्थितियों में साहस, संयम एवं धैर्य को स्थिर बनाए रखें।

स्वामी विवेकानंदजी चाहते थे कि ऐसे युवक, जिनके आजानुबाहु, प्रशस्त ललाट, चमकती आँखें, सुदृढ़ शरीर तथा फौलादी छाती हो और जिनकी गर्जना सिंह के समान हो।

शिक्षा के पाठ्यक्रम में शारीरिक शिक्षा को प्रथम वरीयता का स्थान दिया जाना चाहिए।

मुख्य बिंदु

स्वस्थ रहने के लिए संतुलित आहार, अच्छा आचार-व्यवहार, सात्त्विक भोजन, चिंतन-सकारात्मक, रहन-सहन में विवेकशीलता, आनंददायक, चर्चा-वार्त्ता, अक्रोध, संयम तथा ब्रह्मचर्य पालन बहुत महत्त्वपूर्ण है।

कार्यक्रम

- मुक्त क्रियाकलाप, तालबद्ध क्रियाएँ, अनुकरणात्मक क्रियाएँ।
- कथा-कथन, एकाग्रता की विधियों का अनुपालन, अभिनय स्पर्धाएँ, समूह, सतर्कता, छोटे-बड़े दायरे, विशाल नारे, विभिन्न प्रकार की बोलियों के खेल।
- सैद्धांतिक स्वास्थ्य-शिक्षा, जैसे भोजन एवं पोषण, व्यायाम, चिंता एवं तनाव

मुक्ति, स्वस्थ विचार।

- ➢ कबड्डी, खो-खो, वॉलीबाल, हॉकी, बास्केट बॉल आदि खेलों में भाग लेना।
- ➢ दौड़, उछल-कूद करना।
- ➢ स्वास्थ्य परीक्षण वर्ष में दो बार करना; आसन, सूर्य नमस्कार नियमित रूप से करना, खेल दिवस मनाना।
- ➢ योग व्यायाम, घोष, समता का अभ्यास, साहसिक खेल, अग्निचक्र, स्तूप, अग्निशमन, रस्सी पर चलना, जूडो, मशाल योग, लक्ष्य भेद, मलखंभ, साइकिल सवारी के विभिन्न क्रियाकलाप आदि की व्यवस्था करना।
- ➢ एन.सी.सी., पर्वतारोहण, आक्रमण तथा सुरक्षा।
- ➢ विद्यार्थी की दिनचर्या—प्रातः जागरण, प्रातः स्मरण, ईश वंदना, माता-पिता, अभिवादन, मालिश, स्नान, व्यायाम, स्वाध्याय, आध्यात्मिक दैनंदिनी।
- ➢ शारीरिक क्षमताएँ असीमित हैं—बल, लोच, उछाल, गतिशीलता, सामर्थ्य आदि इनका विकास करना, इनके कार्यक्रमों का आयोजन।
- ➢ सूर्य नमस्कार एवं योगासन का दैनिक अभ्यास।

प्राणिक विकास

प्राण एक ऐसा सूक्ष्मातिसूक्ष्म और विश्वव्यापी मूलभूत तत्त्व है, जो बड़े-से-बड़े पिंड से लेकर छोटे-से-छोटे अणु में भी पाया जाता है और भाँति-भाँति से निर्माण, गति और क्रिया के रूप में प्रकट होता है।

प्राण को बल और शक्ति के समस्त रूपों का सारांश कहा जा सकता है। प्राण के संरक्षण तथा संवर्द्धन से न केवल शरीर ही शक्तिशाली बनता है, वरन् मस्तिष्क की शक्ति भी बहुत बढ़ जाती है, सूक्ष्म और गूढ़ विषयों को समझने में देर नहीं लगती। स्मृति तेज होती है।

योगाभ्यास से योगियों ने अनेक चमत्कारी शक्तियों को प्रकट किया है। दैनिक यौगिक विकास से प्राणिक विकास संभव है। व्यक्तित्व विकास की उच्च स्तरीय साधनाओं का आधार योग ही है।

योग के संबंध में सचेत करते हुए श्रीअरविंद ने कहा है, "आसन-प्राणायाम, मन की एकाग्रता, पूजा-अर्चना अनुष्ठान और धर्माचरण इनमें से कोई भी अपने में योग नहीं, योग की दिशा के साधन मात्र हैं। जो लोग अपने अंतस्थ पथप्रदर्शक और गुरु का आश्रय लेते हैं, उनके लिए यह सुगम और निरापद हुआ करता है।"

मुख्य बिंदु

- प्राणायाम की महत्ता, व्यायाम तथा प्राणायाम, प्रत्याहार, साधना, धारणा, ध्यान, समाधि, अष्टांग योग।
- मानसिक एकाग्रता, मुद्राएँ तथा आसन, इंद्रियों का नियंत्रण, अहंकार-शून्यता।

कार्यक्रम

व्यावहारिक पक्ष :

- कुल्ला, दंतधौति, स्नान, नेत्र-स्नान, नाक आदि साफ करने की शिक्षा।
- नमस्कार मुद्रा, मौन, ओ३म्कार उच्चारण, (ब्रह्मनाद) प्रार्थना का अभ्यास।
- आयु वर्गानुसार आसन।
- प्राणायाम।
- संगीत के माध्यम से योगाभ्यास।
- गायत्री मंत्र तथा शांति पाठ।
- जलनेति तथा सूत्रनेति का अभ्यास।
- स्व-मूल्यांकन पत्रक भरना।
- प्रसिद्ध संतों के जीवन-चरित्र और अच्छे गीत स्मरण करना।
- मुद्रा-ज्ञान तथा इनका अभ्यास करना।

सैद्धांतिक पक्ष :

- योगाधारित शिक्षा की आवश्यकता।
- योग परिभाषा—यम-नियम की व्याख्या।
- आसनों से स्वास्थ्य लाभ तथा निरोगिता।
- स्वाध्याय तथा योग।
- आहार, विहार तथा योग

  युक्ताहार विहारस्य युक्त चेष्टस्य कर्मसु।

  युक्तस्वप्नावबोधस्य योगो भवति दुःखहा॥—6 (17)
- पंच कोषों की व्याख्या।
- ज्ञान, भक्ति, कर्म तथा राजयोग।
- दिनचर्या का महत्त्व।
- आत्म-विश्लेषण का महत्त्व।
- आध्यात्मिक शिक्षा।
- मानव शरीर रचना।

मानसिक विकास

पीपल के पत्ते के समान मन डोलता रहता है। मन उस बंदर के समान है, जिसको बिच्छू ने काट खाया हो और जिसने शराब पी रखी हो। मन को नियंत्रित तथा सद्विचारी किए बिना बालक के सर्वांण विकास की संकल्पना करना संभव नहीं है। ज्ञानेंद्रियों के माध्यम से मानसिक विकास का निर्धारण होता है।

मनुष्य-तत्त्व के अंतर्गत मन ही सार वस्तु है। इसी के आधार पर वह छोटे-बड़े कार्यों का संपादन करता है। पाप-पुण्य, उन्नति-अवनति, सफलता-असफलता, स्वर्ग तथा नरक की रचना करता है। अत: मन की साधना अत्यंत आवश्यक है। कुसंस्कारों से बचाना तथा अच्छे विचारों की ओर प्रवृत्त करने का अभ्यास ही विकास का संबल है।

मुख्य बिंदु

➢ सद्व्यवहार, राष्ट्रीयता, आध्यात्मिकता, आत्म-विस्तार, अहं का परिष्कार, आत्मावलोकन, जीवन-लक्ष्य के प्रति प्रतिबद्धता, स्वास्थ्य संरक्षण अष्टपदी कार्यक्रम का स्वरूप।

➢ यतो यतो निष्चलति मनष्चलमस्थिरम्।
ततस्तो नियम्यैत्दामन्येव वंश नयेत ॥—6/26 ॥

कार्यक्रम

(क) 1. विषय पाठों के साथ जीवन-मूल्य।
2. सहपाठ क्रिया-कलाप तथा सहकारी कार्यक्रम (प्रकल्प)।
3. प्रभावी प्रार्थना (ब्रह्मनाद, गायत्री मंत्र तथा शांति पाठ)।
4. मौन (यौगिक क्रियाएँ) तथा एकाग्रता (ध्यान) का अभ्यास।
5. कथा-कथन/प्रेरक-प्रसंग।
6. समूह गान।
7. स्वाध्याय।

(ख) विद्यालय की साज-सज्जा, महापरुषों की जयंतियाँ, राष्ट्रीय एवं सांस्कृतिक पर्वों का आयोजन, विद्वानों, संतों एवं महापुरुषों के प्रेरणादायक भाषणों का आयोजन, महापुरुषों के प्रेरणादायक वाक्य, सूक्तियाँ लिखना, उत्सव तथा पर्व मनाना।

(ग) आचार्य तथा छात्र शिविरों का आयोजन, सदन-व्यवस्था, बालसभा, सहभोज, भारत दर्शन।

(घ) वृक्षारोपण, छात्र-संगठन, अभिभावक-सम्मेलन, सद्साहित्य-वितरण।
(ङ) स्वच्छता अभियान, श्रमानुभव, स्काउटिंग, रेडक्रॉस, स्वाध्याय।
(च) यज्ञ-हवन, प्रातः स्मरण, एकात्मता स्तोत्र, योगाभ्यास, यम-नियम।
(छ) कविता, गीत, चित्रकला, कथा-कथन, प्रेरणादायक प्रसंग, भाषण, खेलकूद, घोष, हस्तलिखित पत्रिकाएँ, गणवेश, कक्षा-कक्ष सज्जा, गीता-श्लोक, मानस-चौपाई, विज्ञान-प्रदर्शनी आदि प्रतियोगिताओं का आयोजन।

बौद्धिक विकास

अर्जित ज्ञान प्रत्युत्पन्नमति से व्यावहारिक धरातल पर अभिव्यक्त करना तथा जानना, समझना, विश्लेषण, संश्लेषण एवं विलोपन, स्मरण कर पुनः अभिव्यक्त करना, उलझन भरी समस्याओं के निदान का सामर्थ्य, बुद्धि की कुशाग्रता, विवेकशीलता, ज्ञान, इच्छा, क्रिया के समायोजन की क्षमता एवं सत्यान्वेषण तथा निर्णायक शक्ति बौद्धिक विकास के प्रमुख लक्षण हैं।

मुख्य बिंदु

जिज्ञासा, स्वतंत्र चिंतन, योजकता, क्रियाधारित अनुभूत ज्ञान, वैज्ञानिक दृष्टि, स्वाध्याय, समस्याओं के समाधान की कुशलता, सीखने और सिखाने का उदात्त भाव, संप्रेषण की कुशलता, विषयों का ज्ञान।

कार्यक्रम

- ➢ अध्यापन से हटकर अध्ययन-क्रिया पर बल देना।
- ➢ विचारों का आदान-प्रदान संवादात्मक शैली में करना।
- ➢ दृश्य-श्रव्य उपकरणों तथा मानचित्रों का प्रयोग करना।
- ➢ प्रकल्प के माध्यम से बालक समूह की सहभागिता सुनिश्चित करना।
- ➢ सतत व्यापक मूल्यांकन करना।
- ➢ पंचपदी शिक्षा-पद्धति को प्रोत्साहन देना।

  1. अधीति-अध्यापन कार्य 2. बोध-कथा-कार्य 3. अभ्यास-गृहकार्य 4. प्रयोग-अनुभव 5. प्रसार-स्वाध्याय, प्रवचन।
- ➢ प्रयोग-सहपाठ क्रिया, प्रयोग करना।
- ➢ उपकरणों का सृजन करना।
- ➢ 'प्रश्न मंच' कार्यक्रम का आयोजन करना।
- ➢ जिज्ञासा समाधान (क्या, क्यों, कैसे, कब, कहाँ, कौन) प्रश्नों का उत्तर देना।

- ➢ क्रियाधारित शिक्षा देना।
- ➢ नायक प्रणाली अपनाना।
- ➢ स्वाध्याय।
- ➢ स्मृति बढ़ाने के अनेक कार्यक्रम करना।
- ➢ भाषण, वाद-विवाद प्रतियोगिता का आयोजन करना।
- ➢ विचार प्रकटीकरण करना
- ➢ शैक्षिक स्पर्धाओं तथा प्रदर्शनियों का आयोजन करना।
- ➢ हस्तलिखित पत्रिकाओं का सृजन करना।
- ➢ विद्यालयाधारित आचार्य विकास योजना लागू करना।
- ➢ उत्प्रेरक तथा समस्या प्रधान प्रश्नों के लिए उत्तर खोजना।
- ➢ गोष्ठियाँ, लेख-पाठन, कथा-लेखन, समाचार-समीक्षा, भित्ति-पत्रिका, विषयानुसार सभाएँ, विषयानुसार कक्षा-कक्ष, सर्वेक्षण तथा समीक्षा।

आध्यात्मिक विकास

आत्मतत्त्व की अनुभूति एवं उसकी अभिव्यक्ति ही मनुष्य जीवन का परम लक्ष्य है। इस लक्ष्य की प्राप्ति के लिए हमारी चेतना उस असीम चेतना की निरंतर खोज करती रहती है। इस खोज से उसका आध्यात्मिक विकास-क्रम प्रारंभ होता है। व्यक्ति विकास की प्रथम सीढ़ी है और मानव विकास का अंतिम स्थल है। व्यक्ति विकास के विविध अंश परिवार, पड़ोस, समाज, राष्ट्र, विश्व तथा समस्त सृष्टि की एक लघु इकाई है। सप्तपदी यात्रा की सुलभता से मानव आध्यात्मिक प्राणी बनता है।

जीवनयात्रा को सफल बनाने के लिए सेवा इस मार्ग का संबल है और इसका अवरोध स्वार्थ है। आध्यात्मिक विकास से अभिप्रेत है—सद्प्रवृत्तियों का जागरण तथा समाज को ईश्वर का विराट् स्वरूप समझना, नर से नारायण की सेवा-स्वधर्म पालन।

मुख्य बिंदु

एकात्म मानववाद, समाज की सेवा ही प्रभुभक्ति, समानता, समरसता, संवेदनशीलता, सामाजिक चेतना।

कार्यक्रम

- ➢ गीता, रामायण का पाठ तथा भावार्थ बताना।
- ➢ दोहावली, संतों और आध्यात्मिक पुरुषों के प्रेरक-प्रसंग सुनाना।
- ➢ उपेक्षित क्षेत्रों में सेवा-कार्य करना।

- संस्कार-केंद्र खोलना।
- मान बिंदुओं के प्रति श्रद्धा-भाव जागरण करना।
- साक्षरता, समरसता, स्वावलंबन हेतु कार्य करना।
- पुस्तक बैंक, चिकित्सा सेवा करना।
- पर्यावरण-संरक्षण, स्वदेशी भाव, बालक प्रतिभा शिविर, ग्राम विकास प्रकल्प तथा योग-शिविर लगाना।
- विकलांग, गतिरुद्ध, उपेक्षित क्षेत्र के बालकों की सहायता।
- प्राकृतिक आपदा के समय संकट निवारण हेतु सक्रिय योगदान।
- साक्षरता में योगदान, जन्मदिन दान, दीप प्रज्वलन, उत्सव, पशु-पक्षियों की देखभाल, वृक्षारोपण, विद्यालय भवन का समाज के लिए उपयोग।

आदर्श भारतीय शिक्षण का नमूना खड़ा करें

यदि हम अपनी क्षमताओं को पहचान लें तो भारत में भारतीय शिक्षा का एक आदर्श स्वरूप स्थापित करने में समर्थ हो सकते हैं। मानव विकास, मानव संसाधन विकास, स्व अधिगम, आत्मबोध, स्वयं से शिक्षा ग्रहण करना, कर्तव्य-परायणता—ये सब शब्द प्राचीन भारत में विकास की आत्मा रहे हैं। हमारी सच्ची शिक्षा से अभिप्रत था, 'विद्या धर्मेण शोभते', धार्मिक शिक्षा हमारी उन्नति का आधार था और होना चाहिए। पंथनिरपेक्ष होना भारत की अवधारणा नहीं रही है।

भारतीय शिक्षा का सार है, हम अपने को पहचानें, अपने को समझें और शिक्षा के मर्म को आत्मसात् करें। शिक्षा प्रकाश है, अंधकार से प्रकाश की ओर ले जाना ही शिक्षा का उद्‌देश्य है। असत्य से सत्य की ओर, मरण से अमरता की ओर ले जाना ही शिक्षा का लक्ष्य है।

'असतो मा सद्‌गमय, तमसो मा ज्योतिर्गमय। मृत्योर्मात्मृत गमय'

हमारे पास शिक्षा का विस्तृत इतिहास है और विकास के अनेक सोपान हैं। हमें वेद, उपनिषद् काल से प्रारंभ कर स्वामी विवेकानंद, रवींद्रनाथ टैगोर, महर्षि अरविंद, स्वामी दयानंद, शिक्षा धर्मों के पूर्व पुरुषों के शिक्षा संबंधी विचार, शिक्षा की परिभाषा, ज्ञान प्रेषण की विधियाँ, पाठ्‌यचर्या, पाठ्‌यक्रम के समन्वित सार के आधार पर हम भारतीय शिक्षा का एक आदर्शस्वरूप खड़ा कर सकते हैं।

सांस्कृतिक धरोहर से संबंध स्थापित करते हुए भारत की जड़ को सुदृढ़ कर विकास का सुंदर नमूना खड़ा करें। भारतीय शिक्षा प्रणाली से हम व्यक्ति, समाज देश तथा विश्व का कल्याण कर सकते हैं।

आचार्य शिक्षण

आचार्य की निम्नलिखित सात विशेषताएँ हैं, जो उसके पद को सुशोभित करती हैं—

1. आचार्य का प्रथम गुण है कि वह समझे आनंद-कर्म क्या है? 'आनन्दमानन्द कर्म प्रसन्नम्।' आनंद की अनुभूति को प्राप्त करने की प्रतिबद्धता तथा प्रतिभा चाहिए।
2. आनंद को समझना ही पर्याप्त नहीं है, वह आनंद के प्रति प्रतिबद्ध हो। आनंद की अनुभूति करे और विद्यार्थियों को अपनी क्षमता तथा कुशलता से आनंद की अनुभूति करा सके।
3. तीसरी विशेषता है प्रसन्नता। सदा मुसकराते रहना।
4. चौथा गुण है नम्रता। 'विद्या ददाति विनयम्।' अहंकार-शून्य विनम्र भावी हो।
5. स्वयं प्रसन्न रहना बच्चों को प्रसन्न रखना, यह पंचम गुण है।
6. देश की संस्कृति तथा विद्यालय की संस्कार क्षमता से एक रूप होना।
7. वह विषय का आचार्य नहीं, समाज का आचार्य है।

आचार्य पाठ्याचार्य का निर्माण करें। हम जैसा विद्यार्थी चाहते हैं, वैसा आचार्य चाहिए। आचार्य पाठ्याचार्य में शिक्षा का लक्ष्य, पाठ्याचर्या, पाठ्यक्रम, पाठन विधियाँ, शिष्टाचार, चरित्र निर्माण, व्यक्तित्व विकास, जीवन-मूल्य आधारित शिक्षा, किशोर अवस्था की चिंताएँ, मानसिक शक्ति का उपयोग, सकारात्मक सोच, बच्चों में उद्दंडता एवं अतिवादी प्रवृत्तियाँ, छात्रों में भय की प्रवृत्तियों का निदान, बच्चों में भक्ति-भाव, राष्ट्रभक्ति का विकास, सांस्कृतिक धरोहर तथा उसका वितरण, प्रार्थना सभा, गतिविधियों का प्रशिक्षण, परीक्षा तथा मूल्यांकन, योग शिक्षा, स्वास्थ्य शिक्षा कृतज्ञता का विकास, भारतीय मनोविज्ञान, सदाचार, दायित्व बोध, आचार्य की प्रतिबद्धता, प्रतिभा और परिणाम, परामर्श और मार्गदर्शन, अभिभावक संपर्क, प्राचीन ज्ञान-विज्ञान, प्राचीनता तथा आधुनिकता का समन्वय, पर्यावरण का संरक्षण। आचार्य दैनंदिनी, स्वाध्याय, विचार, भाषा, तर्क, निष्कर्ष की परिशुद्धता सुनिश्चित करनेवाला आचार्य होता है। प्रशिक्षण-संस्थान हमारे साधना-स्थल है। प्रशिक्षण काल चार वर्ष रहना चाहिए। तीन वर्ष सैद्धांतिक तथा एक वर्ष ग्रामों के समग्र विकास की योजना के लिए कार्य। वह बहुत साधना से आचार्य बनता है।

आचार्य का आचार्यत्व जागे

'आचार्य' शब्द का विषद अर्थ है। आचार्य वह है, जो स्वयं आचरण करे और दूसरों से आचरण कराए। स्वयं तैयारी करे और दूसरों को तैयारी कराए—वह आचार्य है। वह विद्यार्थियों को जिज्ञासाओं तथा शंकाओं का समाधान करता है। प्रश्न उठाना और

उस पर वह चर्चा प्रारंभ करता है। संवादात्मक शैली से वह सीखता और सिखाता है।

आचार्य-दृष्टि सही अर्थ में ज्ञान की एक खुली दृष्टि है। इसलिए कहा गया है, 'न हि ज्ञानेन सदृश पवित्रमिह विध्यते।' ज्ञान से अधिक पवित्र कुछ नहीं होता है। आचार्य की दृष्टि राग-द्वेष से परे, अंतर ब्रह्म आलौकिक मात्रा का राही अपने विद्यार्थियों की उँगली पकड़ कदम-से-कदम मिलाकर चलता है और उसे ऊँचाई की ओर ले जाता है और फिर उसका हाथ छोड़ देता है। विद्यार्थी अब उड़ना जान गया है और वह ऊँचा अपने को और ऊँचा उठाता हुआ आसमान को स्पर्श कर लेता है। आचार्य नीचे से विद्यार्थी को ऊँचा उठते देख आनंदित हो जाता है।

आचार्य शिक्षा के प्रति प्रतिबद्ध है। उसकी प्रथम प्रतिबद्धता क्षमता तथा दक्षता नहीं, परंतु उसकी प्रथम प्रतिबद्धता है—स्वप्रतिबद्धता। उपनिषद् कहता है, 'अपने को जानो।' पाँच कोशों से समृद्ध शरीर को जानना ही एक साधना है और यह एक दिव्य यात्रा है। इस यात्रा के अंतिम पड़ाव पर वह कहता है—"मैं शरीर नहीं ,मैं आत्मा हूँ।" राष्ट्रीय अध्यापक परिषद् का घोष वाक्य है—"गुरुगुरुतमो धाम: अर्थात् गुरु ही गुरुधर्म है।" "सत्य सत्य पराक्रम नवीशम्," तो यह ईश्वर के लक्षण हैं। भारतीय परंपरा में गुरु को ईश्वर माना गया है। कबीर ने जो कहा है, वह सत्य है—

गुरु गोविंद दोऊ खड़े काके लागूँ पाँय।
बलिहारी गुरु आपने गोविंद दियो बताय॥

दूसरी प्रतिबद्धता है विद्यार्थी निष्ठा—विद्यार्थी को जानना, पहचानना, अपनाना विद्यार्थी निष्ठा है। विद्यार्थी को विश्वास में लेना और उसकी अंतर्निहित क्षमताओं के प्रकटीकरण में सहायक होना ही विद्यार्थी निष्ठा है। ऋग्वेद में भी कहा गया है, "गुरु ज्योति पितृ अनवेधेह।"

विषय निष्ठा, व्यवसाय निष्ठा, समाज निष्ठा, उत्कृष्ट निष्ठा, मूल्य निष्ठा—ये सब निष्ठाएँ आचार्य की क्षमताओं तथा दक्षताओं की वृद्धि करती है। प्रतिबद्धता आधारित प्रतिभा से परिणाम प्रभावकारी तथा परिवर्तनकारी होते हैं।

आचार्य की प्रतिबद्धताएँ निष्ठाएँ, प्रतिभा तथा परिणाम को पुष्ट करने के लिए आचार्य का आचार्यत्व जगाने की आवश्यकता है। यह कार्य कौन करेगा? स्वयं आचार्य को यह पावन कार्य करना है। महात्मा बुद्ध ने यही कहा है, "आपो दीपो भव:," स्वयं ही दीपक बन अपने को प्रकाशित करो।

पाठन विधियाँ—

पतंजलि ने महाभाष्य में कहा है, विद्या चार प्रकार से परिपक्व होती है—

➢ अध्ययनकालेन : विद्या अध्ययन से मिलती है, परंतु वह परिपक्व नहीं होती।

हमने जो सीखा, उसके पश्चात् की दूसरी स्थिति है—मनन।

- मननकालेन : अध्ययन के पश्चात् मनन करना आवश्यक है। मनन करने के पश्चात् तीसरी स्थिति आती है—प्रवचन।
- प्रवचनकालेन : विद्या में यह निहित है कि जो सीखा है, वह दूसरे तक पहुचाएँ। संवाद करना यह तीसरी स्थिति है। हम इसे सीखना और सिखाना कह सकते हैं। हम केवल पहुँचाने के पश्चात् विराम नहीं ले लेते। जो चतुर्थ कसौटी है, वह है प्रयोग।
- प्रयोगकालेन : जो ज्ञान अर्जित किया, उसके प्रयोग, अनुभूत ज्ञान की प्राप्ति होती है। डॉ. राधाकृष्णन भी इसे अनुभूत ज्ञान कहते हैं, जिससे हम विवेकशील बनते हैं। क्षीर, नीर, बुद्धि का विकास होता है।

चार प्रकार से विद्या सिद्ध होती है। आचार्य के लिए तथा विद्यार्थी के लिए भी। प्रयोग करने का अर्थ है, अपने जीवन में उतारना उसे सिद्धांत और व्यवहार में उतारना, उसके अनुकूल होना और उसका हो जाना, चार प्रकार की विधियों में प्रयोग का महत्त्व है। इसके बिना सब व्यर्थ है।

पंचपदी शिक्षण-पद्धति

- **अधीति** : इस प्रथम पद में आचार्य विषयवस्तु को छात्रों के सम्मुख प्रस्तुत करते हैं। छात्र आचार्यों के सहयोग से प्रस्तुत विषयवस्तु की जानकारी प्राप्त करते है एवं इसका अध्ययन करते हैं। आचार्य विषय को ध्यान में रखकर, कथन का श्रवण कर, प्रश्नोबद्ध वाचन, प्रयोग आदि के माध्यम से छात्र विषय वस्तु से संबंधित तथ्यों एवं सिद्धांतों की जानकारी प्राप्त करते हैं।
- **बोध** : इस द्वितीय चरण में छात्र विषयवस्तु के मूल सिद्धांतों का तत्त्व को समझने का प्रयास करते हैं। मनन, पुनरावृत्ति, प्रश्नोत्तर, कक्षा में अभ्यास एवं प्रयोग करके बोध प्राप्त करते हैं। आचार्य भी प्रश्न पूछते हैं। निरीक्षण से यह जानने का प्रयास किया जाता है कि छात्र इस चरण में एकाग्रचित्त होकर कार्य कर रहे हैं।
- **अभ्यास** : ज्ञान का अभ्यास करते रहने से छात्र विषय में परिपक्वता प्राप्त करता है। बार-बार विषय का अभ्यास करने से अर्जित ज्ञान स्मृति संस्कार के रूप में स्थायी हो जाता है। अभ्यास कार्य का रूप विविध, रुचिपूर्ण एवं पूर्व नियोजित होना चाहिए। गृह कार्य भी अभ्यास का एक महत्त्वपूर्ण भाग है। अभ्यास कार्य से छात्रों की कुशलताओं का विकास होता है।
- **प्रयोग** : प्रत्येक ज्ञान जीवन में व्यवहार लाने के लिए ही अर्जित किया जाता

है। ज्ञान यदि व्यवहार में नहीं आता तो वह कोरा ज्ञान मस्तिष्क में पड़ा रहकर सड़ाँध पैदा करता है। पाठ्य विषय का अभिनय, खेल-खेल में क्रियात्मक प्रयोग, प्रश्नोत्तर, योगाधारित अभ्यास, सर्वेक्षण, मानचित्र का रेखाचित्र, सदप व्यवस्था, बाल सभा, मॉडल चार्ट, सहपाठ क्रिया-कलाप, ये सब इस चतुर्थ पद में निहित रहते हैं।

➢ **प्रसार :** विषय के अध्ययन, बोध, अभ्यास एवं प्रयोग के द्वारा प्राप्त ज्ञान को आत्मसात् करने के लिए उस ज्ञान का प्रकार एवं विस्तार करना इस प्रद्धति का पंचम पद है।

ज्ञान के प्रकार से लिए द्विविध प्रयास करना चाहिए—1. स्वाध्याय 2. प्रवचन

1. **स्वाध्याय का अर्थ है स्व का अध्ययन**—अर्जित ज्ञान का स्व के लिए उपयोग करना तथा आत्मावलोकन करना स्वाध्याय का एक अर्थ है। दूसरा विषय से संबंधित पुस्तकालय में पुस्तकें लेकर अध्ययन करना। इससे ज्ञान में वृद्धि होती है।
2. **प्रवचन**—अर्जित ज्ञान को प्रवचन संवाद द्वारा दूसरों को वितरित करने से ज्ञान में वृद्धि होती है। ऐसा कहा गया है कि कलयुग एक विषवृक्ष है, जिस पर दो फल लगे हुए हैं, ये अमरफल हैं। इनके खाने से विष का प्रभाव नहीं होता। ये दो फल हैं—स्वाधाय और सत्संग। इन दोनों विधियों से ज्ञान के प्रसार में सहायता मिलती है और ज्ञान हमारी अमूल्य निधि बन जाता है।

ड्यूलर्स आयोग द्वारा पाठन की चार विधियाँ–

1. **हमें यह सीखना है (Learninge to Learn)**—कि हम कैसे सीखें। ज्ञानेंद्रियों तथा कर्मेंद्रियों से हम ज्ञान अर्जित करते हैं। जो भी वस्तुएँ हमें दिखाई देती हैं, उन्हें योगभाव से देखें तो हम उसके संबंध में शिक्षा प्राप्त करते हैं। डॉ. कर्ण सिंह इस प्रकिया को ज्ञानयोग कहते हैं।
2. **सीखना और करना (Learninge to do)**—जो हमने सीखा उसे करना चाहिए। इस विधि को महात्मा गांधी ने कहा है, 'Thinking fingers,' जो ज्ञान अर्जित किया है, वह हाथों की उँगलियों में आना चाहिए। हाथ कर्म का प्रतीक है। इसका अर्थ हुआ, जो जानकारी प्राप्त की है, अभ्यास के लिए उसे हाथों से करना चाहिए। यह कर्मयोग हुआ।
3. **एक साथ रहना (Learnning to live to together)**—हमारी कक्षा समाज का लघु स्वरूप बनती है। भिन्न-भिन्न जात-बिरादरी से आए छात्र सब एक साथ कक्षा में हैं। ज्ञान की दृष्टि से गतिअवरुद्ध, गतिशील तथा

प्रतिभाशाली बालक भी कक्षा में हैं। शारीरिक दृष्टि से अतिपुष्ट, स्वस्थ, कृषगात, शारीरिक दृष्टि से भी कक्षा की ये भी श्रेणियाँ हैं। अत: कहा जाता है—कक्षा वह स्थान है, जहाँ अनेक श्रेणियाँ एक श्रेणी बनकर साथ रहती हैं।

हमें यह सीखना है कि भेदभाव से ऊपर उठकर समरसता के भाव से हम सब एक साथ रहें, किसी को भी हम हीनभाव से न देखें। हम परमपिता परमेश्वर के पुत्र और पुत्रियाँ हैं, हम सब भाई और बहन हैं। उदारता के इस भाव को पुष्ट करना भक्ति योग है।

4. **हम जैसे हैं, वैसे बने रहना सीखें (Learninge to be)**—यह एक साधना है, आज का युग बनावट, दिखावट और सजावट का है। हम फिसल जाते हैं। अपने प्राकृतिक स्वरूप अर्थात् हमारे में जो ईश्वर का अंश है, उसे भूलकर हमारा दिशाभ्रम हो जाता है। प्राकृतिक स्वरूप बदरंग हो जाता है। ईश्वर के दिए हुए इस सुंदर सलोने स्वरूप को बनाए रखना सीखें।

शरीर के अंगों से सीखें—सप्तपदी यात्रा

- मस्तिष्क व्यायाम (Brain storming) कुछ कठिन प्रश्न करना—समस्या समाधान—कुछ नया करना (Innovation)
- आँख—पाठ से संबंधित सामग्री देखें, अर्थात् 'तू कहता कागद की लेखी, मैं कहता आँखन की देखी' दृश्य Audio Visual Aid-चार्ट/मॉडल बनाकर लाना।
- श्रवण—प्रधानाचार्य, अतिथि, टेपरिकॉर्डर और विद्यार्थियों द्वारा अलग ढंग से बच्चों को सुनाना और सिखाना।
- मुख—मौखिक अभिव्यक्ति आपके प्रश्नों के उत्तर प्राप्त करना। विद्यार्थी के प्रश्नों का उत्तर देना, संवादात्मक शैली।
- क्रिया आधारित/योग आधारित शिक्षा—God also dreams. He delegates his dream to the determined, dedicated, doer. एकाग्रचित्तता का अभ्यास करना। इस वाक्य के अंदर कितने शब्द हैं? प्रश्न का उत्तर माँगें। पंचायत चुनाव (क्रिया आधारित)।
- पाठ के साथ एकरूपता होनी चाहिए। शब्द के साथ हृदय बोलना चाहिए। कहानी-कविता आदि के साथ एक रूप हो जाना।
- पाठ से संबंधित जीवन-मूल्य। निबंध, कहानी, पत्र, प्रार्थना पत्र से भी आप जीवन-मूल्यों का पाठ पढ़ा सकते हैं।

जानना, पहचानना, अपनाना

(क) बच्चा और विषय

1. बच्चे को जानो
2. बच्चे को पहचानो।
3. विषय को जानो
4. विषय को पहचानो।
5. विषय को जीवन के साथ जोड़ना जानो।

(ख) कक्षा-कक्ष देखें

1. कक्षा-कक्ष की व्यवस्था।
2. कक्षा-कक्ष की स्वच्छता।
3. कक्षा-कक्ष की सुंदरता।
4. स्वच्छ-सुंदर-उपयोगी व्यवस्था में सभी का चाव सहित सहयोग।

(ग) अवसर दें

1. बच्चे को विचार के अवसर दें।
2. बच्चे को देखने के अवसर दें।
3. बच्चे को सुनने के अवसर दें।
4. बच्चे को बोलने के अवसर दें।
5. बच्चे को कार्य करने का अवसर दें।
6. देखें, सुनें, किए हुए कार्य के अनुभव को शिक्षा से जोड़ने का अवसर दें।

(घ) ईमानदार सहायक

1. मेरे 6 ईमानदार सहायक हैं—क्या, कैसे, कब, कहाँ, क्यों, किसकी। इनसे बालक तथा हम काम लें।

(ङ) पाठन विधि

1. कक्षा में विषयों को इकाइयों में विभाजित करें।
   (नायक एक ही नहीं, वरन् कक्षा को विभाजित करके कई समूह बनाए जा सकते हैं।)
2. इकाइयों तथा कार्यदिवसों में तालमेल चाहिए।

3. नायक प्रणाली का उपयोग बारी-बारी कीजिए।
4. कठिनाई क्षेत्र को दूर करने के लिए दिन निश्चित करना।
5. लघु परीक्षाएँ तथा प्रश्नोत्तर (क्विज) कार्यक्रम, जिसमें बच्चे भी प्रश्नावली तैयार कर सकते हैं।
6. लघु परीक्षा—एक उदाहरण।

   इकाई त्र कार्य दिवस + नायक प्रणाली + कठिनाई दूर करना लघु परीक्षा

   10 + 2 + 1 + 1 त्र 14 दिन

(च) अन्य

1. सतत व्यापक मूल्यांकन।
2. परीक्षाओं का अभिलेख (रिकॉर्ड) आचार्य दैनंदिनी में है।
3. लघु परीक्षाओं तथा त्रैमासिक परीक्षाओं के अंकों का मूल्य निश्चित करना।
4. अभिभावक संपर्क। विद्यालय का घर के जीवन से तालमेल तथा घर में अध्यनशील तथा संस्कारशील वातावरण।
5. बालकों को मार्गदर्शन हेतु सुझाव।
6. सुधार कार्य।
7. कार्यक्रम में शिक्षक अभिभावक सहयोग।

(छ) आचार्य दैनंदिनी

1. निर्धारित लक्ष्यों एवं अनुभूत बिंदुओं का दर्पण।

□

सुनो, समझो, हृदयंगम करो तथा कर्म करो

जीवन यात्रा के संबल हैं—सुनना, समझना, हृदय में सँजोना तथा तदनुसार कार्य करना। यह प्रक्रिया यदि यंत्रवत् है तो मार्ग में उलझनें, भटकाव तथा अवरोध आते हैं। सुन, समझकर पूजा-भाव से क्रियाशील होना जीवन की सप्तपदी यात्रा का सोपान है।

मैंने एक कार्यकर्ता को बुलाकर कहा कि यह कप क्रमांक 35 के कक्ष में दे दो और वहाँ से जो सामग्री प्राप्त हो, उसे कक्ष 36 में पहुँचा दो, वहाँ से आपको एक कागज दिया जाएगा, वह आप मेरे पास लेकर तुरंत आ जाइए। मार्ग में रुकना कहीं नहीं है। मैंने पूछ लिया कि मेरी बात आपको समझ आ गई है न, यदि नहीं तो फिर से पूछ लें। कार्यकर्ता का नाम मोहन था, वह बोला, हाँ जी, मैंने समझ लिया है। अब मैं जाता हूँ।

जैसे वह जाने लगा, मैंने उसकी ढीली-ढाली चाल से पहचान लिया कि उसने सुना तो है, पर पूरी तरह समझा नहीं। मेरी शंका सत्य सिद्ध हुई, वह बीच में से ही लौटकर मेरे सामने आ खड़ा हुआ। मैंने पूछा, "मोहन, क्या बात हुई?"

"भद्रे, मैं भूल गया।" यह घटना एकाकी नहीं, अपितु बहुतेरों के साथ ऐसा ही होता है।

शब्द दिखाई देने में सरल होते हैं। हम यह जानते हैं कि शब्दों के अर्थ और अर्थों के भाव होते हैं। साधकों के लिए यह यौगिक मंत्र है। ज्ञान, भक्ति तथा कर्म का संगम है। शिक्षा क्षेत्र में तो श्रद्धेय दीनदयाल उपाध्याय ने इसे तीर्थराज प्रयाग कहा है। जीवन के अंतिम लक्ष्य मोक्ष तक पहुँचने के लिए यह यात्रा के प्रथम सूत्र हैं। एकाग्रचित्तता से बातों को सुनना श्रवणभक्ति है, समझना ज्ञान योग, हृदय में सँजोना तथा कर्मशील होना कर्मयेाग है। हममें से कितने हैं, जो कथित मंत्र तथा सूत्रों का ध्यान रखते हैं? हम पुस्तकों को पढ़कर क्या उनको चबाते हैं और हजम कर जाते हैं? (Read , chew and digest) इस तथ्य को ध्यान दिलाने के लिए स्वामी विवेकानंदजी ने कहा, "सोच-

समझ के बिना कोरा ज्ञान मस्तिष्क में पड़ा सड़ाँध पैदा करता है। प्रेम के ढाई अक्षर आत्मसात् करने से जीवन सफल तथा धन्य हो जाता है।''

प्राचीन काल की शिक्षा क्रियाशील थी। श्रवण, स्मरण, कीर्तन तथा क्रिया से ज्ञान अर्जित किया जाता था। अनुभूत ज्ञान व्यक्ति को विवेकशील बनाता था। ऐसा शिक्षार्थी संसार में जब प्रवेश करता था, तो वह वीरव्रती तथा पूर्ण आत्मविश्वास के साथ संसार में प्रवेश करता था।

ज्ञान समुद्र के समान अनंत है। धैर्यवान विद्यार्थी मर जीवा बन गहराई में गोता लगाकर हीरे-जवाहरात तथा मोती चुनकर बाहर लाता रहा है। ऐसे तेजोपुंज व्यक्ति वापुर बन कभी किनारे पर नहीं बैठे रहते।

समुद्र किनारे नाव बँधी खड़ी है, उसके बारे में कहा गया, जब वह वहाँ है तो शांत तथा क्रियाहीन दिखाई देती है, परंतु क्या नाव इसलिए बनी है? This ship is cool and calm when it is at the harbour? Is Is the ship meant for it? वह अपने को बंधनमुक्त कर लक्ष्य की ओर आगे बढ़ती है। उसने समझ लिया है कि उसकी मंजिल कहाँ है? लहरों के थपेड़े खाकर वह आगे निरंतर बढ़ती है और अंत में लक्ष्य तक पहुँच जाती है।

जीवन भी उसी का सार्थक है, जो सोच-समझकर अपने कदम आगे बढ़ाता है। Stagnation is Death and Motion is Life. गतिशीलता जीवन है, निष्क्रियता मृत्यु है। हमें लोहार की धौंकनी के समान केवल साँस नहीं लेना, अपितु जीवन नाव को उद्‌देश्य पूर्ति के लिए चप्पू से खेते हुए निश्चित रूप से सफलता को प्राप्त कर सकेंगे।

मार्ग में बाधाएँ आएँगी ही, परंतु दृढ़निश्चय, आत्मविश्वास, धैर्य, निर्भयता ये सभी गुण कठिनाइयों से संघर्ष करने के लिए आवश्यक हैं। साधक अग्निदेव से प्रार्थना करता है—''जीवन संग्राम में मेरा तेज चमके।'' हे अग्निदेव, तेरी कृपा से हम तेरी अध्यक्षता के नीचे जीतेंगे, दसों दिशाएँ मेरे सामने झुकेंगी।

आध्यात्मिक क्षेत्र की अंतर्यात्रा बहुत कठिन है। अंदर प्रवेश करते ही बाह्य-चक्षु बंद हो जाते हैं। नीरव पदचाप से अंदर बैठा अष्टपदी जंतु (काम, क्रोध, मद, मोह, द्वेष, ईर्ष्या, अहंकार) राही पर सहसा आक्रमण करता है। अंतर्द्वंद्व प्रारंभ होते ही कमजोर मन बाहर की ओर भाग खड़ा होता है और फिर से सांसारिक जाल में फँसे अपने वास्तविक अस्तित्व को भूल जाता है।

यात्रा की सफलता के लिए उपनिषद् में जो कहा है कि अपने को जानो, पहचानो, समझो और फिर अंतर्मुखी बन आगे बढ़ो। अपने को जानना सफलता का प्रथम सोपान हैं। मैं शरीर नहीं हूँ, मैं आत्मा हूँ। क्या हमने उपनिषद् की इस वाणी को सुना, समझा तथा हृदय में सँजोया? यदि हाँ तो वीरव्रती बन फिर से जागो, उठो और चलो, जब तक

मंजिल प्राप्त नहीं कर लेते। Aris, Awake, March till you achieve you end.

पग शिथिल न पड़े, मन एकाग्रचित्त हो, इसके लिए स्वाध्याय तथा सत्संग का सहारा लें। यह सफलता का दूसरा सोपान है। प्रात:काल का समय सत्त्वगुण का होता है। स्वाध्याय में कभी भी प्रमाद नहीं करना चाहिए। 'स्वाध्याय प्रवचने चे' स्वाध्याय तथा प्रवचन से सीख प्राप्त होती और समझ बढ़ती है।

ऋषियों ने एक-एक साधन के साथ स्वाध्याय जोड़ा है। कहा है, "सत्य, इंद्रियों का दमन तथा स्वाध्याय भी पथिक के मार्ग में साथी हैं। अच्छी पुस्तकें हमारे अच्छे मित्र हैं।" सतपथ ब्राह्मण ग्रंथ में कहा गया है—जिस घर में सद्ग्रंथ नहीं, वह श्मशान के समान है। आज हमें चलती-फिरती लाशें दिखाई देती हैं। अंतर्यात्री, स्वाध्याय तथा सत्संग से वीरव्रती बन जीतना ही तीसरा सोपान है।

दैनिक अभ्यास आवश्यक है। निरंतरता लब्धि जीवन में आवश्यक है। दूध के उबाल के समान काम करने की चेष्टा से हम आगे बढ़ते हैं, उतना ही हम बैठ जाते हैं। जागरूकता तथा निरंतरता सफलता के दो पथ हैं, जिन पर हम चलकर यशस्वी तथा तेजस्वी बन सकते हैं। रोज झाड़ू लगाने से घर स्वच्छ रहता है। स्वच्छता ईश्वर का दूसरा नाम भी है। स्वाध्याय पुस्तकों का तथा अपना भी, अच्छा संवाद अपने से तथा दूसरों से मन चाहा प्रसाद दिलाती है। स्वच्छता की भी शरीर को और मन को अभ्यास के लिए प्रात: उठ कर्मेंदियों को आदेश दें। दैनिक एक संकल्प करें। आज आप कहिए, मैं आज सावधानी से आचरण करूँगा। मैं वस्तु इस स्थान पर रख रहा हूँ, धीरे से रखूँगा, परंतु पद चाप छप-छप नहीं, अपितु मैं धीरे तथा मुस्तैदी से चलूँगा।

मैं विद्यालय में जा रहा हूँ, वहाँ कक्षा में पढ़ाऊँगा नहीं, ऐसा वातावरण सृजन करूँगा कि शिक्षार्थी मेरी बात को एकाग्रचित्त होकर सुनें, समझें, हृदयंगम करें तथा सृजनशील बनें।

यह हुआ आज का संकल्प। ऐसे प्रतिदिन संकल्प कर हम कर्मेंद्रियों के स्वामी बन जाएँगे। आज हम वैसे ही श्रवण करेंगे जैसे गोस्वामी तुलसीदास ने कहा है—

जिन्ह के श्रवण समुद्र समाना।
कथा तुम्हारी सुभग सरिनाना॥
भरहि निरंतर होइहि न पूरे।
तिन्ह के हिय तुम्ह कहुँ गृह कूरे॥

एक महत्त्व की बात—

जो कहिं, जो सुनी वह न होहि।
जे करहीं उससे ही सब होहि॥

कर्म का महत्त्व है। अंदर जाकर दिव्यता के दर्शन कर बाहर आना ही जीवन की तीर्थ यात्रा है। 'Life is pilgrimage from within to without.' बाहर घूमना यात्रा है, अंदर जाना तीर्थ यात्रा है। आइए, हम यात्रा तथा तीर्थयात्रा दोनों करें।

□

21वीं शताब्दी के प्राचार्य

प्राचार्य का दायित्व

मैं यहाँ से प्रारंभ कर रहा हूँ, ''कहा जा रहा है, जो नेतागण कहते हैं, लोग उसका अनुसरण नहीं करते। इसके स्थान पर जो वह करते हैं, उसका अनुसरण होता है।'' कहने से करने का महत्त्व अधिक है। यह सत्य कथन, जो प्राचार्य पद पर कार्य कर रहे हैं, उनके लिए महत्त्वपूर्ण है।

प्राचार्य के रूप में आप आचार्य, विद्यार्थियों, कर्मचारियों तथा अभिभावकों के लिए प्रेरणास्रोत हैं।

आत्मबोध तथा प्रतिबद्धता से आपने शिक्षा में स्वप्रेरणा से प्राचार्य पद पर कार्य करने की स्वीकृति प्रदान की है। समस्याओं के निदान में सक्षम, टोली के कुशल नायक, सबसे सृजनात्मक सहयोग प्राप्त करने की योग्यता के स्वामी, सामाजिक चेतना के प्रकाश-पुंज व्यक्तित्व, विद्यालय प्रबंधन में प्रवीणतम, उत्तरदायित्व निर्वाह करने की प्रतिभा, इन सब गुणों की मलिका शारदा माँ की पूजा तथा अध्यात्म भाव से कार्य करनेवाले अनन्य पुजारी, जैसे आप हैं, वैसे ही विद्यालय को ऊँचाइयों तक ले जाने में नित्य ही सदा तत्पर रहेंगे। अस्तु!

सप्तपदी यात्रा

पहला मंत्र है—जीवन का लक्ष्य। भगवान् कृष्ण ने गीता में यह कहा है कि 'धर्मविरुद्धों भूतेषु कामोऽस्मि भरर्षभ' अर्थात् धर्मयुक्त काम मेरा स्वरूप है, काम तथा इच्छा मनुष्य की गतिविधियों के प्रेरणा-स्रोत हैं।

जैसे ऊर्जा को पदार्थ तथा पदार्थ को ऊर्जा में परिवर्तित किया जा सकता है, वैसे ही कोई कामना, इच्छा, श्रेष्ठ विचारों में रूपांतरित होकर मानव-जीवन का महान् हित कार्य संपादित कर सकती है। इच्छा का जब दृढ़संकल्प के साथ सामंजस्य होता है, तो मानव

में अंतर्निहित शक्तियाँ तथा दिव्यता प्रकट होती है, इसके आधार पर वह केवल अपने जीवन में ही अलौकिक आनंद की अनुभूति प्राप्त नहीं करता, अपितु सबके हित में ही अपने जीवन की सफलता मानता है। गोस्वामी तुलसीदासजी ने कहा है, 'परहित सरिस धर्म नहीं कोई।'

मनुष्य जीवन की सार्थकता दूसरे के लिए जीने तथा उन्हें सुख प्रदान करने में है। भगवान् शंकर कहते हैं—"जो दूसरों के लिए आत्मोत्सर्ग नहीं करता है, वह जीवित लाश है।"

स्वामी विवेकानंद ने भी इस कथन की पुष्टि की है—"जो दूसरों के लिए जीते हैं, वे ही वास्तव में जीते हैं, शेष तो जीते हुए भी मरे हुए हैं।"

स्वधर्म हमें सहज प्राप्त है। हमें उसी का पालन करना चाहिए—'एक जीवन तथा एक लक्ष्य,' यह हमारे जीवन का नाद होना चाहिए। राष्ट्र-जीवन को समरस, सुसंपन्न एवं सुसंस्कृत बनाना होना चाहिए जीवन का अंतिम ध्येय।

लक्ष्यविहीन जीवन वृक्ष से गिरे पत्ते के समान होता है, जिसे हवा के थपेड़े कूड़ेदान में फेंक देते हैं। लक्ष्य की ओर अग्रसर राही अपने जीवन को सार्थक करता है।

श्रीमाँ का बोधगम्य कथन है—"जो जीवन लक्ष्यहीन होता है, वह श्रीहीन तथा सुखहीन भी होता है। जैसा तुम्हारा लक्ष्य होगा, वैसा ही तुम्हारा जीवन होगा।" अंतर्निहित शक्तियों तथा क्षमताओं को प्रकट करने के लिए जीवन का लक्ष्य निश्चित करना चाहिए। वर्तमान की चाबी से भूत का ताला खोल, भविष्य की कल्पना करनी होगी। जो बीत गया वह सपना है, वर्तमान ही अपना है। भविष्य तो कल्पना है, कल्पना को साकार करने के लिए वर्तमान में जिएँ और जीतें। जागें, उठें और आगे बढ़ें, जब तक लक्ष्य प्राप्त नहीं कर लेते। जीवन के उदात्त तथा महान् लक्ष्य को प्राप्त करने के लिए छोटे-छोटे लक्ष्य सोपान का कार्य करते हैं, जिन पर आरूढ़ होकर हम ऊँचाई को स्पर्श कर सकते हैं। "Step by step we can reach to the top."

लक्ष्य के लिए चाहिए व्यापक दृष्टि; इससे महान् ऊर्जा का सृजन होता है। जैसी होगी दृष्टि वैसी होगी सृष्टि। दृष्टि से दृष्टिकोण बनता है और दृष्टिकोण से ठहराव के केंद्र बनते हैं। उनके आधार पर हम आगे बढ़ते हैं और जीवन-लक्ष्य प्राप्त करते हैं।

प्राचार्य अपने लक्ष्य-दृष्टिकोण तथा दिव्य स्वप्न से महान् बनते हैं। कहते हैं कि परमात्मा भी स्वप्न देता है—God also dreams. He gives his dream to the dedicated, determined doer.

महान् प्राचार्य को दृढ़संकल्पी, एकाग्रचित्त कार्य करनेवाला होना चाहिए। परमात्मा को ऐसे व्यक्तियों की तलाश है। परमात्मा अपना स्वप्न उस व्यक्तित्व को स्थानांतरण कर देता है और वह सब करता है, जो अब तक महान् व्यक्तियों ने किया है।

मनोविज्ञान के प्राध्यापक ने मलिन बस्तियों में रहनेवाले 108 बालकों पर एक शोध-कार्य किया। निर्णय निकाला कि वे आगामी जीवन में बेकार तथा निरर्थक जीवन व्यतीत करेंगे। 25 वर्ष के पश्चात् उनके एक विद्यार्थी, जिस को यह जिज्ञासा थी कि देखा जाए कि उन विद्यार्थियों का क्या हुआ, उसने 108 विद्यार्थियों में से 87 से संपर्क किया, वह चकित हुआ यह देखकर कि वह वे अपने जीवन में सम्मानजनक पदों पर कार्यरत थे। जीवन जीने की कला विकसित हो गई थी। उनसे जब पूछा गया कि आप ऐसे शीर्ष स्थानों पर कैसे पहुँचे? प्रायः सब का कथन यही था, यह सब उनके प्राचार्य के मार्गदर्शन का परिणाम है। अब जब प्राचार्यजी से जाकर पूछा गया, उन्होंने बहुत नम्रता से उत्तर दिया—"मैंने बहुत अधिक कुछ नहीं किया। उनके अभावों को भावों से भरने का प्रयास किया। केवल स्नेहिल हाथों और आत्मीय व्यवहार ने उनके जीवन की दिशा बदल दी। मेरे जीवन का लक्ष्य उन्हें समाज के आदर्श नागरिक के रूप में देखने का था। मेरी कल्पना साकार हुई। इसके लिए परमात्मा का मैं हृदय से आभारी हूँ।"

जीवन में प्रकाश-स्तंभ बनकर हमें भटके राहियों को मार्ग दिखाना है। एक कागज पर जब सूर्य की किरणों को केंद्रित कर देते हैं तो कागज जल जाता है। कारण है, शक्ति का एक बिंदु पर केंद्रीकरण। घर में विवाह हो तो हमारी संपूर्ण क्षमताएँ, कुशलताएँ तथा ऊर्जा उसे सफल बनाने में जुट जाती है और कार्य सफलता से संपन्न हो जाता है। विवाह को संपन्न करने के लिए अठारह, बीस घंटे भी लगातार कार्य किया जाता है। थकावट का अनुभव नहीं होता, विवाह की समाप्ति के पश्चात् थकावट प्रारंभ हो जाती है। यदि कोई कहे कि मुझे कार से बस स्टैंड तक छोड़ आइए, 'मैं बहुत थक गया हूँ।' रूखा सा उत्तर देकर उसे टालने का प्रयास होता है। निष्कर्ष यह कि उद्देश्य पूरा हुआ तो शक्ति का ह्रास होना प्रारंभ हो गया। कार्य के लिए निरंतरता आवश्यक है।

अतः प्राचार्य यदि उद्देश्यों के सोपानों पर आरूढ़ होकर जीवन के अंतिम लक्ष्य को प्राप्त करने के लिए कटिबद्ध हो तो व्यक्ति सदा ऊर्जावान रहता है। आलस्य शैतान का प्रबल साथी है, जो हमारी प्रगति में व्यवधान पैदा करता है। अतः प्राचार्य को आलसी नहीं होना चाहिए।

भारत में दुर्गा पूजा, दीपावली तथा ऐसे अन्य पर्वों में मरनेवालों की दर न्यूनतम रहती है। कारण, उत्सवों में सक्रियता से भाग लेना, उस काल का उद्देश्य होता है। तन, मन तथा धन उत्सवों को सफल बनाने में व्यतीत होते हैं।

निष्कर्ष यह कि शैक्षिक योग्यता हमें महान् नहीं बनाती। जीवन में उद्देश्य, लक्ष्य, इसकी प्राप्ति के लिए व्यापक दृष्टि, सकारात्मक कल्पना को साकार करने के लिए वर्तमान को अपना बनाकर, अहर्निश कार्य करना ही यात्रा को प्रबल बनाना है।

बल और शक्ति के अंतर को समझें

शरीर, धन, पद, इन सुख-सुविधाओं के कारण व्यक्ति अपने को बलशाली मानता है। अहं से ग्रस्त ऐसा व्यक्ति अभिमानी तथा दूसरों को सदाहीन समझता है। सब पर अधिकार जमाता है और मनमानी करता है। कामना-वासना से युक्त व्यक्ति की इच्छाओं की कोई सीमा नहीं रहती और कामनाओं की पूर्ति न होने के कारण क्रोधी और उसकी बुद्धि का ह्रास हो जाता है। वह अपने को सर्वेसर्वा मानता है। वह किसी के तर्क को मान्यता नहीं देता।

इसके विपरीत शक्तिशाली व्यक्ति अक्रोधी, अहंशून्य, नम्र तथा अभय रहते हुए कार्य करता है। वह शांति से दूसरों की बात सुनता है, विवेकशील, पक्षपात रहित निर्णय करता है। उसने यह शक्ति हृदय की पवित्रता, शुद्धता, कर्तव्य-परायणता तथा स्वप्रतिबद्धता से अर्जित की है। ऐसे व्यक्तियों के संबंध में स्वामी रामतीर्थ ने कहा है—"He has the strength of ten, because his heart is pure."

उद्दालक बलशाली था, परंतु उसका पुत्र नचिकेता था शक्तिशाली। पिता ने पुत्र को क्रोध में कहा कि मैं तुम्हें यम को दान में देता हूँ, यह सुनते ही नचिकेता जा पहुँचा यमाचार्य के पास। नम्रता से उसने यमराज से अध्यात्म जीवन के रहस्य की शिक्षा ली।

हिरण्यकशिपु के बल से सभी मनुष्य और देवता डरते थे। वह अपने को भगवान् मानने लगा। उसका पुत्र प्रह्लाद अपने पिता को सर्वशक्तिमान नहीं मानता था। पिता ने क्रोधित होकर उसे विष पिलाया, तलवार से धमकाया, पर्वत से नीचे गिराया। प्रह्लाद नहीं डरा। उसे प्रभु में विश्वास था, जो अंत तक अडिग रहा।

ध्रुव पाँच वर्ष का बालक था। सौतेली माँ से अपमानित और पिता से तिरस्कृत वह जंगल में ईश्वर की खोज में निकल पड़ा। दृढ़निश्चय और अटूट विश्वास से विजयी हुआ। आगे चलकर भगवान् के नाम पर एक बड़े साम्राज्य पर उसने शासन किया। कितने ही बलशाली राजाधिराज, शक्तिशाली पुरुषों को पराजित किया। शिवाजी ने औरंगजेब को परास्त कर हिंदू पदपादशाही की स्थापना की।

कृष्ण की दीवानी मीरा ने राजघराने को त्याग दिया। उसको कितने कष्ट दिए गए, परंतु वह अपने पथ से तनिक भी विचलित नहीं हुई। वह सदा यही गीत गाती रही—

"श्री गिरधर आगे नाचूँगी, नाच-नाच पिया रसिक रिझाऊँ"

खुदीराम बोस, रामप्रसाद बिस्मिल, मदनलाल धींगड़ा, कितने ही क्रांतिकारी हुए, जिन्होंने देश की स्वतंत्रता के लिए अपना सर्वस्व न्योछावर कर दिया।

"शहीद की जो मौत है, वह देश की हियात है।" ऐसे शक्तिशाली युवकों से ही देश परम वैभव पर पहुँचेगा, इसमें कोई भी संदेह नहीं। शक्तिशाली प्राचार्य ही अपने जीवन के उदाहरण तथा शुद्ध आचरण से विद्यार्थियों को शारीरिक दृष्टि से सबल मानसिक

दृष्टि से सद्विचारी, बौद्धिक दृष्टि से सत्यान्वेषी तथा आत्मिक दृष्टि से सेवाभावी बनाएँगे और इसमें ही देश का भविष्य उज्ज्वल है। प्राचार्य को बलशाली नहीं, अपितु शक्तिशाली बनना है।

सामाजिक दृष्टि

नदियाँ अपना जल कभी नहीं पीतीं और वृक्ष दूसरों को छाया देकर संतुष्ट होते हैं। पारिजात वृक्ष रात्रि को अपनी झोली में सुगंधित फूल भर लेता है। प्रातः सूर्य की प्रथम किरण के साथ ही धरती माँ को सभी पुष्प समर्पित कर देता है—God gives and forgives, Man takes and forgets.

मनुष्य पर ईश्वर की अनुपम कृपा है। वह सबको देता है। मानव देनहार के प्रति कृतज्ञता ज्ञापन नहीं करता। यह कितना बड़ा दुर्भाग्य है। हम सामाजिक प्राणी हैं। जो कुछ भी हमारे पास है, वह समाज की धरोहर है। हम इसलिए स्मरण किए जाएँगे कि हम ने राष्ट्र तथा समाज को कुछ दिया। नहीं तो कोई नाम भी नहीं जानेगा कि हम इस पृथ्वी पर आए थे।

"Our schools should not be an island in the society"

हमारे विद्यालय समाज में एक टापू के समान नहीं, अपितु सामाजिक परिवर्तन तथा सामाजिक संरचना में सहभागी हों।

प्राचार्य के लिए यह कथन कितना महत्त्वपूर्ण है He should not sit in an ivory tower but he should be there in a watch tower. उसे अपने भव्य कार्यालय में बैठे नहीं रहना, अपितु चहुँ ओर देखना है कि समाज में क्या हो रहा है? विचार करना है कि इसके उन्नयन के लिए वह क्या कर सकता है?

सामाजिक न्याय, सामाजिक समरसता, सामाजिक जागरूकता, सुरक्षा, संस्कृति-संरक्षण, राष्ट्रीय अस्मिता, जनजाति कल्याण, सामाजिक कुरीतियों का उन्मूलन, धर्म जागरण, साक्षरता, स्वास्थ्य, स्वावलंबन, देश की एकता तथा अखंडता—यह हम सबके विचार के विषय हैं। हमारे विद्यालय सकारात्मक कार्यों के माध्यम से कथित चुनौतियों का सामना करने के लिए महत्त्वपूर्ण भूमिका निभाएँ।

क्या करोगे प्यार तुम भगवान् को, क्या करोगे प्यार तुम ईमान को।
गर जन्म लेके गोद में इनसान की, कर न सके तुम प्यार यदि इनसान को॥

समाज-सेवा ही ईश्वर की आराधना है। विद्यालय में ईश्वरीय कार्य के लिए विद्यार्थियों को शिक्षा तथा दीक्षा दें, यही आज की पहली आवश्यकता है।

स्वामी रंगनाथानंद का कथन है—"व्यक्ति वह है, जिसके पास प्रतिभा, क्षमता तथा कुशलताएँ हैं, परंतु जब वह ये सब गुण समाज को समर्पित कर देता है, वह

व्यक्तित्व बन जाता है।'' विद्यालय में हमें व्यक्ति का नहीं, व्यक्तित्व का विकास करना है। समाज के लिए यह समर्पण गीत विद्यालय परिवार गाए और अपना दीप जलाए।

जलते जीवन के प्रकाश में, अपना जीवन तिमिर हटाएँ।
उस दधीचि की तपः ज्योति से एक-एक कर दीप जलाएँ॥

पूजनीय गुरुजी ने हम सब को जीवन जीने के लिए एक पथ-प्रदर्शक सूत्र दिया है—''मैं नहीं तू ही।''

हमारे जीवन की यात्रा 'मैं' से प्रारंभ होकर 'त्वम्-वयम्' से आगे बढ़ती 'सर्वम्' तक जाती है। हाँ, यह जीवन जीने की कला है।

अमरता का रहस्य

हम सब मानव सदा सर्वदा के लिए बने रहना चाहते हैं, जीना चाहते हैं। धर्मराज युधिष्ठर ने कहा था—''मैं मरना नहीं चाहता। मैं सदा ही मृत्यु को उसके साथ जाने के लिए टालता रहता हूँ।''

हम सब अमर होना चाहते हैं। हमारी वेद प्रार्थना है—

ॐ असतो मा सद्गमय, तमसो मा ज्योतिर्गमय।
मृत्योर्माअमृतं गमय ॐ शांतिः, शांतिः, शांतिः॥

हम भव्य भवन बनाते हैं। जीवन के लिए सुख-सुविधाओं के सामान का संग्रह करते हैं। हम सामान सौ वर्ष के लिए जोड़ते हैं, परंतु पल की खबर नहीं।

वेद की ऋचा में कहा गया है—''सूर्य एको विचरित चन्द्रम जायते पुनः। अग्निार्हमस्य भैषंजा भूमिरावमनं महत्''॥

सूर्य अकेला विचरण करता है। चंद्रमा एक बार जन्म लेकर पुनः जन्म लेता है। आग जाड़े की ओषधि है। पृथ्वी बड़ा भारी क्षेत्र है।

सूर्य ने ईश्वर से प्रकाश ग्रहण किया है। उसके प्रति कृतज्ञता ज्ञापन के लिए वह तपी समान जलता रहता है और वह उसकी खोज में है, जिसने उसे प्रकाश दिया है, उसका अखंड मंडलाकार स्वरूप हमें दिखाई देता है। चंद्रमा ने सूर्य से प्रकाश लिया, परंतु वह उसके चारों ओर नहीं घूमता। यह उसकी कृतघ्नता है। वह पृथ्वी के चारों ओर चक्कर लगाता है और अँधेरे में रस का पान करता है। ऐसा भौतिकवादी प्राणी बार-बार मरता है और जन्म लेता है। वेद कहता है—पृथ्वी भारी क्षेत्र है। मनुष्य को भी असीम खेत कहा गया है, इसपर कर्मों का फल लगता है, जो मनुष्य के मरने के साथ ही उसके साथ जाता है। कर्मों का महत्त्व है।

मैथिलीशरण गुप्त ने लिखा है—''मरा ही नहीं, वह जो जिया दूसरों के लिए,'' जो दूसरों के लिए जीते हैं, वे समय के रेत पर सदा के लिए पदचिह्न छोड़ जाते हैं।

अत: यह ध्यान रखना होगा कि प्राचार्य का जीवन विद्यार्थी है और आचार्य भी। श्री साईं बाबा कहते हैं—"मेरी संपत्ति मेरे सभी विद्यार्थी हैं।"

जिस दिन आप प्राचार्य पद पर नियुक्त हुए थे, तुम उस दिन से केवल अपने परिवार के मुखिया नहीं रहे, अपितु विद्यालय के वृहद परिवार विद्यार्थी, आचार्य, अभिभावक, पुरातन छात्र तथा समाज के अंग-प्रत्यंग के अभिन्न सदस्य बन गए। यह व्यापक दृष्टि ही शिक्षा क्षेत्र में आपको अमर पुत्र बनाएगी।

मनुष्य बड़ा महान् है और उसकी मुट्ठी में भगवान् है। वह अपने परिश्रम तथा प्रामाणिकता से उस मुट्ठी को खोलकर भगवान् के दर्शन कर सकता है और वह अमर हो जाता है। प्राचार्य को अपनी अमरता के लिए परिश्रम करना होगा।

मनुष्य के साहस से कोई दूसरा बंदा नहीं।
वह नहीं हारा, जो सदा खड़ा तथा अड़ा है।

ज्ञान तथा क्रिया का संगम

स्वामी विवेकानंद का कहना है—"शिक्षा जानकारियों का ढेर नहीं, जो मस्तिष्क में पड़ा रहकर सड़ाँध पैदा करता है। ज्ञान के चार अक्षर भी यदि हम जीवन में आत्मसात् कर लें तो हमारा जीवन सफल हो जाए।" क्रिया का महत्त्व है, जयशंकर प्रसाद ने कहा है—

ज्ञान-भिन्न क्रिया कुछ और,
इच्छा क्यों पूरी हो मन की,
एक-दूसरे से न मिल सकें,
तो विडंबना है जीवन की।

ज्ञान भावना क्रिया के संगम पर ही शिक्षा तथा जीवन की सार्थकता है दीनदयाल उपाध्याय ने कहा था—"ज्ञान, भावना और क्रिया के संगम पर शिक्षा तीर्थराज प्रयाग बनती है।" विद्यालय में इस संगम के दर्शन कराना प्राचार्य का प्रयास रहना चाहिए।

धृतराष्ट्र ने कुरुक्षेत्र युद्ध के अंतिम परिणाम के संबंध में जानना चाहा तो संजय ने उत्तर दिया था—"पांडव जीतेंगे और आपके पुत्र कौरव युद्ध हारनेवाले हैं।" धृतराष्ट्र ने ऐसी भविष्यवाणी करने का आधार पूछा? उत्तर मिला, "जहाँ योगेश्वर कृष्ण हों और साथ कर्मशील धनुर्धर अर्जुन हों, इस प्रकार की जोड़ी को हराना असंभव है। गीता के अंतिम श्लोक में इस सत्य को संपादित किया गया है—

यत्र योगेश्वरः कृष्णो यत्र पार्थो धनुर्धरः।
तत्र श्रीविजयो भूतिधुर्वा नीतिर्मतिमम॥

डॉ. राधाकृष्ण ने कहा है—"Stagnation is death and motion is life."

क्रिया के बिना जीवन तालाब में खड़े पानी के समान हो जाता है, जिसमें बदबू हो जाती है। स्वामी रामतीर्थ ने कहा था कि हमारा जीवन नदी के समान होना चाहिए, जो सदा अविरल तथा अगाध गति से आगे-ही-आगे बढ़ती है, जब तक वह समुद्र में विलीन नहीं हो जाती है।

वेद में कहा गया है—"कर्म यदि तुम्हारे दाएँ हाथ में है तो विजय तुम्हारे बाएँ हाथ में है।"

जब स्वप्न क्रिया में परिणित हो जाता है तो वह दृष्टिकोण बन जाता है। यह जीवन की नीति है, रीति है और यह एक महान् दर्शन है। हमारे प्राचार्य प्रदर्शन में नहीं, इस दर्शन में विश्वास करनेवाले बनें।

टोली नायक—एक कदम आगे

प्राचार्य विद्यालय का नायक है। नेतृत्व करने का अर्थ है, सबकी ओर ध्यान देना। विद्यार्थियों तथा आचार्यों की अंतर्निहित शक्तियों को प्रकट करने के अवसर प्रदान कर सब की व्यक्तिगत क्षमताओं को सामूहिक क्षमता में रूपांतरण करना ही नेतृत्व की सफलता है।

प्राचार्य के पास शिक्षा संबंधी नवीनतम जानकारी होनी चाहिए और इसके लिए नवीनतम उत्कृष्ट पुस्तकों का अध्ययन करते रहना चाहिए। विद्यालय में स्वाध्यायी वातावरण संस्था को उच्चतम स्तर तक ले जाएगा। प्राचार्य को इसके लिए शुरुआत करनी होगी।

अह रह: स्वाध्यायम् ध्येतव्य—रात-दिन स्वाध्याय में लगे रहो।

डॉक्टर फेडरिक अध्यक्ष मेडिकल एसोसिएशन का कथन है—"जो निरंतर क्रियाशील और अध्ययनरत रहते हैं, उनकी आयु बड़ी होती है।" प्राचार्य को देखना और सुनना चाहिए। विद्यालय की संपूर्ण गतिविधियों पर नजर रखना और सब की बात को शांति से सुनना चाहिए। इसे श्रवण-भक्ति कहते हैं। बात को सुनकर निदान करना चाहिए, समस्या को लटकाने से संदेश उत्पन्न होते हैं, इससे टोली बिखर जाती है। साथी आपका अनुकरण करें और आप भी उनका अनुकरण करें।

"A leader leads his followers and the followers lead the leaders. The principal should lead and be led."

सबको विश्वास हो कि आप उनके अच्छे मित्र हैं। अपने आचरण से उन्हें जीवन-मूल्यों की सीख दें।

टोली-निर्माण के कुछ ध्यान देने योग्य निम्नलिखित बिंदु हैं—

1. सब को कार्य करने का आनंद हो, अत: विद्यालय में आनंदमय वातावरण हो।

2. अपूर्ण अंक सब मिलकर पूर्ण बनें।
3. One for all and all for one is our song.
4. We are on the same rope we shall reach the peak together.
5. we shall work together and we shall live together.
6. सब को रुचि-अभिरुचि अनुसार कार्य का समान वितरण आवश्यक है।
7. घोष के भिन्न-भिन्न यंत्र रहते हैं। किसी एक गीत पर सब यंत्रों में समान ध्वनि बाहर आती है और उसका प्रभाव तथा परिणाम जादुई होता है। अतः सभी भिन्न रुचियों के आचार्यगण विद्यालय के विकास में एक साथ कदम मिलाकर आगे बढ़ें।

टोली-निर्माण के आचरण के मुख्य सूत्र हैं

1. संपर्क, स्नेह तथा संस्कार से संस्कारक्षम वातावरण का निर्माण करें।
2. न्यूनताओं को नियमों से नहीं, स्नेह से दूर करें।
3. पारिवारिकता, एकात्मता तथा परस्परानुकूलता—यह टोली-निर्माण की त्रिवेणी है।
4. आदेश तथा उपदेश से नहीं, अपितु मन के संदेश से संवाद करें।
5. दबाव से तथा प्रभाव से नहीं अपितु मधुर स्वभाव से कार्य लें।
6. जिस पर संदेह हो जाए, उस संबंधित व्यक्ति से यथा समय तथा यथा स्थान बात करें।
7. साझेदारी, समझदारी तथा जवाबदारी से सब मिलकर कार्य करें।
8. सुख, दुःख सहभागिता सब का गीतनाद होना चाहिए।

प्राचार्य के बारे में कहा गया है—''क्रोध में सुस्त, बधई में चुस्त तथा निर्णय करने में तंदुरुस्त होना चाहिए।'' इन सब कथनों, सूत्रों तथा निर्देशों से अटूट टोली का विकास होता है। प्राचार्य पर सबकुछ निर्भर है। वह अपने साथियों से एक कदम आगे रहता है और सबको साथ लेकर चलता है।

प्रतिबद्ध मन को काम के सिवाय कुछ नहीं सूझता

दीवार के उन्हीं हिस्सों में कीड़े-मकोड़ों का निवास होता है, जहाँ छेद होते हैं और वहीं से दीवार के गिरने की शुरुआत होती है। जिस जगह बाँध सबसे कमजोर होता है, वहीं से पानी रिसता है, जो बाद में बाँध टूटने का कारण बनता है। अगर किसी घर में साँप या चूहे को घुसना है, तो वह वहीं से घुस पाएगा, जहाँ से घुसने के लिए उसे थोड़ी सी जगह मिल पाएगी। दीवार में बन गए छेद या बाँध के कमजोर हिस्से या मकान में हो गए एक छिद्र की तरह ही प्रतिबद्धता की कमी भी है, जो निश्चित रूप से हमारी अपनी

कमजोरी का कारण बनती है। इस कमजोरी के लिए पूरी तरह हम ही जिम्मेदार होते हैं।

एक प्रतिबद्ध मन को कर्म के सिवाय और कुछ सूझता ही नहीं। वह कर्म से भागने के तरीके तो सोचेगा ही नहीं। यदि वह कुछ सोचेगा, तो सिर्फ यही कि कर्म को कैसे और अधिक सरल, अधिक उपयोगी बनाया जाए, ताकि सफलता मिल सके।

प्रतिबद्ध होना सीखिए। बड़ी चीजों के प्रति बाद में, छोटी-छोटी चीजों के प्रति पहले। ये छोटी-छोटी प्रतिबद्धताएँ ही आपको बाद में बड़ी प्रतिबद्धताओं की ओर ले जाएँगी। प्रतिबद्धता का भाव आपके पूरे चरित्र को बदलकर रख देगा। आपको अंदर और बाहर से बेहद अनुशासित और व्यवस्थित कर देगा। यह कल से या आज से नहीं, बल्कि अभी से ही करने की बात है। आज एक निर्णय को पूरा करना ही है। इस बारे में मुझे कोई भी समझौता नहीं करना है और उसे करने में लग जाइए। आप देखेंगे कि आपके अंदर के अन्य सारे विचार थम गए हैं। विचार तो हैं, वे रुक गए हैं, ठीक वैसे ही, जैसे राजा की सवारी निकलने पर किनारे राहगीर अपने-अपने स्थानों पर थम जाते हैं। जब करने के लिए कुछ होता है, तब सोचने के लिए कुछ नहीं रहता।

उपसंहार

हमने अपनी सप्तपदी यात्रा आरंभ की है। इस यात्रा का संबल है, मुसकराता चेहरा, जिसे रोज अपने सहयोगी के रूप में साथ रखना है।

आइए, संकल्प लेकर आगे बढ़ें–

- आज के दिन मैं क्रोध नहीं करूँगा।
- आज के दिन तनाव तथा चिंता रहित कार्य करूँगा।
- मेरा स्वभाव कृतज्ञता ज्ञापन का रहेगा।
- आज मैं प्रामाणिकता से काम करूँगा।
- आज के दिन सभी सहभागियों से स्नेह तथा मधुर व्यवहार करूँगा।

यह वाक्य जापानी भाषा में रेखी के जन्मदाता मीकेयू की स्मृति-स्वरूप में बने मंदिर पर लिखे हैं। ये पाँच वाक्य हमें और हमारे विद्यालय को प्रसन्नता का एक घर बना देंगे। इसमें रहने का मन बना रहेगा।

जय शिक्षा, जय संस्कृति, जय भारत माता!

□

प्रेरक शिक्षक–गिजुभाई

वर्तमान शिक्षा–पद्धति के दोषों को समझने के लिए श्री गिजुभाई को आज के तथाकथित शोधकर्ताओं की भाँति समाज से दूर जाकर बड़े–बड़े पुस्तकालयों के भव्य भवनों में बैठकर न तो अध्ययन करने की आवश्यकता थी और न ही स्कूलों में घूम–घूमकर छात्रों, शिक्षकों तथा अभिभावकों से साक्षात्कार करने का प्रपंच रचने की जरूरत थी। उनके सामने अपने ही विद्यार्थी जीवन के अनुभव एक खुली पुस्तक की तरह विद्यमान थे, जहाँ उनकी बाल सुलभ जिज्ञासा को अध्यापक ने पीट–पीटकर कुंठित बना दिया था, जहाँ उन्होंने प्रसन्नता से नहीं, वरन् शिक्षक से पिटने से बचने के लिए बड़ी–बड़ी परिभाषाएँ बिना समझे ही रट ली थीं तथा परीक्षा में अनुत्तीर्ण होने पर माँ–बाप से मिलनेवाली प्रतारणा के अपमान से बचने के लिए अपने स्वास्थ्य की आहुति देकर न जाने कितनी रातें नीरस पुस्तकों में सिर खपाते हुए बिना सोए व्यतीत की थीं। वे अपने बचपन के दिनों की याद करते हुए लिखते हैं—"जब बचपन में मुझे यह विषय समझाया जाता था, तो मैं भी इसे समझ नहीं पाता था, केवल याद भर कर लेता था। पर मेरे शिक्षकों को इसी से यह भ्रम हो जाता था कि मैं विषय को भली–भाँति समझ चुका हूँ।"

आश्चर्य है कि गिजुभाई की अनुभूति सौ वर्ष के बाद आज भी शिक्षण में यथावत् विद्यमान है। आज भी यदि छात्र रटी हुई बातों को यथावत् दुहरा देता है तो शिक्षक तथा परीक्षक मान लेते हैं कि बच्चा समझ चुका है। विडंबना यह है कि हमारी परीक्षा–पद्धति आज भी इसी भ्रम के आधार पर प्रमाण–पत्र एवं उपाधियाँ प्रदान कर रही है।

स्वतंत्रता के बाद से देश में शिक्षा में परिवर्तन की आवश्यकता लगातार अनुभव की जा रही है। इसीलिए मुदालियर आयोग, राधाकृष्ण आयोग, कोठारी आयोग और ईश्वरभाई पटेल कमेटी आदि का गठन किया गया, ताकि नई शिक्षा सामने आ सके। किंतु इन सब प्रयासों का परिणाम अभी तक निरसाजनक ही रहा। 10 + 2 + 3 की नई शैक्षिक संरचना का कार्यान्वयन अभी–अभी प्रारंभ हुआ था कि देश में नई शिक्षा–नीति

की तैयारी प्रारंभ हो गई है। इस संबंध में गिजुभाई ने भी चिंतन और मनन किया। उन्हें शिक्षा में नहीं, वरन् शिक्षा देने के ढंग में दोष दिखाई दिया, अतः वे कहते हैं—''तमाचा मारकर पढ़ाने का काम तो दूसरे सब कर ही रहे हैं और उसका फल मैं तो यह देख रहा हूँ कि लड़के बेहद असभ्य, जंगली, अशांत और अव्यवस्थित हैं।''

बच्चों को अनुशासन सिखाने के नाम पर विद्यालयों में शिक्षक उन्हें मारते-पीटते हैं और शारीरिक दंड देने में अपनी शान समझते हैं, किंतु वे नहीं समझते कि इसका गलत प्रभाव बच्चों पर पड़ रहा है। गिजुभाई ने इसके दुष्परिणाम देखे और उनका सजीव वर्णन किया—''इन शिक्षकों को देखकर तो इनके छात्र भाग खड़े होते हैं और पीठ पीछे इनकी नकल करते हुए मैंने उन्हें अपनी आँखों से देखा है।''

बच्चों को पिटता देख उनका मन चीत्कार कर उठा। क्योंकि वे सच्चे शिक्षक थे और बच्चे को अपना आराध्य मानते थे, अतः उन्होंने कहा, ''मैं पल-पल में नन्हे बालकों में विराजमान महान् आत्मा के दर्शन करता रहता हूँ। यह दर्शन ही मुझे इस बात के लिए प्रेरित कर रहा है कि मैं बालकों के अधिकारों की स्थापना करने के लिए जिंदा रहूँ और इस काम को करते-करते ही मर-मिट जाऊँ।''

इसलिए उन्होंने समस्त शिक्षक समाज से अनुरोध किया। प्रभु को पाने के लिए बालक की पूजा कीजिए, क्योंकि

स्वर्ग, बालक के सुख में है।
स्वर्ग, बालक के स्वास्थ्य में है।
स्वर्ग, बालक की प्रसन्नता में है।
स्वर्ग, बालक की निर्दोष मस्ती में है।
स्वर्ग, बालक के गाने और गुनगुनाने में है।

आज छात्रों का आक्रोश सर्वत्र दिखाई दे रहा है, आए दिन विद्यालयों में हड़ताल और विश्वविद्यालयों में तालाबंदी हो रही है। छात्रों का मन इससे दुःखी नहीं होता, वरन् इसमें वे आनंद का अनुभव करते हैं। वे नहीं समझते कि हड़तालों और तालाबंदियों से उनकी पढ़ाई में बाधा उत्पन्न होती है। उन्हें इस बात का एहसास भी नहीं होता कि इससे ज्ञानोपार्जन न हो सकने से उनको ही हानि होगी। यह स्थिति केवल उच्चतर माध्यमिक विद्यालयों में तथा महाविद्यालयों में नहीं है, वरन् इसका जहर प्राथमिक विद्यालयों में भी पहुँच चुका है। इसका चित्रण गिजुभाई ने बड़े मार्मिक शब्दों में किया है।

शिक्षा में लड़के मानो यही सीखे हैं, 'हा, हा', 'हू, हू' और तालियाँ बजाना। उन्हें अपनी पाठशाला से प्रेम तो है ही नहीं। छुट्टी का नाम सुना नहीं कि उछलते-कूदते भाग गए।

उस स्थिति से गिजुभाई के मन को पीड़ा हुई। उन्होंने गंभीरता से चिंतन किया। अंत में उन्होंने इसके लिए शिक्षा को नहीं, वरन् सच्चे शिक्षक की चुनौती स्वीकार करते हुए कहा, ''मेरे लिए उनके दिल में कुछ प्रेम और रस पैदा होना चाहिए। तब कहीं वे मेरा कहना कुछ सुनेंगे और करेंगे।''

बच्चे 6 वर्ष की आयु के पश्चात् अपने घर की दहलीज के बाहर निकलकर अपनी माँ के प्यार और पिता के दुलार को छोड़कर जब विद्यालय में आते हैं तो यहाँ के शिक्षक को अजनबी, वातावरण को अपरिचित और समस्त छात्रों को वीराना पाते हैं। बालक की इस मनःस्थिति से अनभिज्ञ शिक्षक आनेवाले छात्र को प्रथम दिन ही कलम पकड़ देता है, अतः पहले दिन से ही शिक्षक और छात्र के बीच की दूरियाँ बढ़ने लगती हैं। इस रहस्य को गिजुभाई ने समझा और पढ़ाना बंद करके छात्रों के मन को जीतने का संकल्प लिया और कहानियाँ सुनाना प्रारंभ कर दिया। इन कहानियों से बच्चे धीरे-धीरे शिक्षक के निकट आने लगे और कुछ समय में उनके बीच की दूरियाँ समाप्त हो गईं। अपने इस प्रयोग के प्रभाव का वर्णन करते हुए गिजुभाई लिखते हैं—

''अब तो मैं खुद अनुभव कर रहा हूँ कि विद्यार्थियों को और शिक्षकों को एक-दूसरे के नजदीक लाने में कहानी कितनी अजब और जादू भरी चीज है। पहले दिन जो बच्चे मेरी सुनते तक न थे, और 'हा-हा, ही-ही' करते मुझे दिख रहे थे, वे ही जब से कहानी सुनने को मिली है, तब से शांत बन गए हैं। मेरी ओर प्रेम से देखते हैं। मेरा कहा सुनते हैं। कहता हूँ, उसी प्रकार बैठते हैं। चुप रहो, गड़बड़ न करो तो मुझे कभी कहना ही नहीं पड़ता।''

वास्तव में बच्चों को कहानियों में सर्वाधिक रुचि होती है, क्योंकि कहानियों से उनकी जिज्ञासा कल्पना और चिंतन को तृप्ति मिलने के कारण आनंद आता है। कथा, कहानियाँ उस जाती हवा के झौंके के समान हैं, जो बच्चों के चिंतन और वाणी की सुलगती आग को भड़काते हैं। बच्चा कथा-कहानियों के बिना जी नहीं सकता। इसके बिना यह संसार उसके लिए चित्रपट पर बनी एक सुंदर तसवीर मात्र होता है, कथा कहानियाँ इस तसवीर में प्राण फूँक देती हैं। कथा शिक्षण में कहानी के महत्त्व को प्रतिपादित करते हुए गिजुभाई ने अनुभव किया—''सिखाने की यही तो नई रीति है। कहानी के द्वारा आज व्यवस्था सिखाई जा रही है। भाषा शुद्धि और साहित्य का परिचय दिया जा रहा है। कल कुछ दूसरी बातें भी सिखाई जा सकती हैं।

''आजकल हमारे देश में गंदगी का बोलबाला है। गंदगी हमारा एक राष्ट्रीय कलंक है। जब तक इसका साम्राज्य है, हमारी दुर्दशा का अंत नहीं होगा। हमें अपनी गंदगी दूर करने के लिए नियमानुसार लड़ाई छेड़नी पड़ेगी।''

गिजुभाई की मान्यता है कि छात्रों को पहला पाठ साफ रहने का सिखाया जाना

चाहिए। उनके विचार से—

"मैले-कुचैले और बेढंगे लड़कों की पहली पढ़ाई क्या हो सकती है?"

"जब तक हमारा कमरा भली-भाँति साफ नहीं होता, हम कमरे में दूसरा काम नहीं कर सकते हैं।"

किंतु सफाई का काम आसान नहीं है, उसे वे भली-भाँति जानते हैं कि यह कठिन काम केवल शिक्षक एकाकी रहकर पूरा नहीं कर सकता है, वरन् इसमें समाज को और बच्चे के माँ-बाप को भी सहभागी बनाना होगा, अतः वे कहते हैं, "मुझे एक ओर माँ का सहयोग प्राप्त करना होगा और दूसरी ओर ऐसी योजना तैयार करनी पड़ेगी, जिससे छात्रों को पाठशाला में ही उन बातों का शौक लग जाए।

"आखिर मैं तो पाठशाला के अंदर जितनी कोशिशें हो सकेंगी, करूँगा। बालक में वैसी आदत पैदा करूँगा। यही नहीं, फुरसत मिलने पर इस संबंध में सार्वजनिक रूप से आंदोलन भी करूँगा। सच तो यह है कि लोग कितने ही बे-परवाह क्यों न हों, इसमें शक नहीं कि हमारे विद्यालय का गंदा वातावरण हजारों लोगों का घर है। इसे मिटाना ही होगा।"

हमारे विद्यालयों में सांस्कृतिक कार्यक्रमों को विशिष्ट व महत्त्वपूर्ण स्थान प्राप्त है, क्योंकि सांस्कृतिक कार्यक्रमों से बच्चों को आनंद, आत्माभिव्यक्ति, आत्मप्रकाश, ज्ञानार्जन और सर्वांगीण विकास का अवसर मिलता है। किंतु आज यह सांस्कृतिक कार्यक्रम बाल-विकास का माध्यम न रहकर विद्यालयों में आनेवाले अतिथियों के मनोरंजन का माध्यम बन गया है। इसके दुष्परिणामों का वर्णन गिजुभाई ने बड़े मार्मिक शब्दों में किया है—"सब छात्रों को मार-मारकर और रटा-रटाकर ही तैयार किया जाएगा। हमारी पढ़ाई का वह सच्चा और स्वाभाविक परिणाम तो होगा नहीं। कई दिनों तक रिहर्सल चलेगा, जोरों की रटाई होगी, तब कहीं तोते की तरह उसे पढ़ेंगे और सो भी पीछे से मदद मिलने पर। इनमें लड़कों का समय और शक्ति दोनों नष्ट होंगे। उनकी पढ़ाई पिछड़ेगी।"

विद्यालय में इस प्रकार आयोजित होनेवाले संस्कार-विहीन कार्यक्रमों के विरुद्ध गिजुभाई की आत्मा चीत्कार कर उठी, क्योंकि वे बालक की सेवा को ही प्रभु की आराधना मानते थे। एक बार जब उनके विद्यालय में शिक्षा-संचालक महोदय के स्वागत में प्रधानाध्यापक तथा विद्यालय के अधिकारियों ने सांस्कृतिक कार्यक्रम में गिजुभाई को सहयोग देने का आदेश दिया तो उन्होंने इस सांस्कृतिक कार्यक्रम का बहिष्कार करते हुए निर्भीकता से कहा—"मैं इसमें भाग नहीं ले सकूँगा। मुझसे यह धाँधली सहन न होगी। मैं डायरेक्टर महोदय के मनोरंजन के लिए कुछ न करूँगा।"

उन्होंने गलत रीति-नीति का बड़े साहस से स्वयं विरोध किया और समस्त शिक्षक समाज से भी आग्रह किया—"यदि शिक्षक अनुभव करे कि उससे बालक को कोई

लाभ नहीं हो रहा है, तो वह नौकरी छोड़े देने के लिए तत्पर रहें।''

गिजुभाई एक स्वाभिमानी शिक्षक थे। वे शिक्षण को एक पवित्र कार्य मानते थे और चाहते थे कि भगवान् से भी बड़ा मानकर कबीर ने जिस गुरु की वंदना की थी, वही गुरु अपने पद की गरिमा को समझे। बड़े अधिकारियों की शुश्रूषा में चक्कर लगानेवाले शिक्षकों को देखकर उन्होंने बड़े दुःख के साथ कहा—''बड़े साहब के घर रोज जाने की जरूरत ही क्या है? खुशामद तो वे करते हैं, जो काम करना नहीं जानते।''

काश! श्रद्धेय गिजुभाई से प्रेरणा लेकर सभी शिक्षक निर्भीक और स्वाभिमानी बन सकते तथा बाल-देवो भव का मंत्र साकार कर सकते।

□

खंड–4
शिक्षा की चुनौतियाँ

हमारे देश में अंग्रेजों से पूर्व शिक्षा का स्तर

हमारे देश में अंग्रेजों के आने से पूर्व शिक्षा का स्तर बहुत अच्छा था। धर्मपालजी ने अपने एक ग्रंथ रमणीय वृक्ष (Beautiful Tree) में देश की शिक्षा के विस्तार, विकास और शोध करके जो लिखा है, वह निश्चय ही हमें गौरवान्वित करता है।

धर्मपालजी की दो पुस्तकों का मैं उल्लेख करूँगा, जो ब्रिटिश रिकॉर्ड पर आधारित हैं। एक तो है 'द ब्यूटीफुल ट्री'। गांधीजी ने जब कहा था, अंग्रेजों के आने से पहले भारत में जो शिक्षा थी, वह बाद में घटी है तो सर जॉन फिलिप ने चैलेंज किया था, उसके आधार पर वे आँकड़े बाद में फिर प्रकाशित हुए। उस समय की सुंदरलालजी की पुस्तक 'भारत में अंग्रेजी राज' में एक अध्याय है—'भारतीय शिक्षा का सर्वनाश'। धर्मपालजी ने जो पुस्तक छापी है, उसमें वे पूरे आँकड़े हैं, जो यह बताते हैं कि 18वीं शताब्दी में भारतीय शिक्षा का ढाँचा क्या था, कैसे पढ़ाई होती थी और उसमें खुद ब्रिटिश अधिकारियों के द्वारा एकत्रित आँकड़े हैं, जिसमें यह स्पष्ट है कि शिक्षक किस-किस जाति के होते थे। आप लोगों को यदि पुस्तक मिले ले तो अवश्य पढ़ें, क्योंकि उसमें लिखा है कि सभी जातियों के शिक्षक हैं और सब जातियों के विद्यार्थी हैं। इन आँकड़ों का कुछ-न-कुछ आधार तो अवश्य है। उसको भी दिमाग में लाना चाहिए कि सचमुच वह शिक्षा और साइंस एंड टेक्नोलॉजी कहाँ तक पहुँची हुई थी। 18वीं शताब्दी में वे सब तथ्य वर्णित हैं, उसमें चीरा लगाने का, चेचक के टीके का, इस्पात बनाने का, अगरिया लुहारों आदि सबका विवरण है। नाई चेचक का टीका लगाते थे। ऐसी विविध जातियाँ हैं, जो विभिन्न कौशलों में निपुण हैं, जैसे रंग बनाना, कागज बनाना, बारूद बनाना आदि-आदि। इन सबके जानकार लोग, बिना इस तथाकथित यूरोपीय ढाँचे को जाने भी, बड़े पैमाने पर विद्यमान थे। इसका मतलब है कि ज्ञान के और भी रूप हैं, जिन के आधार पर स्वदेशी कौशल और हुनर के संयोजन करनेवाली स्वदेशी शिक्षा तय की जाए।

विलियम एडम के द्वारा किया गया निरीक्षण उसने अपने प्रथम विवरण में लिखा है

कि सन् 1830-40 के वर्षों में बंगाल और बिहार के गाँवों में 1,00,000 के लगभग पाठशालाएँ थीं। यह कथन वैसे तो उच्च अंग्रेज अधिकारी तथा उससे संबंधित अन्य लोगों के अनुमान पर आधारित लगता है, क्योंकि इस कथन के लिए कोई अधिकृत प्रमाण प्राप्त नहीं होता। मद्रास प्रांत के लिए भी ऐसा ही अभिमत टोमस मनरो ने व्यक्त किया था। उसने बताया था, ''यहाँ प्रत्येक गाँव में एक पाठशाला थी। इसी प्रकार बंबई प्रेसीडेंसी के जी.एल. ऐंटरगास्ट नामक वरिष्ठ अधिकारी ने लिखा है—''गाँव बड़ा हो या छोटा, यहाँ शायद ही ऐसा कोई गाँव होगा, जहाँ कम-से-कम एक पाठशाला न हो। बड़े गाँवों में तो एक से अधिक पाठशालाएँ भी थीं।''

इसी प्रकार, पंजाब प्रेसीडेंसी में भी सन् 1850 के दौरान शिक्षा का व्यापक अधिकार था, ऐसा डॉ. जी.डब्ल्यू. लिटनर ने भी लिखा है।

इन सर्वेक्षणों से प्राप्त जानकारी से यह स्पष्ट होता है कि सन् 1900 में भारत में शल्य शिक्षा प्राप्त करनेवाले का अनुपात इंग्लैंड के छात्रों की तुलना में कम नहीं था। यही नहीं, अंग्रेजों की गुलामी के कारण से भारत कंगाल बन गया था, तो भी भारत में शिक्षा का प्रसार, शिक्षा-पद्धति, पाठ्यक्रम आदि की गुणवत्ता और व्यापकता इंग्लैंड की अपेक्षा अच्छी थी। साथ ही भारत में शिक्षा की कालावधि इंग्लैंड से अधिक थी। विशेष महत्त्वपूर्ण बात तो यह थी कि भारत में सैकड़ों वर्षों से प्रचलित शल्य शिक्षा-पद्धति के ही अनुसार इंग्लैंड में भी उसी पद्धति से शिक्षा देने का प्रयास हुआ था। विकटतम परिस्थितयों में भी, पाठशालाओं में छात्रों की उपस्थिति का अनुपात इंग्लैंड की पाठशालाओं की अपेक्षा विशेष प्रसन्न और नैसर्गिक था। साथ ही, भारत के शिक्षक इंग्लैंड के शिक्षकों की अपेक्षा विशेष आत्मीयता और निष्ठा से काम करते थे।

श्री धर्मपालजी ने 18वीं शताब्दी में भारतीय शिक्षा के आधार को रमणीय वृक्ष कहा था और महात्मा गांधीजी ने आगे चलकर इंग्लैंड में जाकर यह चुनौती दी थी कि आपने इस रमणीय वृक्ष की जड़ें काट दी हैं और हमारी शिक्षा के स्वरूप को बिगाड़ दिया है।

ब्रिटिश राज से पहले भारत इतना साक्षर था। ब्रिटिश राज के कारण उस साक्षरता में कमी आई, यहाँ विशेषज्ञ बनाने की प्रक्रिया भी अंग्रेजों के आने से नष्ट हुई और धीरे-धीरे हम अपने देश के परंपरागत जीवन-मूल्यों, जीवन धाराओं से तो विमुख हुए ही, साथ ही अपनी क्षमताओं से भी परे चले गए।

हमारे प्राचीन उत्पादकर्ता

हमारे देश का जो सामान्य कारीगर था, हमारे देश का जो सामान्य उपकरण निर्माता था और हमारे देश का जो उत्पादकर्ता था, वह बहुत अच्छा उत्पादन कर रहा था। 18वीं शताब्दी में हिंदुस्तान में जितना लोहा पैदा होता था, वह समूचे यूरोप और इंग्लैंड में

निर्मित लोहे से चार गुणा अधिक था और क्वालिटी में भी बहुत अच्छा था। उसकी गुणवत्ता बहुत उत्कृष्ट कोटि की थी। जो अंग्रेज इंजीनियर यहाँ आए, खासतौर पर जब उन्हें रेल की पटरियाँ बिछाने के लिए, कहाँ-कहाँ लोहा अच्छा मिलता है, इसका अध्ययन करने के लिए बताया गया तो उन्होंने कहा कि भारत में उत्कृष्ट कोटि का लोहा मिलता है। मगर अंग्रेजों ने इस पर बल दिया कि वे इस लोहे का उपयोग नहीं करेंगे और इंग्लैंड से लोहा भारत को आयात करना होगा, उसी से रेल की पटरियाँ बनेंगी और हजारों लोग जो इस्पात बनाने के काम में, लोहा बनाने में काम में लगे हुए थे, वे तो बेरोजगार हुए ही, साथ-ही-साथ लोहा बनाने की एक बहुत ही सस्ती प्रणाली भी हमारे देश से लुप्त हो गई। उस समय हम एक रुपए बारह आने मन लोहा पैदा कर रहे थे। इस देश का कपड़ा संसार में निर्यात होता था। ढाके की मलमल इंग्लैंड की महारानी तथा सुंदरियाँ बड़े चाव से पहनती थीं। अंग्रेजी ने ढाका की मलमल बनानेवाले कारीगरों के अँगूठे कटवा दिए और भारत में कपड़े की दस्तकारी को समाप्त करा दिया।

अंग्रेजों का अंधानुकरण

अंग्रेजी शिक्षा के परिणामस्वरूप भारतीयों में हीनता का भाव आ गया और हम अपने महापुरुषों, ज्ञानवेत्ताओं, वैज्ञानिकों को भूल गए। हम न्यूटन को तो जानते हैं, परंतु आर्यभट को नहीं जानते। हम यह नहीं कहना चाहते, कोपरनिकस से बहुत पहले हमारे देश में सूर्य के केंद्र की व्यवस्था को जान लिया गया था। उसके अनुसार गणनाएँ भी की जाती थीं। हम अपने विद्यार्थी को यह भी नहीं बताना चाहते कि परमाणु के संबंध में सबसे पहले संकल्पना हमारे देश में हुई। ज्यॉमिट्री में जिस परिमेय को पाइथागोरस के नाम से पढ़ाया जाता है, वह पाइथागोरस से पूर्व बौधायन ने हमे दी थी। सुश्रुत एक बहुत ही प्रसिद्ध शल्य-चिकित्सक हुए। कणाद ऋषि ने 'अणु' का आविष्कार किया था। इस ऋषि परंपरा को हम भूल गए और अंग्रेजी शिक्षा का हमने अंधानुकरण किया। इसलिए जो भी प्राचीन है, उसको हम हीन मानते हैं और जो आधुनिक है, उस पर गर्व करते हैं।

अतीतकाल में विदेशी यात्रियों और पर्यटकों ने भारतीयों को उनकी नैतिक उत्कृष्टता के लिए भूरि-भूरि प्रशंसा की है। आज के अधिकांश शिक्षित युवकों को इतिहास का ज्ञान नहीं है। उन्हें इन कथनों पर विचार करके इस प्रशंसा का आधार ढूँढ़ना चाहिए। लगभग दो हजार वर्ष पूर्व एरियन ने कहा था, ''कभी किसी भारतीय के मिथ्यावादी होने की शिकायत सुनने में नहीं आती।'' लगभग 1500 वर्ष पूर्व भारत की यात्रा पर आए बौद्ध मतावलंबी चीनीयात्री ह्वेनत्सांग ने मगध अंचल की अद्‍भुत समृद्धि तथा वहाँ के लोगों के उच्च नैतिकता-बोध की बड़ी प्रशंसा की है। यूनानी राजदूत मेगस्थनीज की भारत-यात्रा के समय यहाँ के लोग घरों में ताले नहीं लगाते थे। संस्कृत भाषा में 'ताला'

शब्द का अर्थबोध करानेवाला कोई शब्द ही नहीं था। मेगस्थनीज ने लिखा, ''ये लोग बताते हैं कि इन्होंने कभी अकाल या भुखमरी नहीं देखी, विश्व के अन्य भागों में युद्ध घोषित होने पर सामान्यतया दुश्मन की भूमि को बरबाद कर दिया जाता है, ताकि उसमें कोई फसल न उगाई जा सके। परंतु इस देश (भारत) में अन्न के उत्पादकों को बड़े सम्मान की दृष्टि से देखा जाता है। उनको कभी कोई हानि नहीं पहुँचाई जाती। पड़ोस में युद्ध छिड़ जाने पर भी किसान अपने खेतों में काम करते रहते हैं। एक सैनिक किसी अन्य सैनिक को मार सकता था, परंतु वह किसी किसान को स्पर्श तक नहीं करता था। शत्रु की जीती वस्तुओं में कभी आग नहीं लगाई जाती थी, किसी पेड़ को काटा नहीं जाता था।''

मार्कोपोलो ने कहा था, ''भारतीय व्यापारी संसार में सर्वोत्तम और सर्वाधिक सत्यनिष्ठ हैं। किसी भी कारण से वे कभी झूठ नहीं बोलते।'' ग्यारहवीं शताब्दी के मुसलमान यात्री इद्रीसी ने कहा है, ''भारतवासी अपनी नैतिक सत्यनिष्ठा और ईमानदारी के लिए विख्यात हैं।''

देश की स्वतंत्रता के 67 वर्ष पश्चात् भी पाश्चात्यीकरण का प्रभाव बना हुआ है। हाल ही में घटित गुडगाँव की घटना से स्पष्ट होता है कि जहाँ 125 बालक उस मनोरंजक स्थल पर गए, जिसके मालिक ने वहाँ यौन क्रीड़ाएँ तथा हुक्का पीने का प्रबंध किया। प्रवेश शुल्क 600 रुपए था। यह व्ययसंधि के स्कूली बच्चे माता-पिता से बिना अनुमति के वहाँ पहुँचे थे। पुलिस को जब जानकारी मिली तो उन सबको गिरफ्तार कर लिया गया। यह एक उदाहरण ही नई पीढ़ी की दशा और दिशा स्पष्ट करने के लिए पर्याप्त है।

कुछ दिन पूर्व भारतीय जनता पार्टी के अध्यक्ष श्री राजनाथ सिंहजी और रा.स्व. सेवक संघ के सरसंघचालक मा. मोहन भागवतजी ने कहा था कि देश की राज भाषा हिंदी तथा अन्य क्षेत्रीय भाषाओं के स्थान पर जो अंग्रेजी को बढ़ावा दिया जा रहा है, उससे छात्रों का हमारे देश की धरती तथा संस्कृति से संबंध-विच्छेद हो रहा है। अंग्रेजी माध्यम के विद्यालय यह प्रचार करते हैं कि अंग्रेजी पढ़कर ही हम देश में उच्च स्थान प्राप्त कर सकते हैं। हमारे पूर्व राष्ट्रपति श्री ए.पी.जे. अब्दुल कलाम ने कहा है कि यदि मैंने मातृभाषा में शिक्षा ग्रहण नहीं की होती तो मैं कभी बड़ा वैज्ञानिक और राष्ट्रपति नहीं बन पाता। संसार के 150 संस्थानों के शोध से यह बात सिद्ध होती है कि बालक माँ के गर्भ में ही मातृभाषा सीख लेता है। अंग्रेजी के कारण उसकी योग्यताएँ, क्षमताएँ विकसित नहीं हो पातीं।

300 वर्ष पूर्व भारत आनेवाले पुर्तगालियों ने कहा था, ''हिंदू लोग बिना घोषणा किए युद्ध नहीं करते। वे वीर हैं, पर शत्रु के प्रति घृणाभाव नहीं रखते। युद्ध-विराम के दौरान वे एक ही नदी में स्नान और पान-सुपारी का आदान-प्रदान करते हैं। वे अपमान

को जीवन-मृत्यु से भी बदतर मानते हैं।''

पुर्तगाली अधिकारी भारतीय कैदियों को उनके दूरस्थ गृहनगरों से फिरौती लाने के लिए भेजा करते थे। कुछ फिरौती लाने में समर्थ हो पाते थे और कुछ नहीं। उनके लिए भाग निकलने के सारे मौके उपलब्ध थे, परंतु अपनी सत्यनिष्ठा के कारण और वचन-भंग या मिथ्या भाषण नहीं करना चाहिए—इस भाव से प्रेरित होकर वे धर्मांतरण या मृत्युदंड का जोखिम उठाकर भी लौट आया करते थे। इन लोगों की सत्यनिष्ठा और नैतिक बल को देखकर पुर्तगाली लोग भी चकित रह जाते थे।

हम क्या थे? क्या हो गए? क्या होंगे अभी।
आओ मिल बैठे सोचें, हम ये समस्याएँ सभी॥

शिक्षा का अधिकार

कपिल सिब्बल ने शिक्षा के अधिकार के कानून को शिक्षा के क्षेत्र में एक ऐतिहासिक कदम बताया है। कानून बनने के 3 वर्ष के पश्चात् जो राष्ट्रीय स्तर पर सर्वेक्षण किया गया, नेशनल सैंपल सर्वेक्षण के आधार पर—

- 30 प्रतिशत विद्यालयों के पास पर्याप्त भवन नहीं हैं।
- स्वच्छ पानी पीने की व्यवस्था नहीं है। लड़कियों के लिए पृथक् शौचालय नहीं हैं।
- 20 प्रतिशत विद्यालयों में केवल एक ही कमरा है, अर्थात् उनमें एक ही अध्यापक है।
- 10 प्रतिशत विद्यालयों में श्याम-पट भी नहीं हैं।
- विद्यालयों में जो मिड डे मील (दोपहर का भोजन) दिया जा रहा है, वह घटिया तथा विषैला है। उसमें कोई पौष्टिक तत्त्व नहीं हैं, इसके सेवन से बच्चों का स्वास्थ्य बिगड़ रहा है। बिहार में 21 बच्चों की मौत हो गई है। इस योजना के क्रियान्वयन के कारण विद्यालयों से बच्चों के बीमार होने के समाचार प्रतिदिन आ रहे हैं। सारे देश में एक भय का वातावरण है। मिड डे मील की असफलता हमारे सम्मुख है।
- हम कहते हैं—''सा विद्या या विमुक्तये, अब तो कहा जाता है—सा विद्या या नियुक्तये।''

विजय के पड़ाव

राष्ट्रीय शैक्षिक अनुसंधान प्रशिक्षण परिषद् द्वारा कक्षा 6 से 12वीं इतिहास की पुस्तकें तथा हिंदी की पुस्तकें संविधान की धाराओं तथा शिक्षा के उद्देश्यों के विरुद्ध

लिखी गई हैं। इंदिरा गांधी विश्वविद्यालय में शिवजी भोग-विलासी तथा दुर्गा शराब पीनेवाली के रूप में दिखाना देवी-देवताओं को अपमानित करने का घृणित प्रयास है। दिल्ली विश्वविद्यालय मुक्त अध्ययन विश्वविद्यालय में सरदार पटेल को आर.एस.एस. का सहयोगी बताकर सांप्रदायिकता को बढ़ावा देनेवाला बताया गया है। आई.सी.एस.सी., एन.सी.ई.आर.टी. की पुस्तकों में स्वतंत्रता सेनानियों को आतंकवादी कहा गया। दिल्ली विश्वविद्यालय की इतिहास की पुस्तक में हनुमान को छुटभैया तथा कामुक बताया गया है।

2007 और 2008 में केंद्र सरकार द्वारा यौन शिक्षा लागू करने का प्रयास हुआ। अमरीकी लेखिका वेंडी डोनिगर ने 'द हिंदूज एन अल्टरनेटिव हिस्ट्री' पुस्तक में गांधीजी, स्वामी विवेकानंद, रानी लक्ष्मीबाई के संबंध में अपशब्द लिखकर उन्हें अपमानित किया। संघ लोक सेवा आयोग की परीक्षा में अंग्रेजी को अनिवार्य बताकर हिंदी तथा क्षेत्रीय भाषाओं के माध्यम से पढ़नेवाले एवं ग्रामीण विद्यार्थियों को इस सेवा में आने से वंचित करने का षड्यंत्र रचा गया।

इन सब विकृतियों, विसंगतियों राष्ट्रीय अपमान करनेवाले संदर्भों के विरुद्ध शिक्षा बचाओ आंदोलन समिति ने देशव्यापी परिणामकारक आंदोलन चलाया। जिला न्यायालय, उच्च न्यायालय तथा सर्वोच्च न्यायालय तक इन षड्यंत्रों को बेनकाब करने में सार्थक प्रयास किया है। अभी तक 9 न्यायालयों के निर्णय हमारे पक्ष में आए हैं। एक केस अभी लंबित है। लड़ाइयाँ जीती हैं, युद्ध जीतना अभी शेष है। शिक्षा-संस्कृति उत्थान न्यास की ओर से छह विषयों पर कार्य किया जा रहा है—1. वैदिक गणित 2. पर्यावरण की शिक्षा 3. चरित्र-निर्माण एवं व्यक्तित्व के समग्र विकास की शिक्षा 4. शिक्षा में स्वायत्तता 5. मातृभाषा में शिक्षा 6. मूल्यों की शिक्षा पर कार्य शुरू किया है।

शिक्षा पर मुनाफा कमाने पर रोक, धनवान तथा आर्थिक दृष्टि से पिछड़े सभी छात्रों के लिए अच्छी शिक्षा दिलाने का संकल्प, शिक्षा इन सबको स्वीकार करे। राजनीति की चेरी बने रहने से इसे छुटकारा मिले। देशभक्ति, स्वास्थ्य-संरक्षण, सामाजिक संवेदनशीलता तथा आध्यात्मिकता—शिक्षा के भव्य भवन के चार स्तंभ हैं। इनको राष्ट्रीय शिक्षा की नीति में सम्मिलित कर, स्वायत्त शिक्षा को संवैधानिक स्वरूप प्रदान करना चाहिए। इन सब उपायों से शिक्षा की चुनौतियों का मुकाबला किया जा सकता है। शिक्षा बाजार नहीं, अपितु मानव मन को तैयार करने का उदात्त साँचा है। जितनी जल्दी हम इस तथ्य को समझेंगे, उतना ही शिक्षा का भला होगा।

भारत अपनी क्षमता को पहचाने

विश्व के देशों का नारा है—"अपनी क्षमताओं का विकास करो।" वह भौतिक विकास के लिए अपनी क्षमताओं तथा कुशलताओं का प्रयोग करने की बात करते हैं।

परंतु भारत एक देश है, जिसमें क्षमताएँ पहले से विद्यमान हैं। उसका नाद है—"भारत अपनी क्षमताओं को पहचाने।"

हमारे यहाँ अनंत संसाधन हैं, अनूठा साहित्य है, अनुभूत ज्ञान है, सांस्कृतिक धरोहर है, ज्ञान-विज्ञान के क्षेत्र में हमने संसार को बहुत कुछ दिया है। इस शाश्वत निधि को पहचानने का समय आ गया है। हमें अपने पूर्वजों से जो प्राप्त है, उसे सँजोकर, समझकर शिक्षा के क्षेत्र में आगे बढ़ाना है। जीने और जीवन की शिक्षा के लक्ष्य को सार्थक करना है, जो हम विस्मृत कर बैठे हैं। उसे पुनः स्मरण कर हम विवेकानंद के इस मार्गदर्शक वाक्य को दोहराएँ—"उठो, जागो, आगे बढ़ो, रुको मत, जब तक हम अपनी मंजिल को प्राप्त नहीं कर लेते।"

□

वैकल्पिक शिक्षा नीति के सात सोपान

मई 1969 में राष्ट्रीय शिक्षा-नीति को अंतिम रूप दे दिया गया था। 'शिक्षा की चुनौती' दस्तावेज पर 1964 में चर्चा प्रारंभ हुई। दस्तावेज का सभी क्षेत्रीय भाषाओं में अनुवाद किया गया। अंग्रेजी में 5,60,000, हिंदी में 24,000, उर्दू में 4,000 प्रतियाँ छापी गई थीं और देश के सभी भागों में वितरित कर सुझाव आमंत्रित किए गए।

देश में यह माहौल बनता दिखाई दिया कि शिक्षा को स्वतंत्रता के पश्चात् बड़े महत्त्व का व सम्मानपूर्ण स्थान दिया जा रहा है और सरकार तथा जनता यह चाहती है कि वर्तमान शिक्षा प्रणाली में मूलभूत परिवर्तन किया जाए।

क्रियान्वयन की योजना के प्रारंभ में ही राष्ट्रीय शिक्षा-नीति जैसे ही यथार्थ की भूमि पर आ खड़ी हुई, उसके आदर्श वाक्य 511 गद्यांशों में निकाले गए। इसके निचोड़ व्यर्थ तथा भ्रामक दिखाई देने लगे। शिक्षा-नीति को यह प्रतीत हुआ कि वह अब नई नहीं रहेगी, कोठारी आयोग के दस्तावेज के समान उसे भी उस अलमारी में रख दिया जाएगा, जहाँ इसे दीमक न लगे।

शब्दों के साथ जुड़े अर्थ, भाव तथा जीवन, इनमें से यदि एक का भी विछोह हुआ तो गुणकारी परिणामों की कल्पना नहीं की जा सकती। राष्ट्रीय शिक्षा-नीति के साथ भी ऐसा ही हुआ है। 'शिक्षा-नीति एक विकल्प', इसका प्रारूप तैयार करने के पूर्व कुछ बुनियादी मुददों से जुड़े शब्द, अर्थ तथा भावों के संबंध में विचार करना आवश्यक है।

संस्कृति और राष्ट्र

शिक्षा का अटूट संब्रंध संस्कृति और राष्ट्र से है। हमारे देश में यह कहा-सुना जा रहा है कि भारतीय संस्कृति मिलीजुली (कंपोजिट) है। वास्तविकता यह है कि संस्कृति अलग-अलग हिस्सों से नहीं बनती। संस्कृति गंगा की धारा के समान है। संस्कृति में नए तत्त्व आते हैं, परंतु उनका पृथक् कोई अस्तित्व नहीं रहता। भारत की संस्कृति कहने का

अर्थ हिंदू संस्कृति लगाया जाता है और यह उचित भी है। संकोच या प्रयोजनवश इस तथ्य को स्वीकार न करने के बड़े घातक परिणाम हुए हैं।

इस देश में जो लोग राष्ट्र की बात करते हैं, वह राष्ट्र और राज्य दोनों को एक ही समझते हैं। राष्ट्र एक जीवमान इकाई है। राज्य एक मशीन है। राष्ट्र यदि आत्मा है, तो राज्य एक वस्त्र मात्र है। हमारे यहाँ राष्ट्र की कल्पना मजहब तथा पूजा-पद्धति पर आधारित नहीं है। राष्ट्र एक है। रिलीजन प्रत्येक का अलग-अलग हो सकता है। एक निश्चित भूखंड, उस पर रहनेवाला पुत्ररूप समाज, जीवन जीने की कला, संस्कृति, इतिहास, ये सब राष्ट्र के तत्त्व हैं। राष्ट्रीयता हिंदू राष्ट्र के अंगभूत घटक होने पर गर्व करेंगे।

रिलीजन, मजहब, मत-संप्रदाय—ये सब समानार्थी शब्द हैं। गलती से धर्म शब्द का भी इसके लिए प्रयोग किया जाता है। धर्म जीवन की समग्र दृष्टि है। धर्म कर्तव्यों की एक कसौटी निर्धारित करता है और भौतिक तथा आध्यात्मिक पक्षों को संतुलित करता है। आधुनिक युग में सांप्रदायिकता की समस्या का निदान करने के लिए पंथनिरपेक्षता का सहारा लिया गया है। पंथनिरपेक्षता का अभिप्राय यह नहीं कि धर्म की उपेक्षा की जाए अर्थात् राज्य उसकी ओर से मुँह मोड़ ले। वास्तव में पंथनिरपेक्षता का अर्थ है 'सर्व-धर्म-समभाव'। विविधि संप्रदायों के संबंध में ठीक जानकारी प्राप्त कर सांप्रदायिक लोगों द्वारा उत्पन्न विद्रूपताओं को समाप्त किया जा सकता है।

शिक्षा कोरा अक्षर-ज्ञान नहीं है, जो मस्तिष्क में पड़ा सड़ाँध पैदा करता है। शिक्षक एक मास्टर नहीं, जो विद्यार्थियों को जैसे-तैसे अक्षर-ज्ञान बाँट देता है। वह आचार्य है, जो अपने आचरण से बालकों के जीवन को दिशा देता है। विद्यालय ईंट-गारे की बनी हुई इमारत नहीं है, जिसमें विभिन्न प्रकार के छात्र-शिक्षक होते हैं। विद्यालय आध्यात्मिक संगठन है, जिसका अपना विशिष्ट व्यक्तित्व है। पाठ्यक्रम केवल पुस्तकों में दिया ज्ञान नहीं, अपितु विद्यालय में प्रत्यक्ष तथा परोक्ष रूप से चलनेवाली संपूर्ण शैक्षिक गतिविधियाँ हैं, जो बालक के सर्वांगीण विकास में सहायक होती हैं। परीक्षा उत्तीर्ण होने का अर्थ केवल अंक प्राप्त करना नहीं है, अपितु यह जीवन में सफल होने की शारीरिक, बौद्धिक तथा मानसिक तैयारी है।

राष्ट्रीय शिक्षा-नीति के संबंध में विचार करते हुए संस्कृति, राष्ट्र, संप्रदाय, धर्म, पंथनिरपेक्षता, शिक्षा, आचार्य, विद्यालय, पाठ्यक्रम, परीक्षा आदि शब्दों के ठीक अर्थ तथा इनसे जुड़े भावों को यदि देश की मिट्टी के साथ नहीं जोड़ा गया तो कोई भी शिक्षा योजना राष्ट्रीय नहीं हो सकती और इसका परिणाम होगा भारत में अभारत के चिह्न।

शिक्षा की एक सार्वभौमिक परिभाषा यह है कि शिक्षा वह प्रक्रिया है जो व्यक्ति के जन्मजात और स्वाभाविक स्वार्थ को कम करे और उसे अधिकाधिक राष्ट्रोन्मुखी बनाए।

शारीरिक, प्राणिक, मानसिक, बौद्धिक विकास आगे बढ़कर आध्यात्मिकता से जुड़े। शिक्षा मनुष्य में निहित पूर्णता का उदय और प्राकट्य है, और यही बालक के सर्वांगीण विकास की संकल्पना है। हमारी संपूर्ण शैक्षिक योजनाएँ परिभाषा की इस परिधि में बनाई जानी चाहिए।

भारतीयकरण

शिक्षा में आधुनिकीकरण का अर्थ पाश्चात्यीकरण नहीं, अपितु भारतीयकरण होना चाहिए। उपनिषदों में परा-अपरा विद्या प्राप्त करना श्रेष्ठ जीवन जीने के लिए आवश्यक माना गया है। शिक्षा के प्रारूप में इस आदर्श को सम्मुख रखा जाए। विज्ञान तथा आध्यात्मिकता की परस्परानुकूलता ही शिक्षा का भारतीयकरण है।

पाठ्यक्रम को परिवतर्तित तथा परिवर्द्धित करने की आवश्यकता है। इसे इस ढंग से आधुनिक बनाया जाए कि छात्र आधुनिकतम ज्ञान प्राप्त कर सकें। पाठन-विधि, शैक्षिक-कार्यकलाप, तकनीकी तथा कंप्यूटर शिक्षा को इस क्षेत्र में जोड़ देने के साथ छात्रों को यह जानकारी भी दी जाए कि ज्ञान, विज्ञान, राजनीति, अर्थशास्त्र, गणित तथा अन्य विषयों में भारत की विश्व को क्या देन है? और संसार की चिंतनधारा पर इसका क्या प्रभाव पड़ा?

शैक्षिक कार्यक्रमों की संपूर्ण संरचना भारतीय परिवेश की आवश्यकताओं तथा यहाँ के जनमानस की आकांक्षाओं के अनुकूल हो। शिक्षा के क्षेत्र में सभी राजपत्रित पदों को भरने के लिए 'अखिल भारतीय शिक्षा सेवा' का गठन किया जाए। ऐसा करने से शिक्षा शिक्षाविदों तथा शिक्षा-विशेषज्ञों के हाथों में आ जाएगी।

जाति, रंग, प्रदेश, धर्म अथवा भाषा के आधार पर किसी व्यक्ति तथा व्यक्ति समूह को विशेष सुविधाएँ अथवा अधिकार देने की प्रथा बंद की जाए।

राष्ट्रीय न्यूनतम पाठ्यक्रम का निर्माण हो, जिसमें आध्यात्मिक, नैतिक, सामाजिक तथा जीवन-मूल्यों की शिक्षा, शारीरिक, योग शिक्षा, भारतीय संस्कृति के तत्त्व, सामाजिक उत्पादक क्रियाएँ, इतिहास तथा भूगोल की शिक्षा का अनिवार्य प्रबंध हो।

विद्यालय शिक्षा स्तर तक त्रिभाषा सूत्र आग्रहपूर्वक लागू किया जाए—

1. प्रथम भाषा के रूप में मातृभाषा—क्षेत्रीय भाषा।
2. द्वितीय भाषा हिंदी, हिंदी के क्षेत्रों में अन्य भारतीय भाषा।
3. तृतीय भाषा संस्कृत अथवा अन्य कोई विदेशी भाषा।

भारतीय जीवन-दर्शन, भारतीय मनोविज्ञान के आधार पर ही बालक के सर्वांगीण विकास की कल्पना को व्यावाहारिक रूप दिया जा सकता है।

भारतीय मनोविज्ञान को अभी तक हमारे शैक्षिक अध्ययन में कोई भी स्थान न होने

के कारण हमने पूर्ण मानव की तसवीर अधूरी बनाई है और पंगु शिक्षा ने पंगु व्यक्तित्व हमें दिए हैं, जो देश के लिए उपयोगी घटक के रूप में नहीं उभर पा रहे हैं।

आध्यात्मीकरण

"हम भारतवासी आर्य जाति के वंशज हैं। आर्य-शिक्षा और आर्य-नीति के अधिकारी हैं। आर्यत्व हमारा कुलधर्म, जातिधर्म है। ज्ञान, भक्ति और निष्काम-कर्म, आर्य-शिक्षा के मूल तत्त्व हैं। ज्ञान, उदारता, प्रेम, साहस, शक्ति और विनय आर्य-चरित्र के लक्षण हैं। यदि हमें जीवित रहना हो तो इस आर्य-चरित्र को पुनः गठित करें। हमें युवकों को ऐसी उपयुक्त शिक्षा, उच्च आदर्श और आर्य-भावोद्दीपक कार्य-प्रणाली देनी होगी, जिससे जननी जन्मभूमि की भावी संतान ज्ञानी, सत्यनिष्ठ, मानव प्रेमपूर्ण, भ्रातृभाव से भरे भावुक, साहसी, शक्तिमान् और विनीत हों।"

महर्षि अरविंद का यह कथन राष्ट्रीय शिक्षा-नीति का विकल्प ढूँढ़ने के लिए ज्योतिपुंज का कार्य कर सकता है। विश्वविद्यालय आयोग 1947, माध्यमिक शिक्षा आयोग 1952-53, धार्मिक, नैतिक-शिक्षा समिति 1951, भावात्मक एकता समिति 1961, शिक्षा आयोग 1964-66, राष्ट्रीय शिक्षा-नीति और संसदीय समिति की रिपोर्ट 1967, वर्धा सम्मेलन 1937—इन सबने धार्मिक, नैतिक जीवन-मूल्य तथा आध्यात्मिक शिक्षा देने पर बल दिया है।

वोट की दलगत राजनीति से ऊपर उठकर शिक्षण-संस्थाओं में संस्कारक्षम वातावरण का निर्माण किया जाए और पाठ्यक्रम में आध्यात्मिक जीवन-मूल्यों तथा सामाजिकता की शिक्षा को महत्त्वपूर्ण स्थान दिया जाए। इसके परिणामस्वरूप विद्यार्थी में संयम, संतुलन, स्नेह, सत्य और सेवा के गुण विकसित होंगे, इसके आधार पर ही वह समाज की सेवा करता हुआ आगामी जीवन में परम सत्ता से एकाकार करने की दिशा में अग्रसर होगा।

समाजीकरण

शिक्षण-संस्थाओं में समाजीकरण की प्रक्रिया सतत चलती रहनी चाहिए। शिक्षा के माध्यम से छात्रों की अंतर्निहित शक्तियों का प्रगटीकरण तथा विकास समाज-हित में जितना प्रखर मुखरित होगा, उतनी ही शीघ्रता से सामाजिक परिवर्तन की प्रक्रिया प्रारंभ होगी। समाज की प्रगति की गति में उपस्थित अवरोधों को दूर करने की शक्ति शिक्षा से प्राप्त होगी। इसके लिए विभिन्न विषयों का ज्ञान समाज की समस्याओं के समाधान के संदर्भ में होना चाहिए।

शिक्षा को जीवन से जोड़कर छात्रों को सामाजिक समस्याओं की अनुभूति कराना

आवश्यक है। छात्रों में सामाजिक एकात्मता एवं सहजीवन की अनुभूति हो, उनमें स्वदेशी निष्ठा का जागरण हो और इन भावों का उदय करानेवाली संस्थाएँ सामाजिक चेतना गतिविधियों के केंद्र बनें।

प्रौढ़-शिक्षा, स्वास्थ्य सेवा, शारीरिक तथा सांस्कृतिक कार्यक्रम, पुस्तकालय तथा संस्कार-केंद्र के रूप में विद्यालय भवन को उपयोग किया जाए। यह शिक्षा में समाजीकरण का एक प्रकट स्वरूप होगा।

जब-जब भी शिक्षा राजनीति की चेरी रही है, तब-तब इस क्षेत्र का अध:पतन हुआ है। शिक्षा प्रबंध में स्वायत्तता अत्यंत आवश्यक है। ग्राम, खंड, तहसील, जिला तथा प्रांत स्तर पर इस प्रकार की प्रबंध समितियों का गठन किया जाए कि जिनका शिक्षा-क्षेत्र में प्रत्यक्ष अथवा परोक्ष संबंध है। इन समितियों में शिक्षाविद्, आचार्य, दानी-पुरुषों, कृषि, उद्योग, व्यापारी आदि क्षेत्रों के प्रतिनिधि, अभिभावक, आचार्य, सामाजिक कार्यकर्ता, विद्यालय प्रबंध समिति के सदस्य, चुने हुए प्रतिनिधि, शिक्षा विभाग के प्रतिनिधि तथा स्वयंसेवी संस्थाओं के कार्यकर्ता सम्मिलित किए जाएँ।

ये समितियाँ विद्यालय भवनों की देखभाल, प्राथमिक आवश्यकताओं की पूर्ति, शैक्षिक संस्कारक्षम वातावरण के निर्माण में योगदान, सामाजिक गतिविधियों को प्रोत्साहन आदि कार्यक्रमों को अपने हाथों में ले लेगी। शिक्षा के क्षेत्र में सरकारीकरण की प्रवृत्ति को समाप्त करना होगा। शिक्षा राष्ट्रीय विषय है। दलगत राजनीति के ऊपर उठकर सामूहिक प्रयास ही गुणकारी परिणाम देंगे।

सरकार का शिक्षा-क्षेत्र पर नियंत्रण कम-से-कम होना चाहिए। यह तर्क कि सरकार रुपए देगी तो स्वाभाविक है कि वह नियंत्रण भी करेगी, सारहीन है। रुपया देश का है और समाज की भलाई के लिए व्यय किया जाता है। तथाकथित स्वायत्तशासी शिक्षा-संस्थाएँ, जैसे स्कूली शिक्षा बोर्ड, विश्वविद्यालय आयोग, एन.सी.ई.आर.टी. ये सब सरकारी आदेशों का मौन पालन करनेवाली संस्थाएँ हैं। जितनी शीघ्रता से इन्हें पूर्ण स्वायत्तता दी जाएगी, उतनी ही शीघ्रता से इनका भला होगा। न्यायपालिका के समान इस क्षेत्र को स्वायत्तता प्रदान की जाए।

शिक्षा के प्राथमिक स्तर का सार्वजनीकरण

प्राथमिक शिक्षा का औपचारिक तथा अनौपचारिक ढंग से प्रसार करने के लिए स्वयंसेवी संस्थाओं, प्रशिक्षण महाविद्यालय के विद्यार्थियों, सेवानिवृत्त बंधुओं, अध्यापकों तथा अन्य लोग, जिनकी भी सेवाएँ उपलब्ध हों, सब को राष्ट्रीय महत्त्व के इस कार्य का दायित्व सँभालने के लिए प्रेरित किया जाए। लड़कियों, जनजातियों, ग्रामीण तथा अन्य पिछड़े क्षेत्रों में इस कार्यक्रम को प्राथमिकता दी जाए। ग्राम, वनवासी, गिरिवासी आदि

क्षेत्रों में शिक्षा बालकों की स्थानीय आवश्यकताओं को ध्यान में रखकर दी जानी चाहिए। आँगनवाड़ी, पूर्व प्राथमिक शालाओं की स्थापना भी इस दृष्टि से उपयोगी होगी।

प्रत्येक प्राथमिक शाला के लिए कक्षा-कक्ष, शौचालय, पेयजल की व्यवस्था, टाट-पट्टी, श्याम-पट्ट, पठन-पाठन के लिए आधुनिक उपकरण आदि न्यूनतम आवश्यकताओं की पूर्ति इस कार्यक्रम का अनिवार्य अंग हो। आर्थिक दृष्टि से पिछड़े बच्चों के लिए पठन-पाठन की सुविधाएँ उपलब्ध कराने से उन्हें विद्यालयों में प्रवेश के लिए लाया जा सकेगा।

सभी कार्यकर्ता, जो प्राथमिक शिक्षा की चिंता करेंगे, उन्हें प्रौढ़ शिक्षा के कार्यक्रम में भी सहभागी होना होगा। प्रौढ़ शिक्षा प्राथमिक शिक्षा स्तर तक सार्वजनीकरण कार्यक्रम का एक भाग है। यदि हम इस कार्यक्रम को संकल्प-प्रतिबद्धता से क्रियान्वित करना चाहेंगे, तो हमें घोषणा करनी चाहिए कि निश्चित सीमा के पश्चात् चुनाव मतपत्रों सहित सभी पत्रों पर अँगूठा लगाने की प्रथा बंद हो जाएगी और अर्द्ध-सरकारी क्षेत्रों तथा अन्य संगठनों में अनपढ़ों को नौकरी देने पर प्रतिबंध होगा।

व्यवसायीकरण

व्यावसायिक शिक्षा का अर्थ—शिक्षा का व्यवसायीकरण नहीं, अपितु राम-रोटी, धर्म-धन, व्यवसाय-सेवा, विज्ञान-ज्ञान, इन युगलों से हमारी संस्कृति का सार है और आदर्श जीवन की कल्पना है। इस बिंदु के अंतर्गत इस आदर्श को सम्मुख रखा जाए।

व्यावसायिक शिक्षा धारा को सामान्य शिक्षा धारा से पृथक् किया जाना उचित है। सामान्य शिक्षा धारा की उच्चतम माध्यमिक परीक्षा पास करने के पहले जैसे ही कोई बालक असफल हो, उसे तुरंत सामान्य तथा कोई व्यावसायिक शिक्षा की संयुक्त धारा के अंतर्गत प्रवेश देकर निरंतर प्रगति करते रहने के लिए प्रोत्साहित किया जाना चाहिए। उसकी व्यवस्था निम्न प्रकार हो—

- अनपढ़ तथा बिना आठवीं पास के लिए सर्टिफिकेट कोर्स 'स्तर-क'।
- आठवीं पास तथा सर्टिफिकेट कोर्स 'स्तर-क' पास के लिए सर्टिफिकेट कोर्स 'स्तर-ख'।
- दसवीं पास सर्टिफिकेट कोर्स 'स्तर-क' पास के लिए डिप्लोमा पास, 'स्तर-क'।
- बारहवीं पास तथा डिप्लोमा कोर्स 'स्तर-क' पास के लिए डिप्लोमा कोर्स 'स्तर-ग'।
- सभी व्यावसायिक शिक्षा पाठ्यक्रमों में आवश्यक सामान्य शिक्षा का अंश सम्मिलित रहना चाहिए।

- बारहवीं के पश्चात् इंजीनियरिंग, मेडिकल आदि तकनीकी क्षेत्र के लिए स्नातक तथा स्नातकोत्तर उपाधियाँ प्राप्त करने की व्यवस्था के लिए पृथक् से महाविद्यालय रहेंगे।
- विश्वविद्यालयों की सामान्य धारा में उच्च शिक्षा तथा अनुसंधान की सुविधा रहेगी।
- व्यावसायिक तथा सामान्य धाराएँ पृथक् होते हुए भी आपस में इस प्रकार गुँथी होंगी कि किसी भी स्तर पर शिक्षार्थी न केवल अपनी धारा बदल सकेगा, वरन् उसे किसी भी संकाय में प्रवेश की कठिनाई न हो और वह आगे किसी भी ऊँचाई तक पहुँच सकेगा।
- पृथक् से मॉडल स्कूलों (नवोदय विद्यालय) की स्थापना, शिक्षा-क्षेत्र में एक वर्ग को अलग से खड़ा करना है, जो उचित नहीं है। जब तक सभी तरह के विद्यार्थी एक साथ शिक्षा नहीं पाते, एक से वातावरण में नहीं रहते, तब तक उनकी समाजोपयोगी शिक्षा और उनका पूर्ण विकास नहीं किया जा सकता। विद्यार्थी के लिए सभी उपयोगी अवसर उपस्थित किए जाएँ और एक सीमा के बाद उनकी अपनी रुचि या क्षमता के अनुसार आगे बढ़ने का अवसर देना ही उपयोगी रहेगा। सामाजिक समानता की दृष्टि से पड़ोसी विद्यालयों की कल्पना ही सार्थक है।

परीक्षा नहीं—मूल्यांकन प्रणाली

प्रचलित परीक्षा प्रणाली आज सर्वत्र आलोचना का विषय बनी हुई है। अंत में एक बार परीक्षा से छात्र के पूरे वर्ष के अक्षर ज्ञान को आँकने का प्रयास करनेवाली परीक्षा न मनोवैज्ञानिक है, न ही विश्वास करने योग्य। अनिवार्य बुराई कहकर इससे काम चलाया जा रहा है। पूर्व प्रधानमंत्री श्री वी.पी. सिंह ने भी यही कहा था—"परीक्षाएँ प्रायः एक फरेब बन गई हैं।"

परीक्षा के स्थान पर मूल्यीकरण पर बल दिया जाए। इसका आधार छात्र की गतिविधियाँ, व्यवहार, सामाजिक दृष्टिकोण का विकास, अंतर्निहित शक्तियों का प्रकटीकरण, व्यावहारिक तथा प्रयोगात्मक पक्ष आदि रहना चाहिए।

मूल्यीकरण के इस क्षेत्र में महत्त्वपूर्ण कार्य के लिए अध्यापकों को योग्य रीति से प्रशिक्षित तथा मन:स्थिति निर्मित करना आवश्यक है।

उपाधियों का व्यवसाय से संबंध विच्छेद का प्रश्न भी है। समस्या संबंध के विच्छेद की नहीं, अपितु उपाधियों को अधिक प्रामाणिक, व्यवसायानुकूल, लाभदायक उद्देश्य-पूर्ति में सहायक बनाने की है। परीक्षा हो अथवा मूल्यीकरण, इसके प्रमाण-पत्र तथा उपाधियाँ किसी-न-किसी रूप में दी जाया करेंगी। इनकी व्यवस्था स्रोतों में किसी-न-

किसी रूप में मान्यता अवश्य रहनी चाहिए। स्रोतों पर भी भिन्न-भिन्न कार्यों के लिए चयन परीक्षाएँ हो सकती हैं और वे अब भी होती हैं। दोनों अर्थात् सतत मूल्यीकरण द्वारा प्राप्त प्रमाण-पत्र का तथा प्रवेश परीक्षा की उपलब्धि, दोनों में संतुलन बनाए रखना चाहिए।

औपचारिक शिक्षा प्राप्त न करनेवाले वर्ग के प्रार्थियों के लिए जो प्रत्येक दृष्टि से उपाधि के बिना भी योग्य है और उस क्षेत्र के लिए उपयोगी सिद्ध हो सकते हैं, उन्हें भी व्यावसायिक चयन-प्रक्रिया में शामिल किया जाए।

शिक्षक तथा शिक्षक-प्रशिक्षण

राष्ट्रीय शिक्षा-नीति की दृष्टि में कोई भी प्रारूप तैयार किया जाए, क्रियान्वयन के स्तर पर शिक्षक की उसकी धुरी रहेगा। लक्ष्य का बोध, संप्रेषणीयता, व्यक्तिगत मार्गदर्शन की क्षमता, नेतृत्व की कुशलता, सामाजिक दृष्टि, सामाजिक परिवर्तन की प्रक्रिया में सहभागिता, पूजा तथा आध्यात्मिक भाव से अपनाया गया वह कार्य उद्देश्योन्मुख अपने आचरण से जीवन-मूल्यों की शिक्षा देनेवाला व्यक्तित्व, जो अनेक योग्यताओं, क्षमताओं का स्वामी हो, वहीं अंधकार से सबको प्रकाश की ओर ले जा सकता है।

आज कोई भी ऐसा ढाँचा नहीं है, जहाँ चुनौती भरे कार्य के लिए अध्यापक का तन-मन तैयार किया जा सके।

बारहवीं कक्षा के पश्चात् अन्य तकनीकी विषयों के समान शिक्षा के क्षेत्रों में पदार्पण करनेवाले, स्वयंस्फूर्ति के इच्छुक युवकों को तीन से पाँच वर्ष शिक्षा प्रशिक्षण-महाविद्यालय में ज्ञान अर्जित करना चाहिए। यहाँ भिन्न-भिन्न विषयों में पारंगत होने के साथ-साथ वे वरीयता के आधार पर इस महान् कार्य को प्राथमिकता भी दे सकेंगे। ऐसे अध्यापकों के आधार पर ही कोई विकल्प सफल हो सकेगा।

वैकल्पिक राष्ट्रीय शिक्षा-नीति के सात सोपान हैं—1. भारतीयकरण, 2. आध्यात्मिकीकरण, 3. समाजीकरण, 4. स्वायत्तीकरण, 5. सार्वजनिकीकरण, 6. व्यवसायीकरण, 7. मूल्यीकरण। इन सबकी नींव में है अध्यापक की मानसिकता और उसे तैयार करने के लिए योग्य प्रशिक्षण। इन सभी बिंदुओं का समायोजन ही शिक्षा को इस धरती के साथ जोड़ेगी और फिर शिक्षा सामाजिक परिवर्तन की प्रक्रिया का सबल साधन बनेगी।

शिक्षा की चुनौतियाँ

यूनेस्को की एक रिपोर्ट के अनुसार शिक्षा का कार्य बहुआयामी, वैश्विक, राष्ट्रीय तथा सामाजिक परिवर्तन की प्रक्रिया को हाथ लगाना है। रिपोर्ट 2001 के पृष्ठ क्रमांक 2 में कहा गया है—"विश्व के विकास की कार्य-सूची में सभी विषयों, जैसे निर्धनता

उन्मूलन, स्वास्थ्य संरक्षण, तकनीकी जानकारी का आदान-प्रदान, पर्यावरण का रक्षण, लिंगभेद समापन, प्रजातांत्रिक प्रणाली को सुदृढ़ करना तथा शासन-प्रशासन में सुधार, सबके लिए न्याय सुलभता, शिक्षा के माध्यम से इन सभी विषयों को एकात्मक भाव से देखा जाना चाहिए।

भारत की प्राचीन शिक्षा-प्रणाली और दर्शन-शास्त्रों का अवलोकन करने से यह सिद्ध होता है कि हमने यूनेस्को के कथन को सहस्रों वर्ष पूर्व सार्थक किया था। दुर्भाग्य है कि आज हम अपने प्राचीन ज्ञान-विज्ञान तथा सांस्कृतिक धरोहर से अनभिज्ञ होते जा रहे हैं और हममें अपने स्वरूप के प्रति हीनभावना जाग्रत् हो रही है। अंग्रेजों के काल से योजनापूर्वक हमारे ज्ञान, सांस्कृतिक पुरोधाओं, वाङ्मय साहित्य का मजाक उड़ाया गया था। मैकाले का यह कथन हमारे अनुभूत ज्ञान पर एक गहरी चोट थी। उसका कथन है—A Single shelf of a good European Library was worth the whole native literature of India. See 2005 पृ. 77 यूरोप की पुस्तकालय की एक अलमारी का साहित्य भारत के समग्र साहित्य से मूल्यवान है।

मैकाले की उन्नीसवीं शताब्दी के प्रारंभिक काल की टिप्पणी में न केवल मिथ्या अभिमान है, अपितु यह तथ्यों से परे भी है। भारत के बुद्धिजीवियों पर भी एक गहरी चोट है। तब से अब तक शिक्षक और युवा पीढ़ी हीनभावना से ग्रस्त है। इस भावना से छुटकारा पाने के लिए शिक्षा जगत् को भारतवर्ष की वर्तमान एवं भावी पीढ़ियों में राष्ट्रीय स्वाभिमान एवं सांस्कृतिक गौरव को पुन: जाग्रत् करने एवं समाज में सतत प्रवाहित करने हेतु संगठित अभियान चलाने का संकल्प लेना चाहिए।

प्राचीन भारत ने ज्ञान-विज्ञान के क्षेत्र में जो विश्व को दिया है, उसे पढ़ने, पढ़ाने और समझने-समझाने की आवश्यकता है। नानी पालकीवाला ने 2000 में हीनभावना को त्याग अपनी सांस्कृतिक धरोहर पर गर्व करने की बात कही थी। अंग्रेजीकाल के भारत में अभारत के चिह्न मिटाने का समय आ गया है। पालकीवाला ने लिखा है—

"The colonial experience of India not only had the effect of undermining the intellectual self-confidence of Indians it has also been especially hard on the type of recognition that Indians may standardly have given to the country's scientific and cultural traditions.

The golden voices of ancient India have come to us down the ages in unbroken continuity through Rishis and saints-some of them world famous and some of them nameless. Our culture which is primarily concerned with spiritual development is of special significance in our age which is marked by the obsolescence of material civilization. In the words of Sri Aurobindo, India of the ages is not dead, nor has spoken her last creative word; she lives and has still something to do for herself and the human race." (Palkhivala P. 2)

भारत की प्राचीन स्वर्णिम वाणी, जो ऋषियों-मनीषियों द्वारा अखंड रूप से इस देश में निःसृत होती आ रही है, वह विश्व-वंदनीय है, हमारी संस्कृति का आधार आध्यात्मिक है। अरविंदजी ने भविष्यवाणी करते हुए लिखा है—"युग युगांतरों से भारत की ओजस्व वाणी कोई अंतिम शब्द नहीं है। वह जीवित है, उसे संसार तथा मानवता को बहुत कुछ देना शेष है।"

भारत का ज्ञान-विज्ञान ऋषि मनीषियों के जीवन की प्रयोगशाला से आविष्कृत सिद्धांत हमारी संस्कृति, हमारी पाठ्यचर्या और पाठ्यक्रम का भाग बनने चाहिए। हीनभावना से मुक्ति देश के लिए वैकल्पिक शिक्षा का प्रथम सोपान है।

वैश्वीकरण—समान संस्कृति

वैश्वीकरण एक आकर्षक शब्द है। इस शब्द के उच्चारण से हमारे सामने मानवता का व्यापक स्वरूप उपस्थित होता हुआ दिखाई देता है और हम कहने लगते हैं कि हम एक ही पृथ्वी के पुत्र हैं। हम सर्वव्यापी हैं और हमारी संस्कृति समान है, यह सब दिवास्वप्न है। ऐसी सोच हमें आत्म-प्रवंचना की दुनिया में ले जा रही है।

जब हम बारीकी से स्थिति का विश्लेषण करते हैं तो लगता है कि वैश्वीकरण की अवधारणा में स्वार्थों की टकराहट है और क्रय-विक्रय की मंडी में बोली लग रही है। विकसित देश, विकासशील देशों पर धन तथा बल के आधार पर साम्राज्यवादी प्रभुत्व स्थापित करने के लिए दादागिरी कर रहे हैं और हमें समझाने का प्रयास करते हैं कि अब विश्व एक ग्राम है, अतः लेन-देन तथा आर्थिक सहयोग से संघर्षों को टाला जा सकता है, परंतु यह एक छलावा है।

आतंकवाद, मजहबी उन्माद, प्रकृति का शोषण, परमाणु अस्त्र-शस्त्रों का भंडारण, साम्राज्यवाद, ये सब वैश्वीकरण की देन हैं।

विज्ञान तथा तकनीक ने मिलकर देशों को विकासवाद के झूले पर झुलाकर परमाणु पुरुषों का विस्तार तो किया है, परंतु अणु-पुरुष विकसित नहीं हुए हैं।

बाजार, मंडी तथा प्रतिस्पर्धाओं ने शिक्षा जगत् को भी प्रभावित किया है। जीवन-मूल्यों, चरित्र-निर्माण तथा व्यक्तित्व-विकास की शिक्षा का पाठ्यचर्या तथा पाठ्यक्रम में कोई स्थान नहीं—शिक्षा की परिभाषा बौनी हो गई है। केवल जानकारियों के ढेर को मस्तिष्क में ठूँसने का प्रयास हो रहा है, जिसके परिणामस्वरूप लक्ष्यविहीन युवा पीढ़ी स्वेच्छाचारी बनती जा रही है। आधुनिकता के नाम पर पाश्चात्यीकरण का प्रभाव, वेशभूषा, खानपान, रहन-सहन, मन-मस्तिष्क को प्रदूषित करता जा रहा है।

समान संस्कृति के नाम पर प्राचीन ज्ञान-विज्ञान को भारत की पाठ्य-पुस्तकों से बहिष्कृत कर दिया गया है। आधुनिकता के नाम पर प्राचीन बुद्धिमत्ता से विछोह हो गया है और देश की धरती से संबंध-विच्छेद कर दिया गया है।

यूनेस्को के कथनानुसार किसी भी देश की शिक्षा का संबंध उस देश की संस्कृति के संरक्षण तथा विकास के लिए होना चाहिए। "The education of the country should be rooted to its culture and wedded to its growth." इस कथन से मार्गदर्शन प्राप्त न करते हुए हम वैश्वीकरण के नाम पर पश्चिमीकरण का अंधानुकरण ही कर रहे हैं और यह शिक्षा के लिए बहुत बड़ी चुनौती है।

हमारी संस्कृति के तीन मुख्य वैशिष्ट्य हैं–

1. सत्य एक है, विद्वान् लोग उसे अनेक ढंगों से कहते हैं, "एकं सद् विप्राः बहुधा वदन्ति।"
2. विश्व एक परिवार है। प्रतिस्पर्धा की मंडी नहीं, इस में सहयोग, सहकारिता तथा साझेदारी का भाव है।
3. सृष्टि में एकात्मकता है, सहअस्तित्व है, अनेकता में एकता है।

भारतीय दर्शन के इन तीन सूत्रों के आधार पर ही वैश्वीकरण की संकल्पना को सार्थक किया जा सकता है और 'सर्वे भवन्तु सुखिनः सर्वे सन्तु निरामयाः' का वेद-कथन विश्व शांति का आश्वासन बन सकता है।

शिक्षा का व्यापारीकरण

व्यापारीकरण, व्यवसायीकरण तथा निजीकरण ने शिक्षा-क्षेत्र को अपनी जकड़ में ले लिया है। मंडी में शिक्षा क्रय-विक्रय की वस्तु बनती जा रही है। इसे बाजार में निश्चित शुल्क से अधिक धन (Capitation fee) देकर खरीदा जा सकता है। परिणामतः शिक्षा में एक भिन्न प्रकार की जाति प्रथा जन्म ले रही है, जो धन के आधार पर छात्र आई.आई.टी., एम.बी.ए., सी.ए., एम.बी.बी.एस. आदि उपाधियों के लिए प्रवेश पाकर उच्च भावना से ग्रस्त तथा धनाभाव के कारण प्रवेश से वंचित हीनभावना से ग्रस्त रहते हैं। दोनों ही श्रेणियों के छात्र 'भावातिरेक' से ग्रस्त हैं। परिणामतः असमानता की खाई बढ़ने से सामाजिक-असंतुलन और विषमता बढ़ती जा रही है।

सामाजिक विज्ञान तथा मानविकी विषयों की उपेक्षा करना देश की उन्नति के लिए हानिकारक है, साथ ही इस दृष्टि से शोध को भी दुर्लक्ष्य करना और भी घातक है। पारंपरिक ज्ञान की ओर ध्यान न देना और शिक्षा को बाजारीकरण की शक्तियों के अधीन करना देश के लिए खतरनाक है।

बाजारवादी नुस्खों में कई निहितार्थ छिपे हैं। एक तो सरकार ने मान लिया है कि देश के सभी बच्चों को शिक्षित करने का काम उसका नहीं है। शिक्षा को बाजार का उन्मुक्त स्वरूप देने में क्रय-विक्रय की क्षमता रखनेवाले छात्रों के लिए गुणवत्तापूर्ण शिक्षा मिलेगी, शेष को नहीं।

शिक्षा के अधिकार पर धन और बल का अधिकार रहेगा, भेदभाव बढ़ेगा। स्पष्ट है निजीकरण के माध्यम से कभी भी शिक्षा के लक्ष्य को प्राप्त नहीं किया जा सकता। कोचिंग के बाजार में कई घटिया, गैर-मान्यता प्राप्त, शिक्षा की फर्जी दुकानें खुलती जा रही हैं। इन सबको रोकना बहुत बड़ी चुनौती है। देश में 125 डीम्ड विश्वविद्यालय हैं, इनके 102 निजी स्वामित्ववाले संस्थान हैं। इन्होंने उच्च शिक्षा को मुनाफे का धंधा बना दिया है। आंध्र प्रदेश में 600 से अधिक निजी इंजीनियरिंग महाविद्यालय, कर्नाटक में यह संख्या 170 है, उड़ीसा में 81, राजस्थान में 80 हैं। इस परिदृश्य से जो स्थिति उपस्थित हुई, इस कारण आर्थिक व सामाजिक आधार पर भी शिक्षा विभाजित हुई है।

शिक्षण-संस्थाओं से मुनाफा कमाने पर रोक, धनवान तथा आर्थिक दृष्टि से पिछड़े सभी छात्रों के लिए अच्छी शिक्षा दिलाने का संकल्प, शिक्षा इन सबको स्वीकार करे। राजनीति की चेरी बने रहने से इसे छुटकारा मिले। देशभक्ति, स्वास्थ्य-संरक्षण, सामाजिक संवेदनशीलता तथा आध्यात्मिक—ये शिक्षा के भव्य भवन के चार स्तंभ हैं। इनको राष्ट्रीय शिक्षा की नीति में सम्मिलित घोषित कर, स्वायत्त शिक्षा को संवैधानिक स्वरूप प्रदान करना चाहिए। इन सब उपायों से शिक्षा की चुनौतियों का मुकाबला किया जा सकता है। शिक्षा बाजार नहीं, अपितु मानव मन को तैयार करने का उदात्त साँचा है। इस तथ्य को हम जितनी जल्दी समझेंगे, उतनी जल्दी ही शिक्षा का भला होगा।

शिक्षक व शिक्षा की दुर्दशा

राष्ट्रीय अध्यापक शिक्षा परिषद् ने जिस बेरहमी तथा बेशर्मी से बी.एड. महाविद्यालयों को खोलने की स्वीकृति प्रदान की है, वह दु:खद गाथा है। प्राय: सभी महाविद्यालय मापदंडों की अवहेलना करते हैं। राजस्थान जैसे राज्य में, वर्तमान समय में 857 बी.एड. महाविद्यालय हैं और उनमें 92 हजार विद्यार्थी शिक्षा ग्रहण कर रहे हैं। यही स्थिति अन्य राज्यों की भी है। अधिकतर महाविद्यालयों में अनुभवहीन प्राचार्य नियुक्त हैं। योग्य प्राध्यापक नहीं, भौतिक तथा मानवीय संसाधनों का अभाव है। प्रायोगिक कार्य, सूक्ष्म शिक्षण, शिक्षण अभ्यास, यह सब मजाक है। महाविद्यालय धन कमाने की 'दुकानें' बन चुके हैं। महाविद्यालयों में तो वर्ष भर में मात्र 30 दिन उपस्थित रहकर परीक्षा उत्तीर्ण कर उपाधि प्राप्त कर लेना ही दिखाई दे रहा है। शुल्क जमा होना चाहिए बस। इसी एक नियम को कठोरता से लागू किया जा रहा है। इसके पश्चात् और कुछ नहीं। इन शिक्षण-

संस्थाओं से उपाधिधारी शिक्षकों में विद्यार्थी, विषय, व्यवसाय समाज के प्रति प्रतिबद्धता न होने के कारण आज विद्यालयों में शिक्षा की परिभाषा को दो शब्दों में बंद कर दिया गया है—'Dumping and Vomiting, ठूँसना और उँड़ेलना।'

शिक्षा, शिक्षाकर्मी, ठेके पर रखे शिक्षक, गुरुजी अनेक शब्दों से यह आज विभूषित हैं। परंतु उन्हें न शिक्षा से प्यार है और न लगाव। 'आचार्य' शब्द शिक्षा के शब्द-कोश से निकल सा गया है। गिजूभाई का अध्यापकों के लिए मार्गदर्शन आठ-आठ आँसू बहा रहा है—"प्रभु को पाने के लिए बालक की पूजा कीजिए। स्वर्ग, बालक के सुख में, स्वास्थ्य में, प्रसन्नता में तथा उसके गाने तथा गुनगुनाने में है।"

राष्ट्रीय अध्यापक परिषद् को सुदृढ़ करना तथा शिक्षक की भावभूमि तैयार करने की आवश्यकता है। पाठ्यक्रम बारहवीं के पश्चात् पाँच वर्ष के लिए संशोधित कर ठोस आधार प्रदान करना चाहिए। महाविद्यालयों की मान्यता के लिए कड़ी शर्तों की अनुपालना आवश्यक है। महाविद्यालयों के माध्यम से सेवाकालीन शिक्षण, लघु शिक्षण के पाठ्यक्रम शिक्षण-काल में समाज-सेवा की अनिवार्यता चाहिए।

दीपक प्रज्वलित हो तो बुझे दीपक जला सकेंगे। यही शिक्षक का उद्देश्य होना चाहिए।

मेडिकल विश्वविद्यालयों का बाजार

यह विषय 2001 का है। एस.आर.एम. मेडिकल कॉलेज दिल्ली। मेडिकल एसोसिएशन के पूर्व अध्यक्ष डॉ. अनिल बंसल ने इस नकली कॉलेज की पोल खोली थी। यह तो एक उदाहरण है, ऐसे अनेक मेडिकल कॉलेज हैं, जिनका देश में व्यापार चल रहा है। दक्षिण भारत में डॉक्टरों की उपाधि प्राप्त 90 प्रतिशत एम.बी.बी.एस. के छात्र दिल्ली में एन्टर्नसशिप (Enternship) करने आते हैं और यहाँ इनकी पढ़ाई के स्तर की पोल खुल जाती है। दिल्ली में कई प्रतिष्ठित अस्पतालों में भी ऐसे नकली डॉक्टर मिल जाएँगे।

सरकारें मरीजों के साथ खिलवाड़ कर रही हैं और नकली डॉक्टरों की उपाधियों को मान्यता दी जा रही है। मेडिकल कॉलेजों के बाजार का यह काला धंधा चल रहा है। किराए के मकान में 20 लाख रुपए लेकर 100 विद्यार्थियों को प्रवेश देंगे, बस यह हो गया मेडिकल कॉलेज। करोड़ों रुपए व्यय कर डिग्री लेनेवाले डॉक्टरों का पैसा कमाने से सरोकार है बस, सेवा से नहीं।

केतन देसाई मेडिकल कॉलेजों के बाजार के बेताज बादशाह की भ्रष्टाचार में लिप्तता का जब पर्दाफाश हुआ तो लगा केतन के विशाल हमाम में खड़े लोगों का चेहरा देख लें। यह सब भ्रष्टाचार के पर्याय बन चुके हैं।

मेडिकल काउंसिल ऑफ इंडिया को भंग कर कार्य संचालन के लिए समिति का गठन कर दिया गया है, परंतु इससे समस्या का निदान होनेवाला नहीं। मानव संसाधन विकास मंत्री तथा स्वास्थ्य मंत्री की चिकित्सा शिक्षा पर एकाधिकार की जंग चिकित्सा सेवा के लिए करालता भरी चुनौती है। व्यवस्था में भ्रष्टाचार दीमक के समान देश की नींव को खोखला कर रहा है। कठोर कानून बनें, अपराधियों को दंडित किया जाए तथा राजनीतिज्ञों के संरक्षण में चल रहा धंधा बंद होना चाहिए और राजनीति के धुरंधर, जो इस बाजार के काले धंधे में लिप्त हैं, उन्हें भी सलाखों के पीछे करने से उदाहरण प्रस्तुत होंगे और तब जाकर यह शिक्षा की विकृति बंद होगी।

अखिल भारतीय कांग्रेस डॉक्टर मंच (Medicial Cell) का कहना है कि संसाधन मंत्रालय मेडिकल शिक्षा का संचालन कैसे कर सकता है? गुलाम नबी आजाद स्वास्थ्य मंत्री ने अपने कथन में स्पष्ट किया है कि स्वास्थ्य शिक्षा का किसी दूसरे मंत्रालय को सौंपने का प्रश्न ही नहीं उठता। कपिल सिब्बल उच्च तथा तकनीकी शिक्षा के विभागों के संचालन तथा प्रबंधन के लिए एक राष्ट्रीय स्तर की संस्था का गठन करने के लिए दृढ़संकल्प हैं। दोनों मंत्रालयों का मतभेद और मेडिकल शिक्षा पर अपने वर्चस्व स्थापित करने की होड़ से पहले से ही चिकित्सा की निराशाजनक स्थिति बिगड़ती नजर आती है। संघर्ष से सुधार नहीं होगा, यह निश्चित है।

उच्चतम न्यायालय की मेडिकल कॉलेज तथा दंत चिकित्सा शिक्षण-संस्थाओं पर की गई आक्रोश भरी टिप्पणी शिक्षा के इस पक्ष की यथार्थ नग्नता को देश के सम्मुख ला रही है। ऐसा प्रतीत होता कि इस व्यवसाय के प्राध्यापक भगवान् कृष्ण के समान सर्वव्यापी हैं। राजस्थान में वही प्राध्यापक हैं, जो हरियाणा में भी पढ़ाते हैं। न्यायाधीश जी.सी. सिंघवी तथा श्री सी.के. प्रसाद इस बात पर बहुत हैरान थे। मूलभूत संसाधनों तथा प्रशिक्षित योग्य प्राध्यापकों के बिना मेडिकल कॉलेज कैसे चल रहे हैं? अथवा उनके स्थापित करने पर विचार किया जा रहा है। मेडिकल चिकित्सा में भ्रष्टाचार का यह एक ज्वलंत उदाहरण है।

देश के करीब 80 प्रतिशत मेडिकल कॉलेज महाराष्ट्र से लेकर केरल, कर्नाटक, तमिलनाडु, आंध्र प्रदेश में हैं और शेष भाग में मात्र 20 प्रतिशत हैं। इस असंतुलन को भी बदलने की आवश्यकता है। सेवा के इस क्षेत्र को सेवाभाव से देखिए और सँवारिए।

अल्पसंख्यक तुष्टीकरण–विकृत खेल

केंद्र सरकार भारत में अल्पसंख्यक तुष्टीकरण का एक विघटनकारी खेल खेल रही है। राज्य सरकारों ने इसका अनुसरण किया है। रोजगार में मुसलमानों के आरक्षण के प्रतिशत में वृद्धि की जा रही है। आंध प्रदेश द्वारा शिक्षा और रोजगार में 4 प्रतिशत

और बंगाल सरकार ने 10 प्रतिशत के आरक्षण की घोषणा की है। अलीगढ़ मुसलिम विश्वविद्यालय ने देश में पाँच मुसलिम बाहुल्य क्षेत्रों में अपनी सांप्रदायिक विचारधारा के प्रसार के लिए मुल्लापुरम (केरल), पश्चिम बंगाल में मुर्शिदाबाद, बिहार के किशनगंज, महाराष्ट्र के पूना एवं मध्य प्रदेश के भोपाल में अपने परिसर खोलने की योजना को क्रियान्वित करना प्रारंभ कर दिया है। इन विश्वविद्यालयों के अधिकारियों के नाम अरबी भाषा में हैं। शुभंकर (स्वहव) में इसलामिक धार्मिक प्रतीकों जैसे कुरान और नव चंद्रमा को दरशाया गया है। पंथाधारित आरक्षण न केवल संवैधानिक है, अपितु देश को अन्य विभाजन की ओर भी धकेलने का खतरनाक कदम है।

अब समय आ गया है कि शिक्षा की इस विभेदकारी नीति का चारों ओर से विरोध होना चाहिए। पूजा पद्धति तथा वोट बैंक की नीति के आधार पर अल्पसंख्यकवाद की तुष्टीकरण का यह घिनौना खेल तुरंत बंद होना चाहिए।

विदेशी संस्थाओं का आकर्षण

अमरीकी इन्वेस्टमेंट कंसल्टेंट राबेट लिटले भारत में विदेशी विश्वविद्यालयों को अपना कैंपस खोलने की एड़ी-चोटी का जोर लगा रहे हैं। भारत में शिक्षा के क्षेत्र में पैसा कमाने के अवसर ढूँढ़ने के प्रयास केवल लिटले ही नहीं, और भी बहुत सी कंपनियाँ कर रही हैं।

अमरीका व यूरोपीय शिक्षा माफियाओं व बैंकों की गिद्ध दृष्टि भारत के शिक्षा क्षेत्र पर है। अमरीका भक्त मनमोहन सिंह, मोंटेक, सेम पित्रोदा, कपिल सिब्बल यह चौकड़ी शिक्षा को विदेशी जाल तथा चाल में फँसाने को आतुर दिखाई देते हैं। विदेशी विश्वविद्यालयों को भारत में स्थान पाने का अब तो कानून भी बन गया है।

विदेशी विश्वविद्यालयों से भारत की संस्कृति पर प्रहार की संभावना स्पष्ट दिखाई देती है। ईस्ट इंडिया कंपनी के भारत में आने से परिणाम के लिए कहा गया था, 'Trade Follows Flag.' व्यापार के बाद राज्य भी आता है। शिक्षा में पाश्चात्य संस्कृति से युवक अपनी सांस्कृतिक विरासत (उनका अभी भी इससे कुछ लेना-देना नहीं है) को बिलकुल ही भूल जाएगा और पाश्चात्य के रंग में रँग जाएगा। जो देश अपनी संस्कृति को भूल जाता है, उसमें जीवंतता समाप्त हो जाती है। मैक्समूलर ने लिखा था—"We have conqured India once we shall conquer it again through Education." हम शिक्षा के माध्यम से भारत पर दोबारा जीत प्राप्त करेंगे।

पाश्चात्य विश्वविद्यालयों की स्थापना सांस्कृतिक विजय की ओर बढ़ता हुआ एक कदम दिखाई देता है। पाश्चात्य विश्वविद्यालयों में प्रतिभाशाली विद्यार्थी प्रवेश लेने के लिए उत्सुक होंगे और इन विश्वविद्यालयों में वेतनमान बेहतर होने के कारण देश के

विश्वविद्यालयों से विद्यार्थियों और अध्यापकों की प्रतिभा का पलायन होगा। पहले से भारत में स्थापित विश्वविद्यालयों के अस्तित्व के लिए संघर्ष करना होगा। समतल भूमि पर समान सुविधाओं से यह मुकाबला नहीं, अपितु असामान्य साधनों का सामान्य साधनों से मुकाबला होगा।

शिक्षा के लिए आयोग और उनकी संस्तुतियों की स्थिति

यदि किसी एक विषय पर सबसे अधिक आयोग बने हैं तो वह है शिक्षा। सभी आयोगों के सदस्यों ने मूल्यवान सुझाव दिए थे, परंतु उनका क्या हुआ? लगता है, वे सभी सिफारिशें उस अलमारी में बंद कर के रख दी गई हैं, जिनको दीमक न लगे। संभवत: वह इसलिए सुरक्षित हैं कि कोई भी शोधार्थी शोध कर यह न बता सके कि अब तक इन संस्तुतियों पर कितना धन व्यय हुआ और उसके परिणाम क्या निकले? परिणाम कुछ भी नहीं निकला। स्थिति बद से बदतर होती चली गई। सबने एक स्वर से सिफारिश की, शिक्षा का उद्‌देश्य बालक का सर्वांगीण विकास होना चाहिए, अर्थात् शरीर, प्राण, मन, बुद्धि तथा आत्मा का विकास और समग्र विकास के लिए विद्यार्थी को सप्तपदी यात्रा के लिए तैयार करना चाहिए—व्यक्ति, परिवार, समाज, राष्ट्र, विश्व, जड़-चेतन तथा परमेष्ठी—ये सात कदम हैं। शिक्षार्थी को सँभल-सँभलकर पग बढ़ाने, अंतिम चरण परमेष्ठी तक ले जाने के लिए। गांधीजी ने शिक्षा के उद्‌देश्य का सरलीकरण करते हुए कहा है, "The aim of education is development of Head-Heart and Hand." अर्थात् दिल, दिमाग और हाथ की शिक्षा। कथित उदात्त परिभाषाओं को दुर्लक्ष्य कर हमारी सोच एकांगी हो गई है। बौद्धिक लब्धि की ओर ही शिक्षा का झुकाव है। अधिक-से-अधिक अंक प्राप्त कराने में अध्यापक अपने पाठन-कौशल की इतिश्री मानते हैं। बौद्धिकलब्धता व्यक्ति को अहमवादी तथा तर्कशील बनाती है। मस्तिष्क बाएँ भाग से काम करता है। डेनियल गोलमैन के अनुसार भावना बौद्धिकलब्धि की सहचरी है, अत: कहा गया है—"Start from the left and go to the right." शरीर के दोनों भागों को सक्रिय बनाने की आवश्यकता है। भावनाओं को संतुलित रखना और सामाजिक दक्षता के स्तर तक पहुँचाने, चित्तवृत्तियों का निरोध, एकाग्रचित्तता, कर्म-कौशल के लिए यौगिक साधना करनी होगी, इसे हम आध्यात्मिकता कहते हैं।

बौद्धिक, भावात्मक तथा आध्यात्मिक इन तीन उपलब्धियों के परिणामस्वरूप ही शिक्षा तथा जीवन के लक्ष्य तक पहुँच पाएँगे, अन्यथा नहीं। ज्ञान, भावना और क्रिया के संगम पर शिक्षा तीर्थराज प्रयाग बनती है।

शिक्षा अखंड मंडलाकार है। अब तो यह खंडित है। खंडित तथा विडंबनापूर्ण जीवन निर्मित हो रहे हैं।

ज्ञान भिन्न–क्रिया कुछ और
इच्छा क्यों हो पूरी मन की।
एक–दूसरे से न मिल सकें,
तो विडंबना है जीवन की॥

स्थिति को बदलना एक बड़ी चुनौती है। पाठ्यचर्या, पाठ्यक्रम, आचार्य, विद्यार्थी, अभिभावक समाज में एकात्म तत्त्व के दर्शन करते हुए दृष्टिकोण को बदलना होगा। पाठन विषय पृथक् होंगे, परंतु उनमें भारतीयकरण तथा आध्यात्मीकरण की मुख्यधारा एक है। यही शिक्षा का अखंड मंडलाकार स्वरूप है। इस शिक्षा से एकात्म मानव का विकास होगा। यह विकास समग्र विश्व के हित के लिए मार्ग–प्रशस्त करेगा। शिक्षा परिवर्तन के लिए चुनौतियों का अवसर मान इसे राष्ट्रीय मुद्दा स्वीकार सब को सृजनात्मक सहयोग देना चाहिए।

शिक्षा पर नियंत्रक व्यवस्थाएँ

शिक्षा को नियंत्रित करने के लिए मानव संसाधन विकास मंत्री अनेक प्रकार की व्यवस्थाएँ कर रहे हैं। अधिनियम बन रहे हैं। माध्यमिक शिक्षा मंडल, विश्वविद्यालय अनुदान आयोग, अखिल भारतीय तकनीकी परिषद्, कानून भी बने हैं। बच्चों को निःशुल्क शिक्षा, विदेशी विश्वविद्यालयों की भारत में स्थापना, कैपिटेशन फीस पर पाबंदी इत्यादि।

शिक्षा में स्वायत्तता

शिक्षा को बंधन, नियंत्रण, दासता स्वीकार नहीं। शिक्षा स्वायत्त होनी चाहिए, जैसे प्राचीनकाल में थी। आधुनिक परिप्रेक्ष्य में शिक्षा के लिए एक स्वायत्त आयोग बने, जो मातृशिक्षा से जीवनपर्यंत की शिक्षा के संबंध में चिंतन और आचरण करें। शिक्षा आई.सी.एस. अधिकारियों के आधीन नहीं, अपितु शिक्षाविदों के मार्गदर्शन में चले। चुनाव आयोग अथवा उच्चतम न्यायालय के नमूने पर इस आयोग को वैधानिक दरजा प्राप्त हो। अखिल भारतीय प्रशासकीय सेवाओं की परीक्षा में शिक्षा विषय को सम्मिलित कर अखिल भारतीय शिक्षा सेवा की परीक्षा उत्तीर्ण करनेवाले युवकों को शिक्षा के प्रबंधन का कार्य सौंपा जाए। शिक्षा को स्वच्छंद नहीं स्वायत्त बनाना होगा। समाज प्रबोधन, शिक्षाविदों की सामूहिक बुद्धिमत्ता, शिक्षा क्षेत्र में कार्य करनेवाले संगठनों के सार्थक प्रयासों से यह संभव हो सकता है और निश्चय ही यह होगा। शिक्षा की चुनौतियों को स्वीकार करने का यही एक असरकारी तरीका है।

□

विद्यालयीन शिक्षा में परीक्षा का सुधार

हमारे त्रिकालज्ञ मनीषियों ने हमें जो दृष्टिकोण दिया, उनके अनुसार शिक्षा और विद्या में अंतर है। शिक्षा भौतिक जगत् के संपूर्ण दृश्य अवयवों की जानकारी है। विद्या मात्र विवरणात्मक ज्ञान नहीं, प्रत्युत् मानव को अपने जन्म के सही लक्ष्य की ओर निरंतर ले जानेवाली ऊर्जा है। उपनिषदकारों ने शिक्षा को अपरा और विद्या, जिससे मानव जीवन अंतिम लक्ष्य मोक्ष को प्राप्त करता है, उसे परा विद्या कहा है।

वर्तमान में हम शिक्षित हो, अपरा विद्या को प्राप्त करने का प्रयास कर रहे हैं। परा विद्या का हमारे जीवन की अंतर्यात्रा से कोई संबंध नहीं रहा है। हमारी यात्रा बहिर्गमन यात्रा है।

शिक्षा के उद्देश्य तथा मानव जीवन के उद्देश्यों में कोई भी अंतर नहीं होना चाहिए, परंतु शिक्षा में आज यह भी है। स्वामी विवेकानंदजी के कथनानुसार शिक्षा अपने निसर्गत: विद्यमान परमात्मा की अभिव्यक्ति है। Education is an emancipation of perfection that is already in man। उन्होंने आगे कहा है, शिक्षा जानकारियों का ढेर नहीं, जो मस्तिष्क में पड़ी रह संड़ाध पैदा करती है। शिक्षा तो मोक्ष का साधन है। शिक्षा प्रकाश है, जो हमें अंधकार से प्रकाश की ओर ले जाती है।

जीवन का लक्ष्य है अंतिम, बंधन मुक्त मोक्ष को पाए।
शिक्षा का भी उद्देश्य यही है, सा विद्या या विमुक्तये।

आज की शिक्षा एकांगी हो गई है, इसकी परिभाषा बौनी हो गई है। कक्षा-कक्ष में ठूँसना तथा परीक्षा में उँड़ेलना ही हो रहा है—(dumping and Vomitting)। शैक्षिक वातावरण नहीं है, अपितु शिक्षा का अर्थ हो गया है, परीक्षा और परीक्षा से अभिप्रेत है अंक-प्राप्ति तथा इसके उपरांत व्यवसायों के लिए प्रतिस्पर्धात्मक परीक्षाएँ होती हैं। कुछ छात्र व्यवसायों के लिए चुन लिये जाते हैं। शेष बेकार सेना में भरती होने के लिए स्वच्छंद, जीवन-लक्ष्य विहीन घूमते फिरते हैं। शिक्षण-संस्थाओं में संस्कारक्षम

वातावरण नहीं है। बालक की सकारात्मक सोच तथा सर्वांगीण विकास, जो शिक्षा का उद्देश्य है, उसकी ओर कोई भी ध्यान नहीं है। अत: शिक्षा बीमार है, उसके उपचार की आवश्यकता है।

आँकड़ों के अनुसार दो करोड़ बच्चे शिक्षा के लिए प्राथमिक कक्षा के लिए अपने नाम पंजीकृत कराते हैं। जब यह दशम कक्षा के लिए पहुँचते हैं, केवल लाख विद्यार्थी परीक्षा में बैठने के योग्य बनते हैं (40 प्रतिशत) और इससे आगे यदि बारहवीं 10 + 2 स्तर तक पहुँचना चाहते हैं तो उनकी संख्या केवल 30 लाख रह जाती है। (19/20) प्रतिशत जब वह विश्वविद्यालय स्तर तक पहुँचते हैं। (18-23 वर्ष की आयु) 6 से 10 प्रतिशत विद्यार्थी उस सीमा का स्पर्श करते हैं।

वर्तमान शिक्षा बेकारों तथा संस्कारविहीन युवाओं का सृजन कर रही है। हम संख्या में वृद्धि करने के इच्छुक हैं। यह हम स्मरण रखें, हम शिक्षा की बात कर रहे हैं, विद्या की बिलकुल नहीं।

अमेरिकन जरनल ने जो शिक्षा की परिभाषा दी है, वह भारत की शिक्षा व्यवस्था से साम्य रखती है—"It is the mysterious process where information passes from the notes of Professor\Teacher as to the note book of student through his pen without entering the mind of ither of them."

जानकारी अध्यापक तथा विद्यार्थी दोनों के ही मन में प्रवेश नहीं करती, परंतु यह हो रहा है। The aim of education as M.K. Gandhi has said, "It is Development of Head-Heart and Hand."

डॉ. राधाकृष्णनजी का कथन है—"आज की शिक्षा विद्यार्थी को बौद्धिक दृष्टि से निर्धन, हृदय से कठोर तथा शारीरिक दृष्टि से बौना बनाती है।"

आज का विद्यार्थी जब परीक्षा-भवन में जाता है, वह एक तूफान भरी नदी के समान होता है, जिसमें लघु नाव हिचकोले खाती कभी आशा की ऊँची लहरों और कभी निराशा की लहरों के थपेड़े खा नीचे आ गिरती है। उसकी नैया परीक्षा के प्रश्न-पत्रों की दया पर बह रही होती है और उसे लक्ष्य का कोई भी पता नहीं। परीक्षा परिणाम के पश्चात् जब नाव नदी के किनारे जा लगती है, वह यह समझता है, यही मेरी मंजिल है।

राष्ट्रीय शैक्षिक अनुसंधान एवं शिक्षण परिषद् (1960) के मूल्यांकन की व्याख्या निम्न प्रकार से की है—

मूल्यांकन एक व्यवस्थित एवं निरंतर चलनेवाली प्रक्रिया है, जो निम्नलिखित तीन महत्त्वपूर्ण बातों पर ध्यान देती है :

(क) शैक्षिक उद्देश्यों की प्राप्ति किस सीमा तक हुई है?

(ख) कक्षा के अधिगम अनुभव (सीखने के अनुभव) कितने प्रभावोत्पादक रहे?

(ग) बालक के व्यवहार में कितना परिवर्तन आया?

कोठारी आयोग (1966) के अनुसार मूल्यांकन संपूर्ण शिक्षा-प्रणाली की क्रमिक प्रक्रिया है। संपूर्ण शिक्षा का एक और महत्त्वपूर्ण अंग है और वह है, शैक्षिक उद्देश्यों से घनिष्ठ संबंध। शैक्षिक उद्देश्यों तथा इनसे संबंधित विषयवस्तु शिक्षण अधिगम क्रियाएँ (Teaching Learning Activities) तथा मूल्यांकन पद्धतियों के द्वारा शिक्षार्थी के व्यवहार में परिवर्तन लाया जा सकता है।

मूल्यांकन प्रक्रिया के तीन प्रमुख अंश हैं—

1. शैक्षिक उद्देश्य,
2. सीखने के अनुभव,
3. व्यावहारिक परिवर्तन।

इन तीनों अंगों में परस्पर घनिष्ठ संबंध है, जिसे निम्नलिखित त्रिभुज द्वारा स्पष्ट किया गया है—

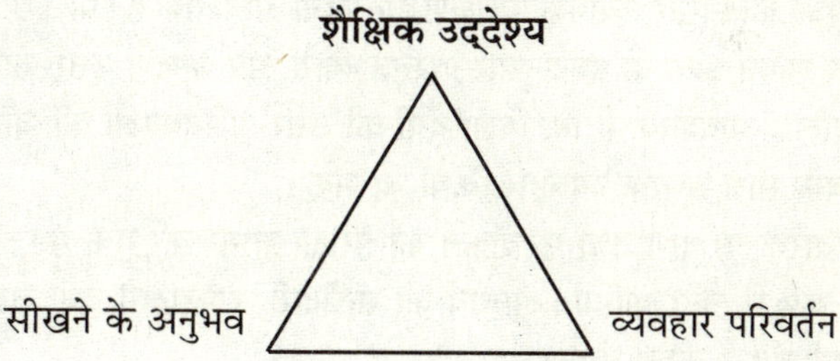

चित्र : मूल्यांकन प्रक्रिया

स्वतंत्रता के पश्चात् विद्यालयीन शिक्षा परीक्षा तथा मूल्यांकन के लिए अनेक समितियाँ तथा आयोग गठित किए गए। माध्यमिक शिक्षा आयोग (1952,53), कोठारी आयोग (1964-66), केंद्रीय मंत्रालय द्वारा शिक्षा तथा समाज कल्याण की समिति (1970, 71), परीक्षा पर शोध के लिए राष्ट्रीय संगोष्ठी (1978), मूल्यांकन के लिए राष्ट्रीय परिसंवाद (1979), राष्ट्रीय शिक्षा नीति 1986 (एन.पी.ई.), मौखिक परीक्षाओं के लिए संगोष्ठी (1987), राममूर्ति कमेटी (1990), परीक्षा में सुधार तथा स्पष्टीकरण पर विचार तथा क्रिया परियोजन (1992) देश के सभी बोर्ड के सभापतियों का सम्मेलन (1993) की चर्चा यत्र-तत्र-सर्वत्र होती है।

आयोगों, समितियों तथा सम्मेलन ने जो संस्तुतियाँ की थीं, वे अत्यंत ही महत्त्वपूर्ण थीं। लगता है, उन सबको ऐसी अलमारी में बंद कर रख दिया गया है, जिसको दीमक न लगे, यह संभवत: इसलिए कि कोई भी शोधकर्ता यह शोध करे कि इतने धन तथा समय व्यय होने पर भी स्थिति में सुधार क्यों नहीं आया और उनकी सिफारिशों को महत्त्व नहीं

दिया गया। हम जड़वादी हो गए हैं। जीवंतता ही परिवर्तनशीलता का सृजन करती है। परिवर्तन करने से भय लगता है, हम जोखिम में नहीं पड़ना चाहते। वस्तुस्थिति बनाए रखने में ही मजा आ रहा है।

1. पाठ्य-पुस्तकों के सृजन के लिए राष्ट्रीय तथा राज्य स्तर का निगम हो, जो पाठ्यक्रम के प्रत्येक विषय के उद्देश्यों की पूर्ति के लिए पुस्तकों का निर्माण भिन्न-भिन्न विषयों के विशेषज्ञों से कराए। सामग्री को सँजोने में आयुवर्ग की शारीरिक, मानसिक तथा बौद्धिक आवश्यकताओं की पूर्ति हो सके। कठिनाई तथा पुनरावृत्ति दोष को टालना आवश्यक है।
2. पाठ्य-पुस्तकों का निर्माण परीक्षा लेनेवाली संस्थाओं, शिक्षाविदों, मनोवैज्ञानिकों, विद्यालय की दक्ष आचार्य, सजग अभिभावक तथा विद्यार्थियों के सृजनात्मक सहयोग के सामूहिक बुद्धिमत्ता का परिणाम होना चाहिए।
3. प्रश्न-पत्र तैयार करना एक वैज्ञानिक तकनीकी तथा कला है। प्रश्न-पत्र बनानेवाले बंधुओं का निरंतर, व्यापक प्रशिक्षण होते रहना आवश्यक है। प्रश्न-पत्र के साथ, स्तर मापन अंक के प्रश्नानुसार विस्तृत ब्योरा और आदर्श उत्तर-तालिका देनी इसलिए आवश्यक है कि विद्यार्थियों की उत्तर-पुस्तिकाओं की जाँच के लिए सबके साथ सम्यक् व्यवहार किया जा सके।
4. आंतरिक परीक्षण तथा मूल्यांकन को परीक्षा सुधार की एक महत्त्वपूर्ण कड़ी के रूप में लेना चाहिए। आचार्य को साझेदारी, समझदारी तथा जवाबदारी से कार्य संपन्न करना होगा।

परीक्षा-प्रणाली के दोष

1. आज की परीक्षा प्रणाली का शिक्षा तथा जीवन के उद्देश्यों से कोई संबंध नहीं। परीक्षा परिणाम आत्महत्याओं, विद्यालय त्यक्त विद्यार्थियों की संख्या में वृद्धि, एकांगी तथा बेकार लक्ष्यविहीन युवकों का सृजन कर रहे हैं। परीक्षा का पाठ्यचर्या, पाठ्यक्रम तथा मूल पुस्तकों से कोई संबंध नहीं रह गया। कक्षा-कक्ष मनोरंजन का स्थान न रहकर एकतरफा हो गई है। पाठन का सीखने (Teaching D.K. Learning) से कोई वास्ता नहीं, अतः परीक्षार्थी परीक्षा से एक मास पूर्व और कहीं-कहीं एक सप्ताह पूर्व लघु मार्गदर्शिकाओं का सहारा लेकर जैसे-तैसे पास होने की सोचते हैं। यह स्थिति शिक्षा की अवधारणा से बिलकुल विपरीत है।
2. परीक्षाएँ रटंत शैली को जन्म दे रही हैं।
3. परीक्षार्थी तोते बन रहे हैं। परीक्षा ज्ञान अर्जन (30 प्रतिशत), समझ का विकास

(25 प्रतिशत), प्राप्त ज्ञान को व्यवहार में लाने की क्षमता (15 प्रतिशत), सृजनात्मकता (12 प्रतिशत), विश्लेषण तथा संश्लेषण (15 प्रतिशत), कथित आयामों का विकास आज की शिक्षा तथा परीक्षा से नहीं हो पा रहा है।

4. प्रश्न-पत्र में पाठ्यक्रम के आंशिक भाग रहते हैं। प्राश्निक प्रश्न-पत्र बनाते हुए समग्र जानकारी को आधार नहीं बनाते। विषय के 20 में से केवल 12 पाठों से प्रायः प्रश्न पूछ लिये जाते हैं।
5. परीक्षा कुछ चयनित पाठों के अध्ययन तथा शिक्षण को प्रोत्साहन दे रही है। इस स्थिति ने अनुमानित प्रश्नों (Guess Work) को जन्म दिया है। शिक्षा की मंडी में परीक्षा पूर्व इनकी खूब बिक्री होती है।
6. परीक्षाएँ, प्राश्निक, उत्तर-पुस्तिकाओं के जाँचकर्ता तथा परीक्षार्थी सब व्यक्तिनिष्ठ (Subjective) हो गए हैं। शिक्षा तथा जीवन के उद्देश्य, पाठ्य-सामग्री की व्यापकता, भिन्न-भिन्न प्रश्नों की तालिका, प्रश्नों की बनावट तथा प्रश्नों के लिए निश्चित अंक इन सब में एकात्मकता का अभाव है।
7. परीक्षा विषयों के साथ पक्षपात करती है। परीक्षार्थी गणित तथा संस्कृत में 100 अंक, सामाजिक अध्ययन में 75 प्रतिशत तथा अन्य विषयों में बहुत कम ही विद्यार्थी 100 अंकों तक पहुँचते हैं। अतः अंक लानेवाले विषयों को लेकर विद्यार्थी लाभ में रहते हैं। पक्षपात दूर करने के लिए गंभीरता से इस विषय पर सोचना चाहिए।
8. अनेक आयोगों तथा समितियों के गठन के पश्चात् भी उनके द्वारा दी गई संस्तुतियों पर गंभीरता से विचार नहीं किया जा रहा। परिवर्तन के डर से खतरा मोल नहीं लिया जाता है। जोखिम भरा कार्य करने का साहस बोर्ड्स भी नहीं कर पा रहे हैं, जो उनको करना चाहिए।
9. परीक्षा समग्र व्यक्तित्व विकास की ओर ध्यान नहीं देती—ज्ञानलब्धि (I.Q.), भावनालब्धि (E.Q.) अथवा अध्यात्मलब्धि (S.Q.) व्यक्तित्व विकास के तीन सोपान हैं। इनमें से किसी एक के भी विछोह से जीवन विडंबनापूर्ण बन जाता है। उपनिषदों में पंचकोषीय व्यक्तित्व विकास तथा वेदों में जीवन की यात्रा के सप्तपद शिक्षा तथा परीक्षा के कार्यक्रम के मार्गदर्शक बिंदु हैं।
10. बोर्ड्स और विश्वविद्यालयों में आपसी तालमेल नहीं। शिक्षा तो अखंड मंडलाकार स्वरूप है। इसे खंड-खंड में नहीं देखा जाना चाहिए। विद्यालयों में ग्रेड और विश्वविद्यालयों में प्रवेश के लिए अंक हैं। 12वीं तक की पढ़ाई का आगे की कक्षाओं के साथ तारतम्य नहीं बैठ पा रहा है। अतः असफलता का प्रतिशत बढ़ता है और विश्वविद्यालय विद्यार्थियों की संख्या में भी वृद्धि नहीं हो रही है।

11. परीक्षा के दिनों में एक मास पूर्व से ही पठन-पाठन स्थगित हो जाता है। वैसे भी 365 दिनों में विद्यार्थी 220 दिन विद्यालय जाते हैं और 180 दिन कक्षा में पठन-पाठन कार्य होता है। शेष दिन विद्यार्थी की अति ऊर्जा के उपयोग कराने के लिए हमारे शिक्षाक्रम में कोई भी स्थान नहीं है।
12. भाषाओं में 90 प्रतिशत अंक प्राप्त करनेवाले विद्यार्थी भाषा में 5 मिनट के लिए मौखिक अभिव्यक्ति नहीं कर पाते। यह कक्षा में शैक्षिक प्रक्रिया तथा परीक्षा में मौखिक परीक्षा को स्थान न देने के कारण है।

परीक्षा प्रणाली में सुधार के लिए संस्तुतियाँ

1. मौखिक परीक्षा परीक्षा प्रणाली का महत्त्वपूर्ण अंग होना चाहिए। विद्यार्थियों और परीक्षकों के मध्य यह संवाद है। उपनिषदों में सीखने-सिखाने (Teaching and Learning) की विधि का यह परिणामकारी भाग माना गया था। संवाद से विद्यार्थियों की विषयों में गहरी पैठ को आँका जा सकता है।
   (क) विषयों के लघु प्रश्नों के कार्ड तैयार किए जाते हैं। विद्यार्थियों को कहा जाता है, उसमें से एक कार्ड लें और प्रश्न का उत्तर मौखिक दें। यह प्रश्न-उत्तर प्रक्रिया इकाइयों के समाप्त होने पर की जाएगी।
   (ख) विषय आचार्य ही कक्षा में छात्रों की अंक-तालिका तैयार करेंगे और त्रैमासिक परीक्षा के परिणाम में 10 अंकों में से प्राप्त अंक जोड़ दिए जाएँगे।
   (ग) विद्यालय में होनेवाले सभी कक्षाओं के, सभी विषयों की परीक्षाओं में इस विधि से छात्रों की मौखिक अभिव्यक्ति पुष्ट की जाती है।
   (घ) बोड्‌र्स की परीक्षाओं में विषयों में प्राप्त अंकों के साथ आंतरिक परीक्षण (Internal asessment) का भी भाग रहेगा।
2. परीक्षा से जुड़े सभी संबंधित प्राचार्य, आचार्य तथा शैक्षिक अधिकारियों का वर्ष में एक बार परीक्षा से जुड़ी अनेक समस्याओं का उत्तर देने के लिए तथा नई परिस्थितियों के अनुकूल अपने को बनाने के लिए प्रामाणिक प्रशिक्षण देने की आवश्यकता है। इससे राज्य में परीक्षा के नियम, उपनियम तथा मूल्यांकन के स्तर को समान रखने में सहायता प्राप्त होगी। इस संबंध में एक पुस्तिका भी तैयार की जाए। सभी विद्यालयों में इसे भेजा जाए—प्रशिक्षण काल में इसे वितरित किया जाए।
3. परीक्षा में अनुचित साधन अपनानेवाले परीक्षार्थियों के विषयों का निपटारा अनुशासन समिति को पूरक परीक्षा से पूर्व ही कर लेना उचित रहेगा।
4. वर्तमान परीक्षा-प्रणाली परीक्षार्थियों की रटने की योग्यता का मापन है। पठन-

पाठन (Teaching) के (Learning) सीखने तथा सिखाने की प्रक्रिया में परिवर्तित करना आवश्यक है। इससे मौलिकता, सृजनात्मकता, प्रेषण की निपुणताएँ, प्रस्तुतीकरण, समझना, विश्लेषण, संश्लेषण जानकारी को व्यवहार में लेना, पुनः स्मरण करना तथा लिख पाना कक्षा के शैक्षिक वातावरण का परिणाम होना चाहिए। समझ से पढ़ने तथा लिख पाने में समर्थ होने से छात्र रटंत शैली का सहारा नहीं लेंगे।

5. ज्ञान तथा शिक्षा के उद्देश्यों की पूर्ति के लिए शैक्षिक गतिविधियों की जाँच आंतरिक मूल्यांकन से होती है। इस विधि से विद्यार्थियों की अंतर्निहित शक्तियों, प्रतिभाओं, कुशलताओं तथा निपुणताओं की जाँच होती है। आचार्य, अभिभावकों तथा छात्रों की सहकारिता एवं समायोजन से मूल्यांकन विधि सफल होती है।

इस प्रणाली से सतत व्यापक मूल्यांकन होता है। आंतरिक मूल्यांकन की अच्छाइयों को आचार्यों के कुछ बुरे हाथों ने अविश्वसनीय तथा पक्षपातपूर्ण बना दिया है। बाह्य लिखित परीक्षा विषय में 100 में से 15 अंक लेनेवाले छात्र इसलिए पास किए जाते रहे हैं, क्योंकि उनको 20 में से 18 अंक आंतरिक मूल्यांकन में प्राप्त हुए। विद्यालय का संपूर्ण परिवार समग्र सृजनात्मक सहयोग तथा प्रामाणिकता से अपनी खोई प्रतिष्ठा प्राप्त कर सकता है। इसके लिए ठोस आधार लेकर परिणामकारी योजना बनानी चाहिए। निश्चय ही वह बन सकती है। विद्यालयों में शैक्षिक वातावरण का सृजन होगा तथा वांछित परिणाम सामने आएँगे।

अच्छाई बुरे हाथों में हस्तांतरित हुई और बुरे परिणाम आए हैं, शिक्षा बोर्ड ने इसे अव्यावहारिक कहकर समाप्त कर दिया। शिक्षा बुराइयों से लड़ना सिखाती है, अतः हम सब को मिलकर लड़ना चाहिए।

6. प्रश्न संच (Question Bank Data), इसे प्रतिवर्ष संशोधित तथा परिवर्द्धित करते रहना चाहिए।

प्रश्न संच (Question Bank Data)

शिक्षा बोर्ड, डायट (Diet) आचार्य शिक्षण, महाविद्यालय, एन.सी.ई.आर.टी., राज्य मूल्यांकन इकाइयाँ, पुस्तक विभाग में भिन्न-भिन्न विषयों के पुस्तक लेखक, विद्यालयों में प्रतिभाशाली आचार्य, शिक्षाविद्, बाल मनोविज्ञान के दक्ष बंधुगण, प्राश्निकों, अभिभावकों, विद्यार्थियों, सेवानिवृत्त बुद्धि-धर्मियों आदि उन सबका, जिनका शिक्षा से प्रत्यक्ष तथा परोक्ष संबंध है, उन सबको प्रश्न संच तैयार करने के लिए जोड़ना चाहिए। बालकों के विकास के लिए सबकी सामूहिक बुद्धिमत्ता तथा सृजनात्मक सहयोग की महती भूमिका होनी अपेक्षित है।

पाठ्यचर्या के अनुसार तैयार की गई पुस्तकों के पाठों अथवा इकाइयों के अंत में प्रश्न संच दिया जाए। निम्नलिखित बातों का ध्यान रखना होगा—

1. प्रश्न संच, शिक्षा बोर्ड द्वारा प्रश्न-पत्रों के नमूने पर आधारित हो।
2. प्रश्नों के साथ ही अंकों का उल्लेख हो।
3. प्रश्न-पत्र बहुआयामी हों, जैसे (क) विस्तृत उत्तरवाले (Essay Type), (ख) लघुउत्तरीय (Short Answer), (ग) लघुत्तम उत्तरीय (very Short answer), (घ) वस्तुनिष्ठ (Objective Type), (ङ) प्रयुक्ति (Application), (च) बहुविधि चयन (Multiple choice), (छ) रिक्त स्थान की पूर्ति (Fill In the Blank), (ज) समस्या निदानात्मक (Problem Solving), (झ) मूल्यपरक उत्तर (Value Oriented), (ञ) हाँ, ना में उत्तर (Yes Or No), सृजनात्मक प्रश्न (Creativity_ work), (ट) मस्तिष्क व्यायाम (Brain Storming), (ठ) कुशलताओं का विकास (Development of Skills) प्रश्नों के अंक/विद्यार्थियों के लिए कठिन तथा सरल प्रश्नों को ध्यान में रखकर दिए जाने चाहिए। (Weightage according to difficult and Easy level)
4. प्रश्न-पत्र पाठ की प्रत्येक गहराई की परत उघाड़ने का प्रयास करता है।
5. पुस्तक की समाप्ति के पश्चात् सभी पाठों के समायोजन के आधार पर पाँच प्रश्न-पत्र बोर्ड के नमूने के आधार पर दीजिए।
6. अंत में बोर्ड/केंद्रीय शिक्षा बोर्ड के पिछले दो वर्षों के प्रश्न-पत्र भी देना ठीक होगा।
7. प्रधानाचार्य के कक्ष के बाहर—'प्रश्न आपके उत्तर हमारे' पेटिका से निकले प्रश्न, विद्यार्थियों की जिज्ञासा का भिन्न-भिन्न विषयों के आचार्यों द्वारा प्रार्थना सभा अथवा कक्षाओं में समाधान किया जा सकता है।
8. प्रश्न हमारे उत्तर आपके पेटिका भी योग्यता-वृद्धि का एक अच्छा साधन है।
9. परीक्षा में अनुचित साधन अपनाना शैतान की आँत के समान बढ़ता ही जा रहा है। परीक्षा के दिनों में इस बीमारी को रोकने का दायित्व उड़न दस्तों पर डाल दिया गया है। निरीक्षक भी अनुचित साधनों को रोकने में असमर्थ रहते हैं अथवा जानबूझकर इस दुष्कर्म को करने की छूट देते हैं। निरीक्षकों की व्यक्तिगत जवाबदारी निश्चित की जाए।
10. ज्ञान की वृद्धि के साथ पाठन की अनेक विधियाँ अब यह माँग करती हैं कि प्रश्न-पत्र के पारंपरिक स्वरूप को बदलकर इसे बहुआयामी बनाया जाए।
11. परीक्षा संचालन, परिणाम तैयार करना तथा रिकॉर्ड के रखरखाव के लिए

सूचना प्रोद्यौगिकी की सहायता से कार्य-संचालन को सुचारू एवं स्थायी बनाया जा सकता है।

12. मूल्यांकन कुछ निश्चित केंद्रों पर एक साथ मिलकर करना हितकारी रहेगा। मुख्य मूल्यांकन अधिकारी की देखरेख में यह कार्य संपन्न होगा। 5 केंद्रों के क्षेत्र पर एक अधिकारी की नियुक्ति की जा सकती है। वह मूल्यांकन केंद्रों पर जाकर कार्य-संचालन तथा व्यवस्था को देख सकते हैं। मार्ग में आनेवाले कठिनाई के निदान में भी वे सहायता कर सकते हैं। मूल्यांकन करनेवाले अधिकारियों की बैठक में कार्य में समान स्तर तक लाने के लिए मंथन करना उचित है।
13. पुनः मूल्यांकन की आवश्यकता वहाँ पड़ती है, जहाँ प्रथम स्तर पर मूल्यांकन में न्यूनताएँ रह जाती हैं। पुनः मूल्यांकन का कार्य समय पर हो, इसकी विश्वसनीयता बनी रहे। आशातीत त्रुटियाँ और जानबूझकर की गई लापरवाही के कारण विद्यार्थियों के मूल्यवान वर्ष की हानि होती है। परीक्षा वर्ष के अंत में संवाददाता सम्मेलन में ऐसे उदाहरणों का, जैसे असफल विद्यार्थी सफल हुए अथवा कुछ अंकों के आधार पर वह प्रथम, द्वितीय तथा तृतीय आ गए हैं, उनको समाचार-पत्रों में देने से आगे से मूल्यांकन कर्ता सावधानी बरतेंगे।
14. अंकों के स्थान पर ग्रेड देने की (नॉ पाउंट पैमाने) को जारी रखा जाए।
15. परीक्षा कार्य के लिए राज्य स्तरीय एक आधारभूत टोली का गठन किया जाए। वह सतत व्यापक इस पर चर्चा, विचार मंथन करती रहे, सुधार के लिए सिफारिशें भी करे और क्रियान्यवन की चिंता भी करे।
16. परीक्षा में सुधार की सिफारिशों को प्रचारित तथा प्रसारित किया जाए और समाचार-पत्रों में इसे विज्ञप्ति के रूप में भी दिया जाए।
17. शोध प्रकोष्ठ प्रत्येक बोर्ड का एक अनिवार्य अंग होगा। इसमें पाठ्यक्रम, पुस्तकें, प्रश्न-पत्र तथा उत्तर-पुस्तिकाओं का मूल्यांकन करना चाहिए कि प्रश्न-पत्र के कौन से प्रश्न अधिक विद्यार्थियों ने छोड़ दिए, उत्तर-पुस्तिकाओं की जाँच में कौन सी त्रुटियाँ विशेष रूप से रहती हैं। परीक्षा के पश्चात् निदानात्मक पग उठाना शिक्षा तथा परीक्षा में सुधार लाने के लिए अनिवार्य शर्त है। यह प्रक्रिया विद्यालयों के लिए सभी कक्षाओं तथा परीक्षाओं के लिए आवश्यक है। वर्ष के अंत तक संपूर्ण परीक्षा प्रणाली के मूल्यांकन की जानकारी सभी विद्यालयों को प्रेषित करें।
18. प्रायोगिक परीक्षाओं का शिक्षण में महत्त्वूपर्ण स्थान है। गांधीजी के कथनानुसार "The student should have thinking fingers." उँगलियों का प्रयोग

लिखित तथा प्रायोगिक परीक्षाओं में किया जाता है। इस प्रयोग को और विस्तृत तथा व्यापक बनाया जाए।

दसवीं और बारहवीं की परीक्षा में तनाव कम करने और सफलता बढ़ाने के उपाय—एन.सी.ई.आर.टी. (पाठ्यचर्या—2005)

पाठ-आधारित परीक्षा की जगह समस्या सुलझाने और क्षमता-आधारित मूल्यांकन की ओर बढ़ना होगा, क्योंकि पाठ-आधारित परीक्षा से शिक्षा की गलत पद्धति और रटने की आदत को बढ़ावा मिलता है, इन दोनों से परीक्षा के दौरान तनाव पैदा होता है। कुछ बुनियादी तालिकाएँ और सूत्र उपलब्ध कराए जा सकते हैं, जिससे स्मृति पर जोर कम हो और ज्यादा ध्यान विश्लेषण, मूल्यांकन और व्यावहारिक उपयोगों पर हो।

लचीले समयवाली छोटी अवधि की परीक्षा, जिसमें 25 से 40 प्रतिशत जगह संक्षिप्त प्रकार के उत्तर के लिए हो और बाकी बहुविकल्पी प्रश्नों के लिए। उपस्थित विद्यार्थियों को 90 प्रतिशत परचा पूरी तरह आता हो और वे उसकी समीक्षा करने में भी सक्षम हों।

विद्यार्थी के अपने या बगल के स्कूल में ही परीक्षा का आयोजन हो—गलत प्रथाओं को इस प्रकार रोका जा सकता है, अगर वहाँ परीक्षा के परिवेक्षक का काम दूसरे स्कूल के शिक्षक करें।

परीक्षा की तिथि को किसी भी सूरत में आगे नहीं बढ़ाया जाए। विद्यार्थियों को उतने ही प्रश्न पत्रों की परीक्षा देने का अधिकार हो, जितने की तैयारी हो। तीन साल के दौरान परीक्षा पूरी हो सके। बोर्ड अपनी तैयारी इस तरह कर सकते हैं कि माँग के अनुसार परीक्षाओं की व्यवस्था हो सके, जिनमें शिक्षार्थी तब बैठ सकें, जब उन्हें लगे कि वे परीक्षा के लिए तैयार हैं।

पास-फेल लिखने की जगह 'पुनर्परीक्षा वांछनीय' लिखा जाए, जिससे दक्षता के अभाव का पता चलता है।

पुनर्परीक्षा परीक्षाफल की घोषणा के तुरंत परीक्षा बाद हो, ताकि जो विद्यार्थी एक या दो विषय में फिर से परीक्षा देना चाहते हैं, उनका साल बरबाद न हो।

गणित और अंग्रेजी का मूल्यांकन दो स्तरों पर किया जा सकता है—सामान्य और उच्चतर। लंबे दौर में हर विषय को दो स्तरों पर पढ़ाया जाए, जिसमें सामान्य स्तर पर विद्यार्थी छह में से कम-से-कम तीन या दो मानक विषय पढ़े और उच्चतर में बाकी तीन या चार।

'लचीली समय-सीमा' के साथ परीक्षा बच्चों में तनाव कम करने का प्रभावी माध्यम हो सकती है। ऑन लाइन परीक्षा का प्रयोग बोर्ड की परीक्षाओं के लिए किया जा सकता है।

स्कूल में सहायता और परामर्श की सेवा उपलब्ध करवाकर बच्चों की तनाव से जुड़ी समस्याओं का समाधान ढूँढ़ा जा सकता है, साथ ही विद्यार्थियों, अभिभावकों और शिक्षकों को भी बच्चों के तनाव से निपटने की दिशा में इससे मार्गदर्शन मिल सकता है। बोर्ड के दौरान हेल्पलाइन की सेवा से भी विद्यार्थियों और अभिभावकों को मदद मिल सकती है। परीक्षाओं का रिकॉर्ड तथा उत्तर-पुस्तिकाओं को देखने का अधिकार विद्यार्थियों को दिया जाए।

'बालक को स्वस्थ वातावरण दें, वह फलेगा-फूलेगा।' यह एक कहावत है।

बालक की सकारात्मक सोच तथा तदनुसार व्यवहार में परिवर्तन तथा सर्वांगीण विकास हो संस्कारक्षम वातावरण देने की चिंता हम सब मिलकर करें।

परीक्षा के पश्चात् निदानात्मक पग उठाना शिक्षा तथा परीक्षा में सुधार लाने के लिए अनिवार्य शर्त है। यह प्रक्रिया विद्यालयों के लिए सभी कक्षाओं तथा परीक्षाओं के लिए आवश्यक है।

75 प्रतिशत उपस्थिति होने पर पंचम तक पढ़नेवाले सभी विद्यार्थियों को अलग कक्षाओं में भेज देना चाहिए, विद्यार्थियों के लिए उनकी आयुवर्गानुसार खेल, गीत-कविता, दोहे, चौपाइयाँ, सृजनात्मक कार्य कला आदि, जो उनकी शक्तियों और व्यक्तित्व-विकास की सुदृढ़ नींव स्थापित करते हैं, यह सब कार्य करने के अवसर प्रदान किए जाएँ। वर्ष के अंत में इन क्षेत्रों में उनकी प्रगति ग्रेड में अंकित कर सफलता का प्रमाण-पत्र दे देना चाहिए।

उच्च कक्षाओं में बोड्र्स की केवल दसवीं तथा बारहवीं की परीक्षाएँ रहनी चाहिए, शेष कक्षा विद्यालय में पाठों की इकाई परीक्षाएँ तथा सहपाठ क्रिया-कलापों का निरंतर व्यापक मूल्यांकन, और सभी अंकों के योग को ग्रेड में परिवर्तित करके प्रमाण-पत्र देना चाहिए। जो विद्यार्थी कुछ विषयों में उत्तीर्ण सूचकांक को स्पर्श नहीं कर पाए, उनको तीन विषयों तक दो बार पुनः परीक्षा देने का अवसर दिया जाए और हाथ से किए गए अनेक कार्यों के आधार पर उनका मूल्यांकन करें, अगली कक्षा में प्रवेश के लिए महत्त्व दिया जाए। परीक्षा के प्राश्निकों की, परीक्षाओं से पर्याप्त समय पूर्व कार्यशाला आयोजित हो, उन्हें यह समझाने की बात रहेगी कि प्रश्न पूछना एक कला है।

(क) प्रश्न पूछने के अनेक प्रकार विकसित किए गए हैं। प्रश्नों में समग्र पाठ्यक्रम की जाँच होती है और इसके साथ विद्यार्थियों की अभिव्यक्ति तथा अनेक कुशलताओं को भी आँका जा सकता है।

(ख) प्रश्न-पत्र बोर्ड द्वारा पहले से प्रचारित तथा प्रसारित नमूने के आधार पर दिया जाए। इसकी आदर्श उत्तर-पुस्तिका भी तैयार होगी। प्रत्येक पत्र तथा बौद्धिक विकास के सभी आयामों के लिए अंक निश्चित किए जाएँ।

(ग) उत्तर-पुस्तिकाओं में शुद्ध तथा स्वच्छ लेखों घर भी ध्यान देना उचित है।

(घ) प्राश्निक को एक विषय के तीन प्रश्न-पत्र तैयार करने होंगे। प्रश्न-पत्र में दिए निर्देशों का स्पष्ट उल्लेख हो। इनके साथ उत्तर-पुस्तिकाएँ भी रहेंगी।

इन सब तथा अन्य जो प्रश्न-पत्र तैयार करने तथा बोर्ड के कार्यालय में भेजने, गोपनीयता तथा संरक्षण आदि बारीकियों का प्रशिक्षण योग्य शिक्षाविदों, मनोवैज्ञानिकों, मूल्यांकन विद्या में निपुण शिक्षाविद् तथा शिक्षकों द्वारा कराया जाए।

(ङ) प्रश्न-पत्र तथा शिक्षा के उद्देश्य व्यावहारिक जीवन से जुड़े होने चाहिए।

(च) विद्यालयों में प्रकल्प कार्य (एकाकी तथा समूहश:) को प्रोत्साहन देना चाहिए, आंतरिक मूल्यांकन में इसे प्रवेश दें।

गृहकार्य (Home Assignment)

1. गृह-कार्य विद्यालय के सभी आचार्यों के सामूहिक चिंतन का परिणाम होना चाहिए। बालकों की कक्षा के स्तरानुसार इतना कार्य दिया जाए, जो उसके लिए बोझिल न बने। खेलने, मनोरंजन, स्वाध्याय के लिए भी पर्याप्त समय रहना आवश्यक है।
2. गृहकार्य केवल लेखन प्रक्रिया तक सीमित न रहकर बहुविधि क्रिया है। गृह-कार्य में पाठ से संबंधित चाट्र्स, सामाजिक उत्पादक कार्य, सृजनात्मक कार्य, मॉडल स्थिर तथा चल (Model Working and still) तैयार करने को दें।
3. कक्षा में पाठ की क्रिकेट (Play way method) की तैयारी करके लाने को कहें। प्रश्नों के बल्ले से गेंद के उत्तर आएँगे। अंक प्राप्ति तालिका से जीत तथा हार की घोषणा होगी।
4. समस्या पूर्ति—कवि दरबार, अंताक्षरी, अधूरी बात (कहानी आदि) को पूर्ण कीजिए।
5. समस्या समाधानकारी होनी चाहिए।
6. सूत्रों (Base) को समझना, स्मरण करना तथा कक्षा में सुनाना।
7. पाठ के आधार पर प्रश्न कार्ड के संच से कार्ड उठाना और उत्तर देना।
8. प्रत्येक पाठ मूल्यपरक है, उसकी व्याख्या करना।
9. पाठ पर पत्र पढ़ना (Paper Reading)।
10. पाठ पर संगोष्ठी।
11. गृहकार्य कार्य आधारित, योगाधारित हो। ऐसा करने से समझदारी बढ़ती है।
12. देखो, सोचो और लिखो।

विशेष—गृहकार्य वार्षिक परीक्षा की तैयारी का महत्त्वपूर्ण सोपान है।

व्यावसायिक प्रतिस्पर्धाएँ

व्यावसायिक प्रतिस्पर्धाओं के लिए परीक्षा तैयारी के कारण अनुशासनहीनता, कक्षाओं से अनुपस्थिति तथा उन कक्षाओं की पढ़ाई को छोड़, केवल बोर्ड परीक्षा कक्षाओं के पाठ्यक्रम की ओर ध्यान देती हैं, जिनका परीक्षण होता है, जैसे दसवीं और बारहवीं की परीक्षा के लिए नवीं तथा ग्यारहवीं के पाठ्यक्रम पर से ऊँची छलाँग लगाकर अगली कक्षा के क्षेत्र में पहुँच जाते हैं। ऐसे विद्यालय जिनको केवल और केवल अपने परीक्षा परिणामों की चिंता है, वे भी इस दुस्साहसी कार्य में सहायक होते हैं। बोर्ड की परीक्षाओं में प्रमाण-पत्र में विशेष उल्लेख किया जाए कि विद्यालयों में सतत व्यापक मूल्यांकन के आधार पर एक प्रमाण-पत्र दिया गया है, जब किसी व्यवसाय में प्रवेश के लिए आप प्रमाण-पत्र दिखाएँगे तो निश्चय ही अधिकारीगण विद्यालय प्रमाण-पत्रों को भी देखेंगे और उसे भी चयन-प्रक्रिया में स्थान देंगे।

(क) विद्यालयों में व्यावसायिक परीक्षाओं की तैयारी 'In Built System' आंतरिक तैयारी की व्यवस्था से ही तैयारी कराई जा सकती है। योग्य आचार्य तथा इस क्षेत्र के श्रेष्ठ सेवा प्राप्त प्राचार्य/आचार्य को यह कार्य दिया जा सकता है। उनको हमें इस कार्य के लिए पारिश्रमिक देना उचित रहेगा।

(ख) पढ़ाई की यह व्यवस्था सप्ताह में एक दिन तथा लंबे अवकाश के दिनों में की जा सकती है। पढ़ाई के साथ परीक्षाओं की व्यवस्था भी रहेगी। व्यक्तिगत परामर्श तथा मार्गदर्शन भी इस प्रणाली के लिए लाभकारी रहेगा।

शिक्षा विभाग, बोर्ड्स, एन.सी.ई.आर.टी. अधिकारी, शिक्षा-कार्य से जुड़े सेवानिवृत्त प्राचार्य राज्य जिला तथा उपमंडल स्तर तक 10 विद्यालयों को गोद लें। विद्यालयों में आकस्मिक जाकर विद्यार्थियों की उपस्थिति, गृहकार्य, उत्तर-पुस्तिकाएँ, प्रयोगशालाएँ, उनके द्वारा किया गया कार्य, सतत व्यापक मूल्यांकन का लेखा तथा अभिलेखा का निरीक्षण करें। यह सब कार्य सुधारात्मक दृष्टिकोण से किया जाए।

□

मूल्यांकन, महत्त्व, विधियाँ

निरीक्षण कार्य जब आधिकारिक तथा आदेशात्मक हो गया तो प्रो. प्रोराघा कुमुद मुखर्जी ने निरीक्षक को पुलिस इंस्पेक्टर संज्ञा दे डाली। केंद्रीय विद्यालयों के प्राचार्य सम्मेलन में इस व्यवस्था पर टिप्पणी करते हुए कहा गया—"प्रचलित निरीक्षण पद्धति से अध्यापकों की अंत:स्फूर्ति तथा नवीन कल्पनाएँ दब जाती हैं। निरीक्षकों से भय तथा उनके प्रति अविश्वास का वातावरण बनता है।"

अब शिक्षाविदों ने कार्य के मूल्यांकन की बात कही है। शिक्षा तथा संस्थागत उद्देश्य को ध्यान में रखते हुए यह आकलन किया जाना अपेक्षित है कि इस दिशा में कहाँ तक प्रगति हुई है? आँकने में संलग्न बंधु छिद्रान्वेषी दृष्टि से नहीं, अपितु विद्यालय के कार्य तथा कार्यक्रमों में सुधार के लिए ठोस तथा व्यावहारिक सुझाव देते हैं। अच्छाई को उभारकर वे मैत्री भाव तथा सकारात्मक वाणी से विद्यालय को प्रगति पथ पर ले जाने के लिए विधेयक मार्गदर्शन करते हैं। मूल्यांकन के समय वातावरण सौहार्द तथा आत्मीय रहता है।

प्रत्येक विद्यालय अपने में एक इकाई है। मूल्यांकन के मापदंड सबके लिए समान नहीं रहते। विद्यालय के संसाधनों का उच्चतम उपयोग, कार्यक्रमों का ठीक संचालन तथा परिणाम (Input_Programme_Output) त्रिकोण के इन तीन आयामों को देखना उचित है—

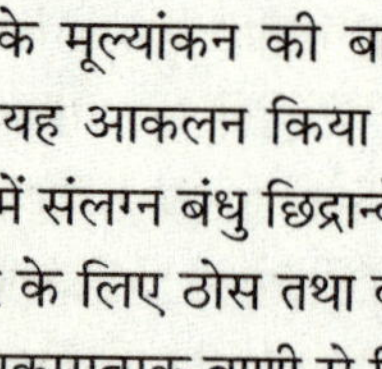

इस त्रिकुटी में लक्ष्य का प्रकाश तथा प्रभाव परिलक्षित होगा ही।

किसी भी संस्थान, उसके कार्य तथा कार्य-प्रणाली के मूल्यांकन के लिए डॉ. बुच ने निम्नलिखित बिंदु दिए हैं—

1. संस्थान का लक्ष्य।
2. योजना का प्रारूप।
3. आवश्यकताओं का अनुभव (विद्यार्थी, अभिभावक, आचार्य, देश के लिए)
4. विस्तार तथा विकास।
5. संसाधन।
6. समायोजन।

संस्थाओं का मूल्यांकन करने के लिए उन सभी शब्दों को रेखांकित किया जाना है, जो लक्ष्य की ओर इंगित करते हैं और उनके अर्थ तथा भाव मूल्यांकन के लिए सामग्री प्रदान करते हैं।

संस्थान के लक्ष्य को प्राप्त करने के लिए जो संसाधन जुटाए गए हैं, कार्यविधि अपनाई गई है, उसको जानने तथा परिणाम तक पहुँचने के लिए यह आँका जाना है कि लक्ष्य के प्रति, प्रबंध समिति, प्राचार्य, आचार्य तथा विद्यार्थियों की कितनी प्रतिबद्धता है?

राष्ट्रीय भाव का उदय, बालक के सर्वांगीण विकास की संकल्पना की साकारता, तदनुरूप जीवन के प्रति निष्ठा तथा व्यवहार, जीवन की वर्तमान चुनौतियों का सामना करने की कटिबद्धता, सामाजिक कुरीतियों के उन्मूलन के लिए संकल्प, ग्रामीण, वनवासी तथा गिरि-कंदराओं में निवास करनेवाले बांधवों की शिक्षा का प्रबंध, झुग्गी-झोंपड़ियों में निवास करनेवाले बांधवों की अज्ञानता दूर कर उनको भावों से भरना, युवा पीढ़ी को समर्पण भाव से ओत-प्रोत होना, राष्ट्र को समरसता, सुसंपन्न तथा सुसंस्कृत बनाने के लिए अखंड साधना तथा जीवन होम करने की मानसिक तैयारी, इन सब बिंदुओं के आधार पर मूल्यांकन किया जाना है।

- ❖ योजना का प्रारूप सबके संवाद, चर्चा-मंथन तथा बुद्धिमत्ता का परिणाम होना चाहिए। सबकी सहभागिता आवश्यक है। योजना व्यावहारिक तथा क्रियान्वयन करने योग्य हो। विद्यालय के लिए संस्थागत योजना एक दर्पण है, उसमें ही देखकर हम विद्यालय की सोच तथा समझ को देख लेते हैं।
- ❖ शिक्षा हमसे यह माँग करती है कि विद्यालय में पढ़नेवाले सभी आयुवर्ग के भैया-बहनों के विकास के लिए कार्य किया जाए। बच्चों की रुचियों अभिरुचियों का ध्यान रखते हुए उनकी अंतर्निहित शक्तियों को प्रगट होने के अवसर प्रदान करें। मूल्यांकन के लिए हम छात्र-छात्राओं को तीन श्रेणियों में विभाजित

करते हैं। प्राथमिक, माध्यमिक तथा उच्च, उच्चतर माध्यमिक तीनों वर्गों के लिए सहपाठ क्रिया-कलाप कैसे हैं? वे परिणामकारी तथा प्रभावकारी होने चाहिए।

❖ आवश्यकताएँ आचार्यों, अभिभावकों तथा समाज की भी हैं। विद्यालय परिवार के सभी अंग-प्रत्यंगों को पुष्ट करने का दायित्व शिक्षा का है। अतः यह प्रश्न विद्यालय से उत्तर माँगता है।

❖ प्रगति जीवन का लक्षण है। जब हम बैठ जाते हैं तो भाग्य भी बैठ जाता है। आगे बढ़ना, जीवन में जीवन होना जीवन्त संस्था का स्वरूप है। विस्तार और विकास प्रगति के दो बिंदु हैं। स्वामी रंगनाथानंदजी ने संख्यात्मक तथा गुणात्मक वृद्धि में संतुलन बिठाने की बात कही है। विस्तार के साथ यदि कार्य का विकास नहीं होता तो लंबे-चौड़े शरीर में यह उदर की व्यापकता का प्रतीक है, जो विषम रोग कहलाएगा। विद्यालय के स्वास्थ्य के लिए विस्तार तथा विकास में सबके सृजनात्मक सहयोग और परस्परानुकूलता चाहिए।

❖ भौतिक, मानवीय तथा आर्थिक संसाधनों के बिना किसी भी संस्था की संकल्पना नींव के बिना भवन-निर्माण दिवास्वप्न है।

❖ जैसे शरीर को देखने से किसी के व्यक्तित्व का बाह्य रूप हमारे सम्मुख उपस्थिति होता है और हम आकर्षित हुए बिना नहीं रहते, उसी प्रकार विद्यालय भवन, कक्षा-कक्ष, क्रीड़ा-स्थल, फर्नीचर, पाठन दृश्य-श्रव्य उपकरण तथा सज्जा आदि को देखकर हम विद्यालय के उद्देश्य तथा उसकी पूर्ति के लिए भौतिक संसाधनों को देखते, आँकते तथा मूल्यांकन करते हैं।

जैसा पहले कहा गया है कि प्रत्येक विद्यालय अपने में एक इकाई है। अतः किसी का विपुल साधनों के आधार पर उसका स्थान श्रेष्ठ नहीं कहा जाएगा। वृक्ष के नीचे विद्यालय के आँगन, टाट-पट्टी, स्वच्छता आदि न्यूनतम साधनों का उपयोग कैसे हो रहा है? यह देखना होगा।

❖ प्रबंध समिति, प्राचार्य, आचार्य, छात्र-छात्राएँ, अभिभावक, पुरातन छात्र, सेवानिवृत्त आचार्य, दानी-मानी शिक्षा-प्रेमी, शिशु विभाग तथा समाज—यह विद्यालय का वृहद् परिवार है। विद्यालय की उन्नति के लिए इन सबकी परस्परानुकूलता, आत्मीयता, समरसता, सहयोग तथा दायित्वबोध अत्यंत आवश्यक है। यही विद्यालय का प्राण व ऊर्जा है। इसे हम 'अग्नि' भी कह सकते हैं। आपसी संपर्क, स्नेह, संवेदनशीलता तथा सद्व्यवहार के बिना विद्यालय का भव्य भवन भी खंडित हो जाता है।

विद्यालय परिवार के सभी अंगोपांगों को पुष्ट करने के लिए संस्कारक्षम

वातावरण तथा क्रियाकलाप की व्यापक योजना और उसका क्रियान्वयन करना बड़े महत्त्व का विषय है। मूल्यांकन के लिए इन सबकी ओर वरीयता से ध्यान दिया जाना चाहिए।

❖ आर्थिक संसाधनों के बिना विद्यालय के विस्तार तथा विकास की गति अवरुद्ध हो जाती है, अच्छे कार्य प्रशंसा तथा धन, दोनों अर्जित करते हैं। धन समाज की धरोहर है और आर्थिक अनुशासन हमारी विशेषता है। संस्थाओं के लिए पैसा माँगने पर उदारता तथा व्यय करने में कंजूसी होनी चाहिए। "ॐ करतल कर पृष्ठे।"

धन का व्यय यदि प्राथमिकताओं के आधार पर नहीं होता तो असंतुलन की स्थिति उपस्थित होगी, जिसमें अनेक समस्याएँ जन्म लेती हैं और वातावरण विषम से विषमतर होता जाता है। संसाधनों का समायोजन आवश्यक है। विवेक तथा व्यावहारिकता से इस कार्य को संपन्न करने में बुद्धि तथा हृदय से काम लेना होगा।

❖ बालक में जिज्ञासा, स्वतंत्र चिंतन, समस्याओं के समाधान की योग्यता के विकास के लिए कुशलता तथा योजकता, स्वाध्याय, क्रियाधारित अनुभूत ज्ञानवृद्धि, श्रमनिष्ठा, सत्यान्वेषण, वैज्ञानिक दृष्टि आदि योग्यताओं तथा क्षमताओं को अर्जित करने के लिए विद्यालय का शैक्षिक वातावरण आवश्यक है। इस आवश्यकता की यदि पूर्ति नहीं होती तो संस्था विद्या का घर नहीं बन सकती। देखिए कि क्या विद्यालय घर और घर विद्यालय बना है?

❖ कक्षा में विषय प्रस्तुत करने के लिए पंचपदी योजना पर बल कहाँ तक दिया जा रहा है। बिंदु हैं—ज्ञानात्मक विकास, बोधात्मक विकास, कुशलताओं का विकास, ज्ञान का प्रयोग, अभिवृत्तियों का विकास।

❖ मनुष्य के अंतर में ज्ञान उपस्थित है। उसे जाग्रत् करने हेतु उपयुक्त वातावरण का सृजन ही शिक्षा के माध्यम से होता है। ज्ञान, भाव तथा क्रिया के संगम पर शिक्षा परम वैभव को प्राप्त करती है। विद्यालय के वातावरण को संस्कारक्षम बनाने के लिए अनेक सहपाठ क्रियाकलाप ही सहायक होते हैं। शरीर, प्राण, मन, बुद्धि तथा आत्मा की पुष्टि तथा तुष्टि के लिए समग्र योजना चाहिए। एकांतिक चिंतन भारतीय दृष्टि नहीं है।

❖ जीवन-मूल्यों की शिक्षा के आठ आयाम हैं—

☛ विषय पाठों के साथ नैतिक तथा आध्यात्मिक विषयों को जोड़ना।

☛ सहपाठ क्रियाकलापों का समग्र चिंतन तथा उसके अनुरूप गतिविधियाँ।

☛ प्रभावी प्रार्थना।

- ☛ समूह गान।
- ☛ प्रेरणादायक प्रसंग तथा कथा-कथन।
- ☛ स्वाध्याय—पुस्तकों तथा स्वयं का अध्ययन।
- ☛ योग शिक्षा।
- ☛ धरती से जुड़े अपने खेल।

शिक्षा यदि जीवन तथा इसके मूल्यों की शिक्षा नहीं देती है तो कोरा अक्षर ज्ञान है, जो मस्तिष्क में पड़ा रहकर विकृति पैदा करेगा। जीवन-मूल्यों के कार्यक्रम का कितना प्रभाव तथा परिणाम हो रहा है, यह जानिए।

❖ संस्कृत को हम देववाणी कहते हैं। संस्कृत पाठन के बिना हम प्राचीन ज्ञान-विज्ञान की थाह नहीं ले सकते हैं। हमारे ऋषियों, मनीषियों, संतों, ज्ञानियों तथा वैज्ञानिकों द्वारा हमारे लिए संगृहीत की गई अमूल्य निधि हमारे किस काम की? क्योंकि हमसे छुपी हुई निधि को न जानते हैं, न पहचानते हैं और न ही अपनाते हैं।

विद्यालयों में संस्कृतमय वातावरण भी किसी विकास का सोपान है। संस्कृत के पठन-पाठन की ओर कितना जीवंत ध्यान दिया जा रहा है।

विद्यालय सामाजिक चेतना का केंद्र होना चाहिए। विद्यालय समाज में तथा समाज विद्यालयों में आना चाहिए। दोनों मिलकर एक-दूसरे के पूरक बनें। नर के रूप में प्रगट नारायण को हम पहचानें तथा उसकी सुख-सुविधाओं के लिए तन, मन से कष्ट उठाने का प्रसंग भी आया तो भगवत्कृपा समझकर धारण करें। ऐसे अर्थों में यही सामाजिक चेतना है। झुग्गी-झोंपड़ी तथा अभावग्रस्त क्षेत्रों में रहनेवाले बांधवों को देखने तथा उनको समाज में समरस करने के लिए विद्यालयों में कार्य होना चाहिए।

प्रत्येक विद्यालय एक संस्कार केंद्र का संचालन करे। विद्यालय परिवार ऐसे सभी कार्यों में यदि सहभागी है, तो वह अच्छा विद्यालय कहलाएगा। विद्यालय के लिए कथित ये दस बिंदु हैं। इनके आधार पर ही हम शिक्षण-संस्थाओं का मूल्यांकन करें। मूल्यांकन सतत तथा व्यापक प्रक्रिया है। प्रमुख रूप से मूल्यांकन की विधियाँ हैं—

(क) छात्र द्वारा स्व तथा विद्यालय का मूल्यांकन।
(ख) आचार्य द्वारा मूल्यांकन।
(ग) अभिभावक द्वारा मूल्यांकन।
(घ) समाज द्वारा मूल्यांकन।
(ङ) प्रबंध समिति शिक्षा विभाग द्वारा मूल्यांकन।

- मूल्यांकन के लिए सतत तथा निरंतर निरीक्षण चाहिए।
- छात्र-छात्राओं के अभिभावकों से संपर्क कर अथवा विद्यालय में रखी सुझाव

पंजिका पर उनके द्वारा दिए गए अभिमतों को देखें।

- समूह में कार्य कर रहे विद्यार्थियों के व्यवहार के अवलोकन से।
- आचार्यों के कक्षा-कक्ष व्यवहार तथा पाठन-विधि से।
- आचार्यों के परिणामों से।
- विद्यालय परिवार के सदस्यों के साथ संवाद करने से।
- प्रकृति प्रकोप तथा अन्य आंतरिक-बाह्य कष्ट की घड़ी में सहभागिता से।
- दायित्व प्रदान कर परिणामों को आँकने से।
- पुस्तकालय से पढ़ी जानेवाली पुस्तकों से।
- खेलकूद की व्यवस्थाओं से।
- अन्य अभिरुचियों से।
- कक्षाओं की विषयानुसार लिखित परीक्षा से।

विद्यालय में एक मास पूर्व सांख्यिकी, भवन, पुस्तकालय, प्रयोगशालाएँ, आचार्य सूची, दैनिक तथा वार्षिक समय-सारिणी की जानकारी प्रपत्र बनाकर रखी जाए।

मूल्यांकन के दिनों में दी गई जानकारी की जाँच कर लें। सप्ताह भर विद्यालय में रहकर दिए गए 12 बिंदुओं को ध्यान में रखकर भिन्न-भिन्न विधियों से जाँच करके पूर्ण करें।

विद्यालय की प्रगति के लिए बिंदुशः सुझाव दें। यह देखना बहुत आवश्यक है कि सुझावों के आधार पर कार्य हुआ कि नहीं? नहीं हुआ तो क्यों नहीं हुआ है? हुआ है तो विद्यालय साधुवाद का पात्र है।

□

शिक्षा की आत्मकथा

सृष्टि का सृजन

सृष्टिकर्ता मानव के रूप में एक ऐसी कृति तथा मूर्ति की कल्पना कर रहे थे, जो सब प्राणियों में सर्वोत्कृष्ट तथा उत्तमोत्तम हो। एकांतता को त्यागकर उस शिल्पी ने अपने विचारों को एक मूर्ति का आकार दिया। इसे तराशा, सँवारा तथा सँजोया। उसे देखते ही मौन तथा आत्ममुग्ध हो गए और देखते रह गए, फिर सहसा बोल उठे—ओह! यह तो मैं ही बन गया। जैसे ही उन्होंने मूर्ति में प्राण-प्रतिष्ठा की, अकस्मात् दो क्रियाएँ एक साथ हुईं। पृथ्वी के शृंगार मानव ने आँखें खोलीं, वह आह्लादित हुआ और उसने कृतज्ञ भाव से प्रभु के चरणों की ओर निहारा, मुख खोला तथा बोल पड़ा—"हे सर्वशक्तिमान, परमपिता परमेश्वर!" यह सुनकर सृष्टि के स्वामी प्रसन्न हो उठे।

इसके पश्चात् एक ही क्षण में अग्नि का आविष्कार हुआ और उसमें से शैतान प्रकट हुआ। जगदीश्वर ने उसे आदेश दिया कि वह मानव का अभिवादन कर उसे प्रणाम करे। शैतान ने आनाकानी की और कहा, "हे परमात्मन्! तुमने मुझे एक क्षण में प्रकट कर दिया और मनुष्य को आकार देने में आपको लाखों वर्ष व्यतीत हो गए। मैं अपने आपको सर्वाधिक क्षमतावान मानता हूँ। मैं बहुत कुछ करने में समर्थ हूँ। मैं मानव के सामने झुकने में असमर्थ हूँ।" शैतान का उत्तर सुनकर परमात्मा चकित रह गए। उन्होंने मानव को संबोधित करते हुए कहा, "मैं तुम्हें बुद्धि देता हूँ। उसमें विचार-शक्ति तथा कार्य-क्षमता भी है। चिंतनशील तथा विवेकशील बनकर इस सृष्टि को सार्थक बनाओ। सभी प्राणी एकात्म भाव से समरस हों। सुखी तथा आध्यात्मिक जीवन व्यतीत करो, यही तुम्हारे जीवन का लक्ष्य है।"

जीवन की प्रयोगशाला

प्रभु की कृपा तथा ईश की इच्छा को स्वीकार कर हमारे पूर्वजों ने जीवन की

प्रयोगशाला में संसार को सुखी तथा निरामय बनाने के लिए अनेक प्रयोग एवं शोध किए। सत्य तथा तत्त्व का बोध किया। अनेक अक्षुण्ण सुधरे हुए सिद्धांतों का आह्वान किया। प्रभु का आभार प्रकट करने के लिए सदा-सर्वदा हमने गाया—

घटाओं की रिमझिम पवन के तराने,
लताओं के नाच और वृक्षों के गाने।

दृष्टि जिस तरफ गई, दिव्यता की अनुभूति हुई। उनका अनुसरण तथा आचरण कर इस पृथ्वी को स्वर्ग बना दिया। उनका नाद था—

"सर्वे जनाः सुखिनो भवन्तु,
ॐ सर्वे भवन्तु सुखिनः, सर्वे सन्तु निरामयाः।
सर्वे भद्राणि पश्यन्तु मा कश्चिद् दुःखभागभवेत्॥
ॐ शान्तिः शान्तिः।"

इन सिद्धांतों, संस्कृति तथा सुधरी हुई अवस्थाओं को आनेवाली पीढ़ी तक पहुँचाने के लिए सरस्वती देवी की आराधना से विद्या के दो रूप 'परा तथा अपरा' प्रकट हुए। भौतिक तथा आध्यात्मिक जगत् का अवलोकन होने लगा। अध्ययन, विश्लेषण, संशोधन, बाह्य जगत् की यात्रा तथा अंतर्जगत् की तीर्थयात्राएँ दोनों ही प्रारंभ हुईं। अनवरत यात्रा ही मानव धर्म बना। उपनिषद् ने घोषणा की—"श्रेयस् निश्रेयस् सिद्धिः स धर्मः।"

शिक्षा का स्वरूप

हमारे त्रिकालज्ञ मनीषियों ने हमें जो दृष्टिकोण दिया, उनके अनुसार विद्या मात्र जानकारियों का पुलिंदा नहीं, विवरणात्मक ज्ञान नहीं, प्रत्येक मानव के जीवन को सही लक्ष्य की ओर ले जानेवाली चिरंतन ऊर्जा है। स्वामी विवेकानंदजी के कथनानुसार वह अपने में निसर्गतः विद्यमान परमात्मा की अभिव्यक्ति है। वह मोक्ष का साधन है।

जीवन का लक्ष्य है अन्तिम, बंधन मुक्त मोक्ष को पाएँ।
शिक्षा का भी उद्देश्य यही है 'सा विद्या या विमुक्तये।'

विद्या का यथार्थ लक्ष्य, उसके आधारभूत जीवन-मूल्य तथा उनको सुचारू रूप से विकसित करते हुए नितांत आवश्यक वातावरण, उस वातावरण को मनोरम तथा संस्कारक्षम बनाने के लिए, ध्यान देने योग्य अनिवार्य करणीय कर्म, व्यवस्था, प्रबंध, शिक्षण-संस्थान, परिवार की व्यापक संकल्पना, भवन, विद्यार्थी, आचार्य, अभिभावक, प्रबंध समिति, विद्वज्जन तथा आधारभूत जीवन समाज, शिक्षा के सभी अंगों-प्रत्यंगों का पुष्ट होना आवश्यक है।

शिक्षा ज्ञान का काजल बनी। दृष्टि तथा दृष्टिकोण की स्वच्छता से हम ने जीवन की सप्तपदी यात्रा को पूर्ण किया। हम प्रकाश और सत्य की ओर अग्रसर हुए, अंधकार

तथा असत्य की ओर नहीं। शिक्षा तथा जीवन के उद्देश्य में कोई अंतर शेष नहीं रहा। धर्म दंड का सहारा ले, जीवन यात्री ने तीर्थ यात्रा पूर्ण की और परमेष्ठी के श्वास का वह श्वास बन गया। वहीं से आया था, वहीं समा गया। 'मैं था उसी का ही श्वास, जिसे चुरा लाया यह विश्व समीर।'

अंतः-संघर्ष

हाँ, उस शैतान का क्या हुआ? जिसने सर्वसत्ता स्वामी की आज्ञा का उल्लंघन किया था। अस्तित्व में आने के साथ ही सद्विचारी, धर्मपरायण व्यक्तियों को दिग्भ्रमित करता रहा। प्रारंभ से देवासुर संग्राम होते रहे। इस अंतर्द्वंद्व तथा अंतः-संघर्ष में कभी मानव जीता तो कभी दानव, तो कभी देवता तथा कभी असुर। रवींद्रनाथ टैगोर के शब्दों में—शैतान ने अष्टपदी जंतु का रूप धारण कर मानस मन पर अपना आसन जमा लिया। विवेकानंदजी के शब्दों में—मनुष्य दिव्य प्राणी है और उसमें अलौकिकता विद्यमान है। कृतघ्नता-कृतज्ञता, स्वार्थ-त्याग, परा-अपरा, असत्य-सत्य, तमस-प्रकाश, विज्ञान-ज्ञान, भौतिकवाद तथा आध्यात्मिकता, अहं-वयं, भोग-योग इन सबमें संघर्ष होता रहा है और अब भी हो रहा है।

वर्तमान परिपेक्ष्य

वर्तमान का परिदृश्य सज्जन शक्ति को विचलित करनेवाला बनता जा रहा है। आज शिक्षा की परिभाषा बौनी होती जा रही है। शिक्षा राजनीति की चेरी बन विषम परिस्थितियों में बेबस है। शिक्षा-वेत्ताओं की जकड़न काले मरे अक्षरों की सहचरी यह बेचारी भाग्य की ठोकरें खाकर आठ-आठ आँसू बहा रही है। शब्द का अर्थ निरर्थक, भावना उफबी तथा व्यक्तित्व अधकचरे हो गए हैं। अब संस्कृति मिली-जुली हो गई है।

शिक्षा की परिभाषा इतनी लघु हो गई है कि इसे हम दो शब्दों में बंद कर सकते हैं। कक्ष में ठूँसना (Dumping) तथा परीक्षा-कक्ष में उँडेलना (Vomitting) इस परिभाषा को थोड़ा और विस्तार दें तो कहा जाएगा कि शिक्षा का अर्थ है—परीक्षा, परीक्षा से अभिप्रेत अंक प्राप्ति और इसके पश्चात् प्रतियोगिताएँ। इसके आधार पर कुछ तो व्यवसाय के लिए चुन लिये जाते हैं और शेष बेकारों की सेना में भरती होने के लिए स्वच्छंद तथा स्वेच्छाचारी घूमते दिखाई देते हैं। शिक्षा ने विद्यार्थयों को चलती-फिरती लाश बना दिया है। वे मानो रह रहे हैं, जी नहीं रहे हैं। आज अणु पुरुष तो मिलते हैं, विराट् पुरुष नहीं। डॉ. राधाकृष्णन ने कहा था, "आज की शिक्षा ने विद्यार्थी को बौद्धिक दृष्टि से निर्धन, हृदय से कठोर तथा शारीरिक दृष्टि से बौना बना दिया है।"

विनोबाजी का कहना था, "शहरों में विद्यालय तो बहुत हैं, लेकिन वहाँ विद्या का लय हो गया है।" आज का शिक्षण बेकार है। अब शिक्षित होना गौरव नहीं, बल्कि

अगौरव है। केवल शिक्षण का मतलब है जीवन से तोड़कर विलग हुआ मुरदा शिक्षण। इस दुरवस्था को बदलने के लिए कितने आयोग बने, समितियाँ गठित हुईं और उन सब की संस्तुतियाँ ऐसी अलमारियों में बंद हैं, जिसको दीमक न लगे, यह इसलिए किया गया कि कोई शोधकर्ता यदि शोध करना चाहे कि कितने प्रयास हुए, कितना व्यय हुआ और सुधार की दृष्टि से क्या परिणाम हुए? निश्चय ही शोधकर्ताओं को निराश होना पड़ेगा। क्या स्थिति ऐसी रहेगी? निराशा शैतान का प्रबल अस्त्र है, जो बैठ गया उसका भाग्य भी बैठ गया। जो खड़ा हुआ, आशावान होकर चल दिया, वह स्थिति को बदलेगा। आशा करनी चाहिए कि आप सभी परिवर्तन के वाहक बनेंगे ही।

शिक्षक का आचार्यत्व जगे

आचार्य मास्टर बनना छोड़ दें। नई परिस्थिति में अपने को और ज्यादा उज्ज्वल करें। वे जिज्ञासु तथा विद्यार्थी बने रहें। ॐ सहनाववतु सहनौ भुनक्तु सहवीर्यं करवावहै। तेजस्विनावधीतमस्तु मा विद्विषाव है। ॐ शांतिः! शांतिः! शांतिः! इस मंत्र में कहा गया है कि आचार्य और शिष्य दोनों का ज्ञान तेजोमय हो। मंदिर में प्राण-प्रतिष्ठा जिस मूर्ति में होती है, वह संपूर्ण होती है। आज का शिक्षक भग्न मूर्ति है। उसकी वाणी में ओज तथा बल कहाँ है? वर्चस्व का तो प्रश्न ही नहीं! वह अपने को शिक्षक मानता ही नहीं। ऐसे खंडित, असहाय, बेबस अध्यापकों से समाज में परिवर्तन की प्रक्रिया प्रारंभ नहीं हो सकती है। अतः आत्मावलोकन करें। अंतर्निहित दिव्य शक्ति तथा ऊर्जा को यदि पहचान पाएँ तो हमारे में नव स्फूर्ति का संचार होगा और निश्चय ही हम समाज में फैले तमस को दूर करने में समर्थ हो सकेंगे। आइए, अपने को जानें, पहचानें तथा अपने कार्य के प्रति प्रतिबद्ध हों।

प्रतिबद्धता, प्रतिभा, परिणाम

जो अपने से प्रतिबद्ध नहीं है, वह किसी से भी प्रतिबद्ध नहीं हो सकता। स्व-प्रतिबद्धता आध्यात्मिक प्रक्रिया है। मनुष्य का शरीर देवालय तथा कृषि का स्थान है, फिर आचार्य बनना तो हमारे पूर्वजन्मों के संस्कारों का पुण्य परिणाम है। बालकों, विषय, व्यवसाय तथा समाज के प्रति प्रतिबद्धता से ही समाज के परिवर्तन की प्रक्रिया के चक्के को हाथ लगाया जा सकता है। हमारे विद्यालय समाज में टापू नहीं, A school is not an island in the society. राष्ट्रीय स्वयंसेवक संघ के पूर्व सरसंघचालक प्रो. राजेंद्र सिंह (रज्जू भैया) का कहना था, "हमारा आचार्य विषय का आचार्य नहीं, अपितु समाज का आचार्य है।" ऐसी प्रतिबद्धता से प्रतिभा का भी विकास होता है और वांछित परिणाम भी आते हैं। आइए, यह संकल्प दोहराएँ—"हम धन के लिए नहीं, धर्म के

लिए तथा पैसे के लिए नहीं, पूजा के लिए काम करते हैं।'' यह मेरा व्यवसाय नहीं, अपितु मेरी वृत्ति है। दृष्टि तथा दृष्टिकोण में परिवर्तन लाने की आवश्यकता है।

दृष्टि, दृष्टिकोण तथा निर्देश

हमें इस प्रकार की राष्ट्रीय शिक्षा-प्रणाली का विकास करना है, जिसके द्वारा ऐसी युवा पीढ़ी का निर्माण हो, जो राष्ट्रभक्ति से ओत-प्रोत हो, शारीरिक दृष्टि से सबल, प्राणिक दृष्टि से संतुलित, मानसिक दृष्टि से सद्विचारी, बौद्धिक दृष्टि से सत्यान्वेशी तथा आत्मिक दृष्टि से सेवाभावी हो। ऐसे सर्वांगीण विकसित युवक जीवन की वर्तमान चुनौतियों का सामना सफलतापूर्वक कर सकें और राष्ट्र-जीवन को समरस, सुसंपन्न एवं सुसंस्कृत बनाने के लिए समर्पित हों।

रामायण से एक प्रसंग लें। राम-सीता और लक्ष्मण एक पंक्ति में जा रहे थे। लक्ष्मण की इच्छा हुई कि प्रभु राम के दर्शन करें। उन्होंने पंक्ति से बाहर आकर दृष्टि तथा दृष्टिकोण बदला, उन्हें दिव्य मुख की आभा प्राप्त हुई। वे धन्य हो गए। यदि राम भगवान् हैं तो सीता माया हैं और लक्ष्मण जीव हैं, तो माया से हठकर हम अपना जीवन धन्य बना सकते हैं। यम आचार्य का निर्देशन है कि हमें प्रेयस मार्ग नहीं, अपितु श्रेयस मार्ग अपनाना चाहिए। सकारात्मक सोच, लक्ष्य की स्पष्टता तथा समर्पित जीवन ही आचार्यत्व है।

भारत के शिक्षा शास्त्री शिक्षा की दिशा तथा दशा का अध्ययन करने अमेरिका गए और वहाँ की स्थिति को देखा, बहुत ही प्रभावित हुए। अंत में वहाँ के राष्ट्रपति जॉन कैनेडी से मिले और उनसे प्रश्न किया कि अमेरिका में चहुँ ओर समृद्धि-ही-समृद्धि है, इसका रहस्य क्या है? राष्ट्रपति ने जो उत्तर दिया, वह हमारे लिए भी मार्ग-निर्देशन है—''Every teacher in America looks at every student of America as a future President of America.'' अध्यापकों को वहाँ यह दृष्टि मिल गई। हम बालकों की आँखों में भारत का भविष्य पढ़ें और उन्हें महान् बनने के लिए प्रेरित करें।

बाह्य स्वच्छता एवं पवित्रता, व्यवस्थितता, स्वाध्याय में रुचि, वाणी की मधुरता निस्स्वार्थ भाव, स्वदेश व स्वभाषा के प्रति श्रद्धा, कर्तव्यपरायणता, बालकों, सहयोगियों, अभिभावकों तथा समाज के प्रति आत्मीयता, मातृभूमि के प्रति निष्ठा ही आचार्य के श्रेष्ठत्व की कसौटी है। आइए, हम अपने श्रेष्ठत्व को जगाएँ। आओ, कार्ययोजना बनाकर इसका क्रियान्वयन करें।

कार्य-योजना

रवींद्रनाथ टैगोर के शब्दों में एक जलता हुआ दीपक ही दूसरे दीपकों को जला

सकता है। आचार्य प्रशिक्षण कार्यक्रम में संशोधन तथा परिवर्द्धन की आवश्यकता है। हम देश के लिए जैसे विद्यार्थी चाहते हैं, उससे अधिक ज्ञानवान तथा गुणवान बनना होगा। पाठ्यचर्या, पाठ्यक्रम, शिक्षण-विधियों के विकास की आवश्यकता है। Delors Commission की संस्तुतियों के अनुसार हमने शिक्षार्थियों को यह सिखाना है कि वे कैसे सीखें (learning to learn), वे हाथों से कार्य करें (Learning to do) और वे यह सीखें कि कैसे मिल-जुलकर रहना है (learning to live together)। जो हम हैं, उसी प्राकृतिक रूप में रहें (Learning to be) बनने और बनाने का प्रयास न करें, यही ज्ञान तथा कर्म योग है। यह सब करने के लिए शिक्षण की कुशलताओं तथा विधियों में मूलभूत परिवर्तन की आवश्यकता है। विषयों का गहन अध्ययन, पाठन, विधियों की कुशलता अर्जित करने, चुनौतियाँ स्वीकार करने का आह्वान तथा समर्पण भाव—अध्यापक शिक्षण के ये चार स्तंभ हैं। आइए, इस नींव को सुदृढ़ करें।

मन, बुद्धि तथा आत्मा का विकास

उपनिषदों में पाँच कोषीय व्यक्तित्व विकास की संकल्पना की गई है—अन्नमय, प्राणमय, मनोमय, विज्ञानमय तथा आनंदमय कोष। इन कोषों का संवर्धन ही शिक्षा का उद्देश्य है अर्थात् शरीर प्राण, मन, बुद्धि तथा आत्मा का विकास। शिक्षा तथा शिक्षण के कार्यक्रम में यदि इनमें से किसी एक का भी विछोह हुआ तो जीवन दिशाहीन, खंडित हो जाएगा। श्रीमाँ के शब्दों में वह 'श्रीहीन' भी हो जाएगा।

बुद्धिलब्धि (Intelligent Quotient) भावलब्धि (Emotional Quotient) आध्यात्मिक लब्धि (Spiritual Quotient)

शिक्षा को टुकड़ों में नहीं देखा जाना चाहिए और न ही बाँटना चाहिए। प्रतिभाशाली वह तरुण, जिनकी बुद्धिलब्धि बहुत अधिक है, शोधकर्ताओं के अनुसार, उनमें से केवल 28 प्रतिशत ही जीवन में सफल होते हैं। किरण बेदी ने अमेरिका के विश्वविद्यालय में अपने व्याख्यान में कहा था—"Apart from Intelligent Quotient there are other things that count to make a successful manager and administrator, the other things are more important and that is Emotional Quotient." बुद्धिलब्धि के साथ भावलब्धि का सफलता में महत्त्वपूर्ण योगदान है।

एक बार मुझे चंडीगढ़ में किसी बड़े अधिकारी के घर ठहरने का सुअवसर प्राप्त हुआ। उनकी पुत्री से वार्त्तालाप में मैंने प्रश्न किया, आगामी जीवन में वह क्या बनना चाहेगी? उत्तर था—डॉक्टर! यह व्यवसाय आपको क्यों अच्छा लगता है? उसने कहा कि मैं डॉक्टर बनकर पर्याप्त धन कमाऊँगी। कार होगी, बँगला होगा और ऐश ही ऐश,

बस यही तो जीवन है, अंकल! वह यह भी कह सकती थी कि डॉक्टर बनना एक पवित्र वृत्ति है। मैं सेवा कर सकूँगी। परमात्मा का निमित्त बन देश में फैली बीमारियों को दूर करने में अपने कर्तव्य का निर्वाह करूँगी। निर्धनों तथा अभावग्रस्त मरीजों की जान बचाने में जो आनंद मिलेगा, उसका वर्णन नहीं कर सकती। लड़की प्रतिभाशाली तो थी, परंतु भावना-शून्य थी। ऐसे डॉक्टरों के संबंध में ही कहा गया है—"Doctor is a person who fills the patient with pills and kills him with bills."

उदात्त तथा उदार भावनाओं का सृजन अध्यात्मवाद के बिना नहीं हो सकता। आध्यात्मिक लब्धि से भी भाव तथा बुद्धिलब्धि का उदात्तीकरण तथा शुद्धीकरण होता है। अत: आचार्य तथा विद्यार्थियों के जीवन में प्रामाणिकता, सेवाभाव तथा मोक्ष में जगत् का हित अर्थात् आध्यात्मिकता के भावों से जीवन को समग्र-विकास की ओर ले जाना होगा। 'आत्मनो मोक्षार्थ जगद्धिताय च।' श्रद्धेय दीनदयाल उपाध्याय के शब्दों में ज्ञान, भावना तथा क्रिया के संगम पर शिक्षा तीर्थराज प्रयाग बनती है। जीवन के मूल्यांकन का आधार ये तीनों ही लब्धियाँ हैं। श्रीमद्भगवद्गीता में यही ज्ञान, भक्ति तथा कर्मयोग है।

स्वतंत्रता संग्राम

बलिदान तथा समर्पण से प्राप्त स्वतंत्रता की गाथाएँ आचार्य जानें और बच्चों को भी उनकी जानकारी दें। दुर्भाग्य का विषय है कि मार्क्स तथा मैकाले के मानस-पुत्र इतिहास को केवल विकृत ही नहीं कर रहे, अपितु बाल गंगाधर तिलक, वीर सावरकर, भगतसिंह, रास बिहारी जैसे स्वतंत्रता सेनानियों को आतंकवादी कहकर उनको अपमानित भी कर रहे हैं। उनके संबंध में कहा है—काले-मरे यक अक्षर बच्चों के मस्तिष्क में ठूँस-ठूँसकर भरे जा रहे हैं और वहाँ सड़ाँध पैदा की जा रही है। आचार्यगण आप सचेत, सजग तथा आंदोलित हों, देश का सच्चा इतिहास स्वयं पढ़ें तथा बच्चों को भी पढ़ाएँ।

भारतीयकरण, राष्ट्रीयकरण तथा आध्यात्मीकरण

भूमि पर रहनेवाला पुत्र समाज, संस्कृति, इतिहास, सुख-दु:ख समभाव, देश की एकता तथा अखंडता को स्थायित्व प्रदान करानेवाले हमारे पर्व तथा उत्सव—ये राष्ट्र के मूलतत्त्व हैं। हमारी पाठ्यचर्या तथा पाठ्यक्रम में विधिवत् इन तत्त्वों के अध्ययन तथा इन्हें पुष्ट करने का कोई भी प्रयास नहीं। यह शैक्षिक कार्यक्रम का एक महत्त्वपूर्ण भाग है। नेहरूजी ने शिक्षा में आध्यात्मीकरण, ऐनी बेसेंट ने भारतीयकरण तथा भगिनी निवेदिता ने राष्ट्रीयकरण की बात कही थी—

Pt. Nehru said, "Some faith is necessary in things of spirit. Without reliance on moral spritual religious spirit and idealistic conception, we have no purpose in life." Ani Baseant said, "Indian Education Must be permeated by Indian religious spirit." Nivedita said, "National education is the first and fore most element in education." आइए, श्री रामधारी सिंह दिनकर के शब्दों के अर्थ तथा भाव समझकर इनको राष्ट्रीय पाठ्यक्रम का भाग बनाएँ—

जब चलो आगे
जरा सा देख तो मुड़कर चिरंतन रूप वह अपना
अखिल परिवर्तनों में जो अपरिवर्तित रहा है।
करो मत अनुकरण ऐसे
कि अपने आपसे ही दूर हो जाओ,
न बदलो यों कि भारत को
कभी पहचान ही पाए नहीं इतिहास भारत का।

शिक्षा के इस महत्त्वपूर्ण भाग को पुष्ट करने में ही शिक्षा में मूल-चूल परिवर्तन की भावनाएँ सुरक्षित हैं। आइए, हम इसका संरक्षण तथा संवर्धन करें।

हम स्वर्ग तथा कर्मभूमि भारत का प्रशस्ति-गान भूल गए। हमने यह गुनगुनाना त्याग दिया—

"विजय केवल लोहे की नहीं,
धर्म की रही, धरा पर धर्म की धूम,
भिक्षु रहते सम्राट् दया दिखलाते घर-घर घूम॥"

प्राचीनता तथा आधुनिकता का समायोजन

प्राचीनता की कुंजी लेकर वर्तमान का ताला खोल और भविष्य के वैभवपूर्ण भारत के दर्शन करें। हम प्राचीनता के पक्षधर हैं, इसका यह अर्थ नहीं कि संसार में अन्य देशों के आविष्कार तथा उपलब्धियों से हमारा कुछ लेना-देना नहीं है। अपने देश के हित में उनसे भी लाभान्वित होना चाहिए। आधुनिकीकरण तो चाहिए, पाश्चात्यीकरण नहीं। देश की धरती के साथ जुड़े समाज ने let us think globally but act locally, अच्छे विचार सब दिशाओं से आएँ, Let the knowledge come from all sides.

आ नो भद्राः क्रतवो यन्तु विश्वतः (ऋग्वेद)

शिक्षा की आत्मकथा

अंत में आचार्य काका कालेलकर द्वारा लिखित 'शिक्षा की आत्मकथा' आपको

सुना रहा हूँ। निवेदन है कि श्रद्धापूर्वक ग्रहण करें और उद्घोष करें कि मैं शिक्षा के माध्यम से देशभक्त, सदाचारी तथा धर्मपरायण व्यक्तित्व का निर्माण तथा विकास कर सकता हूँ। प्रभु हमारे संकल्प को यश प्रदान करें।

शिक्षा कहती है, ''मैं सत्ता की दासी नहीं हूँ, कानून की किंकरी नहीं हूँ, विज्ञान की सखी नहीं हूँ, अर्थशास्त्र की बाँदी नहीं हूँ, मैं तो धर्म का पुनरागमन हूँ। मानसशास्त्र और समाजशास्त्र मेरे दो चरण हैं। कला और कारीगरी मेरे हाथ हैं। विज्ञान मेरा मस्तिष्क है। धर्म मेरा हृदय है। निरीक्षण और तर्क मेरी आँखें हैं। इतिहास मेरे कान हैं। स्वातंत्र्य मेरा श्वास है। उत्साह और उद्योग मेरे फेफड़े हैं। धैर्य मेरा व्रत है। श्रद्धा मेरा चैतन्य है। ऐसी मैं जगदंबा हूँ जगद्धात्री हूँ। मेरा उपासक कभी किसी का मोहताज नहीं रहेगा। उसकी सभी कामनाएँ मेरी कृपा से तृप्त हो जाएँगी।''

□

निर्माणों के पावन-युग में

निर्माणों के पावन युग में, हम चरित्र-निर्माण न भूलें।
स्वार्थ-साधना की आँधी में, वसुधा का कल्याण न भूलें॥

माना अगम अगाध सिंधु है, संघर्षों का पार नहीं है,
किंतु डूबना मझधारों में, साहस को स्वीकार नहीं है।
जटिल समस्या सुलझाने को, नूतन अनुसंधान न भूलें॥

शील, विनय, आदर्श, श्रेष्ठता—तार बिना झंकार नहीं है।
शिक्षा क्या स्वर साध सकेगी, यदि नैतिक आधार नहीं है।
कीर्ति-कौमुदी की गरिमा में, संस्कृति का सम्मान न भूलें॥

आविष्कारों की कृतियों में यदि मानव का प्यार नहीं है।
सृजनहीन विज्ञान व्यर्थ है, प्राणी का उपकार नहीं है।
भौतिकता के उत्थानों में जीवन का उत्थान न भूलें॥

□

सा विद्या या विमुक्तये

शिक्षा वह है, जो मुक्ति दिलाए अभावों से।
अज्ञानता, निर्धनता मिटे, सबको भरे भावों से॥

बैठा है जो आगे बढ़े, जहाँ अँधेरा है, वहाँ दीप जलें।
सबके साथ चलें, प्राण-से-प्राण, गात-से-गात मिलें॥

शिक्षा सिखाती जीवन जीना, जीवन वह जिसमें जीवन है।
उठती तरंग है प्रवाहित होती, शिराओं में नित्य नूतन है॥

प्रज्वलित दीप प्रतीक शिक्षक है, तमस मिटाता राह दिखाता।
आचरण की खुली पुस्तक से, पथ सत्य का है पाठ पढ़ाता॥

विद्यालय ईंट-गारे-पत्थर का सीमित परिधि में भवन नहीं है।
सामाजिक परिवर्तन का यह पावन सबल सघन साधन है॥

विद्यालय-समाज एक-दूसरे के पूरक, इनसे समरसता रहती आँगन में।
कुरीतियों का उन्मूलन कर, समाज बना मनमोहक सुरभि का कानन है॥

जीवन का लक्ष्य है अंतिम, बंधनमुक्त मोक्ष को पाएँ।
शिक्षा का भी उद्देश्य यही है—'सा विद्या या विमुक्तये'॥

□

एक स्वर्णिम स्वप्न

मैंने स्वप्न लिया है, विद्यालय के निर्माण का।
हिंदुत्व की नींव पर, देशभक्ति के आधार पर॥

रख दी है दो लाल ईंटों के बीच एक सफेद ईंट।
प्रयोग किया है नीर, रेत, सीमेंट, दृढ़-संकल्प का॥

पानी डाला है—संपर्क, स्नेह तथा संस्कार का।
करंडी नहीं था, हाथ माँ के दुलार-प्यार का॥

यह बन गया सुंदर सबल विद्यालय, यह तो घर है।
जो विद्यालय घर नहीं, वह विद्या का भी घर नहीं॥

शिक्षा प्राप्त सुसंस्कृत छात्र जा रहे, अभावग्रस्त क्षेत्रों में।
अज्ञान तथा व्यथा मिटाने चल निकले, गिरि-कंदराओं में॥

शिक्षा हुई धन्य देख, युवा पीढ़ी के क्रिया-कलाप।
राष्ट्र-जीवन होगा सुसंपन्न, मिटेंगे अब सब संताप॥

□

शिक्षा बदलेगी तो देश बदलेगा

शिक्षा-संस्कृति उत्थान-न्यास की यह है लड़ी।
हम सब हैं इसकी सुदृढ़, सजग एक कड़ी॥
स्नेह, सृजनात्मक सहयोग, यह बनती जाती है बड़ी।

कोरी बातों, नारों तथा उद्घोषों में हमारा विश्वास नहीं॥
संवाद के लिए आग्रहपूर्वक, जो बात अपनी है कहनी।
शिक्षा बदलेगी तो व्यक्ति, समाज, देश सब बदलेंगे।
छह ऋषियों की पदचाप कर्ण का आभूषण हैं यह।
चरित्र-निर्माण, व्यक्तित्व-विकास, जीवन के हैं श्वास-प्रश्वास॥
स्वायत्तता, स्वभाषा, प्राचीन ज्ञान वैदिक गणित।
सृजन करेंगे, सुसंस्कृत पर्यावरण यही बनेगी जीवन की आस॥
ऋषियों के संदेश को ले युवक जा रहे, नगर और ग्रामों में।
अज्ञान तथा व्यथा मिटाने चल निकले गिरि-कंदराओं में॥
देश हुआ धन्य देख, युवा पीढ़ी के क्रिया-कलाप।
राष्ट्र-जीवन होगा सुसंपन्न, मिटेंगे अब सब संताप॥

□

देश की सबलता

नहीं बनाता है स्वर्ण राष्ट्र को,
सशक्त, शाश्वत, दिव्य महान्।
सच्चरित्र मनुष्य ही करते, देश का भव्य उत्थान।
शिक्षा को करना होगा, ऐसे व्यक्तियों का निर्माण॥
मनुष्य भी वह जो सत्य और सिद्धांत पर,
अडिग चलते अबाध कंटकाकीर्ण मार्ग पर।
पराक्रमी, अखंड, सावधान, धीरपुरुष हैं ये,
बाधाओं से जूझते, अविरल आगे बढ़ते हैं ये।
सजग रहते सर्वस्वार्पण को, संवेदनशील हृदय है इनका।
देशप्रेम को पूजा मानना, मंत्र, कर्म और धर्म है इनका॥
शक्तिशाली राष्ट्र बनाने, नींव के पत्थर बनते हैं ये,
खंभ सबल निज तन पर देख, धन्य मानते जीवन ये।
इन पर ही बनेगा भारत का, उच्च भवन विशाल,
गगनचुंबी, विश्व-वंदनीय, माता का स्वर्णिम भाल॥

□

यह देह नहीं, देवालय है

यह देह नहीं, देवालय है।
आओ चलें वहाँ दीप जलाएँ॥

बहिर्गमन की यात्रा तज आज।
अंतर की तीर्थयात्रा का मार्ग अपनाएँ।
आओ चलें वहाँ दीप जलाएँ॥
मन के दीप में स्नेह का तेल भर।
श्वास-बाती की आग जलाएँ॥
तमस मिटे, ज्योतिर्गमय आज जगमग राह अपनाएँ।
आओ चलें वहाँ दीप जलाएँ।

शिक्षा-संस्कृति राजनीति की चेरी है।
इसे मुक्त कराकर अमरता का वरदान पाएँ॥
आओ चलें वहाँ दीप जलाएँ।
अभाव जहाँ, उसे भावों से भर दें।
अनपढ़ है जहाँ, वहाँ शिक्षा-यज्ञ प्रज्वलित कर दें॥
आओं चलों वहाँ दीप जलाएँ।
ज्ञान वैदिक हो, विज्ञान आध्यात्मिक हो।
शिक्षा चरित्र-निर्माण करे, मूल्यपरक वातावरण सृजन करें।
दीपावली के पावन-पर्व पर आओ हम संकल्प करें।
आओ चलें वहाँ दीप जलाएँ।

□

सदाचार की महिमा

पूरे संसार में कहीं, कभी
किसी को पीड़ा
न देना ही बुद्धिमानों की
दृष्टि में 'सदाचार' है।
सदाचार ही शांति का
स्रोत व आधार है,
अतः इसका मोल प्राणों
से भी कहीं ऊँचा है।
आत्मविश्वास के लिए
सदाचार मूल्यवान है,
जो हमें सत्य व समग्रता
की ओर ले जाता है।

महान् संतों ने हमें यह
राह दिखाई है ताकि
हम भी जान सकें अपने
जन्म का मोल व उद्देश्य।

□

हम भी तो कुछ देना सीखें

देश हमें देता है सबकुछ,
हम भी तो कुछ देना सीखें।
सूरज हमें रोशनी देता,
हवा नया जीवन देती है।
भूख मिटाने को हम सबकी,
धरती पर होती खेती है।
औरों का भी हित हो जिसमें,
हम ऐसा कुछ करना सीखें॥ 1॥
देश हमें देता है सबकुछ,
हम भी तो कुछ देना सीखें।

पथिकों को तपती दुपहर में
पेड़ सदा देते है छाया,
सुमन सुगंध सदा देते हैं
हम सबको फूलों की माला।
त्यागी तरुओं के जीवन से,
हम ऐसा कुछ करना सीखें॥ 2॥
देश हमें देता है सबकुछ,
हम भी तो कुछ देना सीखें।

जो अनपढ़ हैं उन्हें पढ़ाएँ,
जो चुप हैं उनको वाणी दें।
जो पिछड़ गए जो उन्हें बढ़ाएँ,
प्यासी धरती को पानी दें।
हम मेहनत के दीप जलाकर,

नया उजाला करना सीखें॥ 3॥
देश हमें देता है सबकुछ,
हम भी तो कुछ देना सीखें।

□

सुख और दुःख

सुख और दुःख मेरे जीवन के ताने-बाने से,
रह न सकूँगा मैं दोनों में से किसी एक के भी रह जाने से।
जब मैं जनमा था, रोया था, संबंध मेरा ईश से टूटा था,
माँ ने लिया था गोद, पुचकारा था और गुदगुदाकर हँसाया था।
आँसू और मुसकान, यह जीवन की गाथा और यही है गान,
सुविधाएँ वे तो क्षणिक हैं, उपजाती हैं मिथ्या-अभिमान।
और मिले, इस चाह से खुद खड़े हो जाते हैं सीना तान॥
ईर्ष्या, द्वेष, संघर्ष आगे बढ़ने के लिए, यह है अविरल दौड़,
यह सब वेदना, व्यथा, घातक हैं, इनकी चलती रहती है होड़।
मिलता है सुख बाह्यगमन से, यह केवल कहलाती है यात्रा,
आनंद मिलता है आंतरिक गमन से, यह कहलाती है तीर्थयात्रा।
आनंद पाने का है एक उपाय, जब सुख आए, नत होकर कहो,
प्रभु की है कृपा अपार, दुःख आए तो कहो उसकी यह इच्छा है।
कृपा और इच्छा से सुख-दुःख का, रहेगा अभिन्न अविरल संबंध,
इससे बनेगा जीवन समरस, संतुलित, इसी संतोष से मिलेगा अमर आनंद॥

□

धरती और आकाश

सूर्य तुम तपते चलते हो, अविरल तीव्र गति से,
पृथ्वी तल पर तम, बढ़ रहा अबाध गति से।
कहते हैं उत्पाद बढ़ा है, सूचक अंक हुआ है ऊँचा,
निर्धन को क्या पता कि अवनति का अंक हुआ है नीचा।
हे सूर्य! तुम आकाश के पार दूर बहुत ऊँचे हो।
नीचे झोंपड़ियों में तो किरणों को जाना है वर्जित॥
लोहार की धौंकनी सा साँस लेते रहते हैं अपमानित,
जीना तो उसको कहते हैं, जिसमें हो जीवन हलचल-उमंग निश्चित।
सूर्य का तन पसीजा बोला, तुम पैरों पर खड़े हो जाओ,

सबल हाथ है तुम्हारा ऊँचा करो, मैं भी नीचे आता हूँ।
तुम्हारे हाथ-में-हाथ, गात-से-गात मिलाकर।
कदम-से-कदम मिलाकर, हम दोनों चलेगें साथ-साथ॥
परस्पर करेंगे काम, पसीने से स्नात बीत जाएगी रात।
दिन के उजाले में भाग्यशाली होगा तुम्हारा प्रभात॥

□

अमर रहे यह देश हमारा

जन्म यहाँ पर पाया तुमने, अन्न धरा का खाया है।
पी-पी कर नदियों का पानी, जीवन सफल बनाया है॥
तन-मन-जीवन देश को दे दो, उठे तिरंगा नभ में प्यारा।
विपदाओं को गले लगाओ, अमर रहे यह देश हमारा॥

याद करो तुम उन वीरों को, जिनने दी है कुरबानी।
भूलो मत आजाद भगत को, मत भूलो झाँसी की रानी।
देश को जीवन दान दे दिया, इसे जानता है जग सारा।
तुम भी कुछ करके दिखलाओ, अमर रहे यह देश हमारा॥

पग में काँटे बिछे हुए हैं, तुम बालक हो भोले-भाले।
सम्हल-सम्हल चलना है, करने पार नदी और नाले।
पथ पर आगे बढ़ते जाना, विश्व-शांति हो लक्ष्य तुम्हारा॥

अमृत पुत्र, देशवासी, अब आपस में प्यार करो।
समता मूलक हो समाज यह, इस पर सदा विचार करो।
मानवता के इस मंदिर में, बहती रहे प्रेम की धारा।
कोटि-कोटि कंठों में गूँजे, अमर रहे यह देश हमारा॥

मंदिर पूजो, मठ पूजो, चाहे पूजो गुरुद्वारा।
भारत माँ को मिलकर पूजो, करो कभी नहीं बँटवारा।
मातृभूमि पर मिट जाओगे, देश-प्रेम का देकर नारा।
आजादी की रक्षा होगी, अमर रहे यह देश हमारा॥

□

ज्ञान का दीपक

ज्ञान का दीप जलाए रखूँगा

हे भारतीय युवक!
ज्ञानी-विज्ञानी
मानवता के प्रेमी
संकीर्ण तुच्छ लक्ष्य
की लालसा पाप है।
मेरे सपने बड़े
मैं मेहनत करूँगा
मेरा देश महान् हो
धनवान हो, गुणवान हो,
यह प्रेरणा का भाव अमूल्य है,
कहीं भी धरती पर,
उससे ऊपर या नीचे
दीप जलाए रखूँगा।
जिससे मेरा देश महान् हो।

□

प्रश्नोत्तर

विद्यार्थी है कौन?
राज्य का खिलौना नहीं, ईश्वर का पुत्र है।

अध्यापक है कौन?
रक्षक नहीं, मार्गदर्शक है वह।

प्राचार्य कहते हैं किसे?
वह है विषय का प्रस्तोता, अध्यापकों का स्वामी नहीं।

सीखना क्या है?
मंजिल नहीं, यात्रा कहिए इसे।

खोज कह सकते हैं किसे?
प्रश्नों के उत्तर नहीं, उत्तरों के प्रश्न हैं ये।

शिक्षा का लक्ष्य है क्या?
वह जो परम तत्त्व से युक्त करे।

उत्तमोत्तम क्या है?
सर्वप्रथम तो होना और बाद में बनना।

विद्यालय कैसा हो?
विद्यालय वैसा, जैसा हम उसे बनाना चाहें।

□

जय शिक्षा, जय संस्कृति

यह तो मैं सुनता रहा हूँ, उन्नति है चहुँ ओर,
देखता हूँ, इधर-उधर आदमी भी हैं चहुँ ओर।
इनसान कहाँ है ढूँढ़ने से नहीं मिलता, किस पर करें विश्वास,
नहीं किसी का सहयोग, न बची किसी से कोई आस।
जहाँ रहते वहाँ पड़ोसी तो हैं, पड़ोसीपन है कहाँ?
लड़ते-झगड़ते, गाली-गलौज, शांति रहती है कहाँ?
विद्यालय तो गली-गली में हैं, विद्या का आलय है कहाँ?
कक्षा में विद्यार्थी तो हैं, अध्यापक पता नहीं हैं कहाँ?
यदा-कदा मास्टरजी आते हैं, मस्तिष्क में ठूँसते हैं—अक्षरज्ञान,
वह वहाँ सदा संड़ाँध पैदा करता है, नहीं है यह अनुभूत ज्ञान।
समस्या है, विद्यार्थी कक्षा में बैठें, आचार्य आएँ और उन्हें सिखाएँ,
सच्चरित्रता, नैतिकता, व्यक्तित्व विकास, मानवता का उन्हें पाठ पढ़ाएँ।
शिक्षण-संस्थाओं में अनुशासनहीनता, कोलाहल और अशांति है,
जीवन-लक्ष्य का पाठ नहीं, विद्या की अर्थी की हो रही भ्रांति है।
परिणाम है दामिनी का उत्पीड़न, राक्षसी यौन-शोषण,
कनक, कामिनी, भोग-विलास का हो रहा है पोषण।
नारी का पूजन अब महाग्रंथों में सिमट गया है,
शिक्षा का श्रृंगार बने अब यही करने का समय आया है।
इसी आह्वान से होगा देश बलशाली, समृद्ध, महान्,
आओ मिलकर गाएँ, जय शिक्षा, संस्कृति का गान॥

□

यौन-शिक्षा के अंधड़ से

उजाला विद्या का सब ओर फैला दीजिए,
दीप ज्ञान का सबके लिए जला दीजिए,

मर्यादाएँ नंगी न हो जाएँ कहीं भूल से,
यौन-शिक्षा के अंधड़ से, संस्कृति को बचा लीजिए।

सद्ज्ञान का अमृत सबको पिला दीजिए,
विद्या की धारा सबके लिए बहा दीजिए,
गंदे नाले जहर के न मिल जाएँ कहीं,
ज्ञान-गंगा के प्रवाह को इनसे बचा लीजिए
यौन-शिक्षा के अंधड़ से, संस्कृति को बचा लीजिए।

विद्यालय में, बात योग की कर, न भोग की,
बात संयम की करें न कि संभोग की
कच्ची कलियों पे गर भँवरे मँडराने लगे
चमन कहेगा आप मुझे जला दीजिए
यौन-शिक्षा के अंधड़ से, संस्कृति को बचा लीजिए।

चाँद-सूरज युगों से बहुत पुराने मीत हैं,
हाँ, प्रेम की कड़ी में गुँथे जिनके गीत हैं
एक-दूजे के बिना यह आसमाँ है अधूरा
लेकिन उनके बीच की दूरी सबको बता।
यौन-शिक्षा के अंधड़ से, संस्कृति को बचा लीजिए।

काम की कामनाएँ अगर यों ही बढ़ जाएँगी,
वासना की आग से आसमाँ की छाती फट जाएगी।
सितारे चिनगारियाँ बन बरसेंगे इस धरा पर,
स्वतंत्रता की रक्षा करें, स्वच्छंदता को मिटा दीजिए।
यौन-शिक्षा के अंधड़ से, संस्कृति को बचा लीजिए।

□

दृष्टिकोण

ज्येष्ठ की दुपहरिया थी। सड़क को काला बुखार चढ़ा हुआ था। पसीने से स्नात एक व्यक्ति सड़क के किनारे पत्थर तोड़ रहा था। एक व्यक्ति वहाँ से गुजरा, पत्थर तोड़नेवाले को देख उसने पूछ लिया, "भाई, इस भयंकर गरमी में यह काम तुम क्यों कर रहे हो?" उत्तर देने से पूर्व उसने अपना हाथ माथे पर दे मारा और कहा, "भाग्य का मारा हूँ। जो मस्तक

पर लिखा है, उसे कौन मिटा सकता है?'' यह कहकर फिर वह काम में लग गया और वह व्यक्ति आगे बढ़ गया।

थोड़ी दूर पर फिर से पहले का दृश्य उसके सामने था। पत्थर तोड़े जा रहे थे। अब काम करनेवाला दूसरा व्यक्ति था। उससे भी वही प्रश्न। उसने भी स्पष्ट कह दिया—पापी पेट के लिए सब करना पड़ता है। परिवार के पालन-पोषण के लिए यह सब करता हूँ। अच्छा बाबूजी यह बताओ, समय क्या हुआ है? उत्तर मिला 4:30 बजे हैं। अच्छा आधा घंटा और काम करना होगा। घर जाना है, वहाँ चार आँखें मेरा इंजतार कर रही हैं। पत्नी और एक छोटी बच्ची—पत्नी ने कहा था—घर में कुछ नहीं है। शाम घर आते हुए चावल, नमक, हल्दी सब लेते आना। लड़की ने तुतलाती भाषा में चूड़ी और टॉफी लाने को कहा था।

पाँच बजे तो ठेकेदार से पैसे लेकर, वस्तुएँ खरीद वह घर चला गया। अब तीसरे व्यक्ति की बारी थी, वह काम कर रहा था पत्थर तोड़ने का। प्रश्न वही, परंतु उत्तर बड़ा प्रेरक था। उसने तपाक से कहा, ''भाई तुम जानते नहीं हो, यहीं निकट ग्राम में हनुमानजी का एक भव्य मंदिर निर्मित होना है, मेरे पत्थर उस मंदिर की नींव में डाले जाएँगे। जब मंदिर का भवन बनकर तैयार होगा तो उसमें हनुमानजी की विशालकाय मूर्ति स्थापित होगी। लोग दूर-दूर से आकर दर्शन कर अपने को धन्य मानेंगे। कल्पना कर सकते हो कि मुझे कितना आनंद मिलेगा? उसी सुख तथा आनंद की अनुभूति के लिए मैं यह सब कर रहा हूँ।''

आज के अध्यापकों को भी हम तीन श्रेणियों में विभाजित कर सकते हैं। एक तो भाग्य के मारे वे, जिन्हें कहीं स्थान नहीं मिला, वे मास्टरजी बन गए। दूसरे आजीविका के लिए पढ़ाने के धंधे में लग गए। तीसरे वे हैं, जो मास्टरजी नहीं, आचार्य बने हैं। उनका आचार्यत्व जगा है और वे बच्चों की आँखों में भारत के भविष्य का स्वप्न देखते हैं तथा उन्हें साकार करने के लिए पूजा-भाव से शिक्षा-क्षेत्र में काम कर रहे हैं। यह ठीक है, उनकी संख्या कम है। यदि शिक्षा से देश को बदलना है, तो ऐसे आचार्यों की संख्या बढ़ानी होगी।

□

संगतरे

लाहौर में एक ईश्वर-भक्त छज्जु रहते थे। उनके कक्ष में सत्संगियों में संवाद चल रहा था। ज्ञान, ध्यान-भक्ति पर चर्चा हो रही थी। नीचे एक संतरा बेचनेवाला आया और जोर-जोर से कह रहा था—'संगतरे ले लो। अच्छे संग तरे।'

छज्जू भक्त ने सत्संगियों से पूछा, ''भक्तो, जरा सुनो तो, नीचे से क्या आवाज आ रही है।'' उनमें एक भक्त बोला, ''महाराज, नीचे संतरे बेचनेवाला संतरे के गुणों का गान कर रहा है।''

''ठीक है, परंतु कहता क्या है?'' इतने में फिर से आवाज आई 'अच्छे संगतरे'।

सत्संगी ने कहा, ''महाराज! अच्छे संगतरे कह रहा है।''

छज्जू भक्त—''ठीक ही कह रहा है, जो अच्छों की संगति में रहेगा, वह निश्चय ही तर जाएगा।''

आओ मिलकर दोहराएँ—''अच्छे संग तरे''

□

अन्न, मन, तन

भीष्म पितामह शर-शय्या पर लेटे हुए थे। भगवान् कृष्ण पांडवों तथा द्रौपदी के साथ पितामह से धर्मोपदेश लेने गए। शांतिपर्व में धर्म की गंभीर व्याख्या और जीवन के लिए लाभदायक बातें कही जा रही थीं। अकस्मात् द्रौपदी बीच में ही बोल उठी, ''महाराज, क्षमा करें, यदि आपकी आज्ञा हो तो मैं एक प्रश्न पूछूँ। भीष्म बोले बेटी, ''अवश्य पूछो, क्या पूछना चाहती हो?''

द्रौपदी ने कहा, ''क्षमा करें महाराज! दुर्योधन की सभा में दु:शासन मुझे नग्न कर रहा था। मेरा चीरहरण हो रहा था। मैंने वहाँ उपस्थित सबसे सुरक्षा के लिए प्रार्थना की। आप भी वहाँ मौन रहे। आज आप ज्ञान की बड़ी-बड़ी बातें कर रहे हैं। क्या आप के ज्ञान और क्रिया में अंतर है। यह तो अधर्म हुआ न। उस समय एक अबला का अपमान आपने कैसे सहन किया?''

भीष्म बोले, ''तुम ठीक कह रही हो, बेटी। उस समय मैं दुर्योधन का पाप भरा अन्न खाता था। वह पाप मेरे शरीर में समाया हुआ था। यह अन्न का प्रभाव था। कहा गया है, जैसा होगा अन्न, तैसा होगा मन तथा वैसा बनेगा तन।

''अब काफी समय से शर-शय्या पर पड़ा हूँ। अर्जुन ने तीरों से वह विकृत रक्त मेरे शरीर से निकाल दिया है और अब मैं स्वच्छ मन से बात करने में समर्थ हुआ हूँ।

जैसा खाओगे अन्न, वैसा बनेगा मन,
जैसा पीओगे पानी, वैसी बनेगी वानी।

□

अद्भुत घटना

डॉ. जगदीशचंद्र बसु 1907 में इंग्लैंड में थे और वहाँ कुछ वैज्ञानिकों के सामने बोल रहे थे। उन्होंने सभी को एक पाउडर दिखाते हुए कहा, ''यह पोटैशियम सायनाइड है। इस विष का प्रभाव पौधे पर भी होता है।'' डॉ. बसु का आत्मविश्वास बोल रहा था।

प्रयोग आरंभ हुआ। विष का संपर्क पौधे से कराया गया। परंतु पौधे पर कुछ भी प्रभाव नहीं हुआ। उपस्थित वैज्ञानिक सीटियाँ बजाने लगे। ''यह जादूगर है, लोगों का समय बरबाद कर रहा है। चलो यहाँ से।'' इस कोलाहल में डॉ. जगदीशचंद्र ने एक क्षण भी प्रतीक्षा किए बिना उस पुड़िया का सारा विष अपने मुँह में डाल लिया। एक दम सन्नाटा छा गया। कुछ

वैज्ञानिक बोल उठे—"ओह यह चमत्कार है! पोटैशियम खाने के पश्चात् भी डॉ. बसु जीवित हैं। यह कैसे हुआ।" डॉ. बसु अविचल थे और मुसकरा रहे थे। उन्होने कहा, "यहाँ मुझे तिरस्कृत करने और मारने का षड्यंत्र रचा गया था। यह नकली विष था। असली विष मँगाया गया और पौधे को वैसे ही विष दिया गया, पौधा मुरझा गया। पौधे पर ठीक वैसे ही प्रभाव हुआ, जैसे किसी जीव पर होता है।

डॉ. जगदीश चंद्र बसु जीवविज्ञान के महान् भारतीय वैज्ञानिक थे। उनकी प्रतिभा को प्रणाम!

□

अभ्यास ही सफलता का मूलमंत्र है

उस बालक ने इसे गुरुमंत्र मान लिया और निश्चय किया कि अभ्यास के बल पर ही मैं एक दिन सबसे आगे बढ़कर दिखाऊँगा। बाल्यकाल से अध्यापकों द्वारा मंदबुद्धि और अयोग्य कहा जानेवाला यह बालक अपने अभ्यास के बल पर ही विश्व में आज सम्मान के साथ जाना जाता है। इस बालक को दुनिया आइंस्टाइन के नाम से जानती है। उनका जीवन इस बात का प्रमाण है कि साधारण व्यक्ति भी मेहनत, हिम्मत और लग्न से सफलता प्राप्त कर सकता है। आइंस्टाइन का जन्म 14 मार्च, 1879 को जर्मनी के यूम नगर में हुआ था। बचपन में उन्हें अपनी मंदबुद्धि बहुत अखरती थी। आगे बढ़ने की चाह हमेशा उन पर हावी रहती थी। पढ़ने में मन नहीं लगता था, फिर भी किताब हाथ से नहीं छोड़ते थे। मन को समझाते और पुनः पढ़ने लगते। कुछ ही समय में अभ्यास का सकारात्मक परिणाम दिखाई देने लगा। शिक्षक भी इस विकास से दंग रह गए। गुरुमंत्र के आधार पर ही आइंस्टाइन अपनी विद्या-संपदा को बढ़ाने में सफल रहे। आगे चलकर उन्होंने अध्ययन के लिए गणित जैसे जटिल विषय को चुना। उनकी योग्यता का असर इस तरह हुआ कि जब कोई सवाल अध्यापक हल नहीं कर पाते थे, तो वे आइंस्टाइन की मदद लेते थे।

गुरुमंत्र को गाँठ बाँधकर आइंस्टाइन सफलता की सीढ़ी चढ़ते रहे। ईश्वर के प्रति उनकी अगाध आस्था और प्राथमिक पाठशाला में अध्यापक द्वारा प्राप्त गुरुमंत्र को उन्होंने सिद्ध कर दिया। उनका जीवन मानव जाति की चिर संपदा बन गया। उनकी महान् विशेषताओं को संसार कभी भी भुला नहीं सकता।

यह कहानी हर शिक्षक के लिए प्रेरणा का स्रोत है। किसी शिक्षक का एक शब्द एक अति सामान्य बालक को असामान्य सफलताओंवाला विश्वविख्यात व्यक्तित्व बना सकता है। यही नहीं, यदि हम अपने रोज के जीवन पर भी गौर करें तो पाएँगे कि प्रत्यक्ष या परोक्ष रूप से हमें मंजिल दिखानेवाले हमारे गुरुजन ही थे। अब जब हम शिक्षक के रूप में समाज

में जाने जाते हैं तो हमें भी अपना कर्ज चुकाना है। विद्यार्थियों को विश्व स्तर पर मौजूद समस्त अवसरों का बोध कराना हमारा प्रथम कर्तव्य है।

□

सकारात्मकता

एक गिलास यदि पानी से आधा भरा है तो उसे अलग-अलग मानसिकता के लोग अलग-अलग तरह से पारिभाषित करेंगे और उनके द्वारा गिलास की अवस्था के बारे में दिया गया वक्तव्य उनकी मानसिकता का परिचायक होता है।

आशावादी : जो गिलास को आधा भरा मानते हैं।

निराशावादी : जो गिलास को आधा खाली मानते हैं।

यथार्थवादी : मानते हैं कि अभी इतनी ही मात्रा में और पानी चाहिए, यदि इसे पूरा भरना है।

निंदक : आधा गिलास कोई भर गया होगा।

शिक्षक : बात यह नहीं है कि गिलास आधा भरा है या आधा खाली है, वास्तविकता तो यह है कि गिलास में कुछ-कुछ और भरे जाने की संभावना है।

उपर्युक्त उद्धृत मानसिकता से ही शिक्षक बालकों के विचारों में सकारात्मकता ला सकता है।

यदि प्रवृत्तियों को दो कसौटियाँ मान लिया जाए तो—

पहली बात यह कि शिक्षक को स्वयं के दृष्टिकोण में सकारात्मकता लानी होगी।

दूसरी, वह विद्यार्थियों के मनोभावों में सकारात्मकता लाने के लिए भी उत्तरदायी है।

□

परिवर्तन

एक व्यक्ति सुबह समुद्र के किनारे घूम रहा था। अचानक उसका ध्यान एक बच्चे की तरफ गया और वह उस बच्चे की गतिविधियों का अवलोकन करने लगा। उसने देखा कि बच्चा बार-बार नीचे बैठता है और रेत से कुछ उठाकर वापस समुद्र में डाल देता है। वह बालक के करीब पहुँचता है तो देखता है कि वह क्या उठा रहा है? उसने देखा कि बालक तारा मछलियों से घिरा खड़ा है, जो समुद्र की लहरों के साथ किनारे पर आ जाती हैं और वह उन्हीं असहाय मछलियों को पुनः समुद्र में डाल रहा है। वह व्यक्ति उस बालक से पूछता है कि वह ऐसा क्यों कर रहा है? बिना रुके जवाब में बच्चा कहता है कि ज्वार के कारण ये मछलियाँ किनारे पर आ गई हैं और कुछ ही देर में सूर्य की किरणों की तीक्ष्णता भी बढ़ जाएगी, जिसकी वजह से ये मछलियाँ मर जाएँगी। सहनशीलता के साथ वह व्यक्ति पुनः उस बालक को समझाता है कि यहाँ कई हजार मछलियाँ हैं और तुम चाहकर भी सभी

को नहीं बचा सकते। तुम्हारी मेहनत कोई बड़ा परिवर्तन नहीं ला सकती। बालक शिष्टतापूर्वक बात को सुनता है। एक मछली उठाकर पुन: पानी में डालकर जवाब देता है "मैंने इस एक मछली के लिए तो परिवर्तन ला ही दिया।"

इस पूरी कहानी का अभिप्राय मात्र यही है—एक शिक्षक के नाते यदि हम कई प्रतिबंधों व नियमों के कारण प्रत्येक विद्यार्थी का जीवन नहीं भी बदल पाते हैं, पर किसी एक या कुछ विद्यार्थियों के जीवन की दिशा भी बदल पाते हैं तो यह भी सराहनीय होगा।

□

स्वस्थ प्रतिस्पर्धा

एक पुराना किस्सा कुछ इस तरह से है, एक मिल में मजदूर पर्याप्त उत्पादन नहीं कर रहे थे। बड़े अधिकारी ने मैनेजर से पूछा कि उत्पादकता में इतनी कमी क्यों है? मैनेजर ने जवाब मैं कहा कि महोदय, मैं साम-दाम-दंड-भेद सभी अस्त्र अपना चुका हूँ, पर कोई अंतर नहीं आता। अधिकारी ने रात की पाली में काम कर रहे मजदूरों से पूछा कि आज आपकी शिफ्ट में कितना उत्पादन हुआ है। मजदूर द्वारा बताए गए आँकड़े को अधिकारी ने बड़े अक्षरों में फर्श पर लिख दिया। सुबह के समय दूसरे मजदूर आए तो उन्होंने पूछा कि फर्श पर यह क्या लिखा है। रात की शिफ्ट में काम कर चुके मजदूरों ने बताया कि यह हमारे द्वारा किया गया उत्पादन है, जिसे अधिकारी महोदय ने फर्श पर उकेर दिया है। जब रात की पाली में वही अधिकारी पुन: पहुँचे तो उत्पादन का जो आँकड़ा वे लिखकर गए थे, उससे बड़ा आँकड़ा लिखा पाया और यह क्रम निरंतर चलता रहा। कहने का अभिप्राय यह है कि परस्पर स्वस्थ प्रतिस्पर्धा श्रेष्ठ है। हमें प्रतिस्पर्धा को प्रेरित करने का श्रेष्ठ तरीका आना चाहिए।

□

जीवन-मूल्यों का एक प्रसंग

एक राजा शिकार के लिए राजमहल से निकला। वह एक घने जंगल में पहुँच गया। वहाँ पक्षियों का कलरव, पशुओं की आवाज तथा वृक्षों के पत्तों की सरसराहाट के अतिरिक्त कुछ भी तो सुनाई नहीं दे रहा था। राजा गहरे घने जंगल में जैसे ही पहुँचा, वहाँ उसे एक तपस्वी आँखें बंद किए साधना में लीन दिखाई दिया। वह जैसे उसके निकट गया। वह नीरव, निस्तब्ध, शांतमूर्ति दिखाई दी। प्रशस्त ललाट, चमकती आँखें तथा तेजोमय मुख देख राजा विस्मित उसे देखता ही रह गया। नतमस्तक हो उसने प्रश्न किया—"महाराज, घनघोर जंगल और आप एकांत में हैं। आपके परिवार के अन्य सदस्य कहाँ हैं?" संन्यासी ने अर्द्धखुली आँखों से शांत स्वर में उत्तर दिया, "मैं यहाँ अकेला नहीं हूँ। मेरा परिवार, मेरा पुत्र मेरे साथ है।" राजा ने चारों ओर देखते हुए फिर से प्रश्न किया, "महाराज, मुझे तो यहाँ आप ही

दिखाई देते हैं, आपके परिवार के सदस्य तो दिखाई नहीं देते। संन्यासी बोला, ''संसार में सब वस्तुएँ, दिखाई नहीं देतीं। कुछ दृश्य हैं और कुछ अदृश्य।'' राजा ने जिज्ञासा भाव से पूछा, ''महाराज, मैं आप का अभिप्राय नहीं समझ पा रहा हूँ। कृपया अपने परिवार के सदस्यों से परिचय तो कराइए।'' संन्यासी ने समझाना आरंभ किया, ''देखो, धैर्य मेरे पिता, क्षमा मेरी माँ, शांति मेरा साथी और सत्य मेरा पुत्र है। करुणा और अहिंसा मेरी पुत्रियाँ हैं। दिशाएँ मेरे वस्त्र हैं और ज्ञान मेरा भोजन है। राजन्, ये सब जिसके सगे-संबंधी हों तो वह अकेलेपन का अनुभव कैसे करेगा और फिर उसे भय किस बात का?''

संन्यासी का उत्तर हम सबको अटपटा लगा होगा, परंतु वह व्यक्ति, जिसने अपनी इच्छाओं तथा कामनाओं को त्याग दिया है, जिसको आत्मबोध हुआ हो, अपनी ससीम चेतना को असीम चेतना की खोज के लिए समर्पित कर दिया हो और यही उसकी साधना हो तो ऐसे साधक से ही इस प्रकार के दर्शनशास्त्र की बातें कर सकते हैं।

राजा ने उस संन्यासी के मुखमंडल को निहारा और अचंभित होकर सोचने लगा, जो सब संन्यासी ने कहा था। राजा इन वचनों पर विचार करने लगा और बिना शिकार किए ही महल की ओर चल दिया। राजा तो चला गया, परंतु हम गृहस्थों के लिए एक पाठ पढ़ने को छोड़ गया। यह चिंतन करने योग्य है।

□

ईशावास्यं इदं सर्वम्

संत नामदेवजी रूखी-सूखी रोटी खा रहे थे। उन्होंने कुत्ते को देखा और सोचा, 'यह भी बेचारा भूखा होगा। वे अंदर घी की कटोरी लेने गए। इसी बीच कुत्ते ने रोटी मुँह में डाली और नामदेवजी जैसे ही बाहर आए तो देखा, कुत्ता दौड़ता हुआ जा रहा है। उन्होंने बड़े स्नेह, आत्मीय भाव से पुकारना प्रारंभ किया, ''हे भगवन्! दौड़े क्यों जा रहे हो, सुनो! मैं तुम्हारी लिए घी की कटोरी लाया हूँ। आप सूखी रोटी खाओगे क्या? तनिक ठहरो तो सही। मैं तुम्हारी रोटी घी से चुपड़ देता हूँ। मेरे सामने बैठकर खाओगे तो मुझे लगेगा कि त्रिलोक की संपत्ति तथा संतोष मिल गया।'' कुत्ते ने उनकी बात नहीं सुनी तो नहीं सुनी। जीवन भर पछतावा रहा कि भगवान् मेरे द्वार आए और मैं उनकी सेवा भी नहीं कर सका। सृष्टि के प्राणी जब मिलते हैं तो शरीर दो होते हैं, परंतु आत्मा एक होती है। आत्माओं का मिलन कोई भाग्यवान ही सार्थक कर पाता है।

□

एकात्मभाव

रामकृष्ण परमहंस चारपाई पर लेटे हुए थे। शिष्य उनसे उपदेश सुनने के लिए उनके आस-पास बैठे थे। सहसा परमहंसजी चीखने तथा दर्द से कराहने लगे। सब अचंभित और

व्यथित मन से उन्हें निहार रहे थे। अभी बिलकुल ठीक थे। हम सब का कुशलक्षेम पूछ रहे थे। अचानक उनको क्या हो गया? एक ने पूछा, ''महाराज, आपको क्या हुआ है?'' दूसरा बोला, ''देखते क्या हो, तुरंत डॉक्टर को बुलाकर लाओ।'' उनका यह सब रोना, सुनना हो ही रहा था कि अचानक उनका रोना बंद हो गया। जैसे ही रामकृष्ण परमहंसजी शांत हुए। सब एक स्वर में बोल उठे, ''महाराज, आपको क्या हुआ था?'' वे उठ बैठे और बोले, ''मेरी पीठ देखो,'' जैसे ही उनकी पीठ देखी गई, उनकी पीठ पर गाय के खुर के निशान थे। यह निशान इन की पीठ पर कैसे हुए? रामकृष्ण ने बताया कि यहाँ वाटिका में एक गाय घास चर रही थी। गाय के खुर जैसे कोमल घास पर पड़े, उसे पीड़ा हुई और उसके अविरल आँसू बहने लगे। उसका दुःख मेरे से सहन नहीं हुआ। ऐसे लगा कि गाय मेरी पीठ पर यह सब कर रही है। घास के साथ आत्मसात् होते ही मैं उसके साथ एकरूप हो गया। मुझे प्रतीत हुआ कि घास में भी ईश्वर का वही अंश है, जो मेरे में है। यह अंतरात्माओं का मिलन था। गाय वहाँ से चली गई और मेरे कष्ट का निवारण हो गया। सभी भक्त मूक खड़े कभी उनके चरणों को निहारते थे, तो कभी उनकी पीठ को।

□

शिव और पार्वती

भगवान् शिव जगन्पिता हैं। उन्होंने जगज्जननी पार्वती को एक दिन अपने पास बुलाकर कहा, ''देवी, तुम्हें जगत् के सब प्राणियों का भरण-पोषण करना है। उनके लिए अन्न की व्यवस्था करनी है।'' पार्वती शिव का रूप निहारने लगीं और सोचने लगीं कि शिवजी के समाधिस्थ होने से पूर्व इनसे मार्गदर्शन प्राप्त कर लूँ।

पार्वती ने प्रणाम कर कहा, ''हे जगन्पिता, आपने मुझे अन्न की व्यवस्था का भार दिया है। मैं सहर्ष आपके आदेश का पालन करूँगी। पर यह आपकी सहायता के बिना संभव नहीं है।''

''देवी, आपकी सहायता के लिए मैं तत्पर हूँ। माँगो आपको क्या चाहिए।''

पार्वती ने कहा, ''स्वामी मुझे आपका त्रिशूल चाहिए। खेतों की जुताई के अलावा इससे गोबर से खाद का काम भी लिया जा सकेगा। गोबर से गोबरगैस भी तैयार की जा सकेगी। इसकी सहायता से कुआँ से पानी भी निकाला जा सकेगा। मैं आपके जटाजूट में निवास करनेवाली गंगा की भी याचना करती हूँ। आपके गण मेरे साथ जाएँगे। वे श्रमिक के रूप में कार्य करेंगे। स्वामी, पौधों को चूहों से बचाने के लिए आपके सर्प पहरेदारी करेंगे तथा आपका यह डमरू पक्षियों से अनाज की रक्षा करेगा। आक और धतूरे का उपयोग मैं खेत की मेंड़ पर करूँगी। अनाज एकत्र होने पर इसके रखरखाव के लिए आपके शरीर पर लगी भस्म काम में आएगी। आपके खप्पर से अन्न-वितरण का कार्य सुगम हो जाएगा।''

शिवजी पार्वती की बात सुनकर अति प्रसन्न हुए। सबके कल्याण हेतु शिव ने अपने

सब श्रृंगार पार्वती को जगत–हिताय भेंट कर दिए। शिव–पार्वती दोनों के समायोजन से धरती माँ ने सब की भूख मिटा दी। माँ पार्वती अन्नपूर्णा बन गईं। यह संवाद पर्यावरण के संरक्षण के लिए हमारा मार्गदर्शन करता है। क्योंकि मैं आपके त्रिशूल को हल बनाकर नंदी (बैल) की सहायता से खेत जोतने के काम में लगाऊँगी।

□

एक आदर्श गुरुकुल संस्थापक

पहले उनका नाम था मुंशीराम। जालंधर (पंजाब) में वकालत करते थे। विचारों में डूबे वे एक दिन सोचने लगे—'मुट्ठी भर अंग्रेजों ने सात समुद्र पार से यहाँ आकर हमें बेड़ियाँ पहना दीं और हम परतंत्र हो गए। क्या हम असहाय, निरीह यह सब सहन करते रहें?' आत्मा की आवाज थी—'मुंशीराम! छोड़ो अपने व्यवसाय को। शिक्षा के माध्यम से स्वतंत्रता संग्राम में जूझने तथा जवानी होम करनेवाले युवकों की टोलियाँ तैयार करो।'

वकालत छोड़ दी। हरिद्वार में गुरुकुल स्थापना का संकल्प हृदय में सँजोए उन्होंने घोषणा कर दी, ''जब तक तीस हजार रुपए एकत्रित नहीं कर लेता, अपने घर पैर नहीं रखूँगा।'' डेढ़ वर्ष देश में भ्रमण करते रहे और 40 हजार रुपए की राशि लेकर लौटे।

घनघोर जंगल, हिंसक पशुओं का जमघट, निर्जन स्थान पर गुरुकुल काँगड़ी की स्थापना की। सबकुछ त्यागकर उन्होंने अपना सर्वस्व शिक्षा को दे दिया। अब से आगे वे स्वामी श्रद्धानंद हो गए।

छात्रावास में रहकर वे शिक्षा ग्रहण करनेवाले ब्रह्मचारियों की देखभाल करते थे। छाया के समान उनके साथ उनका वास था। एक दिन विद्यार्थी अस्वस्थ हुआ और उलटी करने लगा। स्वामीजी दौड़कर वहाँ गए और अपने दोनों हाथों में उलटी समेट ली, और फिर बाहर जाकर इसे उड़ेल दिया। युवक के साथ बैठ आत्मीयता से वार्त्तालाप किया। उनके सहायक ने पूछा, ''भगवन्, यह आपने क्या किया? सफाई कर्मचारी को बुला लिया होता।'' बड़े सौम्य शब्दों में उन्होंने कहा, ''इस समय इसको कर्मचारी की नहीं, माँ की आवश्यकता है।''

छात्रावास की प्रबंध व्यवस्था में संलग्न बंधुओं के लिए यह अनुपम तथा अनुकरणीय उदाहरण है। श्रद्धानंदजी स्वतंत्रता संग्राम के अग्रणी पुरोधा थे। मार्च 1919 में 25 हजार व्यक्तियों के जुलूस को लेकर वे चाँदनी चौक घंटाघर तक जैसे ही पहुँचे, पुलिस ने उन्हें घेर लिया। पुलिस अधिकारी ने गरजकर कहा, ''हट जाओ मार्ग से, नहीं तो तुम्हारा सीना छेद देंगे।'' श्रद्धानंदजी ने बलपूर्वक जवाब दिया, ''जो आपको करना है करो, हम यहाँ से नहीं जाएँगे। उनके साहस तथा निडरता के सम्मुख अंग्रेज नत हुए और वे आगे बढ़ते चले गए।

अब वे मुसलमानों द्वारा किए जा रहे धर्म–परिवर्तन के विरुद्ध खड़े हो गए। उन्होंने

शुद्धि-आंदोलन प्रारंभ किया और हिंदुओं को संगठित किया। इस कार्य से क्रुद्ध एक मुसलमान ने 1926 में उन्हें गोली मार दी और वे शहीद हो गए।

"शहीद की जो मौत है, वह कौम की हयात् है।"

स्वामी श्रद्धानंद एक आदर्श शिक्षक, निस्स्वार्थ सेवा की प्रतिमूर्ति, मातृतुल्य आत्मीय भाव के धनी, एक कुशल प्रबंधक, देशभक्त तथा सच्चे क्रांतिकारी थे। वे एक व्यक्ति में सबकुछ समेटे दिव्य व्यक्तित्व थे।

ऐसे महामानव को शत-शत प्रणाम!

□

शिक्षक की प्रेरणा

एक दिन मैं संध्या समय किसी विचार में डूबा हुआ अपने कमरे में बैठा था कि एक व्यक्ति ने कमरे में प्रवेश किया और एक सरकारी प्रमाण-पत्र तथा कुछ वस्तुएँ मेरे सामने रख दीं। पूछताछ करने पर वह बोला, "सर, मैं आपका पुराना विद्यार्थी हूँ। पास के ही पुलिस थाने में कार्य करता हूँ।"

"किंतु ये कागज और वस्तुएँ किस लिए?"

"सर, उस रात जब बाँध टूट गया और पानी नगर की ओर बहकर घरों में घुसने लगा, उस समय मैं वहीं था। लोगों को सुरक्षित स्थान पर पहुँचाना था। रात के भयानक अँधेरे में मैं रस्सी के सहारे लोगों को बढ़ते हुए पानी से बाहर खींच रहा था। वह घड़ी बहुत भयानक तथा खतरनाक थी, किंतु अपने प्राणों की परवाह न करते हुए मैं अपना काम निरंतर करता रहा और मेरे उच्च अधिकारी मेरे काम से बहुत प्रसन्न हुए। उन्होंने पुरस्कार के लिए मेरे नाम की सिफारिश की और उसी का यह परिणाम है।"

फिर वह कुछ भावुक हो गया और बोला, "आपको सूचना देने आया हूँ। जिस समय मैं उस संकटपूर्ण काम में व्यस्त था, पूरे समय मेरे कानों में आपके वे शब्द गूँज रहे थे, जो पाठशाला छोड़ने के दिन आपने हमें कहे थे—'तुम्हारे प्रति मैंने अपना कर्तव्य पूरा किया, अब तुम अपना कर्तव्य करो। मैंने तुम्हें जो स्नेह दिया, तुम अपने को उस योग्य बनाने का प्रयास करो तथा जीवन के कठिन झंझावात के बीच अपने कर्तव्य पर अडिग रहकर कार्य करो। यही मेरा तुम्हारे लिए संदेश है'।"

शिक्षक तथा शिष्य का यह मिलन कितना अद्भुत तथा प्रेरणादायक रहा होगा।

□

सांस्कृतिक धरोहर की रक्षा

प्रसंग उस समय का है, जब चीनी यात्री ह्वेनसांग भारत की यात्रा के पश्चात् जल-मार्ग से अपने देश को लौट रहा था। कुछ भारतीय युवक भी इस विदाई में नाव पर उसके

साथ थे और उनके पास सामान था, सैकड़ों मंत्र-दृष्टा महापुरुषों एवं तत्त्ववेत्ताओं की अगणित वर्षों की कठोर तपस्या से प्रणीत भारतीय संस्कृति के बहुमूल्य ग्रंथ।

मार्ग में सागर की उत्ताल तरंगें उछलकर परस्पर टकराने लगीं। नाव को भयंकर तूफान ने आ घेरा। नाव में पानी भरने लगा और वह लहरों के थपेड़ों से डाँवाँडोल हो रही थी। जीवन-रक्षा का प्रश्न सम्मुख आ उपस्थित हुआ। ह्वेनसांग आत्मरक्षा के लिए उन मूल्यवान ग्रंथों को जल में प्रवाहित करने ही वाला था कि भारतीय जवानों में से एक बड़े आत्मविश्वास से बोल उठा—

''लाखों वर्षों की संचित यह ग्रंथमाला भारतीयों की अमूल्य निधि है। यह ज्योतिपुंज बन आज विदेशों में अपनी श्रेष्ठता सिद्ध करने और अज्ञान से भटके करोड़ों मनुष्यों के हृदयों को आलोकित करने जा रही है। इसे सागर की लहरों का ग्रास नहीं बनने दिया जाएगा।'' 'जय स्वदेश, जय संस्कृति माता' के नाद के साथ उस तरुण ने सागर की उफनती लहरों की गोद में अपने को सौंप दिया। एक के बाद एक, सभी युवक नाव का भार हलका करने जल की अनंत गहराई में चले गए। ह्वेनसांग आश्चर्य मिश्रित भाव से देखता रह गया। उसकी आँखों में आँसू थे और मस्तक श्रद्धा से झुका था। संस्कृति के पुजारियों तथा अनन्य राष्ट्रभक्तों के प्रति भारत की इस गौरवगाथा को हृदय में सँजोए वह अपने निर्दिष्ट स्थान की ओर बढ़ गया।

□

मैं नहीं तू ही

मुनि वसिष्ठ ने दशरथनंदन राम, लक्ष्मण और सीता का महल में स्वागत किया। चरण-स्पर्श के उपरांत पुत्रों तथा पुत्र-वधुओं ने माताओं का आशीर्वाद लिया और गुरु श्रेष्ठ वशिष्ठ ने माता कौसल्या से कहा कि कल का मुहूर्त राज्याभिषेक के लिए अत्यंत ही शुभ है। अत: आशीर्वाद दीजिए कि कल राम का राजतिलक हो जाए। भरत ने श्रीरामजी के चरण-कमलों में खड़ाऊँ पहना दिए—

''तेरा तुझको सौंपत क्या लागत है मोर।''

राम ने भरत का आलिंगन किया। ऐसा भाई त्रिलोक में भी संभव नहीं है। दोनों की आँखों से अश्रुधारा कपोलों से बहती हुई सारे शरीर को स्नान करा रही थी। इधर-उधर की बातें होने के पश्चात् जैसे ही रात्रि ने अपना समय बाँधा, राम ने सीता से कहा कि परिवारजनों की एक बैठक बुलाई जाए। माता ने कहा, कुछ विश्राम कर लो, अभी से बैठक बुलाने की क्या आवश्यकता है? बहुत ही आवश्यक कार्य संपन्न करना है। संदेश मिलते ही तीनों माताएँ, पुत्रवधुओं ने अपने-अपने पति के साथ बैठक में उपस्थित होकर स्थान ग्रहण किया। राम ने सीता से कहा, ''क्यों सीते! कल मेरा राजतिलक होगा और मैं राजा बन जाऊँगा। राजा बनने के बाद मैं परिवार के किसी भी सदस्य की अनुचित इच्छा

पूर्ण नहीं कर सकूँगा। राजा का कर्तव्य है कि वह नियम के अनुकूल कार्य करे। आप बारी-बारी सबसे पूछें कि उनकी क्या-क्या इच्छाएँ हैं? वे सब आज पूरी हो जाएँगी, कल नहीं पूरी होंगी।'' सीता ने सबसे पहले लक्ष्मण से पूछा, ''लक्ष्मण, बोलो तुम्हारी क्या इच्छा है?'' लक्ष्मण ने उत्तर देते हुए कहा, ''14 वर्ष राम के साथ रहकर इनकी सेवा का जो सौभाग्य प्राप्त हुआ है, भला इससे भी बढ़कर क्या कोई इच्छा शेष रह गई है? मुझे और कुछ नहीं चाहिए। मैं श्रीराम के चरणों की सेवा अंतिम श्वास तक करता रहूँ बस।''

अब बारी आई भरत की, उन्होंने कहा, ''मुझे रामजी की भक्ति चाहिए, पल-पल मेरी जिह्वा पर उनका नाम रहे, 'राम-राम' यही उच्चारण चारों ओर गुंजित हो। इससे मैं धन्य हो जाऊँगा।'' अंत में सबसे छोटे भाई शत्रुघ्न की बारी आई, शत्रुघ्न ने कहा, ''मैं सबसे छोटा हूँ, एक नहीं दो चीजें माँगूँगा।''

सीता बोलीं, ''बेटे, जितना माँगोगे, उतना मिलेगा, आज श्रीरामजी उदारता से देंगे।''

शत्रुघ्न ने कहा, ''मुझे श्रीराम-भक्ति और चरणों की सेवा दोनों चाहिए।'' बारी उर्मिला की आई, जिसने बहुत से कष्ट सहन किए थे। लक्ष्मण जब वनवास जाने लगे थे तो उन्होंने कहा था कि मैं श्रीराम के साथ जा रहा हूँ, यह नहीं कहा कि मैं कब लौटूँगा। उर्मिला ने अपनी एक सखी को यह शिकायत की थी कि सखी, वे मुझसे कहके जाते। विरह की प्रतिमूर्ति उर्मिला जैसे ही खड़ी हुई, उसने रोना शुरू कर दिया, उसका कंठ रुद्ध हो गया, सीता ने उसे गले से लगाया, ''माँगो तो तुम क्या चाहती हो।'' उर्मिला बोली, ''सूर्यवंश में मेरा विवाह हुआ, लक्ष्मण जैसे पति मुझे प्राप्त हुए। इससे बढ़कर भी कुछ माँगा जा सकता है। अगर माँगूँ तो यह लगेगा कि मैं लक्ष्मण के व्यवहार से रुष्ट हूँ, नहीं मैं तुष्ट हूँ।'' ऐसा कह वह भी बैठ गई, माँगा कुछ नहीं। अब बारी आई भारवी की, भारवी ने कहा, ''मुझे अपने लिए कुछ नहीं चाहिए, मेरी केवल एक ही इच्छा है। अभी भी कैकेयी जीवित है और उसने यदि किसी की जिह्वा पर उलटा लिख दिया। तो फिर से रामजी को वन जाना पड़ेगा तो यदि यह अवसर पुनः उपस्थित हो तो इस बार लक्ष्मण भैया उर्मिला को अवश्य अपने साथ वन लेकर जाएँ।'' अब खड़ी हुई सुश्रुति, उसने कहा कि राम, लक्ष्मण और सीता ने वन में जो बल्कल पहने थे, अर्थात् वन के जो वस्त्र धारण किए थे, वे मुझे चाहिए। मैं उनको अपने शयनकक्ष में रखूँगी। प्रातः काल उठते ही मैं उनके इस भाव से दर्शन करूँगी कि मनुष्य को सत्ता प्राप्त कर कभी भी मद में मस्त नहीं हो जाना चाहिए।

''दुःख और सुख यह दोनों मेरे जीवन के ताने-बाने से,
रह ना सकूँगी इन दोनों में से किसी एक के भी रह जाने से।''

आँखें नम करते हुए बैठ गईं। कथा का पटाक्षेप हुआ। किसी ने अपने लिए कुछ नहीं माँगा।

संसार के स्वामी देने के लिए तैयार, परंतु वहाँ लेने के लिए कोई भी हाथ नहीं फैलाता। हृदय ही समर्पित कर दिया, बोलो श्रीराम की जय!

□

देना ही ईश-वंदना है

एक छोटा सा निर्धन बालक पिचके कपोल, मटमैले कपड़े पहने, कनॉट प्लेस में जूतों की दुकान के शोकेस को ललचाती आँखों से देख रहा था। दुकान की स्वामिनी बाहर निकली और बालक के पास जाकर पूछने लगी, "मेरे प्यारे बच्चे! तुम उदास मन से इस दुकान के बाहर यहाँ खड़े क्या देख रहे हो?" बालक ने नजर उठाकर देखा और कहा, "मैं प्रार्थना कर रहा हूँ कि हे प्रभो! मुझे एक जोड़ी जूते इस दुकान से दिलवा दें, बड़ी कृपा होगी।" महिला ने बालक के नन्हे कोमल हाथ को अपने हाथों में लिया और उसे दुकान के अंदर ले गई। एक कर्मचारी को बुलाकर उसके लिए गरम पानी की बालटी मँगवाई। बालक के गंदे फटे पैरों को साबुन से धोकर उसे ऊनी जुराबें पहना दीं। कर्मचारी को पुनः निर्देश देकर सुंदर जूते मँगवा लिये। बड़े स्नेह तथा आत्मीयता से उस बालक के पैरों में जूते डाल दिए। बालक के होंठों पर की मुसकान और उसका मुखड़ा देखते ही बनता था। उसने महिला की आँखों में आँखें डालकर देखा और कृतज्ञता से सिर झुका दिया। मजबूती से महिला के हाथ पकड़े; वह बहुत मासूमियत से बोला, "क्या आप परमात्मा की पत्नी हैं?" महिला इस उत्तर से चमत्कृत हो उठी और उसने बालक का हाथ चूम लिया। वह दुकान से बाहर जाने को ही था कि महिला ने उसे नम आँखों से देखा और कहा, "जब भी किसी चीज की आवश्यकता हो, तो मेरे पास आ जाना।" दिल्ली की इस भीड़-भाड़, वाहनों के शोर-गुल में से होता हुआ पता नहीं वह बालक कहाँ चला गया। महिला भी एकटक उसे देखती रही और फिर अपने काम में व्यस्त हो गई। उसके जीवन का यह एक स्मरणीय तथा अलौकिक दिन था।

दर्पण और दृष्टि के युग में हमारी दिनचर्या घर से बाहर जाने से पूर्व दर्पण से स्वीकृति लेने से प्रारंभ होती है। चेहरे के मुहाँसे, झुर्रियाँ तथा सुंदरता में बाधक तत्त्वों को दूर करने के लिए घंटों प्रयास के पश्चात् अच्छा लगने का प्रमाण-पत्र प्राप्त कर हम अपनी यात्रा प्रारंभ करते है। इस ऊहापोह, अतिरंजित, अतिव्यस्त, चीख-पुकार की दुनिया में हमारे व्यक्तिनिष्ठ जीवन को, निरीह झुग्गी-झोंपड़ियों में रहनेवाले सर्दी में ठिठुरती दुनिया में जो भूखे पेट-पीठ एक करके, असहाय व निर्धनता का जीवन जीनेवालों की ओर झाँकने के लिए समय कहाँ? यह कालचक्र चल रहा है और हम इस संसार में संचार कर रहे हैं। रुकना, ठहरना तथा चारों ओर निहारकर देखना और सोचना कि क्या मैं भी किसी की आवश्यकता को पूरा कर सकता हूँ। चिंतन की यह दिशा अंतर्यात्री को भौतिकवादी जगत् से दूर अपने अंदर ले जाती है। इससे उसकी दैनिक यात्रा तीर्थयात्रा बन जाती है। प्रत्येक मनुष्य अपने अंदर

व्याप्त दिव्यता से प्रकाश तथा ऊर्जा प्राप्त कर जब फिर से बहिर्गमन यात्रा प्रारंभ करता है, तो उसके साथ उदारता, संवेदनशीलता, प्रेम तथा सहायता सहभागी बन उसे उस ओर ले जाते हैं, जहाँ छोटा सा बालक दुकान के बाहर, जूतों की चाह के लिए खड़ा है। आज भारत के तीन करोड़ बच्चे विद्यालयों में नहीं जा पाते हैं। वे ऐसे कार्य करते हैं, जिससे उनका शैशव तथा मस्ती ऐसे ही समाप्त हो जाती है और वे मात्र चलती-फिरती लाशें दिखाई देते हैं। बहुत ही कम ईश्वरप्रिय लोग उनकी सुध लेते हैं।

उस उदार महिला के पास पैसे भी हैं और साथ में उस नन्ही जान में ईश्वर के दर्शन करने की क्षमता भी है। अभ्युदय व निःश्रेयस की सिद्धि ही धर्म है। उस महिला ने अपनी धार्मिकता से हमें सच्चे धर्म की राह दिखाई है। आओ, हम भी उस पथ के पथिक बनें। जीवन-यात्रा की तीर्थयात्रा प्रारंभ करें। हम दें और देते रहें, यही वास्तव में ईश-वंदना है। □

दुःख में भी सुख

यह संसार संचरणशील है। कालचक्र के दो पहियों से यह सदा गतिशील रहता है। कहीं दुःख है तो कहीं सुख! कुछ लोगों को सुख में भी संतोष नहीं, वे उद्विग्न तथा अतृप्त रहते हैं और कुछ ऐसे भी हैं, जो सुख को ईश्वर का वरदान मानते हैं और दुःख को प्रभु की इच्छा! वे हँसते रहते हैं और उनके होंठों पर दिव्य मुसकान नृत्य करती रहती है। वे दूसरों में प्रसन्नता का वितरण कर अपने जीवन को धन्य मानते हैं।

चिकित्सालय संसार का दर्पण है। वहाँ हमें रोते-बिलखते ऐसे लोग मिलते हैं, जिनके आत्मीय जन काल-कवलित हो गए। वहाँ हँसते-खिलखिलाते बाल युवक तथा वृद्धों के भी दर्शन हो जाते हैं, जो निरोगी होकर घर की ओर प्रस्थान करते हैं। आने-जाने का सिलसिला जारी है।

एक मरीज अभी-अभी आया है। रीढ़ की हड्डी के असाध्य रोग से पीड़ित, म्लान मन, कराहट भरी आवाज, चल नहीं पा रहा, उसे उस कक्ष में भरती किया गया, जहाँ पहले से एक मरीज दीवार के साथ सटी चारपाई पर लेटा है। वहाँ कुल चार अदद चारपाइयाँ हैं।

इस आगंतुक को क्रमांक 4 की चारपाई मिली। साथ आए संबंधियों ने सहारा देकर उसे ओंधे मुँह वहाँ लिटा दिया। दूसरी ओर के मरीज ने आवाज लगाकर पूछ लिया, "भाई, क्या कष्ट है? रोने से यह गम थोड़े ही कम हो जाएगा? धीरज धरो, शीघ्र ही ठीक हो जाओगे।" उधर से उत्तर आया, "भाग्य की ठोकरें खाकर सो-सो आँसू बहा रहा हूँ, न जाने किस पाप का बदला लिया है भगवान् ने मुझसे!" थोड़ी देर के पश्चात् पहला फिर बोला, उसके सिराहने के पास खिड़की खुली हुई थी, उसने बाहर की ओर झाँककर कहा, "वहाँ कितने मनमोहक दृश्य हैं? यह पहाड़ी की चोटी—हिमाच्छादित शिखर, तलहटी में पुष्पों की दीपावली, गुंजन करते भँवरे, वृक्षों से लिपटी बेल, चहचाहते पक्षी, यह शीतलमंद

समीर शरीर को स्पर्श कर गुदगुदाती हुई सब दुःख हर लेती है। परमपिता परमेश्वर ने कैसी अनुपम सृष्टि बनाई है।'' इस वर्णन ने उस सहवासी को कुछ सुकून दिया। बातों का सिलसिला दस दिन तक चलता रहा। प्रकृति का यह सुंदर दृश्य, मीठे मधुर बोल, आनंद व उल्लास का यह वर्णन, सुनते-सुनते मरीज की रीढ़ की हड्डी का दर्द कुछ कम होता जा रहा था। ऐसा लगा कि धरती माँ अपने दुःखी पुत्र को गोद में लेकर सांत्वना दे रही हो, शब्दों का यह जादुई प्रभाव औषधियों से भी अधिक परिणामकारी होता है।

सा विद्या या विमुक्तये।

□□□